人口成長と経済発展

少子高齢化と人口爆発の共存

山口三十四 著

有斐閣

はしがき

　世界の人口は60億人に達し，今後もアフリカやインド，パキスタンやバングラディシュ等の南アジアを中心とする発展途上国が急増の傾向を持っている。また，中国は現在世界一の人口を持っているが，一人っ子政策を採っており，インドが中国に急追従しようとしている。一方，先進国では少子・高齢化が問題となっている。そこで，人口増加，経済発展と環境問題は現在の世界的トピックスの１つとなっている。

　それゆえ，人口成長と経済発展との関係を理解することはきわめて重要なことであろう。ところで，人口と経済発展の体系化された書物を書くには，歴史，理論，実証と政策の４点が含まれていることが必要であろう。幸いにも，人口論，人口経済論や経済人口論，人口の社会学的分析等は多くの人々により精力的に行われてきた。その中で，特に特徴的なのは河野稠果『世界の人口』（1986年），大淵寛『出生力の経済学』（1988年）や阿藤誠『先進諸国の人口問題』（1996年）等の分析であり，それぞれの分野の学問的水準の向上に大きく貢献を遂げる業績であった。ただ，人口と経済発展の関係についての歴史，理論，実証および政策の４つの体系化を行った研究書はほとんど皆無であり，今後を待つ状態であった。

　そこで，本書はこの歴史，理論，実証および政策の４つを含む体系化を，これまでの自分の研究を基にして試み，上述の人達により行われた業績に付け加えることを主旨としたものである。内容は全体で12個の章から成り立っており，これらは４部に分けられている。第１部（第１章〜第２章）は「楽観的人口論と悲観的人口論」であり，上の歴史的分析の部分である。第２部（第３章〜第５章）は「人口の理論的研究」で，理論的分析の部分である。第３部（第６章〜第９章）は「人口の実証的研究」で，実証・計量的部分である。そして第４部（第10章〜終章）は「人口の積極的作用と人口政策」で，政策的部分である。また，各章のおわりには，５つにまとめた要約を付け，それだけでも本書の概観と流れが理解できるように配慮を行っている。

人口と食糧・農業問題および経済発展に関しては，これまでも筆者の専門科目の1つとして研究してきた。そして，すでにこれまでに2冊の研究書（①『日本経済の成長会計分析—人口・農業・経済発展』有斐閣，1982年，②『産業構造の変化と農業—人口と農業と経済発展』有斐閣，1994年）を発表した。しかし，これらの書物はすでに絶版，ないしは残部が少なく，手に入りにくいとそれぞれの研究分野の人々や学生等から言われてきた。また，現在急速に進んでいる先進国の少子・高齢化問題や，アフリカや南アジア諸国等の発展途上国の人口爆発の状態から，人口と経済発展について1冊の書物にまとめてほしいとの要望が強かった。そこで，本書はこのような要望に答えようとしたものである。それゆえ体系化のためには，これらの書物と多少の重複や引用があることを，あらかじめ断っておきたい。ただしその場合でも，書き換えを行い，新しい議論を追加し，さらに新しく図表を作り直したりすることにより，展開を行っている。

第1部は「楽観的人口論と悲観的人口論」の研究であり，2章から成り立っている。第1章「世界人口の成長過程」では，2000年現在の世界の人口は，ほぼ60億人となっているが，現在の先進国の人口成長はきわめて低く，少子化，高齢化問題が大きな問題となっている。逆に，発展途上国では，アフリカや南アジアの人口成長率はきわめて高く，いまだ2～3％の人口増加率を持っており，現在も人口爆発の様相を示している。このように，先進国と発展途上国では全く反対の人口問題が生じている。そこで第1章では，先進国と発展途上国の人口成長についての概観が行われている。

第2章「楽観的人口論と悲観的人口論」では，これまでの歴史をふりかえってみると，人口と経済に関する考え方は楽観的人口論（人口成長を善とするもの）と悲観的人口論（人口成長を悪とするもの）の2つに大別することができ，この楽観的人口論と悲観的人口論は，ギリシャ，ローマ時代以降縄目の様に変遷してきたといわれている。また，現在でもコール＝フーバーの流れは強く，ローマクラブの線上にある悲観的人口論者と，サイモン等の楽観的人口論者とが対立した形となっている。それゆえ，第2章ではこれまでの論争とともに，現在の楽観的人口論と悲観的人口論の2つの考え方をみている。

第2部は「人口の理論的研究」であり，3章から成り立っている。第3章「人口と技術進歩の綱引競争」では，周知のように，人口と技術進歩は経済発

展に対し，綱引競争の形となっている。すなわち，技術進歩は経済発展を促進させる役割を持つのに対し，人口は一般的には，経済発展を阻害させる方向へ働いている。しかし，一方では教育水準が高く，質の良い人口は技術進歩を生み出し，経済発展にプラスの影響を持っている。そこで，第3章では人口と技術進歩の定義，特徴，さらに経済への貢献について考察し，最後に人口と技術進歩の競争につき，日本のデータを用いて計測し，計測結果の吟味を行っている。

　第4章「人口と社会・経済の相互依存関係」では，人口と社会・経済の相互依存関係について述べている。1人当たり所得の成長率と人口成長率とは無相関であると断定する人々も，国内外でしばしばみうけられている。そこで，人口と社会および経済との関係を人口→社会および経済への方向，社会および経済→人口への方向，さらにその相互依存関係という3つに分類し，それに従って議論を行っている。

　第5章「過剰人口論と過少人口論」では，これまでから人口と経済発展の関係をみると，人口が過剰か過少かの議論が盛んであった。また歴史的にみても，過剰人口論と過少人口論は縄目のごとく，現れてきた。第5章では過剰人口論として，マルサス（R. Malthus）の人口論を，過少人口論としてケインズ（J. Keynes）の人口論を取り上げることにする。そして，最後に過剰人口と経済発展についての理論的な流れをみることにする。これは，第7章の日本の過剰人口と経済発展の実証研究との橋渡しをするものである。

　第3部は「人口の実証的研究」であり，4章から成り立っている。まず第6章「日本の出生率の計量的分析」では，社会・経済条件と人口との相互依存関係を，計量的に計測することを目的とするものである。具体的には，同時方程式を日本にあてはめ，モデルを展開し，それに基づいた計量的研究を行うことを主旨にしている。

　第7章「日本の人口成長と経済発展」では，前章に引き続き，人口の実証的研究について分析している。まず最初に，日本の人口と技術進歩の綱引競争について実際のデータで観察し，日本の場合，いかに技術進歩が人口との綱引競争に勝ってきたかについてみることにする。つづいて，農業技術進歩のプッシュ効果と非農業技術進歩のプル効果について，図形的に示している。最後に，

一般均衡的成長会計分析（ある1部門の供給面のみの影響を計測する従来の成長会計分析［部分均衡的成長会計分析］とは異なり，その部門の需要面および他部門の需要と供給両面の影響も計測する成長会計分析）の方法を用いて日本の成長会計分析を行い，さらに過剰人口が経済発展の過程において，いかに増減し，それが経済発展にいかに影響したかについてみることにする。

第8章「タイの人口成長と経済発展」では，タイの経済発展はめざましく，世界の注目をあつめてきた。また，それほど遠くない将来に転換点を迎えようとしているともいわれている。そこで，日本経済に用いた筆者の一般均衡的成長会計分析等の手法を用い，タイ経済の成長会計分析やタイの過剰人口と経済発展との関係等の分析を行い，日本とタイの経済発展の様子を比較している。

第9章「神戸市の人口成長と経済発展」は神戸市の人口成長と経済発展について述べたものである。神戸市の人口は第2次大戦により約38万人の水準へと低下した。しかし，その後再び急ピッチで回復した（阪神・淡路大震災で一時大きく減少したが，急激な回復が進んでいる）。一方，この人口増加や都市化の進展は農業にも大きな影響を与えるものであった。そこで，神戸市において人口増加がどのように進展したか，またそれは市域の拡大とどのようにかかわっているか，さらにそれに伴って農業はどのように変化していったのか等についての考察を行っている。

第4部は「人口の積極的作用と人口政策」であり，3章から成り立っている。第10章「人口の積極的作用と経済発展」では，人口の積極的作用（プラスの影響）に焦点を当てている。まず最初に，ボズラップの人口圧力は技術進歩を誘発するという説を紹介する。つづいて，過剰人口のプラスの影響を示す例として，現在の神戸市西区の五百蔵（イオロイ）の土地開墾の例を示すことにする。最後に，人口の積極的作用を3つの方法で計測することにする。

第11章「出生率低下と経済停滞」では，2000年の合計特殊出生率は遂に1.35となり，人口の置き換え水準である2.09をはるかに下まわった値となっている。そこで第11章では，日本の人口構造がいかに変容してきたか，また人口のプラス面およびマイナス面について調べてみた。つづいて日本経済発展にとって人口や技術進歩がどのような役割を果たしてきたかを調べ，また人口が技術進歩にどのような影響を与えたかについてのモデル分析を行い，計測結果を吟味す

ることにする。

　終章「出生率促進政策と低出生率の本質」では，先進国の出生率低下の現象は何か問題（例えば経済至上主義等に基づいた環境汚染等の問題）があればそれを解決（そのような先進国の出生率を低下させ，解決をはかろうとすること）しようとする「マルサスの原理」が働いているゆえであることが1つの要因であることを示している。そして，このマルサスの原理が働いている以上，これまでに出された出生率促進政策は付け焼き刃的な面があり，それが有効に働くには，より一層抜本的および本質的な社会的，経済的，意識的改革が必要であるということを示している。

　振り返ってみると，京都大学の学部および大学院入学後は中嶋千尋教授，丸山義皓教授にお世話になり，ミネソタ大学ではルタン教授，速水祐次郎教授，神戸大学では故田中修教授や先輩や同僚の諸先生方等に大変なお世話になった。ここで，改めて御礼を申し上げたいと思う。またこの書物を書き始めたカナダでは，アトランタ・オリンピックのカナダ・コーチに指導を受けていた，元200m全日本選手権者の河村道彦氏に会い，陸上への精進ぶりをみて，領域は異なるが，非常に激励されるものであった。さらに，異国の単身赴任で本書を執筆中病気になり，滅入っていた際にも，日本からのEメールで励ましてもらったことに対し，ここで感謝を表したい。最後に，有斐閣の秋山講二郎氏にも，出版に関しお世話になったことに対し，厚く御礼を申し上げたい。

　2001年5月30日

著　　者

目　　次

はしがき

第1部　楽観的人口論と悲観的人口論

第1章　世界人口の成長過程 ―――― 3
　はじめに …………………………………………………… 3
　第1節　人間の生殖能力と生存曲線 …………………… 4
　第2節　世界の人口の成長過程 ………………………… 13
　第3節　先進国と発展途上国の人口成長 ……………… 16
　おわりに …………………………………………………… 21

第2章　楽観的人口論と悲観的人口論 ―――― 25
　はじめに …………………………………………………… 25
　第1節　楽観的人口論と悲観的人口論 ………………… 26
　第2節　現在の楽観的人口論 …………………………… 31
　第3節　現在の悲観的人口論 …………………………… 33
　おわりに …………………………………………………… 36

第2部　人口の理論的研究

第3章　人口と技術進歩の綱引競争 ―――― 41
　はじめに …………………………………………………… 41
　第1節　人口の定義，特徴，経済への貢献 …………… 41
　第2節　技術進歩の定義，特徴，経済への貢献 ……… 47
　第3節　人口と技術進歩の綱引競争 …………………… 52
　おわりに …………………………………………………… 54

第4章　人口と社会・経済の相互依存関係 ―― 59
　はじめに ……………………………………………………… 59
　第1節　人口の社会・経済への影響 ………………………… 60
　第2節　社会・経済の人口への影響 ………………………… 67
　第3節　人口と社会・経済の相互依存関係 ………………… 74
　おわりに ……………………………………………………… 78

第5章　過剰人口論と過少人口論 ―― 83
　はじめに ……………………………………………………… 83
　第1節　マルサスの過剰人口論 ……………………………… 84
　第2節　ケインズの過少人口論 ……………………………… 87
　第3節　過剰人口と経済発展 ………………………………… 91
　おわりに ……………………………………………………… 106

第3部　人口の実証的研究

第6章　日本の出生率の計量的分析 ―― 115
　はじめに ……………………………………………………… 115
　第1節　人口と社会・経済の相互依存モデル ……………… 117
　第2節　使用した統計資料の説明 …………………………… 119
　第3節　同時方程式による実証結果 ………………………… 121
　おわりに ……………………………………………………… 125

第7章　日本の人口成長と経済発展 ―― 133
　はじめに ……………………………………………………… 133
　第1節　日本の人口と技術進歩の綱引競争 ………………… 134
　第2節　技術進歩のプッシュ・プル効果 …………………… 154
　第3節　日本の過剰人口と経済発展 ………………………… 160
　おわりに ……………………………………………………… 175

第8章　タイの人口成長と経済発展 ―― 181
　はじめに ……………………………………………………… 181

第1節　タイ国における経済発展 …………………………………… 182
　　　第2節　農業過剰人口と経済発展 …………………………………… 187
　　　第3節　タイ経済の成長会計分析 …………………………………… 191
　　　お わ り に ……………………………………………………………… 196

　第9章　神戸市の人口成長と経済発展 ──────────── 199
　　　は じ め に ……………………………………………………………… 199
　　　第1節　戦前の地域別人口成長 ……………………………………… 199
　　　第2節　戦後の地域別人口成長 ……………………………………… 205
　　　第3節　人口成長と農業の動向 ……………………………………… 209
　　　お わ り に ……………………………………………………………… 219

第4部　人口の積極的作用と人口政策

　第10章　人口の積極的作用と経済発展 ──────────── 225
　　　は じ め に ……………………………………………………………… 225
　　　第1節　ボズラップの技術進歩誘発論 ……………………………… 225
　　　第2節　過剰人口の土地開墾への圧力 ……………………………… 227
　　　第3節　人口の技術進歩への影響 …………………………………… 235
　　　お わ り に ……………………………………………………………… 238

　第11章　出生率低下と経済停滞 ───────────────── 243
　　　は じ め に ……………………………………………………………… 243
　　　第1節　出生率低下と人口構造の変容 ……………………………… 244
　　　第2節　人口経済モデルの先行的諸研究 …………………………… 246
　　　第3節　人口のシミュレーション分析 ……………………………… 250
　　　お わ り に ……………………………………………………………… 258

　終　章　出生率促進政策と低出生率の本質 ────────── 265
　　　は じ め に ……………………………………………………………… 265
　　　第1節　先進国の人口成長と日本の少子化 ………………………… 265

第2節　少子化と提言された政策意見 ……………………………… 269
第3節　経済至上主義とマルサスの原理 …………………………… 273
おわりに ……………………………………………………………… 276

付　　　録 …………………………………………………………… 279
参　考　文　献 ……………………………………………………… 295
索　　　引 …………………………………………………………… 307
　事　項　索　引 …………………………………………………… 307
　人　名　索　引 …………………………………………………… 310

本書のコピー，スキャン，デジタル化等の無断複製は著作権法上での例外を除き禁じられています。本書を代行業者等の第三者に依頼してスキャンやデジタル化することは，たとえ個人や家庭内での利用でも著作権法違反です。

第1部
楽観的人口論と悲観的人口論

第 1 章　世界人口の成長過程

はじめに

　2000年現在の世界の人口は，ほぼ60億人となっている。しかし，これまでの歴史をみると，人口が最初の10億人に達するのに，200万年（1830年）もの月日が必要であった。しかしその後，各10億人ずつ増加するに要した年数は，100年（1930年），30年（1960年），15年（1975年），11年（1986年）へと急減し，いかに人口増加が加速度的であったかが理解できるであろう。しかし，現在の先進国の人口成長はきわめて低く，少子化，高齢化問題が大きな問題となっている。特に日本，ドイツやイタリアはきわめて低い出生率となっている。また，発展途上国は先進国がやっきとなって努力した家族計画等の効果により，かなりの国々で出生率は低下した。しかし，アフリカやインド，パキスタンやバングラディシュ等の南アジアの人口成長率はきわめて高く，いまだ2～3％の人口増加率を持っており，現在も人口爆発の様相を示している。このように，先進国と発展途上国では全く反対の人口問題が生じている。そこで本章は，これらの先進国と発展途上国の人口成長について概観することにする。また，人口に深く関連する要因の1つである人間の生殖能力について，クラーク（C. Clark）[1967]（馬場啓之助監修・杉崎真一訳 [1969]）の説に基づいて説明を行うことにする。

第 1 節　人間の生殖能力と生存曲線

● **人間の生殖能力**　人間の生殖能力についてはクラーク［1967］が大量の資料を集めた結果を示している。そこでまず最初に，このクラークによる研究を要約することにしよう。彼の多くの研究から本書の研究に特に必要なものを取り上げると，次の様に要約できるであろう。まず第1は，① 1月経当たりの最初の受胎の確率は10〜20％程度であり，受胎に必要な月数は6〜10カ月程度である。また第2は，② 性交回数と妊娠率との関係では，1月経周期毎の妊娠確率は性交頻度が多くなると，加速度的に大きくなる。そして，第3は，③ 結婚1年当たりの出生数は約2分の1人弱となっている。また第4は，④ 授乳との関係では，母親が母乳を与えれば2年程度妊娠しない人が最も大きなパーセンテージとなっている。逆に母乳を与えていない場合には，6カ月以内に7割弱の人が妊娠をするとの結果が報告されている。またハワイの1953〜56年の例では，子宮内死亡の割合は最も安全な20〜25歳でも生児4に対し1の割合にも至り，年齢が高まるにつれ，急上昇している。さらに，第5は，⑤ 出産後の無月経の状態にある期間は6カ月から2年間という期間が最も大きなパーセンテージとなっている。そして第6は，⑥ 出産能力のない女性は5％程度は存在し，また50歳ぐらいまでに，ほぼ全員の月経が停止するのである。以上の6点である。それではこの6点を，より具体的かつ詳細にみることにしよう。

まず第①の月経当たりの最初の受胎の確率は，第1-1表内の第1-1-1表と第1-1-2表をみると，10％から20％程度の確率であることがわかるであろう（第1-1表から第1-4表までの4つの表は，クラーク［1967］（杉崎訳［1969］）の数多い表や図の中から選び出し，整理したものである）。しかし結婚の年数が経過するにつれ，その確率は8％から5％程度へと低下するようになっている。一方，出産を希望して最近避妊具をやめた夫婦の場合には，最初の受胎と2回目からの受胎においてもあまり差異はなく，およそ3割5分程度となっている。また第1-1-3表のイングランドでの調査によれば，受胎に必要な平均月数は6カ月から10カ月程であり，女性の年齢が高くなるにつれ，より長くなっている。

第②の性交回数と妊娠率に関しては,第1-1-4表を参照されたい。これをみると,1月経周期当たりの性交頻度が18回以上になると,5カ月以内に受胎した女性の割合は83%にも及び,ほとんどのものが受胎することがわかる。しかし1月経周期当たりの性交頻度が8回以下となれば,5カ月以内に受胎する女性の割合は29%と3割に満たない値へと大きく低下する。それゆえ,1月経周期毎の妊娠確率は性交頻度が多くなると,加速度的に大きくなると言える。

　一方第③の結婚1年当たりの出生数に関しては,第1-2表内の第1-2-1表を参照されたい。この表によれば,結婚生活1年当たりの妊娠率は,最も若い15～19歳で62%となっている。しかし年齢が高くなるにつれ,次第に低くなり,45～49歳では28%へと低下する。それに従い,結婚生活1年当たりの生児出生数は15～19歳の0.471人,20～24歳の0.474人から45～49歳の0.371人へと低下するようになっている。しかし,全体としては,ほぼ半分の確率で子供が生まれることがわかるであろう。また第1-2-2表の,18世紀のフランスにおけるデータも同様の結果を示している。同表の20～24歳,25～29歳,30～34歳の結婚時の母の年齢と,出生時の母の年齢が同じ所の数値は0.47,0.48,0.44と,およそ半分の確率で子供が生まれていることを示している。さらに同表より,30～34歳までは0.42とこれも約半数の確率で子供が生まれることを示している。しかし35～39歳になれば,0.21～0.33へと3分の1から5分の1の確率へ,40～44歳になると,0.06～0.15へと7分の1から17分の1への確率へと急低下していることが理解できるであろう。

　さらに,第1-2-3表は多くの国でのデータを示したものである。これをみても,25～29歳までは,ジャマイカを除くほとんどの国で,約半分の確率で子供を得ていることが再確認されるのである。また第1-2-4表のアメリカとプエルトリコのデータにおいても0.40～0.47と約半分弱の確率で子供を得ていることがわかるであろう。以上より,どのデータをみても,30～34歳までは約半分弱の確率で子供を得ていることが理解できよう。ところで,第1-3表内の第1-3-1表は平均出生間隔を示したものである。これより,結婚から第1子出産までの平均月数は23～25カ月と,約2年間が必要であることを示している。しかし,第1子から第2子出産までの平均月数は,31～34カ月とおよそ3年間が必要であるようになっている。また第1-3-2表も結婚生活1,2年目の平

第1部 楽観的人口論と悲観的人口論

第1-1表 月経周期と受胎確率

第1-1-1表 ケンタッキー州の農村：月経周期ごとの受胎確率

	避妊具を使用したことのない夫婦	同じく農村の場合（ビープとガイスラーの調査）	結婚後10年にして避妊具を用いた夫婦	結婚後しばしば避妊具を用いた夫婦	出産を希望して最近避妊具をやめた夫婦
最初の受胎	0.128	0.108	0.088	0.134	0.361
2回目からの受胎					
結婚後4年以内	0.076	0.062	0.063	0.079	0.324
結婚後5～9年	0.072	0.054	0.058	0.095	0.323
結婚後10～14年	0.061	0.044	0.061		0.348
結婚後15～19年	0.052	0.049	0.052		
結婚後20～29年		0.048			

第1-1-2表 月経周期ごとの受胎の確率（スティックス）（避妊具を用いたことのない夫婦）

	一般的な平均	生殖器に病状が発見された場合はすべて除した平均
最初の受胎	0.209	0.233
2回目からの受胎		
結婚後4年以内	0.088	0.096
結婚後5～9年	0.078	0.096
結婚後10～14年	0.062	0.096
結婚後15～19年	0.053	0.101

第1-1-3表 イングランド：受胎に必要な月数の分布率 （単位：%）

	女性の年齢			
月数	20～24歳	25～29歳	30～34歳	35～39歳
0～3	16	6	9	17
3～6	44	40	26	12
6～9	20	22	17	12
9～12	9	11	20	25
12～15	7	10	7	30
15～21	2	4	8	4
21～27	1	3	10	0
27以上	1	4	3	0
必要な平均月数	6.5	8.8	10.4	9.0

第1-1-4表 シンシナティ：性交頻度と妊娠率

1月経周期の性交頻度	妊娠率（スティックス）	5ヵ月以内に受胎した女性の割合（マックレオド，ゴールド）
8回以下	0.110	29%
10 回		46
12 回	0.134	
14 回		52
16 回	0.180	
18回以上	0.206	83

（出所） クラーク[1967]（馬場監修・杉崎訳[1969]）の多くの表から選出し，引用。

第1章　世界人口の成長過程

第1-2表　結婚生活1年当たりの出生数

第1-2-1表　結婚生活1年当たりの出生数

母の年齢	15～19歳	20～24歳	25～29歳	30～34歳	35～39歳	40～44歳	45～49歳
妊娠率	0.62	0.52	0.47	0.43	0.39	0.33	0.28
結婚生活1年当たりの生児出生数の予想値	0.471	0.474	0.463	0.441	0.420	0.392	0.371

第1-2-2表　18世紀のフランス：結婚生活1年当たりの出生数

結婚時の母の年齢	出生時の母の年齢				
	20～24歳	25～29歳	30～34歳	35～39歳	40～44歳
20～24歳	0.47	0.42	0.42	0.25	0.12
25～29歳		0.48	0.42	0.29	0.15
30～34歳			0.44	0.33	0.12
35～39歳				0.21	0.06

第1-2-3表　結婚生活1年当たりの出生数，各種の人口

	出生時の母の年齢						
	15～19歳	20～24歳	25～29歳	30～34歳	35～39歳	40～44歳	45～49歳
カ ナ ダ		0.51	0.50	0.48	0.41	0.23	0.03
デ リ ー		0.35	0.31	0.27	0.18	0.08	0.01
ギ ニ ア	0.18	0.42	0.30	0.25	0.20	0.05	
ジャマイカ							
結婚女性	0.37	0.37	0.26	0.18	0.12	0.03	0.01
男性と同棲の未婚女性	0.45	0.32	0.19	0.13	0.08	0.03	0.01
ペルシャー	0.04	0.38	0.35	0.30	0.20		
18, 9世紀のヨーロッパ		0.435	0.407	0.371	0.298	0.152	0.022
同じく，再生産に関係のある結婚だけ		0.494	0.483	0.443	0.389		
イギリス	0.412	0.467	0.403	0.369	0.302	0.174	0.018

第1-2-4表　アメリカとプエルトリコ：結婚生活1年当たり出生数

都　市	ナッシュビルの白人	0.41
	ナッシュビルの黒人	0.46
	プエルトリコ人	0.41
農　村	ウエスト・ヴァージニアの白人	0.44
	テネシーの白人	0.41
	ケンタッキーの白人	0.40
	プエルトリコ人	0.47

（出所）　第1-1表に同じ．

第1-3表 妊娠と子宮内死亡

第1-3-1表 サクソニーの農村:17, 8世紀の妊娠率

	1600~50年	1650~1700年	1700~50年	1750~99年
結婚から第1子出産までの平均月数	23	23	23	18
第1子から第2子出産までの平均月数	34	32	31	29

第1-3-2表 サン・アグナン:平均出生間隔(月数)

結婚生活	出生間隔(月数)
第1, 2年目	25.5
第2, 3年目	25.2
第3, 4年目	28.7
最後の第2, 3年目	29.7
最後の第1, 2年目	30.5
最後の第1年目, 最後	32.0

第1-3-3表 ルワンダ:妊娠に必要な月数の分布率 (単位:%)

月数	授乳していない女性 50病院の記録	再出産期間全体を通じて授乳を続ける女性 207病院の記録	インタビュー件数 109
0~3	38	0.5	0
3~6	30	1.5	1
6~9	6	5.5	3
9~12	6	7.5	15
12~15	4	14	8
15~21	8	38	20
21~27	6	29	30
27~36	2	4	16
36~48			7

第1-3-4表 子宮内死亡

母の年齢	20歳以下	20~25歳	25~29歳	30~35歳	35~39歳	40~44歳
子宮内死亡の生児出産に対する比	0.357	0.258	0.323	0.395	0.672	0.873

第1-3-5表 フランス:生児出生に対する子宮内死亡の比

母の年齢	子宮内死亡	母の年齢	子宮内死亡
15歳	0.329	20~24歳	0.164
16歳	0.279	25~29歳	0.172
17歳	0.209	30~34歳	0.224
18歳	0.197	35~39歳	0.320
19歳	0.178	40~44歳	0.474
		45~49歳	0.793

(出所) 第1-1表に同じ。

第1-4 妊娠不能状況

第1-4-1表 インド：既婚者中の出産能力のない者の割合 （単位：%）

結婚生活年数	出産経験なし	受胎経験なし
5～9	17.5	
10～14	7.3	
15～19	5.2	
20～24	4.7	4.3
25以上	4.7	4.3

第1-4-2表 インド：分娩後の無月経期間 （単位：%）

継続期間	分布率
3ヵ月以下	11
3～6 〃	7
6～12 〃	30
12～18 〃	19
18～24 〃	23
24ヵ月以上	10

第1-4-3表 スウェーデン系エストニア人：受胎機能が停止する推定年齢 （単位：%）

年齢階層	初婚年齢で区分した特定年齢層に占める子供の全くない女性の割合	女性の年齢層に属する既婚女性全体に対して、その範囲の特定年齢で受胎機能が停止した既婚者の割合
15～19	2	0
20～24	6	1.4
25～29	15	1.6
30～34	20	2.4
35～39	20	7.9
40～44		28.4
45～49		63.0

第1-4-4表 年齢別でみた既婚女性の妊娠不能率 （単位：%）

年齢	日本（現在）	デリー1952年	フランス系カナダ（18世紀）	アメリカ合衆国人1931～32年	スエーデン系エストニア人	ヨーロッパの時系列データに基づく平均値	イングランドおよびウエイルズ 1951～52年	イングランドおよびウエイルズ 1851年	左記の特定年次に結婚した女性の平均期待再生産期間（年数）
15～19			3.7				3.7	0.5	25.8
20	4.5	4			2	3		3.0	20.9
20～24			2.5				6.5		
25	10	12			9	6		6.5	16.1
25～29			5.0	8			8.8		
30	21	23			16	10		12.5	11.6
30～34			8.1	19			10.4		
35	33	44			26	16		19.0	7.3
35～39			7.2	31					
40	53	69			52	31		32.5	3.6
40～44			29.6	48	80				
45	85	95			95			60.5	0.8
45～49									
50	100						100.0		

（出所） 第1-1表に同じ。

均出生間隔は25.5カ月と約2年間の期間が必要なことを示している。

つづいて，これまでとは異なり，生児の生まれない諸要因の方に話題を移すことにしよう。すなわち，第④の授乳との関係に関しては，第1-3-3表のルワンダの例を参照されたい。これをみると，授乳をしていない女性の場合には，妊娠に必要な月数では0～3カ月が38％，3～6カ月が30％とこの2つの場合が最も大きく，合計で68％を占めている。しかし再出産期間全体を通じ，授乳を続けた女性の場合では，15～21，21～27カ月が38％，29％と最も大きく，この2つで67％を占めている。もちろん授乳を続けた場合でも，わずかではあるが妊娠している女性も存在する。しかし授乳を続ければ，およそ2年間は妊娠がしにくくなることを同表は示していることになる。また第1-3-4表は生児出生に対する子宮内死亡の比率を示したものである（この値は1953～56年のハワイのもので，常識より高いように思えるが，クラークは家庭外で発表されていない子宮内死亡を入れるとこのような値になるという）。これより子宮内死亡の比率は20～25歳の年齢が最も低く，その値は0.258となっている。これは出生には20～25歳の年齢が最も安全な時期であり，生児4人に対し1人の割合で子宮内死亡は生じていることがわかる。しかしこの割合は年齢とともに増加し，特に35歳以上になれば，35～39歳までは0.672，40～44歳までは0.873と急増していることがわかるのである。また年齢40～44歳までの0.873という数値は生児1人に対し，ほぼ同様の確率で子宮内死亡が生じることを意味していることに注意されたい。

第1-3-5表のフランスのデータ（1960-63年）では，全般的にいって，子宮内死亡の値は第1-3-4表のものよりは小さくなっている。しかしやはり年齢20～24歳までが0.164（生児6人に対し1人の割合でしか子宮内死亡は生じないことを意味）と最も安全であるという点では第1-3-4表と同じ結果を示している。このフランスの例では，18歳から29歳までは0.2以下の値を持っている。これは生児5～6人に対し1人の割合でしか子宮内死亡は生じないことを意味し，第1-3-4表と比べるとかなり安全であることがわかるであろう。

さらに，第1-4表内の第1-4-1表はインドにおける，既婚者中の出産能力のない者の割合を示したものである。これをみれば，5％弱の人が出産能力がないことがわかる。この表で理解できることは，結婚生活5～9年では出産

経験のない者は17％程度も存在しているということである。このことは，12（すなわち17マイナス5）％程度の人は結婚後5～9年を経過しても出産の可能性があり，その意味では諦めることはないことを示していると言えよう。

　また第⑤の出産後の無月経の状態に関しては，第1-4-2表を参照されたい。これはインドにおける分娩後の無月経期間を示したものである。これをみると，分娩後ただちに月経がある女性もいるが，多くの者は6カ月から2年間の無月経期間を持っていることがわかるであろう。すなわち，6カ月から1年間の無月経期間を持っている女性は30％存在し，1年から1年半のものは19％，1年半から2年間の無月経期間を持つ女性は23％とこの3者で72％にもなっている。第⑥の出産能力のない女性に関しては，第1-4-3表を参照されたい。これはスエーデン系エストニア人の，既婚女性全体に対する受胎機能が停止した既婚者の割合を示したものである。これより40～44歳頃より受胎機能の停止が急増し，40～44歳で28.4％の女性が，45～49歳では63％もの女性が受胎機能を停止していることがわかるであろう。

　また第1-4-4表は，年齢別にみた既婚女性の妊娠不能率の，国際比較を行ったものである。年齢別にみた既婚女性の妊娠不能率は国際的に非常に異なっているが，50歳で100％の女性が妊娠不能になっている点は，万国共通であることがわかるであろう。さらに，日本，デリー，アメリカ合衆国やスウエーデン系スエトニア人のデータによれば，既婚女性の5人に1人は30歳頃に妊娠不能になっていることもわかる。そして20歳においても，3～5％のものはすでに妊娠不能となっていることも理解できるであろう。以上のように，人間の生殖能力は上述の6点で要約されるのである（より詳細はクラーク[1967]を参照されたい）。それでは，その結果として誕生した人間はどの程度の年齢まで生き延びられたのであろうか。各時期の生存曲線がそれを示すゆえ，生存曲線をみることにしよう。

● **生存曲線**　これまでは，受胎や出産についての考察を行ってきた。それでは無事に誕生した者は，どれくらいの率で生存が可能であったのであろうか。クラーク[1967]（馬場監修・杉崎訳[1969]）より得られた第1-1図の低位の生存曲線をみると，驚くべきことに10歳まで生存できたのは，ほぼ半数の者のみ

12　第1部　楽観的人口論と悲観的人口論

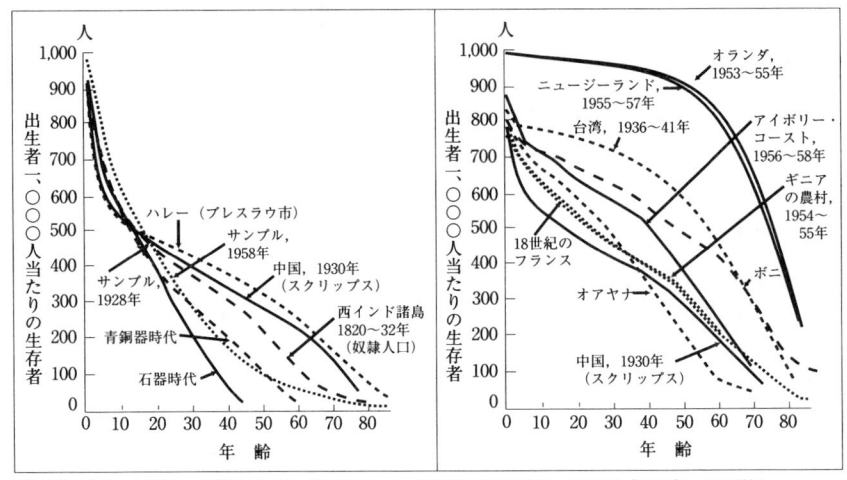

第1-1図　低位の生存曲線　　　第1-2図　中位および高位の生存曲線

（出所）　第1-1図および第1-2図は共にクラーク[1967]（馬場監修・杉崎訳[1969]）より引用。

であったことがわかるであろう。すなわち，石器時代や青銅器時代，さらには1930年の中国においては，10歳まで生きられた者はおよそ半数だけであった。そして石器時代では，ほとんどの者が40歳までに死亡していたのである。また30歳まで生きられた者も，わずか2割程度という驚くべき低さの値を示している。さらに，青銅器時代においても，40歳まで生きられたのは2割程度，30歳まで生きられた者も3割程度と，今では想像もつかない程度の生存率の低さであった。すなわち石器時代やそれ以前においては，現在のトキやコウノトリのように，人間を増加させることは至難のわざであったことがわかるであろう。すなわち馬や多くの草食動物等は生まれて間もないうちに，自力で立ち上がり，走ることができる。それに対し，高等動物である人間は歩くのにさえ，約1年が必要であり，ある程度の物事を理解するのには約2年程度も要し，ある程度走れるようになるのでさえも，3年から4年も必要なのである。

　さらに時代を下って，18世紀のフランスや1930年の中国を含む生存曲線（中位の生存曲線（第1-2図））においても，20歳までに約半数の者が死亡しているのである。10歳まで生きられた者は，1936～41年の台湾，1956～58年アイボリ・コーストや18世紀のフランスにおいてさえも，わずか7～8割程度にしかみた

ず，1930年の中国では上述のように，半数の者だけが生き残れたのであった。しかし，現在の先進国等の高位の生存曲線では9割以上の者が生存できるようになっている。また18世紀のスエーデンでは，半数の者が40歳までに死亡（文字どおり，人生40年であった）していたが，19世紀になると50歳へと上昇した。そして19世紀末から20世紀になると，約半数の者が70歳まで生存できるようになった。1930年以降では約半数の者が80歳まで生きられるようになっている。以上のように，現在の感覚とは打って変わり，仮に人間の赤ん坊が幸運にも誕生できたとしても，その人間が生き延びるということは，かなり現在に近い時代でも，非常に困難なことであったことがわかるのである。

第2節　世界の人口の成長過程

　地球は太陽の1つの小さな惑星である。そして，太陽の惑星である水，金，地，火，木，土，天，海，冥王星等の1つである。その地球に人間が住み，2000年現在の世界人口は60億人強程度となっている。これまでの歴史を振り返ってみると，人口が急増した時期は2回あったといわれている。第1回目は農業革命期であり，第2回目は産業革命期であった。しかし，今回の人口増加が歴史的にみれば，いかに大きなものであるかは，次の事実をみればわかるであろう。すなわち人口は200万年前頃までは，わずか何百万人の水準であったといわれている。そして約1万2,000年前に農業革命が生じ，農業が始まったが，人口は1,000万人以下の状態であった。また，およそ2,000年前にキリストが現れた時点での人口は2億5,000万人程度であったといわれている（第1-5表および第1-3図）。この水準は西暦1000年まで，それほど変化がなかった。そして産業革命が始まった時期でも，人口は10億人以下であった。

　しかし，18世紀頃から，経済的，社会的，制度的，自然条件等の改善や，一方では新しく発見された医療技術は，ヨーロッパで死亡率を低下させたのである。出生率は低下せず，人口が増加し，マルサス的な心配を生じさせたのであった。そして今世紀の初めには，およそ15～6億人の人口となった。また発展途上国では，1930年から40年にかけて死亡率が低下し，しかも出生率が低下し

第1部　楽観的人口論と悲観的人口論

第1-5表　世　界　の

	A.D.14	350	600	800	1000	1200	1340	1500
アフリカ	23	30	37	43	50	61	70	85
	(9.0)	(11.8)	(15.6)	(16.5)	(17.9)	(15.9)	(18.5)	(19.9)
アメリカ	3	5	7	10	13	23	29	41
	(1.2)	(2.0)	(3.0)	(3.8)	(4.6)	(6.0)	(7.7)	(9.6)
アジア	189	190	173	178	177	248	192	231
	(73.8)	(74.8)	(73.0)	(68.2)	(63.2)	(64.6)	(50.8)	(54.1)
日　本	2	3	6	8	10	12	14	16
	(0.8)	(1.2)	(2.5)	(3.1)	(3.6)	(3.1)	(3.7)	(3.7)
ヨーロッパ	40	28	19	29	39	52	85	68
	(15.6)	(11.0)	(8.0)	(11.1)	(13.9)	(13.5)	(22.5)	(15.9)
オセアニア	1	1	1	1	1	1	2	2
	(0.4)	(0.4)	(0.4)	(0.4)	(0.4)	(0.3)	(0.5)	(0.5)
世　界	256	254	237	261	280	384	378	427

（備考）　括弧内は世界に占める各地域の人口の割合。
（出所）　クラーク[1967]（馬場監修・杉崎訳[1969]）および河野稠果[1986]のデータをも

第1-3図　世界の人口成長

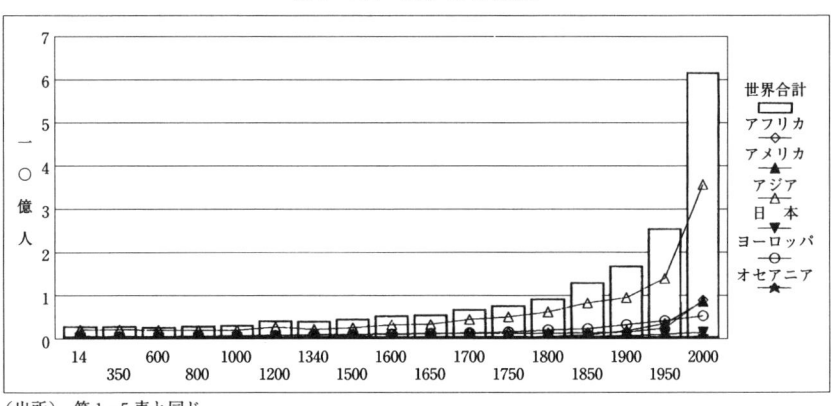

（出所）　第1-5表と同じ。

なかった結果，人口大爆発と呼ばれた人口増加が出現した。そして1950年には，世界の人口は25億人にもなり，現在では60億人へと加速度的に増加してきたのであった（第1-5表および第1-3図）。換言すれば，人口が最初の10億人に達するのに，200万年（1830年）もの月日が必要であった。しかしその後，各10億人ずつ増加するに要した年月は，100年（1930年），30年（1960年），15年（1975年），

第1章 世界人口の成長過程

人　口　　　　　　　　　　　　　　　　　　　　（単位：百万人，%）

1600	1650	1700	1750	1800	1850	1900	1950	2000
95	100	100	100	100	111	133	224	872
(19.1)	(19.4)	(15.6)	(13.7)	(11.2)	(8.8)	(8.1)	(8.9)	(14.2)
15	13	13	15	25	64	156	331	844
(3.0)	(2.5)	(2.0)	(2.1)	(2.8)	(5.1)	(9.5)	(13.2)	(13.8)
303	311	420	484	590	801	925	1,376	3,549
(60.8)	(60.3)	(65.5)	(66.2)	(66.3)	(63.5)	(56.1)	(54.7)	(58.0)
18	22	26	26	26	31	44	84	130
(3.6)	(4.3)	(4.1)	(3.6)	(2.9)	(2.5)	(2.7)	(3.3)	(2.1)
83	90	106	130	173	208	296	392	512
(16.5)	(17.4)	(16.5)	(17.8)	(19.4)	(16.5)	(17.9)	(15.6)	(8.4)
2	2	2	2	2	2	6	13	30
(0.4)	(0.4)	(0.3)	(0.3)	(0.2)	(0.2)	(0.4)	(0.5)	(0.5)
498	516	641	731	890	1,262	1,650	2,516	6,122

とに計算。

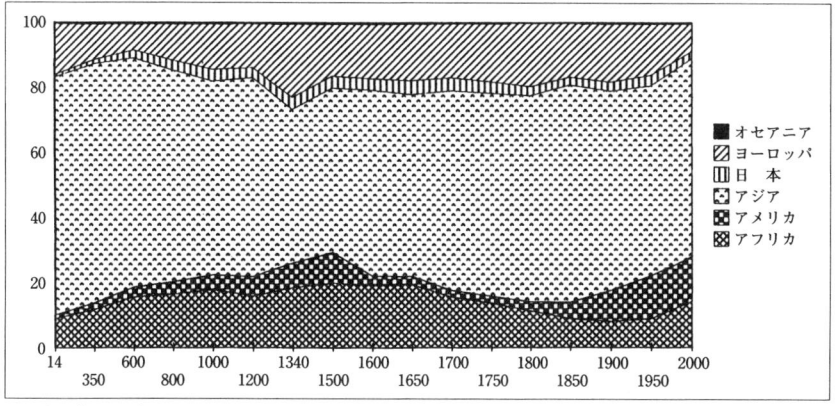

第1-4図　世界各地域の人口のシェア

（出所）　第1-5表と同じ。

11年（1986年）へと急減し，いかに人口増加が加速度的であったかが改めて理解できるのである。

　ところで，日本の人口は西暦14年に，約200万人程度の大きさであった。そして西暦350年には，約300万人程度へと増加し，その後，この人口が倍増するのは西暦600年頃であった。また，1200年（1,200万人），1690年（2,400万人）に

もそれぞれ倍加し，1909年（4,800万人）および1963年（9,600万人）にも，また倍加したのであった。そこで，日本の人口が2倍になるには，それぞれ250年，600年，490年，219年，54年が必要であったことになり，これより1900年以降に，日本の人口が急増したことが理解できるであろう。ここで，第1-5表および第1-4図により，世界の各地域の人口成長の歴史的展開をみることにしよう。まず，アフリカ大陸の世界に占める割合の最大の時期は1340年頃から1650年頃であり，そのシェアーは20％近くにもなっていたことがわかるであろう。その後19世紀に入り10％のシェアーを切っていたが，最近になって再び15％近くになっている。

またアメリカ大陸は1000年あたりから急増し，1500年には10％近くを占めていたが，インカ王国の滅亡もあり，2％程度と急減した。しかし，最近は再び14％近くへと増加傾向が続くようになっている。一方，アジア大陸は，キリストの時代にすでに世界の人口の70％以上を占めていたが，1340年あたりには50％程度へと減少した。しかし，その後は少し回復し，1700年あたりでは65％程度のシェアーを占めるようになった。ところが，その後は再び50％程度へと減少し，最近はわずかに増加の傾向を持っている。日本は1650年頃には世界の人口の4.3％を占めていたが，現在は2％程度となっている。またヨーロッパ大陸は1340年には22.5％のシェアーを持っていたが，1900年頃には18％弱程度になり，現在は8％程度に急減しているのである。最後にオセアニア大陸であるが，そのシェアーはほぼ一定であり，0.5％弱から0.5％程度の値となっている。

第3節　先進国と発展途上国の人口成長

● **先進国の人口成長**　　第1-5表は，最近の世界の人口の推移も示している。一般的に言って，先進国の低人口成長率は，発展途上国の高人口成長率とは対照的であり，その結果，先進国は高齢化問題が，逆に発展途上国では，いかに増え続ける人口を抑制するかが大きな問題となっている。先進国の人口成長は，18世紀後半にまず英国で，いわゆる人口爆発が生じたのであった。第1-5表

第1章　世界人口の成長過程　17

をみても，ヨーロッパが世界に占める割合は1700年には16.5％であったのが，1750年には17.8％，1800年には19.4％へと増加していたことがわかるであろう。そのような背景のもとで，マルサス（R. Malthus）[1798]が『初版人口の原理』を出版した。しかし，その後は17～8％を維持していたが，発展途上国の人口爆発等により，1950年には15％台に落ちている。

　しかも，1960年代後半から1970年代に，西欧の出生率はさらに大きく低下し，2000年には8.4％のシェアーにまで落ちるだろうと予想されていた。それゆえ，ヨーロッパと後述のアフリカは，人口のシェアーの点で，まさしく対照的であり，逆方向に進んでいることがわかるであろう。ところで，2000年における日本の人口は1億2,699万人であった（総務省統計局統計センター『人口推計月報』の平成12年11月確定値）。また1995年の出生率は9.6パーミル（パーセントの10分の1），死亡率は7.4パーミルで，その結果，自然増加率は2.1パーミルとなり，世界的にも，ロシアの-5.4は例外としても，独の-1.4，伊の-0.4に続く英国の2.2とともに欧米先進国中でも，最低水準グループとなっている。

　また，合計特殊出生率（ある年の女性の出生率を年齢別に計算して合計したもので，1女性が生涯に産む子供の数）は1.35（2000年）と，現状人口を維持する値の2.09をはるかに下回った数値となっている（矢野恒太記念会編[1997a]，p.66に新しいデータを付記した）。また人口ピラミッドは富士山型から釣り鐘型，ツボ型と変化し，現在はヒョウタン型になっている。そして1996年5月の厚生省の「人口問題に関する意識調査」でも，人口の高齢化を憂慮している者の割合が50％以上にも及ぶ事が判明している。また人口に占める65歳以上の高齢化割合（矢野恒太記念会編[1997a]のp.72）は1995年に14.5％であったのが，2000年には17.2％，2010年には22.0％，2020年には26.9％，2050年にはなんと32.3％になるだろうと予測されている。

　また1997年1月に，厚生省は「日本の将来推計人口」を公表した。それによれば，日本の総人口は2007年には1億2,778万人で，ピークとなり，その後は減少し，2050年には，1億49万6,000人へと減少するであろうと言っている。そして，65歳以上の老年人口は1997年中に15歳未満の年少人口以上となり，2050年には，上述のように日本の人口の32.3％が老年人口になるという。そこでは，1.7人の生産年齢人口で1人の老齢者を支えることになるという（1995

年では4.8人で1人の老齢者を支えている)。これは，前回（1992年）の推計時よりも早いペースで進んでおり，年金や雇用・賃金制度に大きな影響を与えてくることになるという。このように，日本の出生率の低下は急速であり，大きな高齢化問題を抱えていることがわかるであろう。

そこで，ここでは西欧の出生率を振り返ってみることにしょう。ヨーロッパでは，高出生率を持っていたマルサス時代（18世紀後半から19世紀の前半）が過ぎ去ると，1800年代の後半から1930年代には，低出生率状態が続くようになった。そして，1930年代の合計特殊出生率は人口置換水準を大きく下まわるようになった。ところが，第2次世界大戦後から1960年代に出生率は高騰し，逆にベビー・ブーム状態となった。しかし，1960年代に入ると，出生率は一斉に低下し，1970年代には人口置換水準（2.09）を下まわる水準へと低下した。ところが，1980年代後半になると，それぞれの国の方向は多様化するようになっている。例えば，米国，スエーデンは反騰し，2以上になり，ノルウエー，フィンランド，カナダの出生率も上昇した。また，英国とフランスは，あまり低下せず，1.8程度となっている。

さらに，旧西ドイツ，ベネルックス，オーストリア，スイス等の西部ヨーロッパは下げ止まり，一方，イタリアとスペインの南欧諸国は急激な低下が始まり，1.3以下となっている。そして，日本の出生力転換は1920年頃に始まり，1950年代には終了した。すなわち，戦後のベビー・ブーム期には合計特殊出生率は4を超えていたが，1957年には2.0となった。しかし，1973年の2.14を境に低下し，1980年代前半は少し高騰したが，80年代後半は大きく低下し，1999年には1.34にも低下したのである（この点は，阿藤誠［1996］が非常に詳しいゆえ，参照されたい）。

● **発展途上国の人口成長**　上述のように，発展途上国では，いかに増え続ける人口を抑制するかが大きな問題となっている。発展途上国では，子供は労働力確保の効用や老後の保証の効用を持ち，かつ宗教的，制度的，慣習的要因他等が存在するため，いまだ高人口成長を抑制できない国が多いのである。それゆえ，第1-5表の発展途上国の数値をみると，戦後に急成長していることがわかるであろう。例えばアフリカを例にとれば，西暦1900年には世界人口の

第1章 世界人口の成長過程　19

第1-5図　低所得均衡の罠と1人当たり所得の収束

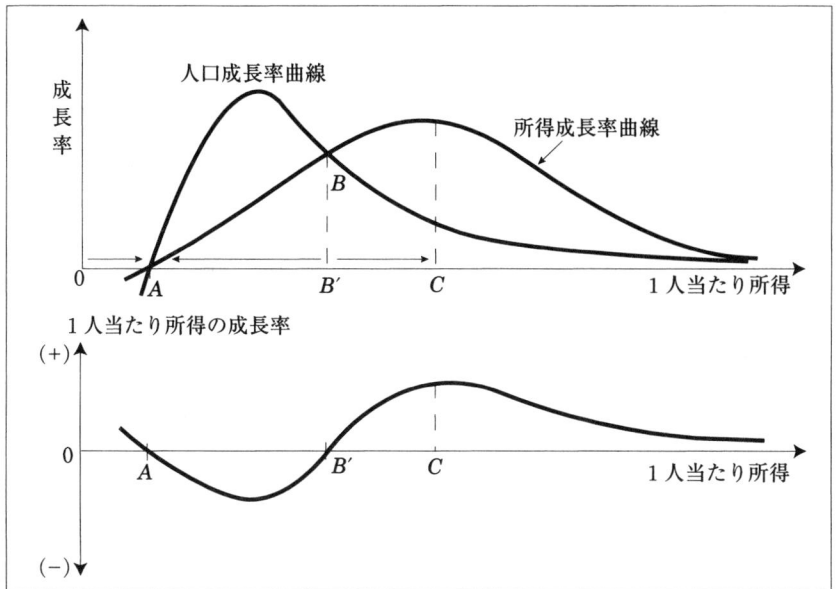

8.1%であったシェアーが，2000年には14.2%にまで増加するであろうと予測されている。これは人口爆発と呼ばれる現象からきたものである。

　人口転換理論によれば，高出生率，高死亡率の状態から，まず死亡率が低下し，ある程度の遅れをもって出生率が低下するのが通常の状態であった。それゆえ，出生率が低下するまでは高人口成長の状態が続くことになる。この状態が人口爆発に相当する期間である。多くの発展途上国はこの人口圧力により経済発展が非常に困難であった。この状態を説明するには低所得均衡の罠の図を用いることが最もわかりやすいであろう。

　第1-5図はネルソン（R. R. Nelson）［1956］の低所得均衡の罠に関するモデルを修正した図である。ネルソンとは異なり，人口成長率曲線は人口爆発の状態（図の人口成長率曲線の山状になったところ）をも含む図へと訂正し，所得成長率曲線は先進国になると，高度成長期が過ぎれば，成長率が下がる（図のC点より右のところ）ように改善されている。経済発展に関する研究，特にこの低所得均衡の罠の理論によれば，経済発展が未発達（第1-5図のB点より小）の

場合には，人口成長率が所得成長率を上回り（それゆえ，1人当たり所得は減少），低所得均衡の罠（A点）に陥り，そこからの脱出はきわめて困難である。しかし経済がある程度発展し，少し豊かになると人口爆発が生じるが，それを持ちこたえれば，やがて人口爆発は下火となり，ある点（B点）を超えると，所得成長率が人口成長率を上回り（それゆえ，1人当たり所得は増加），経済は順調に発展し続けることになる。

　現在でもアフリカや南アジア等のいくつかの国々ではいまだ2～3％程度の人口爆発の状態で，低所得均衡の罠に陥った状態である。しかし，それを超えたかつての高度成長期の日本，その後のニーズやアセアン諸国の経済は，先進国の経済成長以上のスピードで発展（B点より少し右になると，C点付近の2つの曲線の幅が大で，その後は次第に小さくなるゆえ，収束する）している。それゆえ，ソロー（R. Solow）[1956]がいうように，初期国民所得水準が低い国は長期的には国民所得水準の高い国に追いつき，同程度の生活水準を達成することができる（収束する）ということを意味している。また，すでにみたように，発展途上国，なかでもアフリカ等は人口成長率はきわめて高いものとなっている。そこで，この点に関し，1994年のカイロで開催された「国際人口・開発会議」の「行動計画（今後20年間の人口政策の目標等を定めたもの）」で，リプロダクティブ・ヘルス／ライツ（性と生殖に関する健康と権利。その定義は「人間の生殖システム，その機能と過程のすべての側面について，単に疾病，障害がないというばかりでなく，身体的，精神的，社会的に完全に良好な状態にあること」という）という新しい概念が大きく取り上げられたのであった。

　矢野恒太記念会編[1997b]は，この点を次のように説明している。

　「人々が健康な性生活を営む事ができ，子供を産むか産まないか，いつ産むか，何人産むかを決める自由をもつことが，世界人口の抑制につながるとする考え方である。1997年の世界人口白書は，このリプロダクティブ・ヘルスが主要テーマとなっている。世界の女性たち，なかでも，発展途上国の女性たちの悲惨な現状が，統計とともに報告されている。『毎年，58万5,000人の女性（1分に1人の女性）が，妊娠に関連した原因で死亡している』，『妊娠回数の制限，妊娠間隔の延長を希望する1億2,000万人から1億5,000万人もの女性にいまだ効果的な避妊手段が届いていない』，『毎年，およそ1億

7,500万件の妊娠総数のうち，少なくとも7,500万件は望まない妊娠であり，中絶が4,500万件，出産が3,000万件となっている』，『多くの国で女性の10人に6人が性感染症にかかっている』など，このほか，性器切除の慣習，エイズ，レイプ，人身売買など，リプロダクティブ・ヘルス／ライツに関連したさまざまな問題点を具体的な数字をあげて指摘する。さらに，リプロダクティブ・ヘルス／ライツの向上に必要な経費は，全世界で年間170億ドルであり，世界の軍事費の1週間分以下にすぎないとして，予算の確保が十分でないと述べている。」（矢野恒太記念会編［1997b］の pp. 64-65を参照）

予算の確保が十分でない等の問題があるが，上述のように「人々が健康な性生活を営む事ができ，子供を産むか産まないか，いつ産むか，何人産むかを決める自由をもつことが，世界人口の抑制につながるとする考え方」を持つようになっているのである。

お わ り に

以上，人間の生殖能力と世界の人口成長等について，述べてきた。そこで，これらの内容を要約すれば，次の様になるだろう。

1 第1に，1月経当たりの最初の受胎の確率は10～20％程度であり，受胎に必要な月数は6～10カ月程度であるという。また第2は，性交回数と妊娠率との関係では，1月経周期毎の妊娠確率は性交頻度が多くなると，加速度的に大きくなる。

2 第3は，結婚1年当たりの出生数は約2分の1人弱となっている。また第4は，授乳との関係では，母親が母乳を与えれば2年程度妊娠しない人が最も大きなパーセンテージとなっている。逆に母乳を与えていない場合には，6カ月以内に7割弱の人が妊娠をするとの結果が報告されている。またハワイの1953～56年の例では，子宮内死亡の割合は最も安全といわれる20‐25歳で，生児4に対し1の割合にも至っている。

3 さらに，第5は，出産後の無月経の状態にある期間は6カ月から2年間という期間が最も大きなパーセンテージとなっている。そして第6は，出産能

力のない女性は5％程度存在し、また50歳ぐらいまでに、ほぼ全員の月経が停止する。一方、石器時代や青銅器時代の低位の生存曲線では、10歳まで生きられた者はほぼ半数であった。また、石器時代ではほとんどの者が40歳までに死亡し、青銅器時代でさえ、40歳まで生きられたのは2割程度であった。

4 現在の人口増加は、長い歴史を振り返ってみれば、きわめて大きなものである。すなわち、人口が最初の10億人に達するのに、200万年（1830年）もの月日が必要であった。しかしその後、各10億人ずつ増加するに要した年月は、100年（1930年）、30年（1960年）、15年（1975年）、11年（1986年）へと急減し、いかに人口増加が加速度的であったかが理解できるであろう。一方、日本の人口は西暦14年に、約200万人程度の人口であった。そして西暦350年には、約300万人程度へと増加し、その後、この人口が倍増するのは西暦600年頃であった。また、1200年（1,200万人）、1690年（2,400万人）にもそれぞれ倍加し、1909年（4,800万人）および1963年（9,600万人）にも、また倍加したのであった。そこで、日本の人口が2倍になるには、それぞれ250年、600年、490年、219年、54年が必要であったことになり、これより1900年以降に、日本の人口が急増したことがわかるのである。

5 一般的に言って、先進国の低人口成長率は、発展途上国の高人口成長率とは対照的であり、その結果、先進国は高齢化問題が、逆に発展途上国では、いかに増え続ける人口を抑制するかが大きな問題となっている。また、日本の合計特殊出生率は、1999年に1.34と、現状人口を維持する値の2.09をはるかに下回り、「人口問題に関する意識調査」でも、人口の高齢化を憂慮している者の割合が50％以上にも及ぶ事が判明している。そして、人口に占める65歳以上の高齢化割合は1995年に14.5％であったのが、2050年には、32.3％に達するだろうと予測されている。このように、日本の出生率の低下は急速であり、大きな高齢化問題を抱えているのが現状である。一方、発展途上国では、いかに増え続ける人口を抑制するかが大きな問題となっている。発展途上国では、子供は労働力確保の効用や老後の保証の効用を持ち、かつ宗教的、制度的、慣習的要因他等が存在するため、いまだ高人口成長を抑制できない国が多いのである。そしてアフリカは、西暦1900年には世界人口の8.0％であったシェアーが、2000年には14.2％にまで増加するであろうと予測されている。また一方では、

ソローがいうように，初期国民所得水準が低い国は長期的には国民所得水準の高い国に追いつき，同程度の生活水準を達成することができる（収束する）ということを意味している。また発展途上国，なかでもアフリカ等は人口成長率はきわめて高いものとなっており，リプロダクティブ・ヘルス／ライツという新しい概念が大きく取り上げられている。

第 2 章　楽観的人口論と悲観的人口論

はじめに

　これまでの歴史をふりかえってみると，人口と経済に関する考え方は楽観的人口論（人口成長を善とするもの）と悲観的人口論（人口成長を悪とするもの）の2つに大別することができよう。この楽観的人口論と悲観的人口論は，ギリシャ，ローマ時代から縄目の様に変遷し，これまでから多くの論争があった。通常悲観的人口論者の代表としてはマルサス（R. Malthus）[1798] があげられる。しかし，マルサスは人口の積極的作用も考えていたのであった。マルサスに反対し，この積極的な点を取り上げ，強調したのが，楽観的人口論者として分類されるボスラップ（E. Boserup）[1965] であった。また，現在でもコール＝フーバー（A. J. Coal and E. M. Hoover）[1958] の流れは強く，ローマクラブの線上にある悲観的人口論者と，サイモン（J. Simon）[1977] 等の楽観的人口論者とが対立した形となっている。人口の絶対的な増大と環境問題等により，悲観的人口論の方が優勢であるが，サイモンの意見もやはり耳を傾ける価値も持っている。それゆえ，本章ではこれまでの論争とともに，現在の楽観的人口論と悲観的人口論の2つの考え方をみることにする。

第1節　楽観的人口論と悲観的人口論

　人口と経済に関する考え方は大別して2つに分類されるであろう。すなわち人口成長を善とする楽観的人口論と人口成長を悪とする悲観的人口論の2つである。ふり返ってみると，この楽観的人口論と悲観的人口論は縄目のように変遷してきたのであった。すなわち，まずギリシャ時代やローマ時代および重商主義時代は「人は力なり」という言葉が示すように，人口の増加は国力の増加を導くと考えられ楽観的人口論が支配的であった。また人口 Population の語源がラテン語の Populatio であり，元来は荒廃という意味を持っている。すなわち，人口が増加すると，天然の食物や天然資源が荒廃させられるという意味とともに，その結果として，人口成長は困難であったという事を意味するものであった。この点からも，人口成長は人類歴史の初期段階においては，非常に困難なものであったと容易に推察されよう。

　その後重農主義等により悲観的人口論が採用されてはいたが，一般的に言われている悲観的人口論者としては，周知のようにマルサス［1798］をあげることができるであろう。マルサスは，当時先進国であった英国の，人口転換により人口爆発が生じた時期に現れたという時代的背景を持っていたのであった。彼は食欲と性欲という2つの公準を前提として，『人口の原理』第2版以降では次の3つの命題を述べていた。すなわち，(1) 人口はかならず生存資料によって制限せられる。(2) 人口は，あるはなはだ有力かつ顕著な妨げによって阻止されないかぎり，生存資料の増すところではつねに増加する。(3) これらの妨げ，ならびに人口の優勢な力をおさえてその結果を生存資料と同一水準に保たしめるもろもろの妨げは，すべて道徳的抑制，悪徳および困窮に帰着する（南亮三郎［1972b］より引用）という3点である（『初版人口の原理』では，道徳的抑制は入れられていなかった）。そして彼はより優勢な人口は幾何級数的に増加し，生存資料は算術級数的にしか増加せず，人口は生存資料を生産する土地の力よりも不定に大きいと主張した（詳細は第5章を参照されたい）。

　一方，楽観的人口論者としては分業の有利性，および市場の拡大の有利性を示したアダム・スミス（A. Smith）［1776］が有名である。その他にもポピュレ

ーショニストや人口優位説を主張する人々もあげられるが，特に農業との関連で楽観的人口論を展開したのはボズラップ [1965] であった。彼女によると，人口増加は未耕地の開墾，沼沢地の干拓，改良作物や改良緑肥の導入等を導き，むしろ技術進歩を誘発するものが多いという。そして歴史家が農業革命と呼ぶものは人口が原因のものが多く，人口が増加するにつれ，森林休閑，藪地休閑，短期休閑，一毛作，二毛作，多毛作というように，より集約的な農業方法へと移り，技術進歩を誘発するというのである。このように，ボズラップやクラーク（C. Clark）[1967] は世間一般的にいわれるマルサス説と対立し，人口がむしろ技術進歩を誘発するものであると主張するのである（詳細は第10章を参照）。

　また，ケインズ（J. M. Keynes）[1919] はケインズ革命を通して悲観的人口論者から楽観的人口論者へと変化した。すなわちケインズ革命以前のケインズは忠実な古典派経済学者であった。1919年に出版された *The Economic Consequences of the Peace* の第2章「戦前のヨーロッパ」において彼は次のように述べている。

　「18世紀以前には，人類は何らの見せかけの希望も抱いてはいなかった。その時代の末葉に人気を博するようになった幻想を打ち破るために，マルサスは一匹の悪魔を露わにしてみせた。半世紀のあいだ，すべての重要な経済学上の著作は，その悪魔をはっきりと凝視していた。次の半世紀間，その悪魔は鎖につながれ，見えなくなっていた。いまや，おそらく，われわれはこの悪魔を再び解き放ってしまったのである。」（ケインズ [1919] のp.9，邦訳はp.6）

　すなわちケインズは黄金時代がすでに終りをつげたいま，再びマルサス的考慮が必要であると述べているのである。換言すれば，当時のケインズは過剰人口論と収穫逓減の法則を柱とする忠実なマルサス学徒であった。しかし，ビヴァリッジ（W. H. Beveridge）[1923] との論争後ではケインズは思想の転換が行われ，資本需要は人口が増加すればするほど増大すると主張するように変化しているのである（詳細は本書の第5章および中山伊知郎＝南亮進 [1959] を参照。以後，各章の初め等以外は南亮進を南（進）と書くようにする）。また，これら上記の者以外にも楽観的人口論者と悲観的人口論者の数は，第2-1表にも示すように枚挙にいとまがない。このように，人口と経済との関係には楽観的人口論と

第2-1表 オーバービークによる楽観論者と悲観論者の分類

楽　観　論		悲　観　論
〈1800～1914〉 　シニア（Senior） 　カーリー（Carley） 　マルクス（Marx） 　デュモン（Dumont） 　ルロワ・ボーリュー 　　（Leroy-Beauliew） 〈1918～1940〉 　カーソンダース（Carr-Saunders） 　デュプリール（Dupreel） 　ジニ（Gini） 　ランドリー（Landry） 　チャーレス（Charles） 〈1930～1940〉 　ケインズ（Keynes） 　ハンセン（Hansen）	ハロッド（Harrod） 　ミルダール（Myrdal） 〈1945～〉 　カストロ（De Castro） 　レスタピス（De Lestapis） 　クラーク（Clark） 〈現在〉 　クズネッツ（Kuznets） 　ハーシュマン（Hirshman） 　ボズラップ（Boserup）	〈1798〉 　マルサス（Malthus） 〈1918～1940〉 　ケインズ（Keynes） 　イースト（East） 　ロス（Ross） 　ムケルジー（Mukerzee） 〈1945～〉 　ダーウィン（Darwin） 　コール（Coale） 　スペングラー（Spengler） 〈現在〉 　ミード（Meade） 　レッダウェイ（Reddaway） 　デイヴィス（Davis）

悲観的人口論との2つの考え方があるのである。

　オーバービーク（J. Overbeek）[1974] は経済学的，社会学的，生物学的人口学者をマルサスを肯定する者と否定する者とに分け，その歴史的な波として彼らを分類している。第2-1表は彼の著書に記載されている者を悲観論者と楽観論者とに分類したものである。それぞれの時期における楽観的人口論者や悲観的人口論者がわかるとともに，マルサスの悲観論は自明としてケインズはビヴァリッジ論争以前の悲観論者から楽観論者へと変化した様子がこの表からも読みとることができるであろう。換言すれば，ケインズ革命以前のケインズも忠実な古典経済学者であったのである。

　後（第3章）で詳細に分析するが，ここでは人口の積極的作用と消極的作用を簡潔に要約することにしよう（第2-2表も参照されたい）。発展途上国での人口爆発が大問題となって以来，現在の世相としては悲観的人口論的な考えが支配的となっている。そこで人口をなぜそのようにネガティブに考えられるのかについて考察するために，人口の消極的作用の方をまず最初に考えることにしよう。人口の経済へのマイナスの効果ないしは人口の消極的作用としては次のような点があげられよう。まず第1に，他の条件が一定であるならば人口増加

第2-2表 人口の生産面・消費面・文化面・教育面等への貢献

○人口の生産面への貢献
 ＊**人口の経済へのマイナスの効果**（人口の消極的作用）
  (1) 人口増加は1人当たり所得を減少させる。(2) 人口増加は年齢構成を変化させ，就業人口比率を減少させ，1人当たり所得を減少させる。(3) 子供は現在の貨幣の限界効用を増加させ，時間的選好を現在に向け，貯蓄よりも消費を多くさせる。(4) 公共施設等から受ける1人当たりサービス量は減少する。
 ＊**人口の経済へのプラスの効果**（人口の積極的作用）
  (1) 人口増加は労働力を増加させ，生産にプラスに働く。両親の労働量を増加させる。農村社会等では子供の労働力はきわめて重要である。(2) 規模の経済，分業や競争を生じさせ，生産性を高める。(3) 必要は発明の母である。(4) 知識の蓄積が行われ，天然資源の開発等を進める。天才の出る数はより大きい人口数の場合に絶対数で大となり，経済に貢献する。

○人口の消費面や文化面，教育面およびその他の面への貢献
  (1) 人口成長率の高い国は青年人口の割合も大きく，新生産物に対する感応性が大きく，新しい職業に対する順応性，適応性，活気等も大きい。青年層の教育水準は老年層よりも高く，消費以上のものを生産し，貯蓄をする。若年層は流動性が高く，資源の最適配分に一役を買う。(2) 人口成長は道路等のインフラストラクチュアの建設にプラスの貢献をする。高人口成長は人口密度を高め，輸送，教育や衛生面にプラスの影響を与える。オーバヘッド・コストは人口に関係なくある程度の大きさが必要であり，多くの人口では割安になる。開発途上国では人口成長が灌漑や農業投資にプラスに働く。

は1人当たり所得を減少させるという点である。すなわち1人当たり所得は所得を人口で除することにより得られるがゆえに，他の条件が一定であれば人口が増加すると1人当たり所得は減少することになる。第2に，人口増加は年齢構成を変化させ，就業人口比率を減少させることになり，その結果としても1人当たり所得を減少させるように働くであろう。第3に，子供が多くなると現在の貨幣の限界効用が増加し，時間的選好が将来よりも現在に向けられやすくなり，その結果として家計の所得が貯蓄よりも消費に多く向けられるようになるだろう。第4は公共施設等から受ける1人当たりサービス量が減少する可能性が高いという点も考えられよう。

一方，人口の経済へのプラスの効果ないしは人口の積極的作用としては次のような点があげられるであろう。まず第1は人口が増加すると労働力が増加（何年間のラグを持つが）し，それゆえに生産にプラスに働くという点である。また，この人口増は労働供給というルートのみならず両親の労働量を増加させる作用を持つといわれている。すなわち子供のためにより多く働くことになるというのである。さらに，よく知られたように農村社会においては子供の労働

力は欠くことのできないものであり、その意味においても子供から多くの効用を得ているという点である。第2は、アダム・スミスがいうように高人口成長は規模の経済、分業や競争を生じさせ、生産性を高める効果を持つという点があげられよう。第3は、必要は発明の母であるというように、ある程度の人口圧力は社会の進歩や発展に必要であるという点である。この点は、戦争中においては平和時には想像もつかないような生産増加が可能になる場合もあり、企業が事業不振に陥ると費用を切りつめて困難を打開する努力がなされるという点とも関連している。第4は、人口増加が進むと知識の蓄積がなされ、天然資源の開発等が進むという点や、クズネッツ（S. Kuznets）[1960] がいうように、天才の出る数はより大きい人口数の場合に絶対数として大きくなり、それゆえにそれらの人口に貢献する点が大きいという点である。

　以上は人口の生産面への貢献であったが、つづいて消費面や文化、教育およびその他への効果についても考えてみることにしよう。第5は、人口成長率の高い国ほど青年人口の割合が大きく、新しい生産物に対する感応性が大きいという点である。また若い者は新しい職業に対する順応性、適応性、活気やその他多くの面で経済や社会の変化を生じさせ、近代的経済成長を加速させるという面を持っている。つけ加えるに青年層の教育水準は一般的にいって老年層よりも高く、将来のために消費以上のものを生産する場合が多く、その結果としてより多くの貯蓄をする傾向があるといわれている。さらに、人口増加は人口の流動性を高めるが、老年層に比べ若年層は流動性が高く、資源の最適配分に一役を買うという面も持っている。第6は、人口成長は道路等のインフラストラクチュアの建設にプラスの貢献をするという点である。

　ヒックス（J. Hicks）[1960] のいうようにある程度の大きさの人口があって初めて橋の建設や道路の建設ということが可能になるという面も存在するのである。また高人口成長は人口密度を高め、輸送、教育や衛生面にプラスの影響を与えるという点もあげられよう。さらに、オーバヘッド・コストは人口に関係なくある程度の大きさが必要であり、多くの人口では割安になるという点がある。また発展途上国では人口成長が潅漑や農業投資にプラスの影響を持つということが報告されている。このように人口のマイナス面は厳然と存在するとしても、プラス面をも同時に評価し、客観的に考察するという態度をとらなけ

ればならないであろう。

第2節　現在の楽観的人口論

　この現在の，悲観的人口論が中心の世の中で，楽観的人口論者もいる（前述の第2-1表を参照）が，人口のプラス面を評価しようと積極的に主張しているのがサイモン（J. Simon）[1977]である。彼はこれまでになされた研究以上に，より強く人口のポジティブな面を評価しようとする点に特色を持っている。そして，彼のモデルは，人口の資本不足効果のみならず，人口の生産性上昇効果（ヴァードン・モデルや残余モデルにより計測）をも考慮にいれている。従来からも，労働増加的進歩率という形で，人口の生産性上昇効果が考慮はされていたが，サイモンはヴァードン法や残余法を使用し，より積極的に人口のプラス面を捉えようとしているのである。すなわち，彼はボズラップやクラークと同じく，技術進歩は人口により誘発されると仮定し，先進国モデルと発展途上国モデルに分けて議論を進めている。そして，先進国モデルから，次のような結論を導いている。

　第1は，高人口成長率は低人口成長率に比較して低労働生産性から始まるが，80年以内により高い労働生産性を持つようになる。さらに，160年にまで延長した場合には，高人口成長率の場合ほど労働生産性が高くなるという結果を示し，マルサス的モデルとは全く異なった結果を示している。また高人口成長率の場合の労働生産性は初期には低くなるが，あまり大きなものではないという結果も得られている。このマルサス的モデルとの違いは，やはり人口の生産性上昇効果を考慮した点からきているのである。第2は，子供が増加することによる貯蓄率の低下に関しては，その効果があまり大きいものでないことが確認されている。第3は，2人以上の子供が生まれた場合の両親の労働供給量の増加効果を入れても結果は不変であった。第4は，高人口成長のケースが低人口成長のケースを追い越すのに要する時間は，教育支出が物的貯蓄に悪い影響を与えるモデルほど長い時間を要することになる（より詳細は，山口三十四[1982b]のp.229をも参照されたい）。

一方，発展途上国モデルからは，緩慢な人口成長は人口のゼロ成長や急速な人口成長よりも1人当たり所得を上昇させることになる。しかし，発展途上国においては，短期の負の効果は厳しく，長期の正の効果は遅々としたものである。そのため，例えばインドのような多くの発展途上国では，人口抑制についての政策が厳しく言われているのである。すなわち，彼は比較静学的な分析により，人口のポジティブな効果をあげているのである。この論争はマルサス対ゴッドウィン論争や，その以前や以後にも楽観的人口論と悲観的人口論との対立として，常に存在していたのであった。しかし彼は言う。問題は，最近の人口増加に対する一般的な評価は暗く，人口論は陰気な学問の代表のような印象を与えているということである。すなわち，人口汚染，人口爆弾や人口爆発という言葉はマスコミにより，一般大衆に恐怖を増幅した形で提示され，これはあたかもグレシャムの法則の「悪貨が良貨を駆逐する」のと同じような効果を持っていたと彼は言うのである。

そして，サイモンは人口成長が，長期では生活水準を上昇させるとして，明るい面を主張した。すなわち，独立した技術進歩や社会構造の変革が人口成長との競争にうち勝ったり，人口問題を解決するという理由からではなく，人口それ自身が技術進歩や市場変化を誘発するとしている。すなわち，単なる技術と人口との間の競争ではなく，むしろ人間が経済に積極的な作用を与えるという因果関係を主張する。そして，現在では人間の生活そのものは世界に重要性を持つゆえ，経済システムがこの増加する人口を養育できるということは，素晴らしいことであるという。すなわち，現代の人口成長は人類の文明の勝利と将来のより大きな勝利への前兆であるという。それゆえ，世界全体に染みわたっている悲観論の大きな原因として，一般的に長期的な効果を捉えることが困難な点とその利益が過大に割引されて考えられていることによるという（詳細は山口［1982b］の第10章，特に pp. 231-32 を参照されたい）。

また，世界の可耕地と食糧供給に関しては，河野稠果［1986］の第8章に，1974年ブカレストの世界人口会議および1984年のメキシコ市での国際人口会議で重要な貢献を行った元ハーバード大学人口研究所長のロジャー・ラベルの所見が紹介されている。河野の記述にそって，要約すると，次のようになる。すなわち，ラベルの見解では世界の可耕地が米国並みの農業生産性を発揮した場

合，世界の人口を380億から480億人，すなわち現在の10倍程度にまで拡大できるという。すなわち，世界の陸地面積130億ヘクタールの内，農耕可能な土地は24億3,000万ヘクタールで，2毛作や3毛作の延べ使用面積は40億6,000万ヘクタールであるという。そのうち，約10％は繊維（綿等）や酒（葡萄酒等），ジュース等に用いられ，残りの36億5,000万ヘクタールに米国トウモロコシ生産の農業技術（土地生産性）が採用されると，2×2^{14}キロカロリーの農産物が生産されることになる。10％が途中のロス，3％が種子に使用されても，760億人の人口（1人1日2,500キロカロリー消費と仮定）を扶養可能である。

またバランスのある食事には4,000～5,000キロカロリーが必要であるとしても，380～480億人の人口を扶養可能であるという。この見解は，もちろん現実的でない仮定のもとに成り立っている。しかし計算上はこのように可能なのである。ここでは，生活の快適さ（アメニティー）や生活水準の低下，さらに森林破壊による生態系の破壊（炭酸ガスの増大）等の考慮が全くないが，最も楽観的な見解として紹介されている。さらに，人間が生きて行くには食糧のみではなく，鉱物・エネルギー資源や石油，電気，ガス，さらには原子力のエネルギー資源が必要である。これも河野に従って，レビューすると，まず鉱物資源に関しては楽観論・悲観論のいずれも，将来の埋蔵量は無限に近いという。この鉱物資源に関しては，リサイクル等も可能であり，問題は少ないという。問題になるのは，エネルギー資源である。特に，石油等の化石燃料は数量的に限られている。それゆえ，ローマクラブが言うように，これまでの傾向で石油等のエネルギー資源を浪費すれば，限界が近いであろうという。しかし河野は，石油等はこれまでから常に限界に近いと言われてきたが，その度に新しいものが発見されてきたゆえ，巧く運用すれば極端に悲観論になる必要がないと述べている（より詳細は河野［1986］の第8章を参照されたい）。

第3節　現在の悲観的人口論

一方，悲観論者としては，上述のようにオーバービーク［1974］により第2-1表に示された人達がいる。その中で，これまでに（1950年代以降）最も引用さ

れ続けてきたのは，コール=フーバー（A. J. Coale and E. M. Hoover）[1958] であろう。彼等のポイントは，人口成長が資本蓄積を阻害するゆえ，人口成長を引き下げることが必要であるというものである。これは発展途上国で人口爆発が生じ，飢餓問題等惨めな状況とあいまって，永年の間，広範囲に信じられてきたものであった。つづく著名な悲観論者は，ローマクラブの『成長の限界』をあげることができよう。D. メドウズを主査とし，システム・ダイナミックスを用いた研究結果が報告されると，周知のように，世界中が騒然となった。なぜならば，その報告書は地球は有限であり，人口と資源消費が増加し，公害が増大すれば，有限の地球は当然深刻な食糧不足や資源の枯渇になるが，それ以前に大気汚染や環境破壊により，人類は滅亡するというセンセーショナルな結論だったからである。

そこで上述のように，全世界で騒然となり，多くの批判が殺到したのであった。まず，モデルはあまりにも単純化しすぎであり，しかも天然資源の埋蔵量，環境汚染に対しても，あまりにも悲観的である。しかし，人間は十分に適応能力を持つものであるとの批判もあった。また出生率の低下に対しても，それはあまりにも悲観的であり，彼等の結論とは逆に，環境汚染は人類にはほとんど影響がないとする報告も存在した。さらに，成長の限界を5～600年先に延期することも可能であるという点。しかも，これから発展しようとする途上国側に水をさすのは，先進国のあまりにも身勝手な見解であるといった批判等，多数の批判が寄せられたのであった（詳細は河野[1986]を参照。河野はこの点を非常にうまくまとめているゆえ，参照されたい）。

それゆえ，上述のサイモンのような，人口のプラス面を評価しようとの動きがあった。しかし，この人口成長の技術進歩創出効果は，地球的な規模でみると，環境面に大きなマイナス面を持つようになってきた。オゾン層の破壊，炭酸ガスの増加による温暖化現象，エルニーニョ現象による異常気象等はよく知られた現象である。また筆者自身，個人的に1995年8月の中国での学会発表の際に経験した，上海や北京での信じられない程の汚染状態（呼吸することが困難であった）は，中国の人口増加が単に食糧問題のみならず，環境を通じ我々の生活に与える危機感（中国からの酸性雨が報告されて久しい）を痛切に感じさせられるものであった。それゆえ，持続可能な経済発展について考慮することが，

第 2 章　楽観的人口論と悲観的人口論　35

世界的に必要となっている。

　持続可能な発展は環境と天然資源を同時に守るもので，現在の消費を抑え，将来の世代の人々の物質的必要性を考慮した発展である。すなわち，将来の世代の人々の考察や環境面や天然資源について考慮する点が核心となっている。国連では1960年の半ばごろから持続可能な発展の考えが始まり，世界銀行においても多くのプログラムの中に組み込まれ，発展や環境哲学の中心的存在となっている。天然資源や環境に関する考え方に関しては，第 2 次世界大戦以前では，資源を技術的により効率的な発展が行われるように使用するよう強調されていた。しかし戦後では，天然資源の審美的ないしはアメニティ使用へと重点が移り，最近では，すべての生命の健康的で安定的な生態的背景を維持する役目を天然資源が持つようになっている。

　次の 6 点は，持続可能な発展を主張する人々の信念である。第 1 は，経済成長には限界があるという点である。第 2 は科学や技術に必ずしも全面的な信頼を置いていないという点である。第 3 は，環境面でのリスクを極力避けようとする態度である。第 4 は何世代にもわたる分配的正義ないしは平等主義の倫理を持っているという点である。第 5 は人口成長に歯止めをかけるという態度を持っているという点である。第 6 は，彼らの目指す点は，経済成長よりはむしろ種の生き残り，環境保護やマイノリティ文化の保護等に重点を置いているという 6 点である。

　また次の 6 点はすべての発展政策の目標として，考慮されているか否かを吟味する必要があるとする。第 1 は自然環境を支持するという点である。第 2 は，限られた地球資源の需要であることをわきまえる必要があるという点である。第 3 は，地域的かつ更新可能な代替資源を考慮するという点である。第 4 は，劣悪な条件で生きている生命体の生活水準を向上させるという点である。第 5 は，できる限り自給率を向上させるという点である。第 6 はすべての生命体の高潔さや本来の価値を尊敬するという点の 6 点である。以上のように，持続可能な発展論者は人口成長に歯止めをかけるという態度を持ち，その意味で現在の悲観論者の代表となっている（持続可能な経済発展についての詳細は，山口［1991］を参照されたい）。

おわりに

以上，楽観的人口論と悲観的人口論について，述べてきた。これらを要約すれば，次の様になるだろう。

1 　人口と経済に関する考え方は，楽観的人口論と悲観的人口論の2つに分けられる。ギリシャ時代やローマ時代および重商主義時代は，人口の増加は国力の増加を導くと考えられ楽観的人口論が支配的であった。その後重農主義等により悲観的人口論が採用されていた。

2 　一般的に言えば，悲観的人口論者としてはマルサスをあげることができるであろう。マルサスは，当時先進国であった英国の，人口転換により人口爆発が生じた時期に現れたという時代背景を持っていた。彼は食欲と性欲という2つの公準を前提として，3つの命題を述べていた。そして彼はより優勢な人口は幾何級数的に増加し，生存資料は算術級数的にしか増加せず，人口は生存資料を生産する土地の力よりも不定に大きいと主張した。

3 　一方，楽観的人口論者としては分業の有利性，および市場の拡大の有利性を示したスミスが有名である。その他にもポピュレーショニストや人口優位説を主張する人々もあげられる。しかし，特に農業との関連で楽観的人口論を展開したのはボズラップであった。彼女によると，人口増加は未耕地の開墾，沼沢地の干拓，改良作物や改良緑肥の導入等を導き，むしろ技術進歩を誘発するものが多いという。そして歴史家が農業革命と呼ぶものは人口が原因のものが多いという。一方，ケインズはケインズ革命を通して悲観的人口論者から楽観的人口論者へと変化した。

4 　現在の楽観的人口論者としては，サイモンがいる。彼はこれまでに行われてきた多くの研究以上に，より強く人口のポジテイブな面を評価しようとする点に特色を持っている。そして，彼のモデルは，人口の資本不足効果のみならず，人口の生産性上昇効果をも考慮に入れている。すなわち，彼はボズラップやクラークと同じく，技術進歩は人口により誘発されるとし，先進国モデルと発展途上国モデルに分けて議論を進めている。そして，先進国モデルから，高人口成長率は低人口成長率に比較して低労働生産性から始まるが，80年以内

により高い労働生産性を持つようになる。さらに，160年にまで延長した場合には，高人口成長率の場合ほど労働生産性が高くなるという結果を示している。一方，発展途上国モデルからは，緩慢な人口成長は人口のゼロ成長や急速な人口成長よりも1人当たり所得を上昇させることになる。しかし，発展途上国においては，短期の負の効果は厳しく，長期の正の効果は遅々としたものである。そのため，インドのような多くの発展途上国では，人口抑制についての政策が厳しく言われているというのである。そして，サイモンは人口成長が，長期では生活水準を上昇させるとして，明るい面を主張した。

5　一方，現在の悲観的人口論者としては，オーバービークが示したような人達がいる。その中で，これまでに（1950年代以降）最も引用され続けてきたのは，コールとフーバーであろう。彼等は人口成長が資本蓄積を阻害するゆえ，人口成長を引き下げることが必要と説いたものである。これは発展途上国で人口爆発が生じ，飢餓問題等惨めな状況とあいまって，永年の間，広範囲に信じられてきたものであった。つづく悲観論者としては，ローマクラブの『成長の限界』があげられる。この研究結果が報告されると，世界中が騒然となった。なぜならば，その報告書は究極的には人類が滅亡するというセンセーショナルな結論だったからである。しかし，それには多くの批判も殺到した。また，上述のサイモンのように，人口のプラス面を評価しようとの動きがあった。しかし，この人口成長の技術進歩創出効果は，地球的な規模でみると，環境面に大きなマイナス面を持つようになっている。それゆえ，現在では持続可能な経済発展について考慮することが，世界的に必要なものとなっている。

第2部
人口の理論的研究

第3章 人口と技術進歩の綱引競争

はじめに

　人口と技術進歩は経済発展に対し，綱引競争の形となっている。すなわち，技術進歩は経済発展を促進させる役割を持つのに対し，人口は一般的には，経済発展を阻害させる方向へ働くということはよく知られた事実である。しかし，一方では教育水準が高く，質の良い人口は技術進歩を生み出し，経済発展にプラスの影響を持っている。それ以外にも人口は労働を通してプラスに働く効果を持っている。さらに人口は分業や規模の経済を通じ，経済にプラスに働くこと，また知識の蓄積等にもプラスの影響を持つことが知られている。そこで，本章では人口と技術進歩の定義，特徴，さらに経済への貢献について考察し，最後に人口と技術進歩の競争につき，日本のデータを用いて計測し，計測結果の吟味を行うことにする。

第1節　人口の定義，特徴，経済への貢献

● **人口の定義**　　人口の英語訳である population という言葉は，単に人間の人口（human population）のみならず，動植物の自然人口，自動車人口，商品人口や資本人口等広範囲に適用されている。しかし本章では人口の定義として，

第3-1表 人口と技術進歩の定義，特徴，経済への貢献

- ○ [人口の定義] 人口とは一定の場所に住む人間の総和，あるいは一定の空間（地域）に限定された人間の集団である。
- ○ [人口の特徴] (1) 人口は集団的な量を現す。(2) 年齢別人口，男女別人口，職業別人口等のような質的内容も持つ。(3) 社会的有機的自己再生産運動を行い，出生と死亡とによりその大きさや構造をたえず変化させる。(4) 漸移的および長期的運動を持つ。(5) 人口と社会経済は相互依存関係を持つ。
- ○ [人口の経済への貢献] 第2-2表を参照。
- ○ [技術進歩の定義] 技術とは一定の目的に達する方法，またその目的を達するための行動の仕方を意味する。しかも構想された人間行動の仕方を意味する。それゆえ技術進歩は構想された人間の行動の仕方が進歩することを意味する。
- ○ [技術進歩の特徴] (1) 技術進歩は生産関数をシフトさせ，供給を増加させる。また品質向上や規格統一にポジティブに働く場合が多い。通常は収入が増加するが，農産物のように，需要の価格弾力性が小さい場合には，農業者の収入は減少する場合もある。(2) 技術進歩は一定の生産物を作るのに要するインプットの量を減少させる。特に労働節約的技術進歩の場合には，労働がより節約されることになり，そのために，労働者の失業が生じる可能性がある。(3) 発明から実際に発明が実施され，革新となるには通常10〜20年の期間が必要である。また普及にもかなりの時間を要する。それゆえ，新技術を早く採用した者は，利益を1人占めにすることが可能であり，所得格差を拡大する恐れがある。
- ○ [技術進歩の経済への貢献] (1) 技術進歩は生産物の供給を増加させ，個人レベルでは所得を増加させ，政府レベルでは輸出増加等に導き，経済成長に貢献する。(2) 技術進歩により，不必要となった労働者を，より生産性の高い部門に移動させることにより，全体の労働生産性を上昇させることが可能である。(3) 技術進歩は新製品を創造し，生産物の規格統一を進め，製品価格の低下をさせることにより，質量両面において，消費者に利益を与える。

人口は一定の場所に住む人間の総和，あるいは一定の空間（地域）に限定された人間の集団と定義することにする。この人口（population）の語源は，既述のようにラテン語の populatio であるといわれている。これは元来は荒廃（devastation, ravage と同義）を意味し，人口が増加すれば，自然の食糧や天然資源等を荒廃させ，結局人口増加は困難であるということを意味したもののようであった。また17〜8世紀頃には，population, bevölkerung はいずれも人を住まわせ，増やすということで，今日のような意味での人口を述べているのとは異なっていたという（南亮三郎 [1972a] の p.3。以後は南亮三郎は南（三），南亮進は南（進）と書く）。しかし最近では，上述の定義のような意味で，人口が使われており，ここでもそれに従うことにする（第3-1表は人口と技術進歩の定義・特徴・経済への貢献を要約したものである）。

● **人口の特徴** 上で，人口は一定の地域に住む人間の総和であると定義し

た。そこで，人口の第1の特徴として，人口は集団的な量を表すという点があげられよう。しかしながら，人口は量的な側面のみならず，年齢別人口，男女別人口，職業別人口等のような質的内容をも持つが，これが第2の特徴としてあげられるであろう。現在問題となっている高齢化問題は，質的内容を持つがゆえに生じたものであろう。さらに，人口の第3の特徴は，社会的有機的自己再生産運動（館稔 [1963] の p. 16）と名づけられているように，出生と死亡とによりその大きさや構造がたえず変化しているという点である。人口の第4の特徴は，人口が漸移的および長期的運動をなすという点であろう。まず人口は出生までにかなりの期間が必要であり，また人口の順応効果は「複雑な人口の内面的秩序を通じていくたの変動をみせつつ，長期にわたって次第にその効果を現わす」（館 [1963] の pp. 16-7）ことになる。

　第5として，人口と社会・経済は相互依存関係を持っている。まず人口は経済や社会により大きく影響され，規制されており，経済的な生活空間との関連において，いわば被規制者としての性格を有している。逆に人口は経済や社会を規制し，反作用を及ぼして，生活空間を拡大しようとする積極的な力をも持っている。このように，人口と社会・経済は相互依存関係を持っているのである（第4章はこの人口と社会・経済の相互依存関係を考え，第6章は計量的にも捉えようとしたものである）。この点をもう少し詳しく述べることにしよう。南（三）[1971] はマルサス（R. Malthus）[1798] の人口論の原理を研究する過程で，人口は自然と社会との生態の中で自ら生き，自ら更新し，自ら生態を改変する力であり国家の力と繁栄とを自己に表象し，制約する生きた力である[1]と述べている。そして人口は生きた生命体であり，一定の秩序，一定の法則以上のもの，すなわち原理的な力が内在するものと捉えている。

　南（三）はマルサス第6版の2～4ページに，人口がこのように生存資料を越え，増殖しようとする不断の傾向を有するという記述があることに注目し，マルサスでは増殖思想と均衡思想とが密な内的関係において捉えられていると主張する。しかもそれは，ただ一度の均衡のみをもたらすのではなく，その作用を不断になそうとするものであるとも述べている。これはマルサス以前の増殖思想が，単に生存資料が存在すれば増殖するという範囲にとどまっていたのに対し，マルサスにおいては，人口は生存資料を越えて増殖する不断の傾向で

あり，人口をそれ自身内発的な，具体的な，現実の力として認識されていることを意味している。それゆえ，マルサスにおいては，均衡思想と増殖思想とが原理として捉えられ，両者が密な関連において理解されていることになる。このように捉えることにより，人口の増殖原理が根本の原因として，人口と幸福との周期的な波動が，すなわち逆転と進転運動が生じてくると言っている。

たしかに，マルサスは次のような形で説明を行っている[2]。人口増加により貧民の生活はますます悪化し，かつ労賃は低下する。一方食料価格は高騰し，生活のためにはより多くの労働を必要とすることになる。この間に結婚への失意や家族扶養の困難さが生じ，人口増加が阻害される。一方では，農民を刺激し，より労働集約的な方法で耕作し，新たに開墾をさせ，既耕地には施肥を多くし，改良させ土地生産性を高める努力をするようになるであろう。その結果，人口と生存資料との関係は，最初の出発点に戻ることになるだろう。それゆえ，人口増加の抑制はゆるやかになり，人口は増加することになる。そして人口と幸福の逆転および進転運動が反復されるようになるであろう。

以上の記述より，人口は上記の特徴の第5に述べたように，2面の性格を有することが理解できよう。第1は，人口が生存資料により規制され，生存資料に対応して増加できるという，いわば経済に対する人口の消極的な面，一方では人口は，それ自体が内発的な力としてこのような規制をのり越えて新たな均衡を作り出そうとする積極的な面をも持つという点である。これは人口の経済に対する積極面である（第10章はこの点を捉える分析が行われている）。さらに，これに関し，つけ加えれば次のような点であろう。すなわち，これまでの人口と経済に対する考え方は，大きく分けて2つに分類され，それは人口成長を善（楽観的人口論）とする説と悪（悲観的人口論）とする2説であった。この点については，第2章で詳しく説明したところである。

さらに，人口はシュモラーやブトケが述べたように，人口問題の悲劇（人口は増加しても減少しても問題になる）という面をも有している（南（三）[1972a]のp.28）。すなわち，最も強力な人間の本能である子の親となることの幸福や国家組織の対外的勢力を考慮すると，国力が増大し，人口は多いほど良いことになる。しかし一方では，個人の見地からみれば，人口数が一定の大きさを越えない方が生産された財貨の平均の分け前が大きくなることにもなるであろう。

第3章　人口と技術進歩の綱引競争　　45

　また人口問題の最初の形態は，おそらくは，過剰人口という形で現れたものと思われる。しかし経済様式が発達し，農業革命が生じ，農業経済の段階になると，生産力が増大し，人類の定住性が著しく高まった。さらに産業革命により，人口扶養力は拡大したが，経済発達の段階が農業から商工業，さらに国際貿易の段階になると複雑化した。しかし人口転換が生じ，マルサスの時代になると，過剰人口問題が再び重大化したのであった。

　それに対し，19世紀の末から20世紀には，出生率の減退，人口減退の問題，さらに過小人口の脅威という問題が生じてくるようになった。この点は人口問題が経済的・社会的な見地から政治的な見地に移るにつれ，一層の急変を伴う変転が生じてくるのである。例えば，日本の例をあげれば，第2次大戦以前は，過剰人口であったといわれながらも，第2次大戦では，生めよ増やせよとの人口増加政策を伴ったことはよく知られているところである。このように，人口問題は容易に変転しやすく，人口は増加しても減少しても問題となる（人口問題の悲劇と言われている）複雑な独自性を持つものである。またモンベルト的に言えば，人口と経済は弛緩した因果関係を持っているとも言える。それゆえ，人口と経済の関係は上述のような関係にありながら，因果関係を捉えることが困難であったのであろう（以上も南（三）[1971][1972a]を参照）。

● **人口の経済への貢献**　　それでは，人口の経済への貢献について，考えることにする。すでに第2章でもみたように，人口の経済への正負の貢献には[3]，労働を通して働くポジティブな生産面への効果と，消費を通して働くネガティブな分配面への効果との2面があげられよう。通常多くの場合，人口の経済への効果といえば，マルサス的な消費・分配面のマイナス効果があげられてきた[4]。確かに単なる人数の効果からいえば，人口が増加すると1人当たり所得は減少する。また人口増加は年齢構成の変化を，したがって就業人口比率を低下させ，結果としては1人当たり所得を低下させる働きをするであろう。さらに子供が生まれると，現在の貨幣の限界効用が上昇し，時間選好が未来よりも現在に向けられやすくなるであろう。それゆえ，家計の所得が貯蓄よりも消費に向けられやすくなるということも事実であろう。また公共施設等から受ける1人当たりサービス量が，減少するということも事実であろう。しかし逆に，人口増加

が公共財の需要を大きくさせ、政府支出のうちのインフラ・ストラクチュアー等の充実へと向ける割合を増加させるという、正の効果をも忘れてはならないであろう（サイモン（J. Simon）[1977]のPart 1参照）。

それゆえ、人口の正の貢献を考える必要が生まれてくる。そのためには、次のような人口の正の効果を見逃すことはできないであろう。まず労働を通じての生産面への貢献は、第1の貢献として述べる必要があるだろう。さらに人口は、単なる労働供給というルートのみならず、両親の労働時間をも延長させる効果を持っている。特に発展途上国においては、子供が誕生すれば、2年間程度は母親の労働力が減少するが、逆に父親はより多く働き、その結果両親の労働量の合計はより大きくなるともいわれている。また発展途上国では、子供の労働力が非常に重要であることも、広く認められた事実である（これらはサイモン[1977]のPart 1を参照）。第2の貢献としては、高人口成長は規模の経済や競争を通じ、生産性を高める効果を持つという点である。またスミスのいうように、分業促進による作用をも持つであろう（クズネッツ[1960]、ソーヴィ[1976]のCh. 3、ヒックス[1960]のPart 2を参照）。第3の貢献としては、人口成長は道路のようなインフラ・ストラクチュアー建設に、正の影響を与えるということがあげられよう。また高人口成長は人口密度を高め、輸送、教育や衛生面に利益を与えるであろう。これらの点と、オーバヘッド・コストは人口に関係なくある程度の大きさが必要であり、そのためには多人数では割安になるということがあげられよう。さらに、発展途上国での灌漑投資や農業投資に対しては、人口成長が正の効果を持つとの実証結果も得られている（サイモン[1977]のCh. 10, pp. 216-38を参照）。

第4は、必要は発明の母であるという点である。すなわち、ある程度の人口圧力は、社会の進歩や発展に必要であるという点である。この点に関しては、人口圧力が技術進歩を誘発するというボズラップ説（ボズラップ（E. Boserup）[1965]を参照）が著名である。これはまた第1の貢献の、多人数の家族では、より多く努力して所得を高めようとするという点とも関連している。さらに戦時中には、平和時では予想もつかなかったような生産増加が可能になることもあり、また企業が事業不振になると費用を切りつめ、困難を打開するがための多くの努力がなされることも、サイモンはあげている（サイモン[1977]のPart

1を参照)。第5は，人口成長率が高い国ほど，青年人口の割合が多く，新生産物に対する感応性が大きいという点である。また，彼らは新しい職業に対する順応性，適応性，活気やその他いろいろな面で経済や社会の変化を促進させ，近代的経済成長を加速させるという面も持っている。さらに老年層に比較して，青年層の教育水準の方が一般的にいって高い場合が多く，かつ将来のために消費以上のものを生産する努力をなし，その結果としてより多くの貯蓄をする傾向があるということも言われている。また人口増加は人口の流動性を高めるが，若い者ほど流動性が高く，それが資源配分に一役を買うという点も重要であろう。

　さらに，第6は，人口増加が進むと，知識の蓄積が行われ，かつ天然資源の開発等が進むという点があげられよう。また，クズネッツがいうように，いわゆる天才の出る数は，より大きい人口の場合に絶対数として大きくなり，それだけ全人口に貢献する点は大きいという点をもあげることができるであろう（クズネッツ [1960] の Part 2 を参照）。これまでは人口についてはマイナスの面のみを強調されすぎたきらいがあった。しかしここでは，人口のマイナス面は厳然と認めつつも，人口のプラスの貢献も，客観的に認めることが必要であるという態度をとることにする。

第2節　技術進歩の定義，特徴，経済への貢献

● **技術進歩の定義**　柏祐賢 [1962] によれば，技術とは一定の目的に達する方法，またその目的を達するための行動の仕方を意味するという。柏はさらに技術は① 人間の行動に直接かかわっていること，② しかもその行動そのものではなく，その行動の仕方であり，③ どこまでも創造的な構想から出ているという3点をつけ加えることが重要であるという。それゆえ，技術とはある目的の達成や実現をなす際の，構想された人間行動の仕方を意味するということになる（柏 [1962] の pp. 217-18）。そこで，クモの巣作り，ハチの巣作りは巧妙ではあるが，技術とはいうことができないのである。なぜならば，これらの働きかけは本能的生理的な行動であり，毎年同じことを繰り返して行うだけで，

構想された操作行動ではないからである。すなわち,この定義によれば,技術進歩は構想された人間の行動の仕方が進歩することを意味することになろう。このようにして構想された人間の行動の進歩は,新しい方法,新しい企業,新しい組織や経営技術として生じてくるであろう(マンスフィールド(E. Mansfield)[1968]の Ch. 2 を参照)。そして,一般科学の進歩により,構想された人間行動の仕方が進歩し,技術進歩が生じてくることになる。それゆえ,技術進歩は企業,発明者や政府の費やした資源量に依存することになるであろう。それのみならず,他の企業が費やした資源量,市場構造,法的規制,労働者,公共,研究開発の組織や経営にも,技術進歩は依存することにもなるであろう。

　技術進歩の実際の計測においては,技術進歩を直接に測定する十分な方法がないゆえ,最初は便宜上,土地生産性,労働生産性等の部分生産性や総合生産性の上昇を測定することにより技術進歩は計測されていた。[5] しかし,ソローの最初の論文 [1957] で示された,最もシンプルな形での技術進歩を測定する広義な技術進歩(ソロー(R. M. Solow)[1957]の pp. 312-20)と,その技術進歩を要因分解する方法等で計測が行われている。本書で用いる技術進歩も,残余あるいは総要素生産性ともいうべき広義な技術進歩である。一方技術は,主体的技術(技能的技術),手段的技術と組織の技術の3区分に分類することも可能である(柏 [1962] の第2章,第3節,第2款参照)。最初の主体的技術は,技能的な技術をいい,これはさらに,3つに区分することが可能である。それは,結果物を良質なものにする直接対象操作的な技術,力の発生の節約をなす自己規律操作的技術と,場に工を加える場操作的技術の3区分である。そして農業においては,生物の生命過程あるいはその場を人間の目的に沿うように撫育する技術をいい,この技術の典型としては,労働対象的,土地節約的な篤農技術をあげることができる(坂本慶一 [1969](神谷慶治編 [1969])の第1章を参照)。

　第2の手段的技術は,機械や器具,容器や装置,施設等の手段を用いることにより,労働の効率を高める技術をいう。農業では,農機具や農産物貯蔵器具,巣箱,苗床,水利,土地施設,農業用建物施設等を掲げることができよう。第3の組織的技術は,第1,第2の技術的,手段使用的技術を,より一層高い程度に発揮するために,個々の主体が,相互に提携し合って働くようになり,その結果組織的な技術が生じてくるものである(柏 [1962] の p. 261)。この組織

的技術は，さらに協業組織的技術，分業組織的技術と，流れ作業組織的技術の3つに分類することができる。農業の協業組織（共同作業，共同利用，共同飼育，協業経営等）等の労働組織や生産諸要素・諸部門の結合関係についての経営組織も，この中に含まれるものである（坂本［1969］の第1章）。

これまで，技術進歩の定義を述べてきたが，技術進歩は具体的にどのようにして測定されるのであろうか。この測定法にはいろいろなものがあるが，1つの分類としては次のように要約することができるであろう。

(1) 部分生産性方法
(2) 総合生産性方法
 (A) 生産関数方法
  (a) 外生的技術進歩
  (b) 内生的技術進歩
     ヴィンテッジ・モデル，ラーニング・バイ・ドゥーイング・モデル，誘発的技術進歩等
 (B) 指数方法

このうち最も単純な測定法は部分生産性方法であろう。この例としては上述の労働生産性（生産量／労働量）や土地生産性等の測定法があげられよう。この方法は多くの欠点を持つが，便利さゆえにいまだ多くの人々により使用されている。

一方総合生産性方法は部分生産性方法に比較するとはるかに優れている。総合生産性方法により技術進歩を測定する方法には，ソロー［1957］とケンドリック（J. W. Kendrick）［1961］等の方法がよく知られている。ソローはまず① 生産関数の1次同次性，② 資本と労働の2生産要素，③ ヒックス的中立性，④ 完全競争の4仮定を用いて技術進歩を測定している。生産関数を $Y=T(t)f(K, L)$ とすると $\Delta Y/Y=\Delta T(t)/T(t)+w_k\Delta K/K+w_\ell\Delta L/L$ となり，この式より技術進歩率 $\Delta T(t)/T(t)$ の測定が可能になる。ここで w_k，w_ℓ は資本，労働の分配率である。

ソローの方法はより一般的な技術進歩の測定を可能にしたが幾つかの問題点をも含んでいた。まず第1に技術進歩は外生的に生ずるものと考え，体化されていない技術進歩のみを考慮しているという点である。しかし教育等により生

じた労働の質の向上は生産性を上昇させるであろう。グリリカス (Z. Griliches) [1964] やアロー (K. J. Arrow) [1962] の学習効果の技術進歩はこのような点を考慮するものである。またソロー自身も資本の質の差についてヴィンテッジ・モデルで考慮をなしている[6]。さらに誘発的技術進歩の研究も多くなされていることは周知のとおりである。また技術進歩を測定するもう1つの総合生産性方法はシュモクラー (J. Schmookler) [1952] に端を発し[7]、ケンドリックにより展開された指数法である。この方法は生産量と生産要素の指数を比較し、生産指数が要素指数よりも大である時に技術進歩が生じたとみなす方法である。

● **技術進歩の特徴** それでは、定義の次に、技術進歩の特徴について述べることにしよう。まず第1の特徴としては、技術進歩は生産関数をシフトさせ、供給を増加させるということである。また多くの場合に、このシフトは生産物の品質向上や規格統一にポジティブに働く場合が多いのである。通常、この供給増加は個人の所得増加に結びつくであろう。しかし、ここで注意を要する点は、この所得増加は需要の価格弾力性に依存し、必需品的性格を持つ農産物のように、需要の価格弾力性が小さい場合には、農業者の所得が減少するという極端な場合もありうるという点である。つづいて、技術進歩の第2の特徴として、技術進歩は通常、一定の生産物を作るのに要するインプットの量を減少させることになる。特に労働節約的技術進歩の場合には、労働がより節約されることになり、そのために、労働者の失業が生じる可能性があるということが考えられよう。オートメーションが労働者に恐怖を与えたことは、周知の事実であるが、これに対しては政府の需要増大政策が有効な手段となるだろう。

技術進歩の第3の特徴には、発明 (invention) から実際に発明が実施され、革新 (innovation) となるには、時間的ラグがあり、通常10〜20年の期間が必要であるといわれている。そしてその普及 (diffusion) は、比較的遅い過程で進み、かなりの時間を要するものである (マンスフィールド [1968] の Ch. 4)。それゆえ、新技術を早く採用した者は、利益を1人占めにすることが可能である。通常、裕福な者や優れた技術の持主が、素早く採用する傾向があり、そのために所得格差を拡大するおそれがあるのである。多くの場合に、新技術の採用は生産物の需要条件 (生産物価格やその価格弾力性)、生産要素価格、その結果生じ

る利潤率，他部門の雇用状態，政府の政策，不確実性の程度とその不確実性の緩和率，新技術のために必要とされる投資量の大きさや，その分割可能性，インフラ・ストラクチュアーの状態等に依存し，これらの条件により，技術の採用は左右されるのである。

● **技術進歩の経済への貢献**　技術進歩の経済への貢献は，説明が不要で明白なことであり，特に取り立てていうまでもないだろう。まず第1に，技術進歩は生産物の供給を増加させ，個人レベルでは，一般的には所得を増加させ，また政府レベルでは輸出増加等に導き，経済成長に貢献するであろう。この点は広く一般に知られており，さらに説明をなす必要はないであろう。技術進歩の経済への貢献の第2には，技術進歩により不必要となった労働者を，より生産性の高い部門に移動させることにより，全体の労働生産性を上昇させることが可能であるという点であろう。これはオートメーションの失業への恐怖とは裏腹であるが，適切な政策により，経済への大きな貢献ともなるのである[8]。また技術進歩の失業への恐怖とは逆に，日本や台湾の農業がかつて経験したように，農業労働力の季節的偏重をさけ，より平均的な労働需要を必要とするような農業技術の採用により，農業労働雇用を増大させたという例もみられるであろう（ダルリンプル（D. G. Dalrymple）[1969] のp.25）。

　技術進歩の経済への貢献の第3番目としては，技術進歩は新製品の創造，生産物の規格統一，製品価格の低下をさせることにより，量および質の両面において，消費者に利益を与えるということであろう。その他の貢献も考えられるが，いずれにしても，技術進歩は経済にとって，強力なエンジンであり，生産者，消費者双方に非常に重要なものであるということは，言うまでもない。この点は，これまでの多くの実証結果からも得られており，多くの人々に知られているところである。

　一方，この人口と技術進歩との関係より生ずる重要な点は楽観的人口論と悲観的人口論との関連であろう。第2章で述べたように，これまでの人口と経済に対する考え方は大きく分けて2つに分類される。1つは人口成長を善とする楽観的人口論であり，他は人口成長を悪とする悲観的人口論である。これは次の点と深く関連している。すなわち，もしも人口を構成する人間が多くの技術

第3-1図　人口と技術進歩の綱引競争

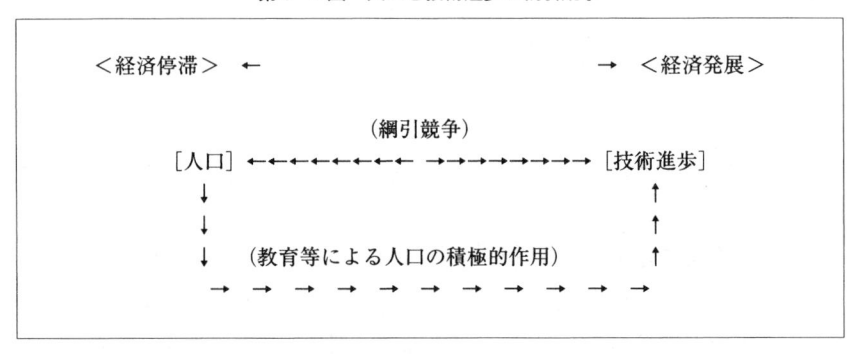

```
 ＜経済停滞＞ ←                              → ＜経済発展＞
                        （綱引競争）
           ［人口］←←←←←→→→→→→→［技術進歩］
             ↓                              ↑
             ↓                              ↑
             ↓   （教育等による人口の積極的作用） ↑
             →  →  →  →  →  →  →  →  →  →
```

進歩を生み出し人口のマイナスの効果を打ち消すことができるならば，人口成長は善となり楽観的人口論の考え方となるであろう。一方多くの人口が技術進歩を生み出すことができず消費分配面のマイナスの効果のみが作用するような場合には人口成長は悪となり，悲観的人口論的な考え方が支配的となるであろう。このように人口と技術進歩は両者の競争により経済発展の成就が可能か否かが決定され，悲観的人口論や楽観的人口論が出る源泉ともなっている。第4部はこの点をモデルに含み，分析が行われている。

第3節　人口と技術進歩の綱引競争

　人口と技術進歩は，経済の発展に対し，対照的な効果を持っている。すなわち，人口は経済発展に対しマイナスの影響を持つのに対し，技術進歩はプラスの影響を持っている。それゆえ，両者は綱引関係になっており，技術進歩の力が人口の力を上回る場合には，経済は発展し，逆の場合には経済発展は停滞ないしは逆進することになる（第3-1図参照）。日本の経済発展を考えた場合，一概には言えない時期もあるが，大部分の期間では，技術進歩の力が人口を凌駕し，経済を大きく発展させてきたのであった。第3-2表は資料の揃う1880年から石油ショックが生じる前の1970年までの，各10年毎の人口成長率と技術

第3章 人口と技術進歩の綱引競争　53

第3-2表　日本における人口と技術進歩の競争度合　　(単位：%)

		1880〜1890	1890〜1900	1900〜1910	1910〜1920	1920〜1930	1930〜1940	1940〜1950	1950〜1960	1960〜1970
(1)	農業技術進歩	3.2	1.3	1.8	3.5	1.0	0.4	-1.2	4.1	3.0
(2)	非農業技術進歩	1.7	1.9	0.1	-0.9	-0.5	2.0	—	4.1	6.3
(3)	農業所得の割合	35	33	25	22	22	14	14	16	6
(4)	合計(1)+(2)	4.9	3.2	1.9	2.6	0.5	2.4	—	8.2	9.3
(5)	(1)(2)加重平均	2.2	1.7	0.5	0.1	-0.2	1.8	—	4.1	6.1
(6)	人口	0.9	1.0	1.2	1.2	1.6	1.1	1.6	1.2	1.1
(7)	(4)−(6)	4.0	2.2	0.7	1.4	-1.1	1.3	—	7.0	8.2
(8)	(5)−(6)	1.3	0.7	-0.7	-1.1	-1.8	0.7	—	2.9	5.0

(備考)　—はデータが存在しないことを示す。以下同様。

　進歩の成長率を示したものである。これより，一般的にいって，日本の経済発展では，技術進歩率の方が，人口成長率をはるかに凌駕してきた（資料が存在しない第2次世界大戦時の1940年代を初め，経済恐慌時の1920年代や農業恐慌時の1930年代のように，技術進歩の力が人口を圧倒的には凌駕せず，経済を大きく発展させたとは言い難い時期をも含む点に注意されたい）ゆえ，経済が発展してきたことがわかるのである。

　このように，技術進歩は経済発展にプラスの影響を持ち，逆に人口はマイナスの影響を持っている。しかし，一方では，日本の人口のように，教育水準が高く，勤勉な人口は技術進歩を生み出す源泉ともなっている。日本は人的資源以外は，これといった資源はほとんど存在しなかったにも関わらず，世界的に素晴らしい経済発展を成就できたのは，まさしくこの人的資源のおかげであった。それゆえ，人口は経済発展にマイナスの面のみではなく，技術進歩を通してプラスに働く面をも持つことが理解できるのである（第3-1図参照）。また第3-3表は，日本の人口と労働が1％増加したときに，技術進歩が何％増加するかを示したものである。

　これより日本の人口（と労働）は，かなりの大きさの技術進歩を生み出してきたことが理解できるであろう（より詳細は，第10章の第3節を参照されたい）。ただし，教育水準の低い人口では，たまたま偶然に技術進歩を生み出す機会はあったとしても，継続的に技術進歩を生み出すことは至難の技であろう。この

第3-3表　人口と労働の技術進歩への影響：残余法とヴァードーン法（カッコ内）

	農業技術進歩	非農業技術進歩
1880-1890	0.92 (0.53)	1.18 (0.92)
1890-1900	0.93 (0.51)	1.13 (0.78)
1900-1910	0.91 (0.53)	1.16 (0.69)
1910-1920	0.91 (0.54)	1.13 (0.60)
1920-1930	0.88 (0.55)	1.11 (0.71)
1930-1940	0.91 (0.54)	1.08 (0.64)
1940-1950	0.82 (0.54)	1.03 (0.58)
1950-1960	0.81 (0.57)	1.10 (0.80)
1960-1970	0.84 (0.55)	1.06 (0.72)

（出所）　山口三十四 [1994] の pp. 220-21。

人口の技術進歩を通したプラスの効果は，本書では人口の積極的効果と呼んでいる（第10章も参照。ただし，そこでは，人口の積極的効果は人口の間接的効果とも呼ばれている）。この人口の積極的作用を通し，日本の経済は大きく発展してきたのであった。

おわりに

以上，人口と技術進歩は経済発展に対し，綱引関係にある点と，さらに人口と技術進歩の定義，特徴，経済への貢献について述べてきた。これらを要約すれば，次のようになるだろう。

1　本章では人口の定義として，人口は一定の場所に住む人間の総和，あるいは一定の空間（地域）に限定された人間の集団と定義した。語源はラテン語の populatio である。また17～8世紀頃には，population, bevölkerung はいずれも人を住まわせ，増やすということで，今日のような意味での人口とは異なっていた。しかし最近では，上述の定義のような意味で，人口が使われている。また，人口の特徴として次の5つがあげられよう。第1の特徴は，人口は集団的な量を現すことである。第2の特徴は，人口は質的内容を持っていることである。人口の第3の特徴は，人口は社会的有機的自己再生産運動をしていることであり，出生と死亡によりその大きさや構造がたえず変化しているという点

である。人口の第4の特徴は，人口が漸移的および長期的運動をなすという点である。第5に，人口と社会経済は相互依存関係を持っているという点の5つである。

2　人口の経済への貢献には，労働を通して働くポジティブな生産面への効果と，消費を通して働くネガティブな分配面への効果との2面があげられる。通常多くの場合，人口の経済への効果といえば，マルサス的な消費・分配面のマイナス効果があげられてきた。一方，人口の正の貢献としては，労働を通じての生産面への貢献は，第1の貢献であろう。第2の貢献は，高人口成長は規模の経済や競争を通じ，生産性を高める効果を持つという点であろう。またスミスのいうように，分業促進による作用をも持つであろう。第3の貢献は，人口成長は道路のようなインフラ・ストラクチュアー建設に，正の影響を与えるという点であろう。第4は，必要は発明の母であるという点である。第5は，人口成長率が高い国ほど，青年人口の割合が多く，新生産物に対する感応性が大きいという点であろう。さらに，第6は，人口増加が進むと，知識の蓄積が行われ，かつ天然資源の開発等が進むという点があげられる。また，クズネッツがいうように，いわゆる天才の出る数は，より大きい人口の場合に絶対数として大きくなり，それだけ全人口に貢献する点は大きいという点をもあげることができるであろう。これまでは人口についてはマイナスの面のみが強調されすぎたきらいがあった。しかしここでは，人口のマイナス面は厳然と認めつつも，人口のプラスの貢献も，客観的に認めることが必要であろう。

3　技術とは，一定の目的に達する方法，またその目的を達するための行動の仕方を意味する。また，技術は① 人間の行動に直接関わっていること，② しかもその行動そのものではなく，その行動の仕方であり，③ どこまでも創造的な構想から出ているという3点をつけ加えることが重要である。それゆえ，技術とはある目的の達成や実現をなす際の，構想された人間行動の仕方を意味することになるだろう。そこで，この定義によれば，技術進歩は構想された人間の行動の仕方が進歩することを意味することになる。また，技術進歩の特徴は，第1に，技術進歩は生産関数をシフトさせ，供給を増加させることである。また多くの場合に，このシフトは生産物の品質向上や規格統一にポジティブに働く場合が多い。技術進歩の第2の特徴は，技術進歩は通常，一定の生産物を

作るのに要するインプットの量を減少させることになる。特に労働節約的技術進歩の場合には，労働がより節約されることになり，そのために，労働者の失業が生じる可能性があるということである。技術進歩の第3の特徴は，発明（invention）から実際に発明が実施され，革新（innovation）となるには，時間的ラグがあり，通常10〜20年の期間が必要であるという点であろう。それゆえ，その普及（diffusion）は，比較的遅い過程で進み，かなりの時間を要するものである。それゆえ，新技術を早く採用した者は，利益を1人占めにすることも可能なのである。

4　技術進歩の経済への貢献は，明白なことであり，特に取り立てていうまでもないだろう。まず第1に，技術進歩は生産物の供給を増加させ，個人レベルでは，一般的には所得を増加させ，また政府レベルでは輸出増加等に導き，経済成長に貢献する。第2には，技術進歩により不必要となった労働者を，より生産性の高い部門に移動させることにより，全体の労働生産性を上昇させることが可能であるという点であろう。技術進歩の経済への貢献の第3番目は，技術進歩は新製品の創造，生産物の規格統一，製品価格の低下をさせることにより，量および質の両面において，消費者に利益を与えるということであろう。その他の貢献も考えられるが，いずれにしても，技術進歩は経済にとって，強力なエンジンであり，生産者，消費者双方に非常に重要なものである。

5　人口と技術進歩は，経済の発展に対し，対照的な効果を持っている。人口は経済発展に対しマイナスの影響を持つのに対し，技術進歩はプラスの影響を持っている。それゆえ，両者は綱引関係になっており，技術進歩の力が人口の力を上回る場合には，経済は発展し，逆の場合には経済発展は停滞ないしは逆進することになる。日本の経済発展の大部分の期間では，技術進歩の力が人口を凌駕し，経済を大きく発展させてきた。このように，技術進歩は経済発展にプラスの影響を持ち，逆に人口はマイナスの影響を持っている。しかし，一方では，日本の人口のように，教育水準が高く，勤勉な人口は技術進歩を生み出す源泉ともなってきたのも事実である。

（付記）　本章の第1節と第2節は山口［1982b］を書き直し展開したものである。

注

1) 南(三)[1971]のp.28を参照。以下もこの書の前編の「人口原理の生成」から多くを得ている。
2) マルサス[1798](邦訳1936年)のpp.39-40を要約したものである。
3) 以下の議論は次の諸文献を参考にして,整理かつ新しく創造されたものである。ヒックス(J. R. Hicks)[1960],クズネッツ(S. Kuznets)[1960],ソーヴィー(A. Sauvy)[1976] in コール(A. J. Coale, ed.)[1976],およびサイモン(J. Simon)[1977]を参照されたい。
4) マルサスは必ずしも人口のマイナス効果のみをみていたのではないが,一般にはそのように理解されることが多い。
5) マンスフィールド[1968]のCh.2を参照。このために測定にはさまざまな方法があり,模型により異なってくる。そのためにソース・アプローチ論争が生じてくることにもなる。
6) アロー[1962],グリリカス[1964]の学習効果による技術進歩,およびソロー[1960]のヴィンテージ・モデルを参照。
7) シュモクラー[1952]はこの総合生産性方法のパイオニア的存在である。
8) ヤマグチ=ビンスバンガー(M. Yamaguchi and H. P. Binswanger)[1975]のpp.269-78はこの点を強調した論文である。

第 4 章 人口と社会・経済の相互依存関係

はじめに

　まず本章では人口と社会・経済（以後は章や節のタイトル以外は「社会および経済」とも書くことにする）の相互依存関係について述べることにする。1970年代には，多くの人々が，世界銀行地図（World Bank Atlas）の示す世界全体のクロスセクション・データ等を用い，1人当たり所得の成長率と人口成長率との関係についての議論をなしていた。例えば1973年のフランスでの人口学会においても，ギュヨモンは世界全体を先進国と発展途上国に分割し，その各々のパートでは中程度の人口成長が最大の所得成長を示すと解釈していたのであった（ギュヨモン（P. Guillaumont）［1976］in コール編（A. J. Coale, ed.）［1976］の Ch. 2）。それに対し，人口成長と所得成長とは無関係であると断定する人々も国内外でしばしばみうけられていた。しかし人口と所得との関係は社会的，経済的，自然的，医学的要因やその他の多くの要因を考慮する必要があるだろう。それゆえ，単に表面上に現れた相関のみを観察し，それらがお互いに無相関であるとの結論を出すことは非常に危険なことである。

　よりポジティブな方向としてはその要因分析をなし，さらに人口の経済への積極的作用や消極的作用を考慮に入れることがより一層重要なことであろう。それに呼応するがごとく，人口と社会および経済の相互依存関係をとらえようとする文献が，ここ30年程，とみに多く出まわってきた。しかしながらふり返

ってみると，人口と経済との関係は弛緩した因果関係である（モンベルト）とも述べられているように単純な問題ではない。また一方では人口は過剰の場合にも問題となり，逆に過少の場合でも問題となるがゆえに人口問題の悲劇（ブドケ）と呼ばれるような面もある（南亮三郎 [1971] [1972a] [1972b]）。このように人口と経済の問題は非常に複雑で，単純な因果関係をたてることは許されない面を持っている。しかしその因果関係を1つ1つひもとき，一層の研究努力をなす必要があるのである。その点はハツレディン=モアランド（T. Hazledine and R. S. Moreland）[1977]，パールマン（M. Perlman）[1975] も述べるように経済学者はさらに一層の反省が必要である。

人口と社会および経済との関係は人口→社会および経済への方向，社会および経済→人口への方向，さらにその相互依存関係という3分類になすことができる。第1節では人口の社会および経済への影響を，第2節では社会および経済の人口への影響を，第3節ではその相互依存関係についての文献を中心に展望と問題点の指摘をなすことにする。

第1節　人口の社会・経済への影響

コール=フーバー（A. J. Coale and E. M. Hoover）[1958] は，人口の経済への影響をとらえる際に，人口の絶対的な大きさ，人口成長率とその年齢別分布にわけ，それらの経済への影響をみている。安場保吉 [1969] もコール等と同じ方法を踏襲している（コール=フーバー [1958] の Ch. 3。安場 [1980] の第1部，第1編，第3章）。しかし，より良い方向は，まず人口そのものが何により構成決定されているかを考え，次にそれらの構成要素の経済への影響をみることであろう。人口には次のような関係が成り立っている。

$$P(\tau+N) = P(\tau) + B(\tau, \tau+N) - D(\tau, \tau+M)$$
$$+ IM(\tau, \tau+N) - OM(\tau, \tau+N)$$

ここで P は人口を B は出生，D は死亡，IM, OM はそれぞれ移入，移出を示すものである[1]。それゆえに人口の社会および経済への影響を分析するには，右辺の項目の社会および経済への影響を観察する必要があるだろう。

右辺の $P(\tau)$ の構成をみると男女別，年齢別，職業別，宗教別，制度別，社会階級別人口等により分類することができるであろう。また移民についてはそれぞれの年齢や職業，その他さまざまな人々から成り立つゆえ，一概に人口の社会および経済への影響についてはほとんど何も言うことができないであろう。特に日本のように移民の全人口に対する割合が非常に小さい場合や閉鎖モデルをとり扱う場合は，あまり重要ではなくほとんど無視しうるであろう。[2] それゆえ，人口の社会および経済への影響をみる際には，まず人口の大きさ P 自身の影響をみる必要がある。これは人口の大きさが社会および経済にどのように影響するかということである。これにはコール＝フーバーが指摘したように周知の最適人口理論があるのである。

　適度人口の父ともいわれるミル（J. S. Mill）[1848] に，最適人口理論の萌芽はみられ，その後キャナン（E. Cannan）[1888] によってミルの不完全であった2点（農業には収穫逓減の法則が働き，工業には収穫逓増の法則が働くという点，および収穫法則があたかも動態的・歴史的法則の如くに考えられていたという2点）が修正され，1人当たり生産量を極大にする人口が最適人口と定義された。その後ミード（J. E. Meade）[1955] により社会的厚生の最大という概念も導入されてきた。[3] しかしながら一方ではヒックス（J. Hicks）[1976] のように，昨日の適度点は今日の適度点ではないゆえに使いものにはならないという痛烈な批判があびせられていた。[4] そこで成長率の概念を用いて適度人口概念を動態化しようとの試みがなされてきた。1973年のバレスキューアー（Valescure）での学会でもオーリーン（G. Ohlin）[1976]，ギュヨモン [1976]，ソーヴィ（A. Sauvy）[1976] により適度人口の諸発表がなされている。しかしここでもオーリーンやソーヴィの論文は迫力がなく，比較的精力的なギュヨモンの論文に対してもヒックス [1976] は痛烈な批判を述べている。

　それでは個別的構成に入り，男女別人口の社会および経済への影響からみることにする。男女とも幼少年人口や老年人口の社会および経済への影響は主として消費を通してなされるが，これは男女の消費量は多少異なるにしても大差がなく，ある一定の比率で異なるのみであろう。一方生産年齢人口に関しては男女により社会および経済への影響はかなり異なるものとなる。なぜならば男性に比較して，女性は一般に労働力率がかなり低く，またその率も時や場所に

よりかなり変動するからである。一般的にいって、戦争やその他異常な事態がない限り、男女比は出生時には1.06対1、成人になるにつれてこの比率は1対1に近くなる傾向があると言われている。またサイモン（J. L. Simon）[1977]は子供の数が増加した場合に母親の労働供給は減少するが、父親の労働供給が増加すると述べている。

　つづいて、年齢別人口の社会および経済への影響をみると、それは男女別人口に記したように生産年齢人口であるか従属人口（幼少年人口＋老年人口）であるかの分類が必要であり、それにより社会および経済への影響は大きく異なってくるであろう。この問題で現在さかんに議論されているのは人口の高齢化の問題である。日本の1977年や最近の人口学会においても高齢化問題についての議論が積極的になされている。つづいて職業別人口の社会および経済への影響をみると第1次産業とその他の産業では生産性も異なり、それぞれ社会および経済全体に与える影響も大きい。しかしこれはむしろ因果関係が逆であり、コーリン・クラーク（C. Clark）[1940 and 1951]が言うように、経済発展段階に応じて産業別人口配分が決定されると考えた方が自然であろう。また宗教別、制度別、社会階級別人口の社会および経済に与える影響も特に発展途上国で非常に重要な問題となるであろう。この分野は社会学との接点でもあり、日本での研究が比較的少ないのは残念である。

　一方、出生率と死亡率および移民から生ずる人口成長率の社会および経済への影響をみてみよう。このうちで移民を別として、人口成長率に大きく影響するのは出生率である。これは人口増加率を減少させるには、死亡率の増加によってなすということは現在ではとうてい考えられないためである。一方コール＝フーバー[1958]によると低所得地域で適正な投資水準を達することが困難な社会で、資本の供給が非弾力的な社会においては、高人口成長は現存の施設更新等にくいつぶされることになる。それゆえに資本装備率を高めることは困難となり、経済にマイナスの影響を与えるという。安場[1969]はこのことをネルソン（R. R. Nelson）[1956]の議論と結びつけ、他の条件が一定とすると、人口成長率が高くなると人口増加率曲線の位置が高くなり、起こりうべき離陸も不可能であり低所得均衡の罠に落ちいることになるとの説明を試みている。後にみるようにサイモン[1977]はこれに対し、低所得地域においても緩慢な

第4章　人口と社会・経済の相互依存関係　63

第4-1図　インベンション・プル仮説とポピュレーション・プッシュ仮説

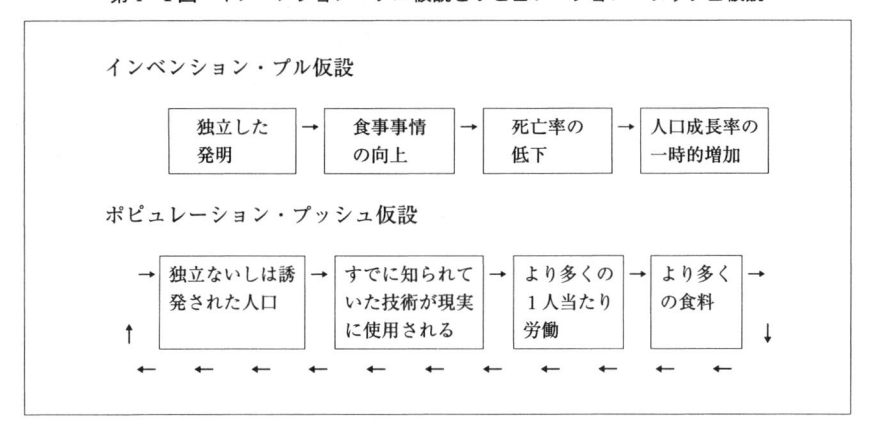

```
インベンション・プル仮説

  独立した   →  食事情    →  死亡率の  →  人口成長率の
  発明          の向上        低下         一時的増加

ポピュレーション・プッシュ仮設

→ 独立ないしは誘  → すでに知られて  → より多くの   → より多く  →
  発された人口      いた技術が現実    1人当たり     の食料
↑                 に使用される      労働                       ↓
  ←       ←       ←       ←       ←       ←       ←
```

人口成長は，ゼロ成長や急速な人口成長よりも労働者1人当たり所得を上昇させると述べている。

　第2章第1節で述べたように，人口成長には楽観的人口論と悲観的人口論が存在する。そして，マルサス対ボズラップの対立や，オーバービーク（J. Overbeek）[1974]による楽観論者と悲観論者の分類については第2章で説明した。このマルサス対ボズラップ的対立は梅村又次[1969]により，経済成長先行説と人口成長先行説との対立とも呼ばれていた。サイモン[1977]はこれらをインベンション・プル仮説（invention pull 仮説）とポピュレーション・プッシュ仮説（population push 仮説）と名づけ分析を行っている。インベンション・プル仮説というのは，人口とは独立した発明が生じ，その結果生産性が上昇し，人口が上昇するというプロセスを持ち，その発明の性格は労働節約的な方向で行われるのが多いとする説である。一方，ポピュレーション・プッシュ仮説というのは，生産増加的発明が，すでに人口成長とは独立に生じているが，この発明を定着させるには，人口が増大することが必要であるとする説である。

　それゆえに，このポピュレーション・プッシュ仮説には発明がすでに生じているということと，この発明の定着には，人口増大が必要であるという，2つのプロセスが必要である。すなわち，インベンション・プル仮説は図示すれば，第4-1図の上図のようなプロセスを持っている。一方，ポピュレーション・

プッシュ仮説を図示すると，第4-1図の下図の様になる。そしてサイモンはこのように，マルサス説とボズラップ説は，お互いに相反するものではなく，相互補完的なものであると述べている。筆者も早くから，マルサスも，十分ではなくてもボズラップ的要素は考慮していたと述べてきたが，サイモンも異なった観点から，同じ結論を得ている。その意味では，早くから，マルサスの進転，逆転という言葉を用いて，人口の消極的な面とともに，積極的な面を評価した南（三）[1971][1972a]の貢献は際だったものであろう。

では，人口が経済に与えるポジティブな貢献は，一体どのようなものがあろうか。南（三）はこの点を歴史的にさかのぼり次のように述べている。学説史的にはギリシャ，ローマ時代や17,8世紀やマーカンティリスト，あるいは特にポピュレーショニスト（人口賛美主義者）と呼ばれている人々がきわめて素朴な形ではあったがこの問題に目をむけていた。その後19世紀前半はマルサスの影響により下火となり，ワグナー等により人口と経済との関係をポジティブな生産面とネガティブな分配面（消費面）との両面でみようとするようになった。しかし経済への人口の働きかけは生産面への労働供給という通路のみであった。

その後1930年代以降ではそれまでは人口にとってネガティブな面とみなしていた消費需要の局面で新たな通路を切りひらくことに成功し，減退人口に危惧を抱いたケインズ派経済学の登場となった。ハンセン（A. H. Hansen）[1941]は人口を経済の発展因とみたアダム・スミスに帰れと述べ，産出高に占める人口の貢献は西欧では年成長率3％の半分よりいくらか少ないものに，また米国では年成長率約4％の半分よりいくらか多いものが労働の供給増加に帰しうるものであり，また資本形成に関しては19世紀の後半における人口成長は約40％の貢献をなし，米国では約60％の貢献をなしており，低人口成長はいかに投資のはけ口がとざされているかが明らかになろうと述べている。

人口の積極的貢献に関しては，ヒックス[1960]も述べているが，より包括的に人口の積極的貢献を生産面，消費面，貯蓄面に関して考慮したのはクズネッツ（S. Kuznets）[1960]である。彼はまず議論に対する統計資料は十分ではないので推論にたよっている，ということわり書きをして次のように述べている。まず生産者としての人口に関しては次のような仮定を置くとする。① 総人口成長率が労働力の成長率と同じ率で増加する。② この増加した労働力人

口に対して，以前の1人当たり資本量と同じ量の資本が供給されると仮定する。彼はこのようにして1人当たり資本量が同じであると仮定しても，1人当たり所得を増加させる理由として次のような点をあげている。まず労働力の増加は専門化を促進し，いろいろな未開発な自然資源のより有効な利用を促進させ，1人当たり生産量を増大させる。第2に労働力の増加時の方が若年齢層の比率が大きくなり，その結果田舎から都市やその他の移動がよりスムーズに行われ，経済成長を高める傾向にある。第3は著名な主張であるが，いわゆる天才の出る数はより大きい人口の場合に絶対数として大きくなり，その貢献する点は大であるという3点である。

つづいて，クズネッツは貯蓄者としての人口に，議論を移している。まず最初は，人口成長は実際に資本形成を妨げるのかという問題である。彼は言う，10人の子持ちの家族がその各々の子供に，2人の子持ちの家族と同じだけの教育・訓練費を投じることは通常ありそうもなく，その意味で資本形成をまかなう貯蓄にネガティブな貢献をするかもしれない。しかし先進国では教育・訓練への適当な投資の私的な不足は，容易に公共的活動により修正され，人口成長が貯蓄に貢献する可能性があるのである。その理由としてはまず第1に人口増加のための支出の増加がすべての貯蓄を犠牲にするという根拠は少ない。すなわち，子供への出費がより多くの消費財またはより多くの娯楽に対するよりも，貯蓄に対する代替物であるということは明らかではない。言いかえれば子供と比較的贅沢な生活様式との間に選択がある。また子供は手伝いをする（特に農業社会では重要なウエイトを持つ）ことや貯蓄への刺激になることがあるという点があり，かつ教育のための政府支出が必ずしも政府の資本形成を妨げたり，公共教育のために納税する国民の貯蓄を妨げるということにはならないという点もある。

第2に，人口増加のときに，総貯蓄はかえって高められる傾向があるという点である。例えば多くの場合，貯蓄の一部は退職後の食いつぶしのためになされていることを考慮すると，人口成長時には貯蓄をする年齢層が高齢層に比較して大であり，その結果貯蓄はむしろ増加するであろう。第3に先進国では子供はより贅沢な消費や娯楽の代替物となることが多いのである。それゆえ，より大きい人口増加を持つ国の1人当たり消費水準は低いことを意味する。特に

底辺階級の人々の1人当たり消費支出は低下し、全体としてはより高い貯蓄が行われることになる。第4に人口増加が貯蓄や資本ストックに圧迫を加えるとしても、適当な手段により、資本節約的発明や管理を生み出すことができるであろう。

一方、消費者としての人口に関しては、第1に急速に成長する人口の総需要は国内市場の拡大を導き、規模の経済の益をうけるという点が存在するであろう。人口が小さく、国内市場が小さい場合には、経費倒れとなり存立しなくなる場合もあるだろう。第2に人口成長の大きい国では若い人々が多く、新生産物への感応性が大きく、近代的経済成長を加速させ、1人当たり生産高に貢献するであろうと述べている。ソーヴィ［1976］も人口成長の費用と便益とを論じ、便益としては、① オーバヘッド・コストは人口にあまり関わりなくある程度の最小限の大きさが必要なこと、それゆえに人口が多いほど負担が少なくなること、② 高人口成長は規模の経済や競争を通じて一般的な生産性を高める場合が多いこと、③ 技術進歩はより複雑な分業を要求するが少人数では不利になること、④ 高人口は人口密度を高め、輸送、教育や衛生面で利益を受けること、⑤ 必要は発明の母なりということわざのように精神的、社会的な要素の利益を受けること、また低人口成長では高年齢層が多くなり、保守的となり、イニシアティブやバイタリティに欠ける傾向を持つという。

人口増加による知識の開発や蓄積効果、人口増加による規模の経済、人口増加による天然資源の開発などを考慮に入れると、サイモン［1977］は、先進国では急速な人口成長は緩慢な人口成長に比較して、短期では1人当たり所得に悪い影響を持つだろうという。しかし30～80年程度の長期でみれば、高い人口成長率は、かえって、より高い1人当たり所得をもたらすようになるという。また発展途上国では、人口成長は両親の労働時間の延長や生産の仕方の変化等を通じ、緩慢な人口成長は人口規模が一定の時や急速な人口成長よりも1人当たり所得を上昇させると述べている。[5]

ところで、人口の経済への影響をみるモデルでは、南（進）＝小野旭［1971］は古典派的モデルを用い、1886～1940年までの日本の2部門モデルを作成した。そしていくつかの結論のうち、経済成長率との関連では次のような点を得ている。高い人口増加率、非資本主義部門の低賃金上昇率、高技術進歩率、労働市

場のより流動的なこと，低い労働分配率は経済成長率を高めることになるという点である。一方基本型では，ジョーゲンソン（D. W. Jorgenson）[1961] よりもより徹底した新古典派モデルで，人口の経済発展への影響を考慮する論文にケリー＝ウィリアムソン（A. C. Kelley and J. G. Williamson）[1971][1973][1974] およびケリー＝ウィリアムソン＝チーサム（A. C. Kelley, J. G. Williamson and R. J. Cheetham）[1972a][1972b] がある。彼らの初期の論文では，日本の人口の低成長率が重要な役割を果たしたと述べていた。すなわち彼らは1885年から1900年までの異常に高い日本の成長率の，約60％が低人口成長により説明されると述べていた。しかし，彼らは後の諸論文では人口はあまり重要な要因ではなかったと変化し，高人口成長に対し，比較的楽観的な考えを持つように変化しているが，南（進）＝小野のような主張にまではいたっていなかった。

また山口 [1982b][1994] は，両部門の限界生産力が各要素価格に等しい（第7章では，より一般的な不完全競争の場合の計測も行っている）という仮定をなしてはいるが，両部門の賃金率はある格差を持つという意味で過剰就業的な意味をも含んでいた。それゆえこのモデルは① 南（進）＝小野の古典派モデルとケリー＝ウィリアムソン等の中間の位置に属すること，② 推定方法が前2者と，全く異なっていることに特徴があった。そしてこの筆者のモデルではケリー＝ウィリアムソン流に人口の技術進歩への影響を考慮したとしても，ある制限的条件をもって南（進）＝小野の結論をよりサポートするということも述べた[6]。上述のサイモン・モデルはこれらの3モデル以上に人口の積極的作用を考慮した点に特徴がある[7]。サイモン・モデルは非常に示唆的で教えられる点も多いが，独自な結論も多くあり，十分な検討とより一層の研磨とを必要としている。

第2節　社会・経済の人口への影響

人口の社会および経済への影響をみる論文に比べ，社会および経済の人口への影響をみる論文や次節の相互依存関係をみる研究は比較的少なく，最近になって多くの研究努力がなされている分野である。まず社会および経済の人口への影響をみる研究で，最初に頭に浮かぶのはマルサスの第1，第2命題である。

それはまず① 人口の増加は，必然的に，その生存資料によって制限される。② 人口は，生存資料が増加する場合，必ず増殖する（岡田[1960]より引用）という2命題である。また日本の離島の研究では，日本各地の離島はいたるところで不思議な人口の波の運動が語られていたという。それも結局は島々の生産する食料が根本で，その食料の生産高によって島の人口は制限され，食料生産が増加するにつれ島の人口も増加したという。そしてこの食料生産の大増加に貢献したのはサツマイモであったという事実も語られている。[8] これらは経済（食料）が人口へ影響を与えた例である。

また，カーク（D. Kirk）[1960]，シルバー（M. Silver）[1965] 等により景気循環が結婚や出生率にどのような影響を持つかについての観察も行われている。また上述のマルサス理論に対立した説に，社会学的方向の反対説があるが，そのうちの貧困多産説（貧困の者ほど多産であるとする説），ブレンターノの人口福祉理論（福祉が増大するにつれて人々は合理的になり，多くの享楽との競合で子供を持つ意欲は減退するという説）やデュモンの社会的毛細管現象説（社会的・経済的な階梯を上にあがろうとして子孫繁殖を断念するという説）等も社会および経済の人口への影響をみる研究である。[9] しかし，社会および経済の人口への影響を考慮する諸研究のうち，最大の研究成果の1つといえるのは人口転換理論であろう。

人口転換理論に関する説明や批判論文は枚挙にいとまがないゆえ，ここではことごとく文献をあげるということは省略することにする。しかし，社会および経済の人口への影響を考慮する点では最も重要な説の1つであるゆえ，簡潔に記述することにする。人口転換理論はトムソン（W. S. Thompson）[1929]の3段階説，ブラッカー（C. P. Blacker）[1947]の5段階説，それを修正したノートスタイン（F. W. Notestein）[1950]の3段階説やピーターセン（W. Petersen）[1969]の独特の5分類等がある。しかしながらこれらの説は要するに，高水準の出生率，死亡率の状態からまず死亡率の低下が先行し，その後にあるラグを持って出生率の低下が生じることを述べているのである。それゆえに高出生率のままに死亡率が低下し始めると人口増加率が上昇し，その後出生率の低下とともに人口増加率も低下することになる。この転換理論は家族復元法等の歴史人口学の発達や統計資料の整備等により多くの例外が発見されてきた。しかしロストウの経済発展段階説の長所や短所と同様な面があり，とりわけ最大の

問題点はなぜある国が発展したのに他の国は発展しなかったかという説明をせず，またその要因分析を行っていないという点が問題である。

ライベンシュタイン（H. Leibenstein）[1957] は臨界的最小努力の定理とともに，ベッカー（G. S. Becker）[1960] やその他の消費者理論を応用したモデルへと導く橋わたしをした。そして出生力選択における決定に次のような説明を行った。まず彼は所得水準の上昇につれて各々の効用がどのように変化するかを検討した。消費財としての効用はその検討がそれほど容易なことではないが，消費の効用が所得の変化とともに著しく変化することはないと述べている。もちろんその際に，子供以外の財が極度に制限されているならば，子供から得られる効用は大であるとみなしている。生産財としての効用は1人当たり所得が増加するにつれ，所得を獲得する手段としての子供の効用は減少する。さらにより多くの時間が訓練，教育，発展，発育に費やされねばならず，子供を生産財として用いる時間がより少なくなる。また老後の保証の源泉としての効用は所得が増加するにつれて減少する。それは所得が増加するにつれ，両親が自分自身の老後に備えることがより容易になるからである。

ところで，彼は費用を直接費と間接費とに分類する。直接費とは子供が成人になるまでに養うための慣習的な支出をいい，間接費は子供を持つために犠牲にされた機会費用をさしている。子供が養育される様式は両親の所得に比例すること，また生産的な活動や種々な消費活動に従事する機会は所得が増加するにつれて増大する。それゆえ，これらの直接，間接費用は両者とも所得が増加するにつれ増大することになると述べている[10]。ベッカー [1960] は子供を耐久消費財とみなし，出生力分析に消費者理論を応用した。すなわち子供の数の選択が自由にできるような国においては，その選択に要した費用とともに，両親にとっては子供は効用の対象となる。それゆえ一般的に言って，子供とその他の財との間での選択が可能である。一方子供の純コストは予期される支出の現在価値＋両親のサービスの見積もられた価値－予期された貨幣収益の現在価値－子供のサービスの見積もられた価値に等しくなる。それゆえに純コストがプラスならば耐久消費財となり，マイナスならば耐久生産財となるであろうと述べている。

そしてベッカーは子供の質と量という選択を考慮に入れ，所得が上昇すると

子供の量を増加させるとともに子供の質をも向上させようとすると考えている。このことは子供の価格が割高になることを意味している。それゆえに子供数は子供の価格が変化しない場合と比較して，より少ない選択となることを示している。このベッカー・モデルには多くの賞讃とともに多くの批判も寄せられた。特に経済学的な見地と社会学的見地からは次のような批判が強くなされたのであった。[11] ① 所得と出生力に関するデータの不備，② 結婚や出産は制度的条件により左右される場合が多く，ベッカーの言うように所得とはあまり関係がないこと，③ 子供は実際に耐久消費財とみなしうることが可能かどうか。むしろ普通の商品の交換のような顕示的な取引ではなく，むしろ黙示的な取引であるから極端に消費者理論を推し進めるのには問題がある，④ 子供の数や質についての選択にはかなりの制度的，社会的制限がある，⑤ ライベンシュタインの考慮したような間接的費用の考察が欠けていること等である。これらの批判は十分に考慮する必要がある。しかし，このような理論はすべての面を説明することは不可能としても，経済的な面からの分析という点では十分に意義のあるものと思われる。

　ベッカーの前にもオウカン（B. Okun）［1958］等により分析されていたが，ベッカーは1965年には，家計にも生産活動があり，フル・インカム（Full Income）という概念を持つ著名な新しい理論へと展開した。このベッカーの1965年モデルはその後多くのシカゴ派の人々により展開されてきた（*Journal of Political Economy* の第81巻（1973年）はまさしくこれらの人々の研究の集大成といってよいものであった）[12]が，特に家計の生産活動をも含むウイリス（R. J. Willis）［1973］のモデルは最も完全に近いものと言われている。また，デトレイ（D. N. De Tray）［1973］は，妻だけではなく，夫も子供のサービスの生産に積極的に参加する等との仮定をもってモデルを展開した。さらに，マイクル（R. T. Michael）［1973］は受胎確率等の出生の供給要因をも取り入れたモデルへと展開したのであった（詳細は大淵［1988］を参照されたい）。

　一方，ベッカーを筆頭とするシカゴ派に対立する者も多くいた。大淵の業績から引用した第4-2図は，これらの人々の流れを非常に巧く整理されている（ベッカー派や彼等に反対する人々の説の明快なレビューは，外国ではサンダーソン（W. Sanderson）［1976］，シモンズ（G. Simmons）［1985］やスリカンタン（K.

第4章 人口と社会・経済の相互依存関係　71

第4-2図　出生力理論の系譜―出生力の経済学を中心に

[ミクロ経済的接近]

* Banks

* Okun
* Mincer → * Becker → * T. P. Schultz → * Becker = Lewis → * Becker
　　　　　　　　　　　　　　　　　　　　　　　　　　　* T. P. Schultz
* D. Freedman　　　　　　　　　　* Willis　　　　　　　　* Butz = Ward
　　　　　　　　　　　　　　　　　* De Tray
* Leibenstein　　　　　　　　　　 * Ben-Porath
　　　　　　　　　　　　　　　　　* Nerlove
　　　　　　　　　　　　　　　　　* Michael　　　　　　　 * Becker = Tomes

シカゴ・コロンビア派

[新家政学的接近]

* Leibenstein
* Turchi
* Easterlin

イースタリン派

* Easterlin → * Easterlin → * Easterlin → * Easterlin → * Easterlin = Pollak = Wachter
　　　　　　　　　　　　　　　　　　　　　　　　　　　　* Easterlin = Crimmins

[社会経済的接近]

* Tabbarah

[歴史的接近]

* Coale　　　　　　　　　　　　　* Knodel → * Mosk
* Heer　　　　　* Heer = Smith　　　　　　　　* Knodel=van de Walle

[社会文化的接近]

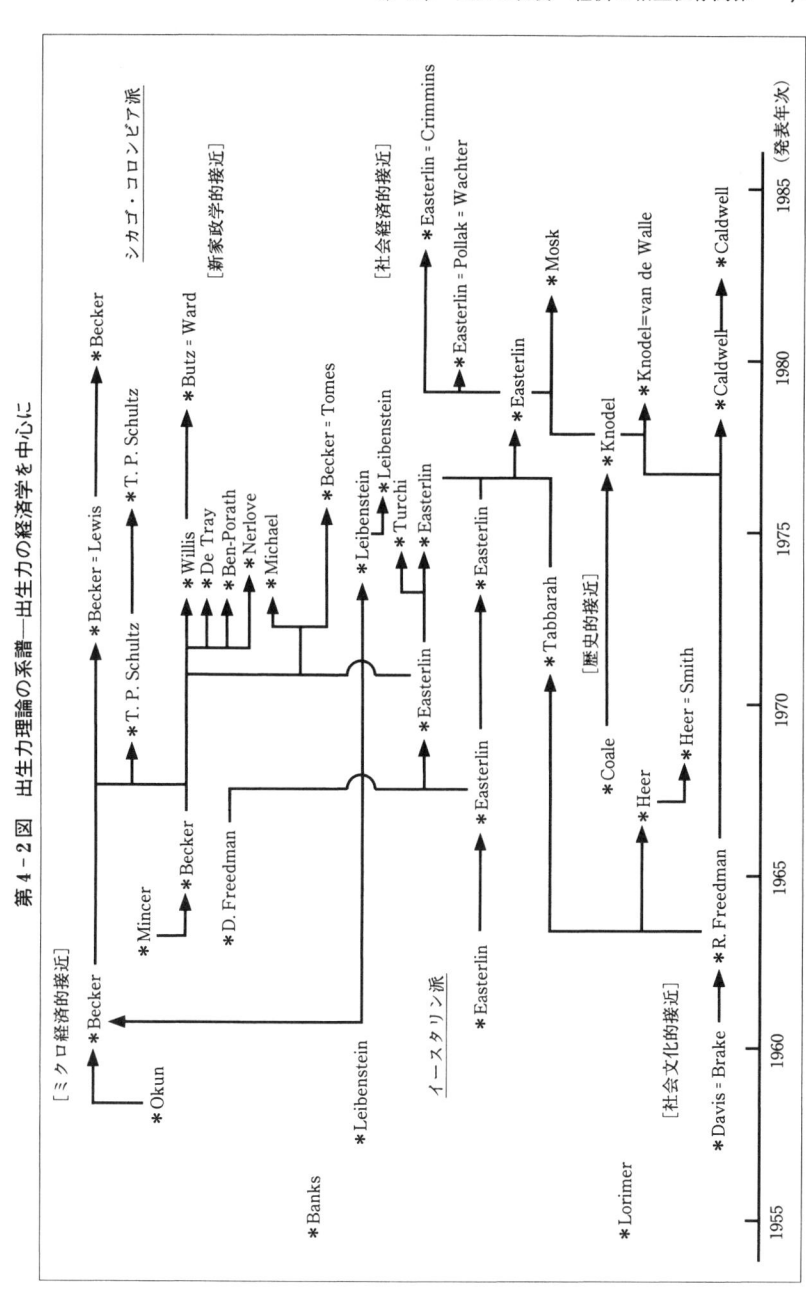

* Lorimer

* Davis = Brake → * R. Freedman　　　　　　　　　　　　　* Caldwell → * Caldwell

1955　　1960　　1965　　1970　　1975　　1980　　1985　（発表年次）

（備考）図中の*印は、対応する年次にそれぞれの論文や著書が発表されたことを示す。資料は大淵［1988］のp. 11より引用。

Srikantan)［1982］等にみられ，日本では大淵［1988］が非常に精力的に行ってきた。筆者もミネソタ大学の博士論文（Ph. D. Thesis）の審査員の1人がポール・シュルツ（T. Paul Shulz）であったため，研究をすすめられ，山口［1975b］等で当時の米国学会の流れを紹介をした。しかし正直言って，1973年当時では，これらのシカゴ学派研究の，その後の展開［イースターリン等の論争後，改善された点も含む］は予想し難く，筆者自体が限界を感じており，これ以上進めることにあまり気が進まなかった）。それゆえ，様々な学派の流れが明瞭に理解できるであろう。多くは大淵の本をみて欲しいが，この表からも理解できるように，反対論者としては社会学者のみならず経済学者等にも数多く存在した。

それらには，上述のライベンシュタイン［1957］［1974］［1975］の社会・経済的接近（社会的相対仮説とも呼ばれている），コール［1967］等の歴史的接近，デービス＝ブレーク（K. Davis and J. Blake）［1956］等の社会文化的接近やモスク［1983］の家父長制仮説等があった。またシカゴ派の中でも，ミクロ経済的接近と新家政学的接近とがあった。その中でも，最も強烈に対立してきたのがイースターリン（R. A. Easterlin）［1961］［1966］［1969］［1973］［1976］［1978］やイースタリン学派［1980］［1985］の人々であった。イースターリンはシカゴ派の多くの仮定を嫌っていた。特に，消費者選択の理論の「不変の嗜好」の仮定を徹底的に批判し，社会的要因を重視し，社会学の手法等を取り入れたものであった。そして著名なイースターリン仮説等で反論したのであった。著名なイースターリン仮説は潜在的な稼得能力と望ましい生活水準，あるいは親子間の相対的経済状態が出生率を決定するというものである。相対所得としては，（夫婦の潜在的稼得能力／夫婦の物質的願望）あるいは（青年男子の最近の所得経験／青年の両親の過去における所得）等を考えていた。さらに，イースターリン［1978］やイースターリン＝クリミンス（R. A. Easterlin and E. Crimmins）［1985］は需要と供給両方を考慮する需要供給理論への方向にも道を開いている（これらの詳細はイースターリンとともに大淵［1988］を参照されたい）。

一方，出生率や死亡率の計量的分析の展開も見逃すことのできないものであろう。人口の計量的分析はワイントゥロープ（R. Weintraub）［1962］により端を発して研究が行われ，その後エィデルマン（I. Adelman）［1963］やその他の人々により展開がなされてきた。ワイントゥロープは1950年代の30カ国のクロ

スセクション・データから次のような最も簡単なモデルの結果を得ている。

$$B.R. = 6.6 + 0.06y + 5.98La/L + 0.25M \qquad R^2 = 0.67$$
$$\qquad\qquad (0.0045) \quad (7.68) \qquad (0.06)$$

ここで $B.R.$ は出生率，y は1人当たり所得，La/L は農業者比率，M は幼児死亡率を，またカッコ内は標準誤差を示している。

つづいて，エィデルマン [1963] は年齢コーホート別に分類した出生率と死亡率を従属変数とする計量的分析を行った[13]。独立変数としては1人当たり所得，非農業のシェアー，教育水準，人口密度をとり，出生率に関しては所得とは正の，その他の3独立変数とは負の関係を持つという結論を得たのであった。死亡率に関しても独立変数として1人当たり所得とその成長率，非農業のシェアーと医療水準とをとり，ほぼすべての独立変数とは負の関係を持つということが得られている。これらの研究はフリーランダー＝シルバー（S. Friedlander and M. Silver) [1967] のようにさらにいろいろな独立変数を加える方向やエィデルマン＝モリス（I. Adelman and C. T. Morris) [1966] のように要因分析法を用いて出生率と関係のある要因をとらえる方向へと展開がなされている。

ポール・シュルツ（T. Paul Schulz) [1976] は先進国と発展途上国との出生行動に影響を与える要因のうち，家族の所得，子供の死亡率，男女各々の教育，賃金に関するこれまでになされた計量的結果のサーベイを行っていた。それをみると，低所得国では出生率に関する女性の教育の弾力性は $-0.17 \sim -0.06$，男性の教育は $-0.98 \sim +0.55$，女性の賃金は $-0.35 \sim -0.16$，男性の賃金は $+0.05$，子供の死亡率は $+0.05 \sim +0.28$ という範囲の弾力性の値を持っていたことがわかる。一方高所得国では，家族の所得に関しては $+0.09 \sim +0.38$ の値をとり，女性の教育は $-1.1 \sim -0.19$，男性の教育は $-0.4 \sim -0.06$ の値を持っている。また賃金に関しては，女性は $-0.6 \sim -0.17$ を，男性は $-0.11 \sim +0.23$ の値を持っていた。それゆえ，女性の教育レベルと女性の賃金が上昇すれば出生率は低下するという点は，高低両所得国においてもあてはまることがわかるであろう。ところが，男性の教育は高所得国ではマイナスの，低所得国ではマイナスとともにプラスの影響を持つ場合もありうることを示している[14]。

また男子の賃金は，低所得国ではプラスの影響を持っているが，高所得国ではプラスとともにマイナスの場合もありうることをも示している。男女の賃金

に関しては，バッツ゠ウオード（W. P. Batz and M. P. Ward）[1979] モデルは，ウイリス [1973] の影響を受け，妻が働いている家庭とそうでない家庭に分け，それぞれのグループで異なった経済的フレーム・ワークを設定して計測を行っている。この点に関しては，日本ではオガワ゠メイソン（N. Ogawa and A. Mason）[1986] 等の計測がある。そして，彼等は言う「妻が雇用されているグループでは，夫の所得に加えて，妻の賃金が考えられ，妻の賃金には所得効果と代替効果があるとし，妻が雇用されていないグループでは，夫の所得効果のみが考えられている。もし，経済が好調の場合には，夫の所得効果も作用するが，妻の代替効果が妻の所得効果と夫の所得効果を上回るほど強く作用し，その結果，出生率が低下する。」(p. 15)

そして子供の死亡率（低所得国）や家族の所得（高所得国）はプラスの影響を持っていることがわかるであろう。社会および経済の人口への影響をみる研究は人口の社会および経済への影響をみる研究に対して遅れをとっていたが，最近ではいろいろと多くの努力がなされてきた。しかしながらいまだ十分とはいいがたく，次節の人口と社会および経済の相互依存関係を捉える分野とともに一層の努力が期待される分野である。

第3節　人口と社会・経済の相互依存関係

最後に，人口と社会・経済の相互依存関係を考慮したものに移ることにしよう。これには大方の予想とは反対に，まず最初にマルサス（R. Malthus）[1798] を取りあげる必要があるだろう。一般の多くのマルサス理解は，人口成長は異なる生産性により決定される従属変数としてのみ考えられている場合が大部分である。実際上述のボズラップ [1965] はこの一般的に理解されたマルサス説に反対の意見を述べ，人口が独立変数で経済（技術変化）は従属変数であると主張する。すなわち彼女は農業発展の歴史をかえりみて，一般的にマルサス説として受け入れられているものがあまりにも人口の経済への積極的作用を考慮していないがために，その説に大きな疑問を持ちスリヘル・ファン・バート（B. H. Slicher van Bath）[1963] に依って，バランスのとれた考察をなそうと独

自の見解を示したものであった。しかし，マルサスも十分ではないにしても，人口と社会および経済の相互依存関係を考慮していたことは事実なのである。この点での最大の貢献は南（三）[1972a] の研究であろう。

南（三）の表現では，マルサスの思考過程は次のようになる。

「人間は食物なしに生きえない，したがって"人口はかならず生存資料によって制限される"（第一命題＝規制原理）。しかし人間の性的愛着はきわめて強大であり，これに裏付けられて人間はたえず与えられた生存資料の水準を一杯に満たしながら，その裏からこれを衝撃する。すなわち人口は"それにたいして備えられた養分を越えて増殖しようとする不断の傾向を有している"（増殖原理）。与えられた生存資料との均衡はこの不断の増殖傾向によって乱され，ここから生活水準の低下とともに種々な形の困窮が社会をおそってくる。そしてここにまず人口の逆転運動があらわれて，所与の生存資料の水準において均衡が回復される（規制原理）。しかしこのばあい人間の努力は，生活水準の低下に抗しながら，むしろ高められた水準において均衡を取り戻そうとする。いいかえれば，人間は増加した員数を支えるに足る程度に生存資料の範囲を拡大しようと努力する。まことに"必要は発明の母"である。こうして生存資料が増大し，さらに現存の人口を支える以上に増大するなら，これに随伴して起こるのは人口の増加である。すなわち"人口は，あるはなはだ有力かつ顕著な妨げによって阻止されないかぎり，生存資料の増すところではつねに増加する"（第二命題）。ここに人口の進転運動がある。しかしこの運動はやがてまたつぎの均衡攪乱を準備する（増殖原理）。こうして人口は進転と逆転とを，すなわち上昇運動と下降運動とを周期的に反復する，というのがマルサスの思考過程であった」[15]

と述べている。このようにマルサスは十分ではないとしても相互依存関係の考察をなしていたのである。

また，人口と社会・経済の相互依存関係を討議する目的とした学会としては上述の1973年の仏の国際経済学会主催のコンファレンスがあった。そこでは人口と経済との関係について次のような構成で議論がなされている。① 最適人口成長率について，② 選択理論の演習としての出生力，③ 欧州の出生力低下に影響を与える経済的諸要因，④ 第三世界の出生力低下と経済的諸要因，⑤

第4-1表　出生率に関する日米両国の計測比較

従属変数	独立変数	日本 モデル1 係数	日本 モデル1 t値	日本 モデル2 係数	日本 モデル2 t値	米国 係数	米国 t値
出生率	1人当たり所得	0.0016	0.3082	0.0079	0.6936	0.0206	1.2955
	女性労働力率	-0.0208	-1.2462	-0.0217	-1.2983	-0.7407	-1.8476
	乳幼児死亡率	0.0002	0.0856	-0.0001	-0.0049	-0.0378	-0.6483
	教育水準	0.5940	1.4956	0.5572	1.5536	-3.4130	-2.1238
	農業シェアー	0.0777	5.8850	0.0786	5.9319		
1人当たり所得	女性労働力率	-0.1406	-1.3870	-0.0590	-0.6599	14.7900	2.5081
	教育水準	19.6329	5.0182	3.9587	2.0278	92.6600	5.5221
	実質賃金率	15.1305	12.5152	6.6731	12.7344	8.5940	1.5273
女性労働力率	出生率	0.2443	0.5764	0.2443	0.5764	-0.6399	-3.8947
	実質賃金率	0.1032	0.3332	0.1032	0.3332	0.5363	1.8192
	年齢構成	1.4012	23.4431	1.4012	23.4431	-0.4224	-1.5249
	農業シェアー	0.1347	3.4326	0.1347	3.4326		
乳幼児死亡率	1人当たり所得	-0.3811	-1.5974	-0.7044	-1.3296	-0.0044	-0.4681
	教育水準	2.5609	0.1547	-4.3018	-0.2811	-13.2400	-11.0610
	医療水準	-0.0239	-0.3472	-0.0524	-0.7910	-3.8630	-5.7734
	農業シェアー	-0.4448	-0.6993	-0.5444	-0.8345		

（備考）　同時方程式を用いた計測結果である。また，モデル2は1人当たりの所得の所得に恒常所得を用いたものである。

人口および資源と環境，⑥ 人口成長と雇用，⑦ 人口移動と雇用機会，⑧ 人口変数と教育。このようにこの学会では，全体としては人口と経済の相互依存関係について考慮してはいるが，個々では経済の人口への影響か人口の経済への影響のどちらかを考慮したにとどまっている。

　グレゴリー゠キャンベル゠チェン（P. R. Gregory, J. M. Campbell and B. S. Cheng）[1972]は1910年から60年までの米国のデータを用い，人口と社会および経済の相互依存関係を計量的に測定した。彼らのモデルでは内生変数は出生率，1人当たり所得，婦人労働力率と幼児死亡率の4変数，外生変数は教育水準，失業率，有色人種の比率，年齢構成，医療水準，賃金率の6変数としてモデルを作り，2段階最小二乗法により推定をなしている。第4-1表に彼らの結果を示している。筆者はこのモデルを日本に合うようにモデルを変形し，かつグレゴリー゠キャンベル゠チェンに不足していた系列相関についての考慮を行い，コックラン・オーカット法を用いた2段階最小二乗法や，その他の推定

方法で推定をなしている（最尤法がより良い推定法だと思われるが，2段階最小二乗法を用いたグレゴリー＝キャンベル＝チェンの米国の結果と比較する為，2段階最小二乗法を用いている）。そして期間を1900年から1970年までに延長して日本に当てはめている。詳しくは第6章で示しているが，計測結果の要約と米国の計測値との比較は第4-1表に示されている。

この結果では，両国ともあまり良くないt値が存在するのも事実である。これは人口と経済の関係は弛緩した因果関係であるという点に関連しているのかもしれない。しかし，係数の符号はおおむね理論と一致している。両国の計測値の符号もほぼ一致しているが，出生率への教育水準，1人当たり所得への女性労働力率，女性労働力率への出生率と年齢構成の符号が米国と日本とでは異なっている。この両国の計測値のうち，ともにt値が比較的大きく符合の異なるものは，出生率への教育水準の影響と女性労働力率への年齢構成の影響である。このうちで，米国の年齢構成（14～44歳までの人口）が女性労働力（14歳以上の女性の労働力数）にマイナスの係数を持つという結果は，理論からいっても，受け入れることは困難であろう。

ここで問題になるのは，教育水準の出生率への影響についてであろう。この係数の符号は米国ではマイナスで，これは通常の理論的な符号と一致するものである。ところが，日本の計測値は，t値がそれほど良好ではないが，プラスの符号をとっている。しかし，この点は上述のハシモト［1974］やポール・シュルツ［1976］の計測結果からみても，まったく予期せぬ結果だとはいえないであろう。すなわちハシモトは妻の教育水準は出生率に負の影響を，また夫の教育水準は正の相関があったと報告している。一方筆者のモデルでは教育水準は高等教育を受けた者を採用しているが，これは明治，大正期や昭和初期には男性が多くのシェアーを占めていたと解釈できるからである（詳細は，第6章第3節を参照）。

振り返ってみれば，これまでの長期モデルでは，新古典派的に出生率は1人当たり所得に依存するというモデルを使用していた。日本の著名なモデルであるクライン（L. R. Klein）［1961］モデル，上野＝木下（上野裕也＝木下宗七）［1965］モデル，クライン＝シンカイ（L. R. Klein and Y. Shinkai）［1963］モデルはすべてこの形をとっている。それに対し，デントン＝スペンサー［1975］は

人口と経済の相互依存関係を明示的に調べている。彼らは経済全体を統合したモデルにより，人口面を詳細にモデル化し，総生産量は資本と労働をインプットとする生産関数により決定され，その資本は投資により決定されること，またその投資は可処分所得に貯蓄率を乗じた貯蓄に等しいものと仮定してモデルを組んでいる。そしてそのモデルにイースターリン[1966]の賃金と出生力とのスイング（すなわち，出生率の低下→労働供給量の減少→賃金率の上昇→出生率の上昇→労働供給量の増加→賃金率の低下→出生率の低下）関係を併用し，賃金に関する出生力の弾力性が2以上，例えば賃金の1％の上昇が2％以上の出生力上昇をもたらすのでなければ経済のサイクル的変動を生じさせないと述べている。その後出生力パターンが変化した場合，家計と年齢構成の総消費への影響，人口と保健管理費用との関係，人口と教育費，人口と総政府予算合計との関係をみているが，出生率が上昇すると総政府支出に占める教育費の割合が上昇し，保健衛生費とその他の一般政府支出の割合は相対的に減少するという結果を得られていた。

また，彼らは所得，女性の労働力率と出生力との相互依存関係を調べており，出生力が増加した場合，そのタイミングが異なった場合，出生間隔が異なった場合にこれらの相互依存関係がどのようになるかを調べている。そして出生力上昇が最も大きな影響を持つことや出生間隔の影響は短期では少し存在するが，長期ではほとんど消失すること，女性の賃金の出生力への影響が大であることなどの結果が得られている。このモデルのもう1つの特徴はやはりカナダという国を反映してか，海外からの移住を明示的に考慮したモデルも作成している点であろう。このように幾人かの人々により人口と社会および経済の相互依存関係をとり入れたモデルを作成し，計測する努力がなされてきたが，いまだ十分なものではない状態である。ますますの研究が期待される分野であろう。

お わ り に

以上，人口研究を人口の社会および経済への影響，社会および経済の人口への影響，およびその相互依存関係という3分類で，これまでになされた研究お

よびその問題点を指摘した。これは第1章で述べた人口の第5特徴である人口と社会および経済は相互依存関係を持つという点より考慮されたものである。本章の研究は第3章での基礎的考察，第10章での人口の積極的作用の計測，および第4章での相互依存関係を捉えた人口の計量的分析と密接な関連を持っている。それゆえ，ここで論点のいくつかを要約しておこう。

1　人口の社会および経済への影響をみる方法に，コール゠フーバー式の人口の絶対的な大きさ，人口成長率，年齢別分布の3区分による方法がある。しかしよりよい方向は，人口そのものが何により構成決定されているか（男女別，年齢別，職業別，宗教別，制度別，社会階級別等）を考慮し，社会および経済への影響をみることであろう。

2　この人口の社会および経済への影響をみる研究には最適人口論，楽観的人口論対悲観的人口論等の研究がある。しかもマルサス対ボズラップは悲観的人口論者対楽観的人口論者として，相対立するものであるかのように一般には受け入れられている。しかしながら実際には，両者は互いに排除しあうものではなく，相互補完的なものである。

3　人口の社会および経済への影響については，人口のマイナス面のみならずプラス面をも正当に評価する必要がある。この第1章の論点はヒックス，クズネッツ，ソーヴィやサイモン説と一致する。これらの諸説をプラス，マイナス両面で統合，体系化すると第3章の人口の貢献での記述のようになる。

4　社会および経済の人口への影響（および後述の相互依存関係）に関する研究は，人口の社会および経済への影響についての研究に比較して数少ないのである。しかしながらマルサスの第1，2命題，離島とサツマイモの関係，景気循環と結婚および出生との関係等があり，そのうちで最大の研究成果の1つは人口転換理論であろう。しかしながらこの転換理論はロストウの経済発展段階説に対する長所と短所（問題点）の両面を持ち合わせている。その後の消費者理論を応用したライベンシュタイン，ベッカーの研究も著名であり，計量的分析もワイントゥロープ以来いくつかなされている。ポール・シュルツのサーベイによると，低所得国の男性の教育水準が出生率に与える影響はプラスの場合もありうることを示している。この点は第6章の筆者の計測結果とも一致する。

5　人口と社会・経済の相互依存関係の研究としては，大方の予想に反して

まずマルサスをあげる必要があろう。また同時方程式による計量的研究としてはグレゴリー=キャンベル=チェンの米国データ（1910～70年）による研究がある。本書第6章では彼らに不足していた系列相関についての考慮をなし，コックラン・オーカット法を用いた2段階最小二乗法（1900～70年）による計測結果が示されている。

（付記）　本章は山口［1979b］［1982b］を基本にし，その後の人口学の展開（ベッカー学派やイースタリン学派の論争，バッツ=ウオードの実証分析等）をつけ加えたものである。

注

1）　この様式は舘稔［1963］の章1にならったものである。
2）　デントンとスペンサーは開放モデルを作り，2国間の移住等を考慮したモデルを作っている。デントン=スペンサー（F. T. Denton and B. G. Spencer）［1975］のCh. 11を参照。
3）　ミル［1848］，キャナン［1888］，ミード［1955］を参照されたい。またこの面での日本での研究に中山伊知郎=南（進）［1959］がある。
4）　ヒックス［1960］のPart IIの第5章を参照。
5）　サイモン［1977］を参照。またこれらのマルサス，ワグナー，ハンセン，ケインズ，ヒックス，サイモン，ソーヴィ説を1つの体系にまとめて整理すると第3章の人口の貢献のところで述べたようになる。
6）　より詳しくはヤマグチ（M. Yamaguchi）［1973］，ヤマグチ=ケネディー（M. Yamaguchi and G. Kennedy）［1984b］，山口［1974］［1975a］［1979a］［1985a］等を参照されたい。また本書の第10章および第11章もあわせて参照されたい。
7）　この点の展開が第10章第3節で行われている。
8）　南（三）［1972a］のp.127を参照。
9）　これらの貧困多産説，人口福祉理論，社会的毛細管現象説の名称や説明は南（三）［1971］［1972a］［1972b］を参照。
10）　大淵寛［1974］の第1章はこのライベンシュタインの研究をさらに展開して修正を試みている。さらに異なった説明も行っているが基本的にはライベンシュタイン説を踏襲している。
11）　ブレーク（J. Blake）［1968］，デューゼンベリー（J. S. Duesenberry）［1960］，ライベンシュタイン［1974］およびナムブードゥリ（N. K. Namboodri）［1972］を参照。
12）　このJPEの論文のいくつかの紹介は，山口［1975b］ですでに行っていた。
13）　日本でも大淵［1974］の第3章はエイデルマンと同様の方法で計測を行っているが独

立変数が各コーホートとも同じとしている。
14) 本書の第6章，第1節およびハシモト（M. Hashimoto）[1974] を参照。
15) 南（三）[1972a] の p. 145を参照。

第 5 章　過剰人口論と過少人口論

はじめに

　人口と経済発展の議論を振り返ってみると，人口が過剰か過少かの議論が盛んであった。また歴史的にみても，過剰人口論と過少人口論は縄目のごとく現れてきた。おそらく最初に問題となった人口形態は過剰人口であったであろうと言われている。本章では過剰人口論として，マルサス（R. Malthus）[1798] の人口論を，過少人口論としてケインズ（J. Keynes）[1937] の人口論を取り上げることにする。そして，最後に過剰人口と経済発展についての理論的・実証的な流れをみることにする。これは，第 7 章の日本の過剰人口と経済発展の実証研究への橋渡しをするものである。すなわち，過剰人口と経済発展に関する論文として，古典派のルイス（A. W. Lewis）[1954] とレイナス=フェイ（G. Ranis and J. Fei）[1961] やフェイ=レイナス（J. Fei and G. Ranis）[1964] モデルの紹介をする。そしてこの仮定に異議を唱える新古典派のジョーゲンソン（D. W. Jorgenson）[1961] モデルについて説明する。つづいて，実証研究としては，南（進）=小野旭 [1971] [1972] [1975]，ケリー=ウイリアムソン（A. C. Kelley = J. F. Williamson）[1971] [1973] [1974] やケリー=ウイリアムソン=チーサム（A. C. Kelley = J. F. Williamson = R. J. Cheetham）[1972a] [1972b] モデル，最後に成長会計分析モデルの説明をすることにしよう。

84 第2部 人口の理論的研究

第1節 マルサスの過剰人口論[1]

「以下の論文の起源は,ゴドウィン氏の論文の主題,すなわちかれの『研究者』における貪欲および浪費について,一友人とかわした会話にある。その討議は,……(マルサス［1798］(永井義雄訳［1973］))」の序文を持つマルサスの初版の『人口論』は1798年に匿名書で出版されたものであった。この時期はまさに英国の人口爆発の時期に当たっており,過剰人口が心配されていた時期であった。この中の一友人というのはマルサスの父ダニエル・マルサスであった。父ダニエル・マルサスは保守的な息子とは異なり進歩的なコンドルセやゴッドウィンの大変熱心な信奉者であった。コンドルセは科学や知識の進歩により,様々な障害がとりのぞかれ,農業,医薬の進歩により,戦争は減少するであろうと予測した。すなわちコンドルセは人間の理性,科学の進歩に絶対的信頼を置く空想的楽観論者であった。またゴッドウィンは財産の共有制度は人口過剰を起こすというウオーレスを批判し,地球の4分の3はいまだ耕作されておらず,耕作されたところも多くの改善がなされていること。また将来社会においては人間の繁殖は感覚的快楽から繁殖行為を行うのではなく,正しいから行うのであり,地球が一杯になれば繁殖をやめるであろうと主張していた。

論争書と呼ばれた初版人口論の実際の書物名は『ゴドウィン,コンドルセ,その他の著者達の探求に言及し,社会将来の改善に人口原理がおよぼす影響について論じた,人口原理に関するエッセイ (*An Essay on the Principle of Population, as it affects the Future Improvement of Society, with Remarks on the Speculation of Mr. Godwin, M. Condorcet, and other Writers*, London, 1798) (anonymous)』であり,合計19章から成り立っていた。第1章から第7章までは困窮と悪徳が非常に多いことを述べたものであり,第8章から第15章まではゴッドウィン,コンドルセへの批判であった。第16章と第17章はスミスの自由主義等に対する批判であり,最後の18,19章は一種の宗教哲学であった。この本でマルサスは食欲と性欲の2大公準と規制原理,増殖原理,均衡原理の3命題を示したのであった(岡田［1960］や南(三)［1972b,初版は1963年］は下記の第1,第2,第3命題を規制原理,増殖原理,均衡原理と呼んでいる)。すなわち,(1)食物は人類の生存

第5章　過剰人口論と過少人口論　85

に必要であることと (2) 両性間の情愛は必要であり，現状とほとんど変りはないことという食欲と性欲に関する2大公準と (1) 人口の増加は，必然的に，その生存資料によって規制される (2) 人口は，生存資料が増加する場合，必らず増殖する (3) 人口のより優勢な力は悪徳と困窮によって抑圧され，また現実の人口はそれらによって生存資料と均衡を保たせられるという3命題である（岡田 [1960] より引用）。

　そして，周知の生存資料（食糧）は 1, 2, 3, 4, 5, 6, 7 ……と算術級数的にしか増加しないが，人口は 1, 2, 4, 8, 16, 32, 64 ……と幾何級数的に増加すると主張した。この論争書は万人が読まずして批判するといわれ，万人が読まずして賞賛するといわれたスミスの『国富論』と好対照をなすものと言われていた。1803年には，マルサスは第2版『人口の原理が過去および現在の人類の幸福におよぼした影響についての一観察。この原理がひきおこす諸悪の将来における除去または緩和に関するわれわれの予想についての人口の原理に関するエッセイ（*An Essay on the Principle of Population ; or, a View of its Past and Present Effects on Human Happiness ; with an Inquiry into our Prospects respecting the Future Removal or Mitigation of the Evils which it occasions. A New ed., very much enlarged, London, 1803*)』を出版した。この第2版は生存資料をこえて増加しようとする人口の不断の傾向から生じる悪徳と困窮を取り除く手段を考えた研究であった。そして，第2版では第1版とは全く異質の新しい妨げの作用である道徳的抑制が登場した。

　そして，3命題は次の様に修正された。(1) 人口はかならず生存資料によって制限せられる。(2) 人口は，あるはなはだ有力かつ顕著な妨げによって阻止されないかぎり，生存資料の増すところではつねに増加する。(3) これらの妨げ，ならびに人口の優勢な力をおさえてその結果を生存資料と同一水準に保たしめるもろもろの妨げは，すべて道徳的抑制，悪徳および困窮に帰着する（南（三）[1972b] より引用）。またマルサスは客観的な妨げとして，積極的妨げ（死亡率の増加のように，すでに生じた人口の増加を事後に減殺するもの）と予防的妨げ（出生率の低下のようにこれから生じようとする人口の増加を未然に妨げるもの）を考えていた。それゆえ，妨げはこの客観的妨げと上述の主観的妨げである道徳的抑制，悪徳と困窮の2つに分けることができるのである。いずれにせよ，新し

い妨げとして道徳的抑制という妨げが付け加えられたのであった(詳細は南(三)[1972b] を参照)。

　この道徳的抑制に関し，初版とのコンシステンシーの問題で多くの批判がなされてきた。確かに，これは問題点を持つものであるが，マルサスにとって，これはゴッドウィンの平等主義に対する反論であった。これは両性間のパッションを一時的に抑制するにすぎず，後により輝かしく，より純潔な，より健康的な焰を燃え上がらせるためであり，絶滅させるためのものでは決してなかったのであった。そして，この道徳的抑制は，次の3条件を満たさねばならないものであった。(1) 家族を養う見込みのたつまでの結婚の延期，(2) 結婚前の行動は厳格に道徳的であること，(3) 結婚すれば家族数への人為的抑制は行わないの3つであった。その後，マルサスは1806年に第3版，1807年に第4版，1817年に第5版，1826年には遂に，第6版を出版し，ますます精密で膨大な論証を付け加えたのである。それでは，マルサスの新しい貢献はどの点にあるのであろうか(詳細は南(三)[1971][1972a][1972b] を参照)。

　南(三)[1971][1972a][1972b] によれば，マルサスの思想の根底に，カンティヨンの均衡思想(人口が食物に依存し，これなしでは生活できないゆえ，必ず与えられた食物量と均衡を保たねばならない)とケネーの増殖思想(人口はそれ自身の内在的な力として不断に増加する)があるのは，それまでの諸学者と同じ思想形式である。しかし，マルサスではこれらの思想のいずれもが変化し，しかも両者が密なる内的関係において捉えられているという。すなわち均衡思想と増殖思想とが原理として捉えられていた。それゆえ，人口は規制原理により生存資料のある水準に静止するのではなく，人口自身の内発的な力としての増殖原理にかりたてられ，たえず均衡を乱そうとするという。このようにして，人口は不断の波動の中に自己を置くと主張する。

　実際マルサスは次のように述べている。人口が増加すれば，貧民の生活水準が低下し，悪徳が増加する。しかも賃金が低下し，農産物価格が高くなる。それゆえ，以前と同じ物を稼ぐのにより多くの仕事が必要となり，結婚への失意と一家扶養の困難さが増加する。それゆえ，人口の増加が阻害されることになる。しかし低賃金と豊富で勤勉な労働者が存在するゆえ，農民を刺激し，より多くの労働投入や開墾を促し，その結果生存資料は増加する。生存資料が増加

すれば人口が増加することになり、最初の状態に戻り、逆転と進展運動が反復することになる。すなわち、マルサスは (1) 人口は生存資料に規制され、増殖するという人口の消極的性格と (2) 人口はそれ自体が内発的な力として、増殖原理を持ってこのような規制に対抗しながら、それを乗り越えて進もうとする人口の積極的性格を持つという 2 面性を持つことを主張していたのであった（詳細は南（三）[1971] [1972a] [1972b] を参照）。

第 2 節　ケインズの過少人口論[2]

　ケインズの人口論は 2 つの異なった流れを持っていた。1 つはマルサス的な過剰人口論であり、他の 1 つは過少人口論である。古いケインズ（安川正彬 [1965]）と呼ばれる過剰人口論は、1919年に出版された『平和の経済的帰結 (*The Economic Consequences of the Peace*, London, 1919（早坂忠訳 [1977]))』にみられるものである。この書物の第 2 章の「戦前のヨーロッパ」の経済分析で、ケインズは資本主義の危機的状態につき、およそ次の様に述べている。すなわち、1870年以前はヨーロッパ大陸は基本的には自給自足経済であり、人口はそれに適合していた。しかし、次の50年間に、不安定かつ特異なものとなった。ところが、米国から食料の供給等もあり、農業部門でも収穫逓増が生じていた。1900年頃にこの傾向は逆転し、収穫低減が支配し始めるようになった。しかし、幸いにも熱帯アフリカの資源が大量に使用され、油種の大量取引により、より安価に食卓を満たすようになった。

　このような経済的ユートピアにより、マルサス的世界観は失われたのであった。しかし、黄金時代が終わったいま、再びマルサスの悪魔を解放し、人々の間に支配している誤った幻想を打ち破らなければならない旨のことを言い、ケインズは次のように述べている。

　「この幸運な時代は、わが国経済学の建設者たちを根深い憂愁心で充たしていた世界観を見失ってしまった。18世紀以前には、人類は何らの見せかけの希望も抱いてはいなかった。その時代の末葉に人気を博すようになった幻想を打ち破るために、マルサスは 1 匹の悪魔を露わにしてみせた。半世紀の

あいだ，すべての重要な経済学上の著作は，その悪魔をはっきりと凝視していた。次の半世紀間，その悪魔は鎖につながれ，見えなくなっていた。いまや，おそらく，われわれはこの悪魔を再び解き放ってしまったのである。」
（ケインズ［1919］・早坂忠訳の p.6）

ケインズによれば，戦前のヨーロッパ経済は3つの不安定な要素を含んでいるという（中山＝南（進）［1959］参照）。第1の不安定要因は，ヨーロッパ各国の人口が増加し，経済的依存関係を複雑なものにするようになったことである。すなわち，ドイツの人口が急増し，自給自足的農業機構から内外に複雑な依存関係を持つ工業機構へと転換し，海外から生存資料を輸入するようになった。それゆえ，その人口が仮に生存資料を奪われるような事態になるならば，ヨーロッパの秩序に少なからざる脅威となるであろうというのである。第2は戦争により，労働者および資本家両階級は心理的不安定になったことである。資本主義の黄金時代になされた巨大な蓄積は労働者が低賃金で我慢し，資本家が利潤を蓄積するという心理的要因のもとに成り立っていた。しかしそれは戦争により動揺し，戦後のヨーロッパ経済の不安定要因となったというのである。

第3の不安定要因は，新大陸の人口の急増によるヨーロッパとの相互依存関係が悪化したことである。すなわち，これまではヨーロッパの工業生産物を新大陸に輸出し，新大陸より食料を輸入していた。しかし，新大陸の人口の増加により，その条件が悪化するようになったのである。ケインズは言う。

「そのうちのほんの少数者しか人生の楽しみを享受していなかったような人口が，あれほどまでに巨大な蓄積を行うのは，自然ではなかった。戦争はすべての人に消費の可能性を明らかにし，多くの人に禁欲の空しさを明らかにした。こうして，威嚇は正体を見破られたのである。労働階級は，もはや，あれほどまでに多くのものなしで済まそうとはしなくなるであろうし，また資本家階級は，もはや未来に信頼を寄せず，消費の自由を，それのあるかぎり，より十分に享受しようとし，こうして，その自由の奪われる日を早めるであろう。」（ケインズ［1919］・早坂忠訳の pp.13-14）

要するに，ケインズの第1と第3の不安定要因は，人口の急激な増加は生活資料の増加を越え，1人当たり生活資料は減少し，古典派的な収穫逓減の法則の領域に入ったことを意味している。また第2の不安定要因は，戦争により

人々の心理的変化が貯蓄を阻害するようになったことである。このように，当時は収穫逓減の領域を意識し，過剰人口というマルサスの悪魔を解き放ったケインズは典型的な古典派学的マルサス学徒であった。

　ところが，このケインズの過剰人口思想はビヴァリッジ（Beverage）[1923]により，ことごとく批判されるようになった。1923年の12月にビヴァリッジは「人口と失業（Population and Unemployment）」という *Economic Journal* の論文で，ケインズの『平和の経済的帰結』の人口論を批判した。まず第1の批判は次のような点である。すなわち，ケインズのいう過剰人口は，収穫逓減の法則と失業の存在という2指標をもって言っている。しかし，失業と人口の過剰は必ずしも対応しないという点である。第2の批判点は，ケインズのいう収穫逓減と穀物の実質生産費の高騰が，実際に生じているか否かという点である。ビヴァリッジによると，現実には，ヨーロッパでの1人当たり産出量と土地1エーカ当たり産出量は増加していることが，指摘されたのであった。また穀物の実質費用はケインズのいうようには上昇せず，価格も戦前では他の商品と比べると相対的に低下したことも指摘されたのである。

　それにもまして，ビヴァリッジはヨーロッパ人口の減退傾向をすでに認めていたのであった。同じジャーナルに，ケインズはビヴァリッジに反論を行った。そして問題は戦前の均衡が破れたいま，英国とヨーロッパが増加する人口を維持できるか否かということである（以上および以下の詳細も中山＝南（進）[1959]を参照されたい）。それゆえ，人口がより少なければより高い生活水準ができるという結論には，全く変わりがないことを主張した。そして，ビヴァリッジの批判がマルサスの悪魔を排除したかのような印象を与えたことは，きわめて遺憾であるといった。それに対し，翌年1924年にビヴァリッジは反批判を行った。そしてケインズが収穫逓減の証明に持ち出した統計は連続性に欠け，全く異質のものが用いられていることを指摘した。それゆえ，ケインズがこの統計の異質性と，人口減退の事実に全く気づいていなかったという2点より，ビヴァリッジに軍杯があげられたのであった。

　ケインズはその後もしばらくの間，過剰人口から頭が離れなかった。しかし1930年に出版された『貨幣論（*A Treatise on Money*, 2 Vols., London, 1930)』あたりから，新しいケインズと呼ばれるような人口観へと次第に変化するようにな

った。そして1933年に出版されたマルサス伝記や，1935年のマルサス死後100年記念祭で，ケインズは次第に失業の存在に目をうばわれることになった。すなわち，かつては労働者のみじめな生活より過剰人口に注目したマルサスは，ナポレオン戦争後の莫大な失業に注目し，有効需要の不足をとなえるようになった。それと同様，ケインズも1929年の大恐慌後の大量の失業者の存在により，思想の大転回をするようになったのである。それゆえ，ケインズの興味はマルサスの『人口論』から『経済学原理』へ，言い換えると人口の原理から有効需要の原理へと移行したのであった。ケインズの著名な『一般理論』の発表年の翌年にあたる1937年に，ケインズは「人口減退のいくつかの経済的帰結(Some Economic Consequences of a Declining Population)」と題する *Eugenic Review* 論文で，彼の新しい人口観をより鮮明に発表した（以下も中山＝南（進）[1959]を参照）。

そこにおいて，まず最初に，ケインズは当時すでに顕著となっていた人口の減退傾向を指摘した。そして，それが投資需要を減退させ，失業を生じさせるような社会的結果を生み出す，というように変化するようになったのである。すなわち，人口の増加は資本需要ないしは投資需要を増加させることになるだろう。それのみか，企業期待は将来に予想される需要に依存するが，人口増加の時代には楽観的気分を強め，資本の限界効率を引き上げ，投資需要を増加させることになるという。それゆえ，人口増加から人口減退へと転じたならば，きわめて災害多きものにならざるをえないであろうというのである。そして，人口増加の経済発展へのプラスの効果に対し，正当な評価が与えられなかったことを嘆くようになった。これは，それまでのケインズの見解からすれば，驚くべき変化であった。

そして人口成長のプラスの効果を実証するために，1つの理論モデルを発表した。すなわち，ケインズによれば，資本需要 K は人口 Q，生活水準 Y/Q と資本技術 K/Y の3つの要因に依存するという。ここで人口は消費者数を，生活水準は1人当たり所得を，資本技術は平均生産期間ないしは資本係数を意味するものである。彼の主張を定式化すれば，$K=Q(Y/Q)(K/Y)$ となる。もしも生活水準 Y/Q と資本技術 K/Y が一定ならば，資本需要 K は人口 Q に比例することになる。それゆえ，投資 I は人口成長 $\triangle Q$ の大きさに依存す

ることになるのである。もちろん生活水準は発明の進歩や技術改良により上昇し，資本需要を増加させるであろう。一方，生産期間については単純ではないが，ほぼ一定とみなせるであろう。19世紀の資本主義の黄金時代には，交通，住宅や公共事業の改善等の資本使用的発明により生産期間は大きくなったが，近代の資本節約的発明により，生産期間は短縮するともいえるのである。

　それゆえ，全体としては生産期間はほぼ一定とみなすことができるだろうと予測した。これより近代の資本需要の多くは人口の増加によるか，生活水準の上昇のいずれかによることになる。実際，ケインズはこの点をみるために，英国の1860年から1913年までの約50年間のデータを集め，資本蓄積がこの3要因にどの程度依存しているかを観察したのである。そして，1860年の資本，人口，生活水準と生産期間を100とした指標を示している。これによれば，実質資本は1913年に2.7倍へと増加した。一方人口は1.5倍，生活水準は1.6倍へと増加した。しかし生産期間は1.1倍と予想どおり，ほぼ一定であった。それゆえ，上述の論理により，人口成長は投資を増加させるとみなしたのである（この議論の問題点等，より詳細は中山＝南（進）[1959]を参照されたい）。

第3節　過剰人口と経済発展

　過剰人口と経済発展といえば，まずルイスやレイナス＝フェイのデュアリズム・モデルが思い浮かぶであろう。デュアリズムは基本的にはブーケ（J. H. Boeke）[1953]，ヒギンズ（B. Higgins）[1956]等の静態的デュアリズムとルイス，レイナス＝フェイ，ジョーゲンソン等を代表とする動態的デュアリズムに分けることができるであろう。[3] さらに静態的デュアリズムはブーケの社会的デュアリズム，ヒギンズの技術的デュアリズム等に，また動態的デュアリズムはルイス，レイナス＝フェイの古典派デュアリズム，ジョーゲンソン等の新古典派デュアリズムに分割することが可能である。もちろんこれらの分割は実際の経済の単純化にすぎず，実際にはオオカワ（K. Ohkawa）[1972]のいう傾斜構造という概念や静態的デュアリズムの中にも動態的な面をも含むこと，および古典派，新古典派という分割にも両者の中間のようなものも存在する等単純に

一線をひいて区別することのできるものではないことも事実である[4]。またこの二重経済の考えは決して新しいものではなく，すでにアダム・スミス（A. Smith）[1776] により認識され，古典派経済学でも多くの議論がなされていたものが復活されたものである。

ルイスによるこのデュアリズムの研究は，彼以降はレイナス＝フェイ，ジョーゲンソン・モデルとともに，主として農工間の2部門分割モデルとなった。そして，より動態的かつ精紋な研究へと展開が行われた反面，ルイスの持っていた都市での失業等の問題を見落とす結果ともなり，限界面を持っていたのであった[5]。しかし問題があるとしても，このデュアリズムの政策的意義はいまだ見落とすことのできないものであり，その限界（都市での失業や所得の不平等の考慮の不足等）とともに長所をも改めて見直す必要があるように思われる。とりわけ二重経済論（特にレイナス＝フェイ）の主張する1つの結論，農業と工業は均衡的に同時に成長する必要があるという点は，日本の同時成長仮説に合致するモデルとなっている。また初期においては，工業部門の労働集約的技術の採用が望ましいという結論は日本の経験にも合致する結果となっている（以下は第5-1表も参照されたい）。

● **古典派のルイス，レイナス＝フェイ・モデル**　そこで，古典派のデュアリズムについてより詳しくみることにしよう。古典派デュアリズムの代表者の1人であるルイス [1954] は，経済を最低生存費部門と資本家部門の2部門に分割して分析を行っている[6]。これはルイスが近代経済発展における貯蓄率の上昇という事実を認め，これを利潤の増大とそれより生ずる貯蓄率の増大に求めたためであった。それゆえ，経済を利潤を目的とする部門とその他の部門にわけるという，ルイス特有の2部門分割を行ったのであった。このルイス・モデルの支柱となるものは労働の無制限的供給と最低生存費賃金および資本家部門の高利潤の3条件である。この無制限的労働供給は最低生存水準の農業，自由業，小商人，家族使用人，妻や娘や人口増加により生じる無制限的な過剰労働力の供給であり，その労働の限界生産力は無視できるほどわずかか，ゼロやマイナスにさえもなるという[7]。

また，これらの過剰人口が得る最低生存費賃金（subsistence wage）は最低生

第5章 過剰人口論と過少人口論

第5-1表 理論的・実証的デュアリズムの系譜

(1) 理論的研究
静態的デュアリズム ブーケ, ヒギンズ
動態的デュアリズム
(a) 古典派デュアリズム
＊ルイス・モデル　2部門（最低生存費部門, 資本家部門）
最低生存費部門では(イ)労働の無制限的供給（労働の限界生産力がほぼゼロ, 例えば最低生存水準の農業, 自由業, 小商人, 家族使用人等）, (ロ)最低生存賃金の生活。
資本家部門では(イ)最低生存費賃金で労働の無制限的供給が行われているため, 高利潤が再投資され高資本蓄積→労働の需要曲線が上方にシフトし, 労働雇用が増加, 一方低賃金の無制限的労働供給→加速度的資本蓄積→経済の急発展。
＊レイナス＝フェイ・モデル　2部門（農業部門, 工業部門）
農業部門では余剰労働力（労働の限界生産力がゼロ）と過剰労働力（労働の限界生産力＜実質賃金率）が存在。工業部門はこの余剰・過剰労働力を吸収することにより経済発展→(イ)臨界的最小努力基準（工業労働力の成長率＞人口の成長率）が必要。(ロ)この臨界的最小努力基準を満たすには, 工業資本の成長率が大, 工業技術進歩が大, 工業技術進歩が労働集約的技術進歩であることが必要と主張。一方, 労働供給の弾力性は余剰労働から過剰労働へと進むにつれ減少→農業生産性を上げ, 農業余剰を増加させ, 相対価格を一定に保つ必要がある→農工間は均等を保ち同時に成長すべきと主張（同時成長仮説に適合）。図形的エクセントリック調。
(b) 新古典派デュアリズム
＊ジョーゲンソン・モデル　3部門（農業部門, 工業部門）
労働の無制限的供給（労働の限界生産力がゼロ）を否定。数学的エクセントリック調。

(2) 実証的研究
(a) 古典派デュアリズム
＊南＝小野モデル　古典派的2部門（資本主義部門, 非資本主義部門）
方法：通常の推定法で推定。高人口, 高技術進歩, 流動的な労働市場は過剰人口を減少させ, 経済成長率を高める。
非資本主義部門の低賃金上昇率, 資本主義部門の技術進歩率は賃金格差を広げ, 人口の増加, 非資本主義部門の技術進歩, 労働市場の流動性の上昇は格差を縮めると主張。
(b) 新古典派デュアリズム
＊ケリー＝ウイリアムソン＝チーサム・モデル　新古典派的2部門（農業部門, 工業部門）
方法：適当なパラメータを与え, モデルからの予測値と実際の値が近いパラメターの組合せを選択。問題点：(1)需要面の実証的背景が弱い。(2)生産面のバイアスの議論が未熟。(3)両者の技術進歩が独立でない。(4)1885年の構造を30年間一定としている。(5)シミュレーションにコスト面の考慮が不足。(6)パラメターを適宜に採用することにより, どのような結論にも導ける。例えば, 初期の書物では低人口成長はきわめて大きな貢献と言っていたが, 後期の書物で矛盾する正反対の意見を述べている。
(c) 古典派・新古典派ミックス的デュアリズム（また, 部分均衡的成長会計分析モデルを展開した一般均衡的成長会計分析モデル）
＊山口, ヤマグチ＝ビンスバンガーおよびヤマグチ＝ケネディー・モデル　労働の不完全競争を含む古典派と新古典派のミックス的2部門（農業部門, 工業部門）
ある1部門の供給面のみを考慮するこれまでの成長会計分析（例えば速水, 大川等の部分均衡的成長会計分析）モデルを展開し, ある部門の供給面のみならず需要面, さらには他部門の需要面と供給面の影響も考慮できる一般均衡的成長会計分析モデルを作成。方法：パラメターは多くの研究から最も適当なものを吟味選択。成長会計分析なので, モデルの値と現実値とは100％一致。要するに, 山口モデルは(1)部分均衡モデルの1部門の生産面のみの成長会計を展開し, 需要面, 他部門の需給両面の影響を見ることができる。(2)数学的および図形的エクセントリックを避けている。(3)レイナス＝フェイ, ジョーゲンソンモデルでは, 相対価格は一定であり, 農産物の需要に対する価格効果を全く考慮できないモデルであった。山口モデルでは相対価格は一定でないため, 所得と価格の両方の影響を考慮できる。その結果, 技術進歩の非対称性（プッシュ・プル効果）等の多くのファクト・ファインディングスを見い出すことができた。(4)レイナス＝フェイやジョーゲンソン, 初期のケリー＝ウィリアムソンとは異なり, 農業資本をインプットに入れている（ルタン等からの強批判を採用している）。(5)余剰労働力の論争を避けるため, 新古典派モデルではあるが, 不完全競争のインパクトを研究できる新古典派と古典派のミックス的なモデルとなっている（第7章参照）。

存水準ないしは最低生存水準の農業の，1人当たり平均生産量プラスマージンを加えたものである[8]。一方資本家部門では，労働需要を示す限界生産力曲線に対して，労働力が非常に低い最低生存費賃金で最低生存部門から無制限的に供給されている[9]。それゆえに，高利潤が生じ，再投資され，高資本蓄積が可能となるのである[10]。この資本蓄積や技術進歩により労働の需要曲線（限界生産力曲線）は上方へシフトし，労働雇用は増加する。しかし一方では，最低生存費部門より無制限的に労働力が低賃金率で供給されている。それゆえ，加速度的に資本蓄積が行われ，経済が急速に発展する図式となっている[11]。

このルイスの分析はひきつづきレイナス＝フェイ［1961］およびフェイ＝レイナス［1964］により，次のようにより精密，総括化されたのであった。すなわち経済は2部門に分割され，一方では広大，かつ停滞した生存的農業部門があり，その賃金は制度的に固定された賃金率を持っている。他方では成長過程にある，いまだ小さな工業部門があり，賃金率は競争的に決定されている。彼らはこのような2部門分割を用い，数多くの分析をなしている。

まず農工各部門にはそれぞれ生産部門と家計部門の合計4部門があり，彼らは各々のアカウンティング関係を調べている。特に農業家計部門では偽装失業にある労働力プールがあり，農業生産部門に土地と労働力が流れている。そして農業生産物（L_a）の一部は農業労働者により消費（A_a）され，残りが総農業余剰（TAS）となっている。さらに TAS は地主等の総農業余剰所有者の消費（A'_a）となり，残りは工業部門へ販売されている。そしてこの販売されたものは工業労働者の消費（A_i）と一部は原料（R）とになっている。一方工業家計部門は労働と資本を工業生産部門に提供し，工業生産物は工業家計内の消費（Q_i），投資（I）と農業部門からの消費（Q_a）とに分けられる。そこで農業家計部門の所得は農業労働者の制度的に定められた賃金水準での食料消費（A_a）と農業余剰所有者の工業品消費（Q_a），農業品消費（A'_a）と貯蓄（S_a）とに分けられる。他方，工業家計部門の所得は農業生産物の消費（A_i），工業生産物の消費（Q_i）と貯蓄（S_i）とに分けられる。それゆえに農業部門の工業部門に対する純貢献は $S_a = R + A_i - Q_a = TAS - A'_a - Q_a$ となる。そして工業の発展に対して，総農業余剰のうち工業部門へ売られるものは，工業労働を増加させる賃金基金や投資資金として，工業発展に重要な役割を果たしているのである[12]。

ところで，この農業部門の過剰労働力は農業部門から工業部門へとシフトすることにより経済の重心が移動し，それゆえ，工業の労働吸収力が速やかであるか否かが，経済発展の成否を左右することになる。彼らは，工業労働力の成長率 (η_L) が人口の成長率 (η_P) よりも高いことが必要であり，それにより重心が工業部門へシフトし，二重経済の発展が成功するものとして，この基準を臨界的最小努力基準と呼んでいた。より詳しくいえば，工業資本の成長率 (η_K)，工業技術進歩の強度 (J)，工業技術進歩の労働集約的バイヤス (B_L) が大きければ大きいほど，また工業労働の限界生産力の労働投入弾力性 (ε_{LL}) と工業部門の賃金率の変化率 (η_W) が小さければ小さいほど，工業の雇用吸収力が大きくなり，臨界的最小努力基準が満たされることになる[13]。要するに，工業部門の労働吸収力は工業部門の技術進歩および資本蓄積により増大する。それゆえ，工業部門の利潤と農業部門の貯蓄を増大させることが重要になる。また技術進歩率を高め，労働集約的技術を採用することが，望ましい政策であるという結論も得られることになる。

一方，労働供給は第1段階では無限弾力的な状態にあるが，第2段階，さらに第3段階になるにつれて弾力性が減少する。そこで農業生産性を上昇させ，農業余剰を増大させることにより相対価格を不変に保たせる必要がある。そうでなければ，工業賃金が相対的に上昇し，工業の労働吸収力が低下するからである[14]。それゆえ，農工間は均衡を保ち同時に成長すべきという結論が出るのである。そこで，両部門の均衡成長過程が綿密に分析されている。また転換点以後は，新古典派の分析となり，さらにたとえ貿易を考慮に入れたとしても，それは成長を助長させるものであり，農業部門の重要性は少しも低下しないということを示している。

● **新古典派のジョーゲンソン・モデル**　一方，新古典派デュアリズムの代表者であるジョーゲンソン [1961] は古典学派の無制限的労働供給の理論，特に農業の限界生産力がゼロという仮定を否定し，農工両部門に新古典派的限界生産力理論を用いたモデルを示した。彼のモデルではまず伝統的後進部門（実際には農業部門）のみが存在する経済を対象とし，この農業部門では土地はすでに固定され，消費財のみの生産が行われていると仮定されている。そして農産

物 (Y_1) は農業労働 (L_1) と一定の土地 (B) により生産され[15]，農業資本，経常投入財等は外生的にとり扱われ，農業技術進歩の中に含まれると仮定されている。生産関数は次のような1次同次のコブ・ダグラス型を用いている。

$$Y_1 = e^{\alpha t} L_1^{1-\beta} B^\beta$$

この式より農業生産量の成長率は[16] $\dot{Y}_1 = \alpha + (1-\beta)\dot{L}_1$ となり，1人当たり食料生産 $y_1(=Y_1/L_1)$ の成長率 $\dot{y}_1$ は $\dot{y}_1 = \alpha - \beta\dot{L}_1$ となる。一方人口の成長率（ここでは農業部門のみであるから $\dot{L}=\dot{L}_1$）は一定の1人当たり食料消費水準（上述の生理的最大人口増加率を達成するために必要な所得水準の最小値）y_1^+ になるまでは，1人当たり食料に対し切片が死亡率 δ，傾きが γ の直線関係にあると仮定し，y_1^+ を超えると生理的最大増加率 ν となると仮定している[17]。それゆえに農業部門が持続的成長を続け，農業余剰を生じさせるためには $\dot{y}_1 > 0$ になることが必要条件となる。そこで，これは $\alpha - \beta\nu > 0$ を意味することになる[18]。

ところで，工業部門の生産量 (Y_2) は1次同次のコブ・ダグラス生産関数により資本 ($K=K_2$) と工業労働力 (L_2) とを用いて生産されると仮定されている。

$$Y_2 = e^{\alpha t} K_2^\sigma L_2^{1-\sigma}$$

人口の成長式，総人口と部門別人口の式，1人当たり消費式，農業生産関数の4式を用いると農業労働力および工業労働力の人口は次のような式となる[19]。

$$L_1(t) = L(0) e^{[(\nu-\alpha)/(1-\beta)]t}$$

$$L_2(t) = L(0)(e^{\nu t}) - e^{[(\nu-\alpha)/(1-\beta)]t}$$

一方農業部門が持続的成長を続け，農業余剰が存在するための必要条件 $\alpha - \beta\nu > 0$ は変形すれば $\nu > (\nu-\alpha)/(1-\beta)$ となる。それゆえ，この必要条件があれば $L_2(t) > 0$ となり工業労働者が発生することになる。さらに長期的には工業労働者の成長率 $\dot{L}_2$ は ν に近づくことがわかるであろう。工業生産量の成長率 ($\dot{Y}_2$) および資本ストックの成長率 ($\dot{K}$) は長期的に $\dot{Y}_2 = \dot{K} = [\lambda/(1-\sigma)] + \nu$ となっている[20]。それゆえ，工業の技術進歩 (λ) と人口成長率 (ν) が大きければ大きいほど，また工業労働力の分配率 ($1-\sigma$) が小さければ小さいほど，資本ストックおよび工業生産量の成長率は大きくなることになる。

なお資本ストック ($K=K_2$) の成長率と工業労働力 (L_2) の成長率に関しては次のような関係がある。

$$G(\dot{K}) = (1-\sigma)[\dot{L}_2 + \lambda/(1-\sigma) - \dot{K}]$$

第5-1図　ジョーゲンソン・モデルの労働と資本の成長率

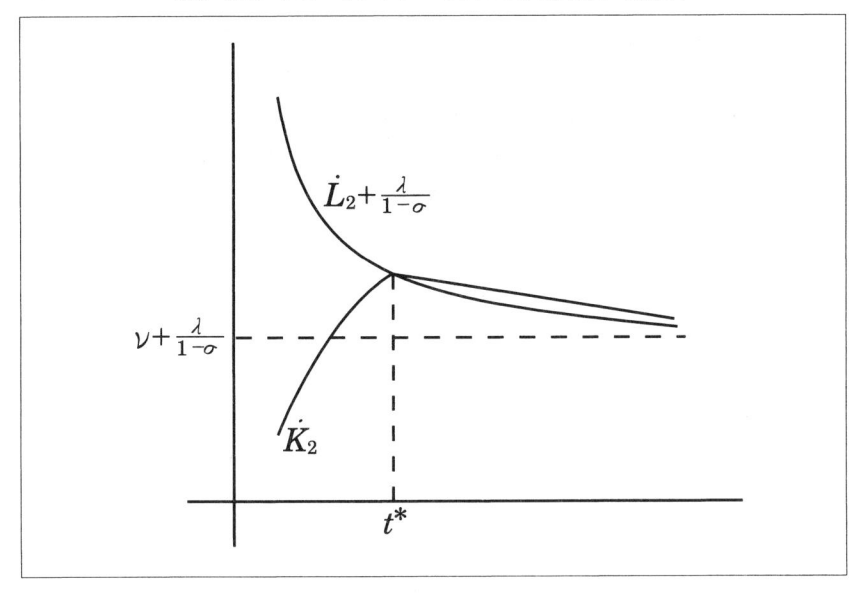

またこれを図示したのが第5-1図である。[21)] この図より t^* の時点までは，資本の成長率 $\dot{K}_2$ は増加するが $\dot{L}_2+\lambda/(1-\sigma)$ の値よりも常に小であることがわかるであろう。また t^* 点で $\dot{K}_2$ は最大値をとり，その後低下して $\nu+[\lambda/(1-\sigma)]$ に近づくことになる。それゆえ，t^* 点までは資本浅化，t^* 後は資本深化の状態となるが，長期的には $\dot{K}_2$ および $\dot{L}_2+\lambda/(1-\sigma)$ はともに均衡径路 $\nu+[\lambda/(1-\sigma)]$ に近づくことになる。この分析およびレイナス＝フェイの分析から，結論として経済発展の初期には工業部門は労働集約的な技術を採用することがより有効な手段であるといえるであろう。

● **経済発展の実証分析**　一方，日本経済発展の研究で本書の目的に関連する論文は大きく分けて3つに分類することができるであろう。まず第1はあるデータを用いて計量的に計測し，その推定値を用いてシミュレーションをなすという方法である。この方法を用いた日本経済発展研究に，南（進）＝小野 [1971] [1972] [1975] の研究がある。第2はケリー＝ウイリアムソン [1971]

[1973] [1974] やケリー＝ウイリアムソン＝チーサム [1972a] [1972b] のように，他の諸研究から適当と思われるパラメターの値を求め，それを用いてシミュレーションを行い，現実値と比較するという方法である。第3はいわゆるグロス・アカウンティングと呼ばれる成長会計分析である。この分析は数多く存在するが，日本の農業および非農業部門に関する典型的な研究として，秋野正勝＝速水佑次郎 [1973]，大川 [1968] および山口三十四 [1982b] [1994] 等の諸研究をあげることができるであろう。以下これらの文献の簡単なレビューと問題点の指摘等を行うことにする。

1　南（進）＝小野モデル

古典派的アプローチと呼ばれた無制限的労働供給モデルは，上述のようにルイスや大川 [1955] により提唱されたものであった。その後，レイナス＝フェイはルイス論文で不十分な農業部門の分析をより詳細に展開し，農産物と工産物との関係を明示的に導入し，技術進歩の影響等の考慮を行ったのであった。一方，南（進）[1970] は1950年代までの日本経済にはルイスの仮定が適用可能であることを示し，古典派的モデルを用いて1886～1940年までの日本の2部門モデルを作成した（南（進）＝小野 [1971] [1972] [1975]）。そして彼らは次のような結論を得たのであった。(1) 高人口増加率，非資本主義部門の低賃金上昇率，高技術進歩率，より流動的な労働市場，低労働分配率は経済成長率を高める。(2) 高人口増加率，非資本主義部門の低賃金上昇率，高技術進歩率，より流動的な労働市場および高経済成長率は過剰労働率を低下させる。(3) 非資本主義部門での低賃金上昇率，資本主義部門での技術進歩率の上昇は賃金格差を拡大させ，一方有業人口増加率の増加，非資本主義部門の技術進歩率の上昇，より流動的な労働市場は賃金格差を縮小させる。

南（進）＝小野モデルは多くの雑誌や書物で発表されたが，1973年のモデルに対してコメンテーターのジョーゲンソンや市村の批判をまとめると次のようであった。[22] ジョーゲンソンはコメントでまずモデルの要約をなし，2部門分割の重要性を述べたのち，要素市場および生産市場のモデル化は由々しい欠点を含むものであると述べている。特に労働市場は供給側面を全く無視していること，また偽装失業という概念が日本農業のビヘイビアーについて現時点で利用できるヤマダ＝ハヤミ等の研究による最善の証拠と矛盾しているとして，彼等

第5章　過剰人口論と過少人口論　99

の労働の生産弾性値の推定値と労働の分け前との値を掲げている[23]。
そして彼は次のようにいう

「『偽装失業』の仮説は，農業部門の労働の分け前が資本主義的分配のもとで支配する分け前を超過することを意味している。資本主義的分配のもとでは，労働の分け前は労働に関する農業生産の弾力性に等しい。秋野・速水および速水・山田の結果から，農業労働のうちで南・小野の意味で『過剰』であるものの割合は，1930年や35年よりも1960年や65年のほうがずっと大きい。これは意味のないことのように思えるし，南・小野の観察期間（1907～37年）に対して『偽装失業』という概念を適用することに由々しい疑念を投げかけるものである[24]。」

このように新古典派モデルの提唱者であるジョーゲンソンとしては当然予想されることながら，このモデルはあまりにも野心すぎるという手きびしい批判をなしている。一方市村はまず要素市場について第1次部門の実質賃金の成長率が0.72％，要素生産力の成長率が0.74％とほぼ同じであることから新古典派的仮説によるモデルの方が妥当しそうな感じを受けるとも述べている[25]。

2　ケリー＝ウィリアムソン＝チーサム・モデル

南（進）＝小野モデルに対し上述のようなコメントをなしたジョーゲンソンはすでにみたように1961年に新古典派モデルと称されるモデルを発表した。このジョーゲンソン・モデルよりも基本型モデルではより徹底した新古典派モデル（各部門の賃金率は限界生産力に等しいというモデル）の農業・工業2部門モデルを用い，日本経済発展の理論，実証両面を融合した研究を試みたのが，ケリー＝ウィリアムソン＝チーサムである。ケリー＝ウィリアムソン＝チーサム基本モデルは古典派のレイナス＝フェイ・モデルよりはむしろ，ジョーゲンソンの新古派2部門成長理論をベースとしてより一般化している点が特徴である。そして彼らは1885年の日本経済の構造を仮定し，種々の研究より得られたパラメーターを用いて第1次大戦までのシミュレーションを行っている。また日本経済を選択した理由としては(1)データがそろい，(2)持続的経済成長がなされ，(3)労働過剰経済の典型であることなどの理由を掲げている。モデルは需要関数，生産関数，要素需要，雇用条件や市場のバランス式から成り立っている。このモデルの特徴としてはストーン＝ギャリー流の需要関数と需要の部門別差

異をとり入れ，非常にくわしく分析していることであろう。

しかし，(1) 第1の問題点としては，需要面の部門別差異を（彼らが用いているような意味で）実証的にサポートする研究はまだ十分とはいえないということであろう。例えば彼らは日本の経済学者が種々のデータから得られた数値をパラメターとして用いている。しかしそれらは異なった種々のデータから異なった方法を用いて得られたものであり，それらを同質的なものとして採用し，重要な結論を得るには問題があろう。(2) 生産関数に関しては，バイアスのある技術進歩を仮定している。すなわち初期の論文では非農業部門は渡部に従い労働節約的バイアスを持つ技術進歩を仮定し，農業部門はハヤミ＝ルタンの初期の研究に従い労働使用的バイアスを持つ技術進歩を仮定していた。しかし，その後の研究では農業部門も労働節約的バイアスを持つと主張する研究が出現した。[26]

(3) 彼らのモデルでは農業と非農業の技術進歩は互いに独立ではないと仮定されている。すなわちモデルでは各部門の技術進歩 (T_i) は $T_i = \alpha_i \lambda_L + \beta_i \lambda_K$（$i=1$ 農業，$i=2$ 工業，α_i＝労働のシェアー，β_i＝資本のシェアー，λ_L＝労働の要素増加的進歩率（factor augmenting rate），λ_K＝資本の要素増加的進歩率）と表され，農業と工業の要素増加的進歩率は全く等しいと仮定されている。それゆえ，両部門の技術進歩を独立にとり扱っていないことになる。しかし一般的にいって基礎科学，一般教育や技術進歩のいくつかの例外を除くと技術進歩は部門間に移行が困難であろう。また機械，土壌改良や労働力熟練度は部門特殊性を持ち，さらに両部門における研究の制度や環境が全く異なっている。農業部門における研究は多くの場合は政府による融資された試験場により行われ，政府経営の試験場の援助を得て普及されている。それに対して工業部門の研究の多くは民間ベースで行われ，民間のチャンネルを通して普及されている。それゆえ，各々の部門の技術進歩が経済成長にいかに貢献してきたかという問題がより重要であろう。(4) 彼らは1885年の日本経済の構造をもとに30年間，基本的には同じ経済構造を仮定するシミュレーションを行っている。またそのモデルの東南アジアへの応用を目的としているが，85年当時の日本と現在の東南アジアではかなり構造も異なっている。

(5) またシミュレーションについても，例えば技術進歩のシミュレーション

を例にとると，シミュレーションにより技術進歩の利益（benefit）は把握可能である。しかしそのコスト面を捉えることに何ら注意が支払われていないという点が問題である。それゆえ，たとえ彼らのシミュレーション結果の利益が把握できたとしても，彼らが実際に応用することを目的とする東南アジアのそれぞれの国や時期によりコスト面は種々様々である。それゆえに，コスト面の考慮なしに利益のみを求め，政策的提言をなすということは大きなあやまちをおかす可能性があるだろう。(6) さらに，既述のように彼らの初期の論文（1971年）では日本の人口の低成長率が"非常に"重要な役割を果たしたと述べていた。すなわち東南アジアの現在の人口成長率（2.7%）と彼らのモデルの期間での日本の人口成長率（約0.9%）とを比較し，1885年から1900年間の異常に高い日本の成長率の約60%が人口要因（低人口成長）により説明され，低人口成長は非常に重要な役割を演じたと述べていた。しかしその後の論文では人口はあまり重要な要因ではないと態度をひるがえし，高人口成長に対して比較的楽観的な見方に変化している。[27] このようにパラメターのとり方によりシミュレーション値をいくらでも操作することが可能であり，自らお互いに矛盾するような結果を得るようになっている。

　以上のように，ルイス，レイナス＝フェイ対ジョーゲンソン，また実証的，計量的分析では南（進）＝小野対ケリー＝ウィリアムソン＝チーサムの基本形は古典派対新古典派モデルとして相対立している。ところで，ここで問題となる偽装失業という言葉はロビンソンにより最初（1936年）に用いられ，その後多くの人々が世界各国の偽装失業についての計測をなしたのであった。[28] 日本においても，神谷を初めとして京野等の研究が特に著名である。[29] ルイスおよび大川の無制限的労働供給の理論はこのような背景のもとで生じたものである。しかしシュルツのように限界生産力がゼロであるという説から自らの説を批判してラテン・アメリカやインドの研究後に限界生産力がゼロでないと変化した者，さらにプラスの限界生産力を持つとの研究もいくつか見受けられる。また，それに対しては理論的にもセン（A. K. Sen）[1966]，ザレンブカ（P. Zarembka）[1972] を初めとする多くの人々の研究がある。[30]

　しかし南（進）の戦前期の無制限的労働供給説に対し，タイラ（K. Taira）[1970] は不熟練労働の実質賃金は上昇している点，および賃金格差が景気上

昇期に縮小し，景気後退期には拡大するという点から，明治以降，無制限的労働供給の状態にあったとはいえないとする相対立した説を述べている。また伊藤正憲 [1978] は南（進）の無制限的労働供給の根拠の1つとなった熟練労働と不熟練労働の賃金格差がトレンドとして拡大している点を詳細に調べ，日本経済は1910年代の後半以降サイクルでみても明らかに無制限的労働の状態ではないこと，それ以前についてはあいまいさは残るが，労働供給が無制限的であったと考えるべき理由は何もないと述べている。さらに安場保吉 [1980] は結論として20世紀の初めに一度転換点を通過し，労働不足経済に入ったが第2次大戦により再び転換点を通過したとする説を述べている[31]。それに対し，大川 [1975] は結論の1つとして近代経済成長の初期から自己雇用部門に限界原理の応用を試みる（いわゆる新古典派）ための実証的根拠は全く存在しないと述べているが，一方では同じ書物で限界生産力説の適用可能性を前提としている論文をもとりあげ，この本の多くの章の立場と異なっている点は編者である大川の責任であると記述し，これはいまのところ国際的にも決着をみない論争的テーマであるとも述べている[32]。このように論争は現在のところ続いており決着がつけがたい状態である。

　そこで本書の成長会計分析の基本モデルでは，両部門の労働力の限界生産力が各要素価格に等しいという仮定を用いているが[33]，両部門の賃金率はある格差を持つという意味で過剰就業的な意味をも含むモデルとなっている。それゆえ，このモデルは第1に，南（進）＝小野の古典派モデルと，ケリー＝ウィリアムソン等の新古典派モデルの中間の位置に属する点に特徴がある。第2に南（進）＝小野の推定方法が通常の OLS や条件付最小二乗法による推定法であり，一方ケリー＝ウィリアムソン等は初期条件やパラメターの値を与え，それによりシミュレーションを行い，その値と実際の値とを比較検討するという方法を用いている。それに対し，本書のモデルはできるかぎりシンプル化し，実際の日本経済のデータより得られたパラメターや外生変数および内生変数を使用することにより，1880年より1965年までの各5年や10年毎の外生変数（例えば農業技術進歩，非農業技術進歩や人口等）の内生変数（例えば1人当たり所得，両部門のアウトプット，インプットや相対価格の8個）への影響や貢献度を測定している（山口 [1982b] [1994] を参照）。これは成長会計分析であり，その副産物として

生ずる日本経済の構造変化の研究にも焦点を当てている。すなわち外生変数や内生変数の成長率の各10年毎の平均成長率を計算し，それを1880年より1965年までの各10年間の代表値として用い，成長会計および構造変化がどのように推移したかを観察しているのである。このように筆者の方法は上述の両者の方法とも全く異なっている。そこでこのような異なったモデルや方法でなされた研究の人口や技術進歩等の経済への影響はどのようなものであろうか。その点の研究は第7章で行われている。

3 成長会計分析モデル

最も一般的かつ単純に行われてきた成長会計分析はある部門の生産量の成長率はその部門の生産要素や技術進歩の貢献度により説明されるという方法であった。特にソローが技術進歩（残余）の測定法を示し，自ら貢献度を測定して以来，多くの研究が行われてきた[34]。この方法の問題点は資本の貢献度が低く，技術進歩の貢献度が非常に高く出るということであろう。この点でソロー自身はヴィンテッジ・タイプの生産関数を考慮しているが，シュルツ（T. W. Schulz）[1953] に端を発し，グリリカス（Z. Griliches）[1964] 等により発展された方向は説明変数を増加させ残差を少なくするというものであった。グリリカスは米国農業生産関数に生産要素としての土地（と建物），労働，資本（機械），肥料以外に教育（農民の平均就学年数），研究および普及（州政府の支出）とその他（飼料，家畜等への支出合計）の7変数を導入し，教育と研究，普及の重要性を示したのであった。

日本においても上述の秋野＝速水の研究はこのグリリカスの研究の線上に沿ったものである。また，この方向に研究を進めたものとしてデニソン（E. F. Denison）[1962] があげられる。彼は労働の質の変化の影響を時間短縮の効果，教育，女性の地位の向上，年齢や性別構成の諸効果等によりみているのである。このデニソンの労働に関する研究に対し，資本についてはシュモクラー（J. Schmookler）[1952]，ケンドリック（J. W. Kendrick）[1961] およびソロー（R. Solow）[1957] に端を発し，クリステンセン＝ジョーゲンソン（L. R. Christensen and D. W. Jorgenson）[1970] 等により展開された資本と労働両者の質の変化や利用度の調整の研究は著名である。日本においても大川の研究がこの線上に沿ったものである[35]。これらの研究は技術進歩の内容を理解するという意味で貢

献をなしている。しかしながらこの点に関しては，安場［1980］も述べているように次のような大きな問題が合まれていよう。すなわち総要素生産性は残余であり「狭義の技術進歩の他に労働の質の向上，経営の改善，分業の進展，規模の経済性の実現，外部経済効果，政策改善や制度改革の効果等の多くのものを総合したものである」という点である。

それゆえにこの種のソース・アプローチは従来は無視されていた要因を探究するという面では大きな意義が認められよう。しかしながらこれらの研究は非常に恣意的な仮定に基づいてなされたものであり，次のような5点の欠点があった。まず第1は，安場もいうように「たとえば教育の私的効果は一方では過大評価されているかもしれないが，他方ではその社会的効果が算入されていないことが多い。また，人的資本の形成は学校だけで行なわれるわけではなく，家庭や職場でも行なわれるはずだが上のようなアプローチでは簡単にこれを把握することはできない (p.153)」という点等が大きな問題となろう。また資本の質に対しても「すべての技術進歩が研究開発への投入の結果であったとはいえない。個人や企業による『偶然』の発明や発見による都分もあったはずである。また，技術進歩，その他の原因によって，特定の資本財の供給が不足し，そのためにその資本財のサービスの価格が高くなっている場合もあるだろう。これらの現象によって生じる変化のすべてを投入の質の向上にしてしまって総要素生産性の成長率から控除するというのはあまり説得的ではない (p.154)」とも述べるようにあまりにも恣意的な仮定に基づいている。

しかしながら重要なことは「成長要因分析，特に，単純な形の成長要因分析は，社会会計的に経済成長を描写する上できわめて有用 (p.154)」であり，特に重要なことは「長期にわたる経済成長の最大の要因は総要素生産性の向上 (p.154)」であるという点であろう。そこでここでの立場も，まず最初に原型となった単純な形での総要素生産性（広義の技術進歩）の貢献等について調べ，若干の展開をなすことにする。ただこれらの成長会計分析モデルはある部門の供給面のみに焦点を当て，他部門や需要面の影響は全く考慮しないモデルであった。そこで，筆者のモデルは2部門モデルで，供給面のみならず，他部門や需要面の影響が捉えられるモデル（一般均衡的成長会計分析と呼んでいる。山口［1982b］［1994］を参照）へと展開されている。この点が第1の問題点であり，

筆者の新しい貢献の第1の点である。

　また，上述のレイナス゠フェイ，ジョーゲンソンに代表される二重経済論の研究に対する批判は多くの文献に表れている。そして，インフォーマル・セクターとの関連で，トダロー（M. P. Todaro）[1969]やハリス゠トダロー（J. R. Harris and M. P. Todaro）[1970]のように賃金格差と就業確率の2要素に依存するモデルも提供されている。しかし，これらのモデルも完璧ではないものである。むしろ，二重経済モデルの含蓄やメリットはもっと深淵なものである。しかし，二重経済論の問題点は次のような諸点であろう。まず最初に，レイナス゠フェイ，ジョーゲソソンはともに，ある意味で非常にエクセントリックな方向へ進み，ルイスが持っていた大きな包容力を無くすようになった点である。すなわち，レイナス゠フェイも多くの新しい貢献をしているが，図形的な美のためにあまりにもエクセントリックな分析になっている。またジョーゲソソンも微分方程式の解にこだわったせいか，非常に数学的にエクセントリックな特殊なモデルとなっている。とりわけ消費関数の特殊性がモデルのオペレーションに大きな影響を与えている点があげられよう。すなわち，モデルはエンゲルの法則を全く無視したモデルであり，それが特殊な結果を得た1つの大きな原因となっている。これらの特殊性のため，二重経済論は大きく信用を失い，二重経済モデルの本来から持っていた良い面が軽視されるようになった点はきわめて遺憾なことである。そこで，筆者のモデル（本書の第7章および山口[1982b][1994]のモデル）ではこれらの点に陥らないような展開がなされている。この点が第2の問題点であり，本書の新しい貢献の第2の点である。

　第3の問題点は相対価格に関してである。まずレイナス゠フェイの過剰段階における工業部門の一定の賃金は農業部門の制度的賃金および相対価格一定の条件を仮定して成立するものである。またジョーゲンソン・モデルでは相対価格は一定の賃金格差が維持される水準に決定されている。それゆえ，農産物の需要量に対する価格効果が全く考慮できないモデルとなっている。この点は各部門の技術進歩や人口の所得効果や価格効果を通じたインプットの移動等の分析が不可能なものとなるのである（第7章第3節の，技術進歩のプッシュ・プル効果を参照）。そこで，筆者のモデルはこれらの点に陥らないように展開がされている。この点が新しい貢献の第3の点である。

第4の問題点はルタンが批判するようにレイナス=フェイ，ジョーゲンソン・モデルはともに農業資本を農業生産関数のインプットとして明示的にとり入れていないという点である。ケリー=ウイリアムソンの初期モデルもこのルタンの批判を考慮し，農業部門も資本と労働の2要素の関数となっていた。しかし農業部門のインプットは，少なくとも土地，労働，資本の3要素をとり入れる必要がある。そこで，筆者のモデルはこれらの欠点に陥らないように展開がなされている。この点が新しい貢献の第4の点である。

第5の問題点はレイナス=フェイとジョーゲンソンは余剰労働力（労働の限界生産力がゼロの労働力）が存在するか否かで争っている。そこで，上述のように，筆者のモデルは，形式的には新古典派的モデルではあるが，労働等のインプット市場の不完全競争を捉えることができるモデルとなっている。その意味で両者の折衷的な面を持っており，不完全競争効果を捉えられるモデルとなっている。この点が新しい貢献の第5の点である（第7章の第3節では日本の，第8章ではタイの過剰人口の増減が計測されている）。

おわりに

以上，過剰人口と過少人口および過剰人口と経済発展について述べてきた。これらをまとめると次の様になるだろう。

1　マルサスの『初版人口の原理』は1798年に匿名書で出版されたものであった。論争書と呼ばれた初版人口論は合計19章から成り立っていた。この本でマルサスは食欲と性欲の2大公準と規制原理，増殖原理，均衡原理の3命題を示したのであった。この論争書は万人が読まずして批判するといわれ，万人が読まずして賞賛するといわれたスミスの『国富論』と好対照をなすものといわれていた。1803年に出版した第2版は，生存資料をこえて増加しようとする人口の不断の傾向から生じる悪徳と困窮を取り除く手段を考えた研究であった。そして，第2版では第1版とは全く異質の新しい妨げの作用である道徳的抑制が登場した。その後，マルサスは1806年に第3版，1807年に第4版，1817年に第5版，1826年には遂に，第6版を出版し，ますます精密で膨大な論証を付け

加えたのである。

2 南（三）によれば，マルサスの思想の根底には，カンティヨンの均衡思想とケネーの増殖思想があるのはそれまでの諸学者と同じ思想形式である。しかし，マルサスではこれらの思想のいずれもが変化し，しかも両者が密なる内的関係において捉えられているという。すなわち均衡思想と増殖思想とが原理として捉えられていた。それゆえ，人口は規制原理により生存資料のある水準に静止するのではなく，人口自身の内発的な力としての増殖原理にかりたてられ，たえず均衡を乱そうとするという。このようにして，人口は不断の波動の中に自己を置くと主張する。

3 ケインズの人口論は2つの異なった流れを持っていた。1つはマルサス的な過剰人口論であり，他の1つは過少人口論である。古いケインズと呼ばれる過剰人口論は，1919年に出版された『平和の経済的帰結』にみられるものである。彼は収穫低減の領域を意識し，過剰人口というマルサスの悪魔を解き放った典型的な古典派学的マルサス学徒であった。ところが，このケインズの過剰人口思想はビヴァリッジにより，ことごとく批判されるようになった。そして，1930年あたりから，新しいケインズと呼ばれるような人口観へと変化するようになった。マルサスと同様，ケインズも1929年の大恐慌後の大量の失業者の存在により，思想の大転回をするようになったのである。そして，人口減退が投資需要を減退させ，失業を生じさせるような社会的結果を生み出す，というように変化するようになった。

4 古典派デュアリズムのルイスは，経済を最低生存費部門と資本家部門の2部門に分割した。このルイス・モデルの支柱となるものは労働の無制限的供給と最低生存費賃金および資本家部門の高利潤の3条件であった。また資本家部門では，労働力は最低生存費賃金で最低生存部門から無制限的に供給されている。それゆえ，高利潤が生じ，再投資され，高資本蓄積が可能となる。この資本蓄積や技術進歩により，労働の需要曲線（限界生産力曲線）は上方へシフトし，労働雇用は増加し，加速度的に資本蓄積が行われ，経済が急速に発展する図式となっていた。このルイスの分析はレイナス＝フェイにより，精密，総括化された。彼らは，工業労働力の成長率が人口の成長率よりも高いことが必要であり，この基準を臨界的最小努力基準と呼んだ。また，工業部門の労働吸収

力は工業部門の技術進歩および資本蓄積により増大する。それゆえ,工業部門の利潤と農業部門の貯蓄を増大させることが重要であり,技術進歩率を高め,労働集約的技術を採用することが,望ましい政策であるという。一方,労働供給の弾力性は次第に減少するゆえ,農業生産性を上昇させ,農業余剰を増大させ,相対価格を不変に保たせる必要があるという。さもないと,工業賃金は相対的に上昇し,工業の労働吸収力が低下するからである。それゆえ,農工間は均衡を保ち同時に成長すべきという結論を持っていた。

5 これらの問題を実証分析したものに,南(進)=小野,ケリー=ウイリアムソンや成長会計モデルがある。ところで,従来の成長会計は1部門の供給面に焦点を当て,他部門や需要面を考慮していなかった。しかし,筆者の2部門モデルは他部門や需要面も含むモデルへ展開されている。この点が第1の新しい点である。またレイナス=フェイ,ジョーゲソソンは,ともにエクセントリックな方向へ進み,ルイスが持っていた大きな包容力が消えるようになった。そこで,筆者の分析はこの欠点に陥らないように留意されている。この点が貢献の第2点である。第3点は相対価格に関してである。レイナス=フェイの過剰段階における工業部門の一定の賃金は農業部門の制度的賃金および相対価格一定の条件を仮定して成立するものであった。またジョーゲンソン・モデルでは相対価格は一定の賃金格差が維持される水準に決定されている。それゆえ,農産物の需要量に対する価格効果は全く考慮できないモデルであった。そこで,筆者は価格効果を捉えることができるモデルへと展開した。これが第3の貢献点である。

第4点はレイナス=フェイ,ジョーゲンソン・モデルとは異なり,農業資本も生産要素に入れている。これが第4の新しい点である。第5点はレイナス=フェイとジョーゲンソンの論争を考慮し,新古典派タイプのモデルではあるが,労働等のインプット市場の不完全競争を捉えられるモデルを作成した。この点が新しい第5の点である。

注

1) 以下の詳細や,この節のマルサスの分析に対する批判等は,岡田実 [1960] や南亮三郎 [1971] [1972a] [1972b] の研究から多くを得ている。本文は彼等の著書等を参照

第5章 過剰人口論と過少人口論　109

し，原文にもなるべく目を通し，要約したものである。
2) この節も中山伊知郎＝南（進）[1959] の本から多くを得ている。本文も彼等の著書を参照し，原文にもなるべく目を通し，要約したものである。より詳細は中山＝南（進）[1959] を参照されたい。また本章第3節も，山口 [1972b] を本書に合うように書き換えたものである。
3) ブーケ [1953] およびヒギンズ [1956] の pp. 99-108 を参照。またルタン（V. W. Ruttan）[1965][1968] およびハヤミ＝ルタン（Y. Hayami and V. W. Ruttan）[1971] の Ch. 2 を参照。さらにマイヤー（G. Meier）[1976] の Ch. 3，池本清 [1966] の pp. 169-226，大橋迪男 [1975] の pp. 22-49 や鳥居泰彦 [1979] も参照されたい。
4) 筆者のモデルもこれらの中間的なモデルである。
5) 鳥居 [1979] の第7章も参照されたい。
6) ルイス [1954] を参照。また日本では，ほぼ同時期に出された大川やそのグループによる多くの研究がある。
7) ルイス [1954] の pp. 141-45 を参照，特に p. 189 の要約に要領よくまとめられている。
8) ルイス [1954] の p. 189 を参照。またそれゆえ，賃金が外生的に決定され，賃金と雇用が同時決定ではないという意味で新古典派デュアリズムとは異なっている。また限界生産力では両部門は均衡していないが，所得という観点からみるとある種の均衡を保っているために偽装失業と呼ばれていた。寺西重郎 [1972] によると，制度的賃金には大川は1人当たり平均農業所得という可変的なものをとり，レイナス＝フェイ（工業化始発期の1人当たり平均農業所得）や南（進）（社会文化的に外生的に与えられる生存水準）は外生的に一定なものをとるというように，2つに大別できるという（寺西 [1972] の pp. 134-58 を参照）。
9) 上述の無制限的労働供給の無制限という言葉は，制度的賃金水準において労働供給が労働需要を上まわるという意味で使われている。
10) ルイスは利潤，信用創造とインフレによる資本蓄積を考慮している。ルイス [1954] の p. 190 を参照。
11) ルイスも資本蓄積率が人口増加率を上まわることにより，サープラスが使われてしまい，賃金が上昇し，それゆえに資本主義的部門のこの状態は永久的には続かないことを知っていた。しかし労働過剰の国々に囲まれており，大量移民や資本の輸出により賃金率上昇を抑え，結果としてこれらの国々の賃金も生存水準近くに保たれるとも述べている。ルイス [1954] の p. 190 を参照。
12) フェイ＝レイナス [1964] の Ch. 2 を参照。
13) この点は彼らの得た次のような式により，容易に理解できる。$\eta_L = \eta_K + (B_L + J - \eta_W) / \varepsilon_{LL}$ また臨界的最小努力基準は $\eta_P < \eta_L$ である。フェイ＝レイナスの Ch. 3, p. 91 および Ch. 4 を参照。また彼らは日本とインドの比較を行っている。なおレイナス＝フェイは

$MPL=0$ の段階を第1段階, 次に $MPL<$ 制度的固定賃金率の段階を第2段階, さらにそれ以後を第3段階と区別し, それぞれの境界点を食糧不足点, 商品化点と呼んでいる。そして第1段階の $MPL=0$ の労働を余剰労働力, $MPL<$ 賃金率の第2段階までの労働力を過剰労働力と呼び区別している。もちろん余剰労働力の経済では $\eta_w=0$ である。

14) 工業賃金の相対的上昇以外に労働の弾力性を失う要因としては, 営利化した後では農業人口の減少により農業の限界生産力が上昇し, 農業賃金が上昇する点があげられる。

15) この記号は他との統一のため, ジョーゲンソンのものとは異なっている。

16) ただし $\dot{Y}_1$ は Y_1 の成長率 $\dot{Y}_1=\Delta Y_1/Y_1$ を示す。$\dot{L}_1$ 以下も同様である。

17) $\dot{L}_1=\gamma Y_1-\delta$　　$(0\leq y_1<y_1^+$ の時$)$
　　$\dot{L}_1=\nu$　　$(y_1\geq y_1^+$ の時$)$

である。これより $y_1^+=(\nu+\delta)/\gamma$ となる。

18) この場合には $0\leq y_1<y_1^+$ ならば, $\dot{y}_1=\alpha-\beta(\gamma y_1-\delta)$ が得られる。低所得水準均衡の罠 (マルサスの罠) は $y_1=0$ か $(\alpha-\beta\delta)/\beta\gamma$ である。$y_1=0$ の場合は $\dot{L}_1=-\delta$ となり, 人口が減少し続ける場合を示し, $\dot{y}_1=(\alpha+\beta\delta)/\beta\gamma$ の場合は低所得均衡の罠 (マルサスの罠) に入ることになる。

19) これらの式は次のようなものである。$L(t)=e^{vt}L(0),\ L_1+L_2=L,\ E=Y_1/L=y_1^+$

20) ジョーゲンソン [1961] の p.327を参照。

21) $Y_2=e^{\lambda t}K_2^\sigma L_2^{1-\sigma}$ また $I=\sigma Y_2(\because\ \sigma=rK_2/Y_2,\ rK_2=I)$
∴ $\dot{K}_2=I/K_2=\sigma Y_2/K_2$ となる。$\dot{K}_2$ の成長率 $\Delta\dot{K}_2/\dot{K}_2$ を $G(\dot{K}_2)$ で表わすと $G(\dot{K}_2)=\dot{Y}_2-\dot{K}_2=\lambda+\sigma\dot{K}_2+(1-\sigma)\dot{L}_2-\dot{K}_2=\lambda+(1-\sigma)[\dot{L}_2-\dot{K}_2]=(1-\sigma)[\dot{L}_2+\lambda/(1-\sigma)-\dot{K}_2]$ となる。また第5-1図は A. Dixit [1970] pp.229-34の Figure 1 を採り入れたものである。

22) ジョーゲンソン「コメント」大川一司＝速水佑次郎編 [1973], 市村真一「コメント」大川＝速水編 [1973] を参照。

23) 秋野＝速水 [1973] およびヤマダ＝ハヤミ (S. Yamada and Y. Hayami) [1972] より出されたものである。

24) ジョーゲンソン [1973] の pp.221-22を参照。

25) 南（進）はその後, この秋野＝速水の農業生産の弾力性の計測結果の吟味を行っている。南（進）[1981] の pp.358-66を参照。

26) その後ケリー＝ウィリアムソン等は農業部門の生産関数をそれまでの2要素 CES 生産関数から3要素コブ・ダグラス生産関数へと用いるように変化している。

27) これは労働と人口とが同一視され, 労働力率の変動を無視していることにもよっている。

28) この面のサーベイはカオ＝アンシェル＝エイカー (C. H. C. Kao, K. R. Anschel and C. K. Eicher) [1964] を参照されたい。

29) この面でのサーベイは土屋圭造 [1967] の pp. 50-64 を参照されたい。
30) セン [1966] は農業労働者の時間当たり限界生産力と1人当たり限界生産力は異なり，時間当たり限界生産力がプラスの場合でも，1人当たり限界生産力はゼロとなりうることを示した。ザレンブカ [1972] はセン以外の条件（土地と労働間の生産要素の代替弾力性がゼロ）にも同様の結論が得られることを示している。詳しくはセンの第1章を参照。
31) 安場 [1980] の第5章を参照。なお山口 [1981] の pp. 106-9 をも参照されたい。
32) 大川 [1975] の第9章を参照。
33) この条件が異なれば計測結果がどのように異なるかの分析もなされている（本書第7章第3節を参照）。
34) 江崎は日本についてのこれらの計測結果をまとめている。江崎光男 [1977] の p. 84 を参照。
35) クリステンセン＝ジョーゲンソン [1970] の pp. 39-47 および大川 [1968] の pp. 133-51を参照。
36) 安場 [1980] の p. 149を参照。
37) 山口 [1982b] の第Ⅱ部の第7章で明らかにしたように，筆者のモデルの計測値は通常の場合の広義の技術進歩の貢献度とは異なった値を持つのである。また，トーリー＝シュミット（G. S. Tolley and S. Smidt）[1964] は1930年から60年までの米国経済にソロー式で測定した農業技術進歩がどの程度貢献したかを計測する研究を示した。しかし1人当たり所得が内生変数ではなく外生変数として捉えられていること，また農業技術進歩の非農業生産量への貢献度のみを測定していること，およびすべての変数が1人当たり基準に直され，筆者の目的の1つとする人口の影響等が明示的に測定不可能な点等が問題であった。そこで，筆者のモデルはこれらの問題点を修正し，日本経済の成長会計分析を行ったものである。

第3部
人口の実証的研究

第 6 章　日本の出生率の計量的分析

はじめに

　第1部では，世界の人口成長の様子と，楽観的人口論対悲観的人口論について述べ，第2部では，人口の理論的研究を述べてきた。第3部では人口の実証的研究を行うことにしよう。まず本章では，日本の出生率の計量的研究を行うことにする。これまでは，比較的少なかった人口と社会・経済の相互依存関係に関する研究は，1970年代に入り，特に多くの方面で精力的に行われてきた。そして，1973年にはフランスで人口と経済との相互依存関係についての研究を目的とするコンフェレンスが開かれ，いろいろな角度からの発表が行われてきた。本章は社会・経済条件と人口との相互依存関係を，計量的に計測することを目的とするものである。第4章で述べたように，日本でも出生率の計量的分析の分野は，1970年代頃から，大淵寛［1974］やハシモト（M. Hashimoto）［1974］等により研究発表がなされてきた。大淵はエィデルマン流の方法や1977年の人口学会では景気変動と出生率との関係を捉える研究で出発し，ハシモトは1960年のクロスセクション・データを用い，出生率と教育等との関係を捉える計量的研究を行っている。

　一方海外では，既述（第4章）のように，ワイントゥローブ（R. Weintraub）[1962]，エィデルマン（I. Adelman）[1963]，エィデルマン＝モリス（I. Adelman and C. T. Morris）[1966]，フリーランダー＝シルバー（S. Friedlander and M.

Silver）［1967］等の諸論文がある。またグレゴリー＝キャンベル＝チェン（P. R. Gregory, J. M.. Campbell and B. S. Cheng）［1972］の共著による同時方程式を用いた米国の出生率の計量的分析も発表されてきた。[1] そこで本章では，この同時方程式を日本に当てはめ，モデルを展開し，それに基づいた計量的研究を行うことを主旨にしている。サンプル期間は1900年をスタートとする（70年までの）約70年間（自由度からも，2世代にわたるデータを揃えた方がより現実に合った計測であるといえるであろう。また日本経済は，明治以降高度経済成長期の終焉までの1970年頃までが，大川一司＝ロソフスキー［1973］のいう趨勢加速状態であったゆえ，この70年間の分析が望ましい点もこの期間を採った理由でもある。さらに，1970年代の石油ショック以降現在までは，3世代のデータとしては期間が不足し，かつ経済や社会の変動が趨勢加速状態とは全く異なる異質なものとなるゆえ，対象期間から除外している）であり，このモデルにより決定される内生変数は出生率，1人当たり所得，女性の労働力率，乳幼児死亡率の4変数である。

　外生変数としては教育水準，医療水準，農業のシェアー，年齢構成，実質賃金率が考慮されている。これは経済発展や経済社会条件がいかに出生率等の人口に影響を与えるか，またその相互依存関係はどのようなものであるかの分析を行うことを目的とするものである（できればクロスセクション・データを用いて分析したオガワ＝メイソン（N. Ogawa and A. Mason）［1986］のように，バッツ＝ウォード（W. P. Butz and M. P. Ward）［1979］モデルを用い，女性が働いている家計と働いていない家計との出生率の差異についての分析をしたかった。すなわち，第4章で述べたように，「妻が雇用されているグループでは，夫の所得に加えて，妻の賃金が考えられ，妻の賃金には所得効果と代替効果があるとし，妻が雇用されていないグループでは，夫の所得効果のみが考えられている。もし，経済が好調の場合には，夫の所得効果も作用するが，妻の代替効果が妻の所得効果と夫の所得効果を上回るほど強く作用し，その結果，出生率が低下する」とオガワ＝メイソンは言っていた。しかし，バッツ＝ウォードモデルは大きな問題点も持っている点や，タイムシリーズの70年間という長期間では，データ制約があるため計測を断念した。ただし，女性の労働力率が出生率に与える影響についてはここでも計測され，バッツ＝ウォードに矛盾しない結果が得られている）。

第6章　日本の出生率の計量的分析　117

第1節　人口と社会・経済の相互依存モデル

　第4章でみたように，人口と経済との関連を捉えようとする研究は，人口の経済への影響を分析するもの，経済の人口への影響を分析するもの，その相互依存関係を捉えようとするものの3種類に分けられるであろう。人口の経済への影響を測定するためにマクロ経済学的方法やシステム・ダイナミックス等の研究が多くなされてきた。一方経済の人口への影響については，マルサスや最近ではミクロ経済学的分析の研究等が盛んに行われてきた。しかし，ここで述べる計量的研究は，これらの相互依存関係を捉えようとするものである。上述のように，出生率に関する計量的研究のパイオニア的研究は上述のワイントゥローブの研究であり，その後エィデルマン，エィデルマン＝モリス，フリーランダー＝シルバー等により展開がなされてきた。一方グレゴリー＝キャンベル＝チェンによる米国の1910年から68年までの同時方程式による研究は，本章の基礎となったものである。また上述のように，日本の1960年のセンサスのクロスセクション・データによる計量的分析は，ハシモト［1974］によりなされている。そして彼は出生率と男女の教育，農業のシェアー，所得，労働力率との関係を計量的に分析し，特に教育と出生力については，今までにいろいろな人々によりなされた3つの仮説を要約して，男女の教育の出生力への影響について検討を行っている。ここではタイムシリーズ・データを用いて分析を行うことにする。

　ところで，人口に及ぼす経済的要因を考慮すると，① 1人当たり所得，② 家族数や家族構成，③ 乳幼児死亡率，④ 人口密度，⑤ 教育水準，⑥ 都市化率（農業のシェアーの逆数），⑦ 宗教の差異，⑧ 女性の社会的地位，⑨ 政府の経済活動への参入度合，⑩ 文化的，倫理的同質性，⑪ 住宅事情，⑫ マスコミュニケーションの普及度合，⑬ 余暇設備能力，⑭ 医療，衛生水準等があげられるであろう。ここではこれらの要因のうち，日本に深く関連するもので，データの都合のつくものをとりあげ，日本の人口と経済との相互依存関係を2段階最小二乗法により計量的に捉える研究をしてみることにする。モデルは次のような式で決定されるものである。

(1) 出生率＝f（1人当たり所得，女性の労働力率，乳幼児死亡率，1人当たり教育水準，全労働者数に占める農業労働者数の割合）
(2) 1人当たり所得＝f（女性の労働力率，1人当たり教育水準，実質賃金率）
(3) 女性の労働力率＝f（出生率，全労働者数に占める農業労働者数の割合，実質賃金率，年齢構成）
(4) 乳幼児死亡率＝f（1人当たり所得，1人当たり教育水準，全労働者数に占める農業労働者数の割合，人口1人当たりの医者の数）

これを記号で書けば，次のようになる。
(1) $B=B(y, L_f, M, E/Q, L_a/L)$
(2) $y=y(L_f, E/Q, W/P)$
(3) $L_f=L_f(B, L_a/L, W/P, A_s/Q)$
(4) $M=M(y, E/Q, L_a/L, H/Q)$

この式の内生変数は，出生率（B），1人当たり実質所得（y），女性の労働力率（L_f）と乳幼児死亡率（M）との4変数であり，外生変数は1人当たり教育水準（E/Q），全労働者数に占める農業労働者数の割合（L_a/L），実質賃金率（W/P），年齢構成（A_s/Q）と人口1人当たりの医者の数（H/Q）の5変数である（識別可能性の問題もチェック済み）[2]。

まず最初に，出生率から説明することにしよう。出生率決定式に1人当たり所得を入れることは所得効果（所得が上昇するにつれて子供を増やそうとする効果）や代替効果（所得上昇が子供数を増加させるよりも，むしろ子供の質を高めることや他の商品に嗜好を転ずるようになり，子供の数を増加させない方向に働く効果）の有無にかかわらず必要なことであろう。また女性の労働力率も妊娠，出産に大きく影響を与える可能性があることから必要であろう。次に乳幼児死亡率は子供の死亡に対して両親がいかに反応するかを示し，従来の研究結果をみても，乳幼児死亡率の高い時は出生率も（その代替として）高まるという結果が報告されており，特に女性の年齢が高まるにつれてその反応の度合が大であるという結果が得られている[3]。教育水準がこの出生率に影響を与えるということも理解できるであろう。既述のように，従来の研究では女性の教育水準は出生率に負の影響を，一方男性の教育水準はそれぞれの研究により異なり，正負いずれか確定しがたい結果が得られていた[4]。日本では，ハシモトの研究が正の係数を得られ

たと報告されている。[5] 農業労働者数の経済全体に占めるシェアーの考慮も，農家と非農家との出生力の差異が存在することを考慮する必要があろう。

また1人当たり実質所得は，このモデルでは実質賃金率，教育水準や女性労働力率に依存するとされている。すなわち実質賃金率が増加すると1人当たり所得は当然ながら増加するであろう。かつ教育水準や女性の労働力率の上昇は，1人当たり所得を増加させるであろう。次に，女性の労働力率が出生率に依存するということは，子供の出産，養育に多量の時間がかかることを考慮すると理解できるであろう。またここで農業のシェアーを考慮に入れるのは，非農家の主婦に比較して農家の主婦は畑仕事に従事する者が大部分であるという考慮からであり，実質賃金率を入れるのは経済状態，特に家計の収入の変動により女性の労働力率も変動するであろうとの考慮からである。また女性の労働力率は総人口数に占める14〜44歳までの女性の年齢構成比率に依存するということも理解が困難ではないであろう。乳幼児死亡率は1人当たり所得，教育水準，医療水準，農業のシェアーに依存すると仮定されている。すなわち教育水準が上昇するにつれ，医学や衛生その他の知識が増加し，乳幼児死亡率に影響を与えるということは明らかであり，農業部門のシェアーの大きさも経済発展に関連して乳幼児死亡率に影響を与えるということも，理解できるであろう。

第2節　使用した統計資料の説明

ここで使用したデータは，1900年より70年までのものが用いられている。第6-1図（y軸は半対数目盛）はその内生・外生各変数の1900年を基準（100）とした一覧図，また本章末にある付表6-1は数値で表示したものである。[6] ここで YP は恒常所得で，次式から得られたものである（Y は名目国民所得を表す）。

$$YP(t) = 0.1 \{(1-0.1)^0 Y(t) + (1-0.1) Y(t-1) + \cdots\cdots$$
$$\cdots\cdots + (1-0.1)^{16} Y(t-16)\}$$

or $YP(t) = \mu \Sigma (1-\mu)^k Y(t-k)$ 　　where $\mu = 0.1$, $n = 16$

また，YPN は Y を1人当たり実質所得にして1次の傾向線を当てはめたもの，$YPNN$ は1人当たり実質所得を2次傾向線で推定したものであり，恒常

120　第3部　人口の実証的研究

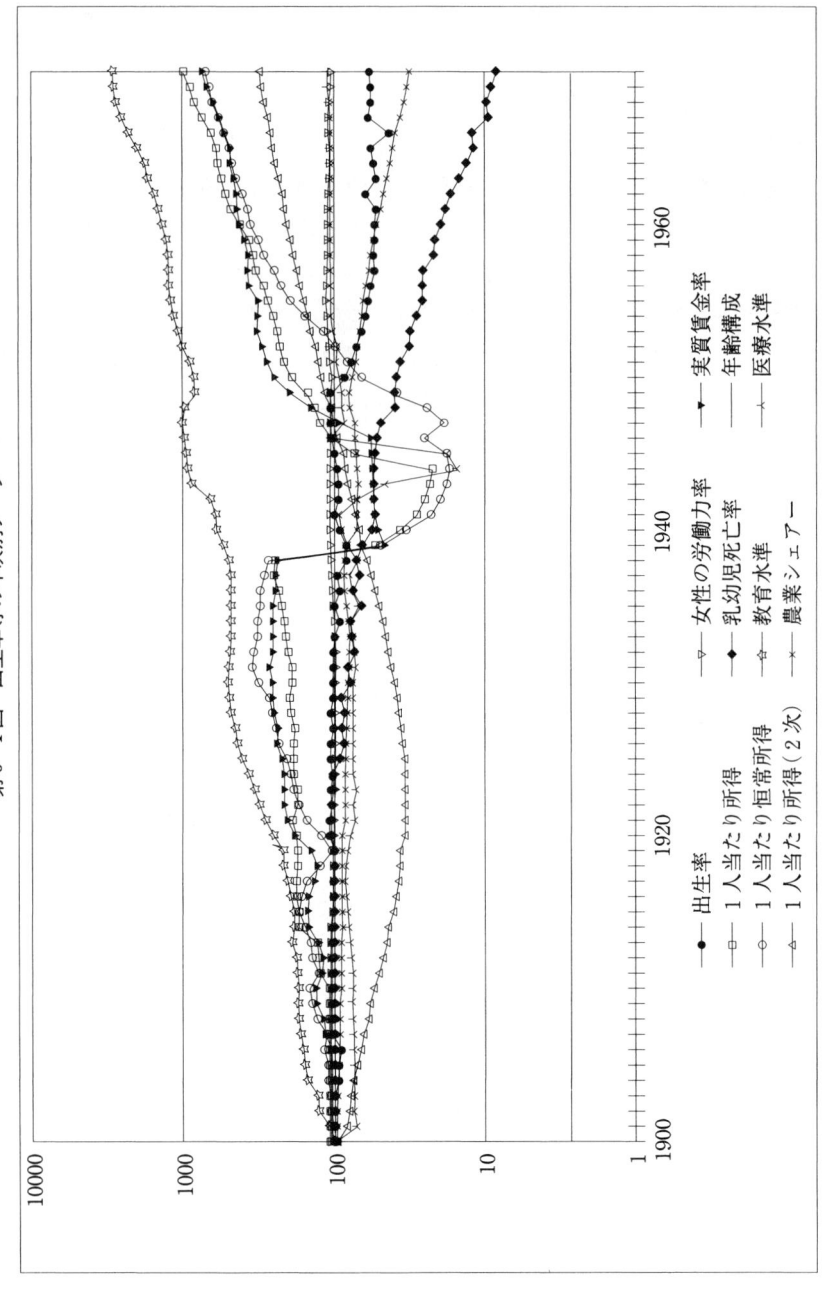

第6-1図　出生率等の年次別データ

凡例:
- ● 出生率
- □ 1人当たり所得
- ○ 1人当たり恒常所得
- ☆ 1人当たり所得（2次）
- ▽ 女性の労働力率
- ◆ 乳幼児死亡率
- ─ 教育水準
- ＋ 農業シェアー
- ▼ 実質賃金率
- ─ 年齢構成
- ─ 医療水準

所得の代替物として考慮されているものである。この図表から，まず最初に内生変数を観察し，つづいて外生変数をみることにしよう。出生率は1930年代から減少しはじめ，戦後になり，一時，ベビー・ブームで増加したが，その後急速な人口転換が生じ，1970年には基準年である1900年の約60％にまで減少した。また1人当たり実質国民所得は基準年の約10倍となっている。一方，1人当たり実質恒常所得 YP/PQ は約7倍程度にしか増加していないが，これは上述のような式を用いており，ウェイトが過去16年の加重平均を用いているために，あるラグを伴ってしか上昇しないからである。

つづいて，外生変数に目を移してみることにしよう。1人当たり教育水準は高等教育を受けた者の数を総人口で除したものであるが，1930年には1900年の約5倍にもなり，第2次大戦直後の停滞期を経過した後急激に増加し，1970年には約30倍もの水準になっている。全労働者数中に占める農業労働者の割合は第1次大戦，第2次大戦の影響により多少の上下の振幅があるものの，漸次減少し，1970年には1900年の約3割に近い値にまで減少していることが理解できるであろう。実質賃金率は1人当たり実質所得と類似した動きを示し，第2次世界大戦の影響により一時大幅な低下が認められたが，その後急激に上昇し1970年には1900年の約7倍強となっている。14歳から44歳までの女性の総人口に占める割合を示す女性の年齢構成比率は，その他の変数と比較すると，あまり大きな変化はなく，1900年の96〜123％内にとどまっていることが理解できるであろう。医療水準で注意が必要なのは医師の数の統計が1900年のみ異常に高くなっている点である。その前後の医師数はその約75％程度であるがゆえ，実際には1970年には1900年前後の約1.5倍の水準に上昇していると理解する必要があるだろう。

第3節 同時方程式による実証結果

このモデルに，日本の1900年より70年までのデータを当てはめ，計測した結果は，第6-1表および6-2表で示されている。第6-1表はコックラン・オーカット法を用いた2段階最小二乗法（$CO2SLS$）による結果である（2段階最

第 6-1 表　同時方程式（$CO2SLS$）による出生率の計測結果

従属変数	独立変数	モデル1 係数（t値）	弾力性	モデル2 係数（t値）	弾力性
出生率	1人当たり所得	0.002(0.308)	0.013	0.008(0.694)	0.025
	女性労働力率	-0.020(-1.246)	-0.282	-0.022(-1.298)	-0.294
	乳幼児死亡率	0.000(0.086)	0.001	-0.000(-0.005)	-0.004
	教育水準	0.594(1.496)	0.092	0.557(1.554)	0.086
	農業シェアー	0.078(5.885)	1.186	0.079(5.932)	1.199
1人当たり所得	女性労働力率	-0.141(-1.387)	-0.242	-0.059(-0.660)	-0.254
	教育水準	19.633(5.018)	0.385	3.959(2.028)	0.195
	実質賃金率	15.131(12.515)	0.857	6.673(12.734)	0.947
女性労働力率	出生率	0.244(0.576)	0.018	0.244(0.576)	0.018
	実質賃金率	0.103(0.333)	0.003	0.103(0.333)	0.003
	年齢構成	1.401(22.443)	0.828	1.401(22.443)	0.828
	農業シェアー	0.135(3.432)	0.152	0.135(3.432)	0.152
乳幼児死亡率	1人当たり所得	-0.381(-1.597)	-0.083	-0.704(-1.330)	-0.061
	教育水準	2.561(0.155)	0.011	-4.302(-0.281)	-0.018
	医療水準	-0.024(-0.347)	-0.188	-0.052(-0.791)	-0.044
	農業シェアー	-0.445(-0.699)	-0.020	-0.544(-0.835)	-0.230

	出生率	1人当たり所得	女性労働力率	乳幼児死亡率
$\bar{R}/SU$	0.829 / 0.264	0.943 / 4.546	0.391 / 1.084	
	0.828 / 0.264	0.771 / 3.227	0.391 / 1.084	
$\bar{R}/SE$	0.956 / 0.134	0.993 / 1.643	0.889 / 0.464	0.989 / 5.549
	0.956 / 0.133	0.989 / 0.712	0.889 / 0.464	0.989 / 5.582
D/DF	1.963 / 63	1.395 / 65	1.527 / 64	2.369 / 64
	1.965 / 63	1.136 / 65	1.527 / 64	2.429 / 64

（備考）　$\bar{R}$ は自由度修正済みの決定係数（SE は $Y_t=X_t\beta+u_t$, $u_t=\rho u_{t-1}+\varepsilon_t$ の ε_t の，SU は u_t の標準誤差）を，D はダービン・ワトソン比を，DF は自由度を表している（それぞれの上段はモデル1，下段はモデル2のものである）。ここでモデル1は1人当たり所得に YY/PQ を，モデル2は YP/PQ を用いたものである。

第6章 日本の出生率の計量的分析

第6-2表 2段階最小二乗法(第1段階=普通最小二乗法,第2段階=階差法)による計測結果

独立変数 \ 従属変数	1人当たり所得 YPN	1人当たり所得 YPNN	女性の労働力率 L_f	乳幼児死亡率 M			
出生率 B							
1人当たり所得 YY/PQ				1.1308** (10.3103) 0.2460			
1人当たり所得 YP/PQ					2.4255** (18.9344) 0.2105		
1人当たり所得 YPN						-1.5474** (-2.9917) -0.3366	
1人当たり所得 YPNN							-0.6869** (-3.2010) -0.1494
女性労働力率 L_f	2.0149** (3.2249) 3.4657	5.4304** (10.4013) 9.3404					
乳幼児死亡率 M							
教育水準 E/Q	18.1953** (3.4461) 0.3569	18.5000** (4.1931) 0.3629		-45.5514** (-4.9978) -0.1944	-18.1419** (-3.3458) -0.0774	-7.0763 (-0.5460) -0.0302	-1.6375 (-0.1247) -0.0070
農業シェアー La/L				3.6344** (11.8236) 1.5329	4.3339** (22.2747) 1.8280	1.8694** (2.1577) 0.7885	4.1002** (8.9523) 1.7294
実質賃金率 W/P	-2.4635** -1.8012 -0.1395	7.5046** 6.5664 0.4249					
年齢構成 As/Q							
医療水準 H/Q				-0.3564** (-12.0080) -0.2997	-0.2512** (-12.7407) -0.2112	-0.2532** (-4.4873) -0.2129	-0.3280** (-7.2210) -0.2758
定数項	0.3417 1.4438	-0.1954 -0.9880		-0.2406 -0.6302	-0.2658 -0.9736	0.1114 0.1917	0.6621 1.1618
$\bar{R}/SE$	0.2671 1.6475	0.6315 1.3767		0.8670 2.5964	0.9460 1.6541	0.6942 3.9366	0.6994 3.9030
D/DF	2.0723 67	2.0574 67		1.9029 66	2.0243 66	1.5155 66	1.3300 66

小二乗法を用いたグレゴリー=キャンベル=チェンの米国の結果[第4章の第4-1表を参照]と比較するため,最尤法ではなく2段階最小二乗法を用いている)。そして第6-2表は,第1段階は普通最小二乗法により推定し,第2段階はその推定された値の階差をとって推定したものである。これはコックラン・オーカット法を用いてρを推定すると,ほぼ1に近い値のものが中にはあり,したがってそれは階差をとったモデルと同じ結果になるからである。[8] このコックラン・オーカット法や階差モデルを用いることにより,ダービン・ワトソン比が向上していることがこれらの表から理解できるであろう。そこでダービン・ワトソン比の最も良い結果が得られたコックラン・オーカット法を用いた2段階最小二

乗法（$CO2SLS$）の結果（第6-1表）とそれを補足する（乳幼児死亡率に関しては，ダービン・ワトソン比が向上）第6-2表の階差モデルの結果について吟味することにしよう（普通最小二乗法（OLS）による計測結果は付表6-2で，2段階最小二乗法（$2SLS$）によるものは付表6-3で示されている。また付表6-4はコックラン・オーカットの繰返し法による普通最小二乗法の推定値（$COOLS$）が示されている）。

また1人当たり所得に関しては，YY/PQ および YP/PQ が比較的良好な結果が得られている。それゆえ，この両者を使用することにする。これらの計測値をみれば，農業部門の労働シェアーが増大すると，出生率が増加するという結果が得られている。これは戦後の高度成長期に入り，農村と都市との間で出生率の高低の逆転がなされたが，戦前や戦後のかなりの期間では農村が高出生率の状態であった点を考慮に入れると理解が容易であろう。また乳幼児死亡率が増大すると出生率か増大するという結果は，OLS（付表6-2）や$2SLS$（付表6-3）では得られているが，$CO2SLS$（第6-1表）では，ほとんど有意でない結果に終っている。女性の労働力率は出生率に負の影響を与えているという結果は，$CO2SLS$ から10％の有意水準のもので得られている。

これまでの研究によれば，女性の教育水準は出生率に負の影響を持ち，夫の教育水準はそれぞれの研究により正負いろいろな結果が得られていたということは，すでに述べたとおりである。ここでの結果では，教育水準は出生率に10％で有意な正の影響を持つという結果が得られている。これは上述のクロスセクション・データを用いたハシモトの妻の教育水準は出生率と負の相関を，一方夫の教育水準は正の相関があったと報告されていたものと同様の結果が得られたものと解釈できるだろう。なぜならば，ここでは教育水準は高等教育を受けた者を採用したが，これは明治，大正期や昭和初期には男性が多くのシェアーを占めていたと理解できるからである。一方，1人当たり実質所得は出生率にあまり影響を持たないという結果が得られている。しかしその中では，恒常所得（YP/PQ）の方が普通の所得（YY/PQ）よりもわずかに t 値が向上しているが，いまだ非常に小さな値となっている（第6-1表と備考を参照）。

1人当たり所得には実質賃金率，教育水準が強い正の有意な係数を持っているが，これは当然の結果であろう。また女性の労働力率は1人当たり所得にあまり大きな影響を持ってはいないが，わずかに YY/PQ が10％の有意水準で

負の影響を与えているという結果が得られている。また女性の労働力率には出生率が負の影響を持つという結果は，OLS, $2SLS$ では有意な結果が得られたが $CO2SLS$ と $COOLS$ では有意な結果を得られなかった。一方14～44歳までの女性の年齢構成比率が高まると，女性の労働力率も高まるという結果を得ているが，これも当然の結果であろう。また農業労働者のシェアーが大きくなれば，女性の労働力率も高まるということも，農業部門での女性労働の重要性を考慮すれば容易に理解できるであろう。

乳幼児死亡率に関しては，ダービン・ワトソン比の比較的良好な第6-2表にみられるように，教育水準，医療水準が乳幼児死亡率を減少させるがゆえに，負の係数を持つという結果が得られている。しかしながらこれも当然のことであろう。一方農業労働者のシェアーは正の係数，すなわち農業部門が大であればあるほど，乳幼児死亡率が高くなるということも容易に理解されるであろう。これらの計測値は理論的に考えられる値とほぼ一致している。一方第4章の第3節でグレゴリー＝キャンベル＝チェンの米国に関する計測結果で明らかにしたように，彼らの計測結果のうち，女性の労働力率への年齢構成（14～44歳までの人口）の係数がマイナスというのは理論的にも承服しがたいものである。彼らは系列相関についての考慮が，全く不足していたが，これにより多少は影響されているともいえよう。ここでの研究は，ダービン・ワトソン比の考慮により計測値がかなり異なってくることを示している。その意味で，彼らが示していないダービン・ワトソン比の値が示されること，さらにその値が良くない場合はその是正処置を行うことが切望されるであろう。

おわりに

人口の社会・経済への影響や社会・経済の人口への影響をみる論文は，いくつか発表されてきた。しかし，その相互依存関係を考慮したモデルは相対的に少なかったのは残念であった。そこで本章では，経済・社会と人口との相互依存関係を測定する2段階最小二乗法やその他の方法による計量的分析を行ってきた。モデルは出生率，1人当たり所得，女性の労働力率と乳幼児死亡率の4

内生変数と教育水準，農業シェアー，実質賃金率，年齢構成と医療水準の5外生変数を含むものであった。得られた結果は，次のように要約されるであろう。

1 出生率は農業のシェアー，教育水準（いわば男性教育水準）が高くなればなるほど，また女性の労働力率が低くなればなるほど増加する。この結果は，経済発展の初期の段階で，農業のシェアーが大きい段階では出生率は高いが，経済発展が進むにつれ，低下する事を意味している。また男性の教育水準が高くなると稼得能力も高く，出生率が高いこと，逆に女性が職場に働きに出るようになると出生率が下がることを意味している。これらは理論的にも適合し，これまでの実証結果とも一致する結果となっている。

2 1人当たり所得には教育水準，実質賃金率が強い正の影響を持ち，女性の労働力率は負の影響を持つ。この結果は，教育水準が上昇すれば，経済が発展し，1人当たり所得は当然の結果として上昇することを意味している。また実質賃金率が上がれば，1人当たり所得も上昇することを意味し，逆に，女性の労働率が上がれば1人当たり所得は小さくなることを意味している。この後者2つの結果は国や時代により符号は逆になる可能性も残しているが，日本では上述のようになっている。

3 女性の労働力率は農業のシェアーが増大すればするほど，また14〜45歳までの女性の年齢構成比率が増加すればするほど増加する。この結果は，農業のシェアーが大きい経済発展の初期の段階では，夫婦が働く農業が支配的なため，女性の労働力率が高いことを意味している。また14〜45歳までの女性の年齢構成比率が増加すればするほど，女性の労働力率が増加するのも理論どおりの結果となっている。

4 乳幼児死亡率に関しては，教育水準，医療水準が上昇すればするほど低下する。一方農業のシェアーが減少すれば乳幼児死亡率も低下する。この結果も，教育水準や医療水準が上がれば，当然のこととして乳幼児死亡率は低下することになる。また農業のシェアーが減少し，経済発展が進むにつれ，乳幼児死亡率も当然のこととして低下することになる。

5 以上の結果は，70年という2世代にわたる長期のデータを用いたものであるが，理論的にも適合し，これまで他の国で異なった方法で測定された諸結果と矛盾はしない妥当な結果となっている。今後は問題点も有するが，バッツ

＝ウォード［1979］の様に，女性が働いている家計と働いていない家計との出生率の差異についての70年間のデータがあり次第，モデルに取り入れ分析を行いたい。ただし女性の労働力率が出生率に与える影響についてはここでも計測されており，矛盾のない結果が得られたのであった。

（付記） 本章の研究は，山口［1977］［1982b］を基礎にし，手を加えたものである。

注
1） 以上の諸研究については，第4章をも参照されたい。
2） E は教育水準，Q は人口，L は全労働者数，L_a は農業労働者数，W は賃金率，P は物価水準，A_s は14~44歳の女性の数，H は医者の数を表す。
3） ポール・シュルツ（T. Paul Schulz）［1976］を参照。
4） ベン・ポラス（Y. Ben-Porath）［1973］の pp. 202-33をも参照されたい。
5） 1900年より70年までの，約70年にわたる男女の教育水準別出生力の時系列のデータは，遺憾ながら手に入れることができず，男女別の計測はここでは断念せねばならなかった。
6） 1900年を選んだのは，人口研究には最低2世代以上の資料が必要と思われたことによる。実際に計測に用いたデータは，この基準年の指数ではなく，原表のデータの数値を用いたものである。またデータの出所は，出生率，乳幼児死亡率：厚生省統計調査部『人口動態統計』，1人当たり実質所得，農業労働シェアー，実質賃金率，年齢構成比率：総理府統計局編『日本統計年鑑』，大川一司＝篠原三代平＝梅村又次『長期経済統計』，日本銀行統計局『明治以降本邦主要経済統計』，教育水準：文部省『日本の成長と教育』，医療水準：厚生省大臣官房統計調査部衛生統計課『医師・歯科医師・薬剤師調査報告』，女性の労働力率：総理府統計局『日本の人口，昭和35年』『国勢調査』による。
7） $\quad YPN = Y/PQ = 0.6420t - 0.6770$

$\quad YPNN = Y/PQ = 0.0264t^2 - 1.2607t + 22.4724$

また第6-1表で，YPN 等を記載していないのは，傾向線を1次にすると，推定値が1900年ではマイナス（ゼロに近い）となり，指数化できないためである。
8） これらの推定法については，例えばジョーンストン（J. Johnston）［1972］を参照。そして，本文は次のことを意味する。

$\quad Y_t = X_t\beta + u_t \quad (1)$

$\quad u_t = \rho u_{t-1} + \varepsilon_t \quad (2)$

ここで，$\rho = 1$ とおき，(2)を(1)に代入すると，

$\quad Y_t = X_t\beta + u_{t-1} + \varepsilon_t = X_t\beta + Y_{t-1} - X_{t-1}\beta + \varepsilon_t$

それゆえ，$\Delta Y_t = \Delta X_t\beta + \varepsilon_t$ となる。

128　第3部　人口の実証的研究

付表6-1　内生変数および外生変数のデータ（1900年＝100）

年	出生率 B	1人当たり実質所得 YY/PQ	1人当たり実質恒常所得 YP/PQ	1人当たり実質所得（2次曲線）YP/NN	女性の労働力率 L_f	乳幼児死亡率 M	教育水準 E/Q	農業シェアー L_a/L	実質賃金率 W/P	年齢構成 A_s/Q	医療水準 H/Q
1900	100.00	100.00	100.00	100.00	100.00	100.00	100.00	100.00	100.00	100.00	100.00
1	104.42	102.92	110.08	94.44	100.27	99.55	114.45	98.95	106.17	100.37	74.36
2	103.79	95.19	112.49	89.12	100.54	99.10	130.68	98.43	102.20	99.27	75.56
3	100.95	103.16	112.01	84.06	101.08	98.72	130.96	97.21	100.94	98.90	75.72
4	96.53	104.16	116.18	79.24	101.35	98.27	152.76	96.52	102.18	99.00	76.59
5	96.53	102.39	118.44	74.67	101.62	97.88	159.55	95.82	98.39	99.09	76.56
6	91.80	116.84	122.17	70.36	101.89	97.43	163.41	95.12	106.47	99.18	76.35
7	104.73	117.22	118.68	66.29	102.16	98.97	171.09	94.77	114.46	99.27	76.42
8	106.31	121.64	132.23	62.46	102.70	100.51	178.02	94.25	118.54	99.36	76.47
9	106.94	121.90	146.15	58.89	102.96	102.06	178.42	93.73	129.82	99.00	76.49
1910	106.94	120.53	152.06	55.57	103.23	103.53	174.69	93.38	132.72	98.63	77.39
11	107.57	129.19	146.31	52.50	102.96	103.40	179.47	92.86	123.52	98.27	78.02
12	105.36	133.15	145.70	49.67	102.96	103.28	180.76	92.51	119.89	97.90	79.37
13	105.05	132.47	149.31	47.09	102.70	103.15	192.38	91.99	127.44	97.54	80.87
14	106.31	128.87	169.81	44.77	102.43	103.02	191.03	91.99	141.34	97.72	81.57
15	104.73	142.64	186.03	42.69	102.43	103.60	190.80	91.64	147.80	97.90	83.14
16	103.47	167.43	176.54	40.86	102.16	104.17	200.76	84.84	145.74	98.08	84.56
17	102.21	177.66	153.14	39.28	101.89	104.75	209.87	91.29	135.77	98.27	85.17
18	101.58	173.96	126.15	37.80	101.62	105.27	218.25	91.11	129.69	98.45	84.29
19	100.00	182.19	109.88	36.86	101.62	105.84	220.64	91.29	143.51	97.99	82.59
1920	114.51	160.99	126.69	36.03	101.35	106.42	256.33	89.02	181.19	97.26	82.02
21	111.04	172.93	156.68	35.44	100.81	108.09	289.12	88.33	201.96	97.18	75.68
22	108.52	176.48	174.75	35.10	100.27	106.87	315.75	87.63	216.54	96.99	76.96
23	111.36	177.82	190.33	35.02	99.73	104.95	339.44	86.76	211.27	96.75	74.74
24	107.26	187.43	200.85	35.18	99.19	100.32	369.03	86.06	216.57	96.49	74.91
25	110.41	188.25	210.48	35.59	98.92	91.46	401.96	85.37	219.65	96.13	76.61
26	109.46	188.15	232.42	36.25	98.38	88.31	433.40	84.67	234.55	96.09	76.25
27	105.68	181.52	245.10	37.16	97.84	91.01	449.17	83.97	233.67	96.20	77.07
28	107.89	195.78	261.03	38.31	97.30	88.38	482.48	83.28	247.60	96.31	77.12
29	103.47	200.17	274.56	39.72	96.77	91.27	500.14	82.75	251.79	96.52	77.57
1930	102.21	191.65	312.86	41.37	96.23	79.70	505.83	82.06	253.49	96.61	77.80
31	101.58	191.08	353.53	43.27	97.30	84.46	497.77	83.62	266.35	96.65	74.17
32	103.79	200.70	343.68	45.42	98.11	75.47	488.72	82.75	255.43	96.64	76.00
33	99.37	210.44	329.78	47.82	99.19	77.91	483.08	80.84	253.68	96.68	78.95
34	94.64	216.33	324.47	50.47	100.00	80.15	484.64	78.05	253.96	96.98	81.29
35	100.00	228.63	314.88	53.37	101.08	68.53	483.47	76.31	251.55	97.04	83.88
36	94.64	236.76	310.43	56.52	101.89	74.95	480.34	77.35	244.05	97.43	85.81
37	97.16	261.65	294.78	59.92	102.96	67.95	482.07	76.48	243.27	98.48	88.25
38	85.49	254.35	282.03	63.56	103.77	73.47	496.59	75.44	232.76	99.45	89.25
39	83.91	54.85	50.79	67.45	104.31	68.21	540.70	74.56	44.73	100.65	90.68
1940	91.48	36.37	30.20	71.60	105.66	57.80	609.38	72.65	51.35	101.52	91.52
41	98.11	28.66	23.25	75.99	105.39	54.01	606.44	72.82	53.75	103.40	94.45
42	95.27	25.40	19.84	80.63	105.39	54.91	658.27	71.08	55.08	104.54	70.11
43	95.27	23.31	18.08	85.52	105.12	55.62	873.54	71.60	55.89	105.22	46.97
44	98.42	22.92	17.26	90.65	105.12	54.01	928.00	72.13	56.45	106.61	15.09
45	101.89	74.25	17.57	96.04	104.85	52.47	967.25	72.47	56.81	111.12	17.75
46	105.05	107.34	25.66	101.68	104.58	50.87	1011.48	73.00	57.11	107.89	86.17
47	108.20	124.10	19.25	107.56	104.58	49.26	1030.77	73.52	90.39	106.69	90.45
48	105.68	139.42	23.53	113.70	104.31	39.63	979.11	79.79	142.39	106.08	90.66
49	104.10	151.53	38.46	120.08	104.31	40.14	840.05	81.01	194.55	105.68	89.52
1950	88.64	191.73	66.83	126.71	104.04	38.60	853.24	78.05	246.23	105.74	91.90
51	79.81	219.59	84.68	133.59	106.47	36.93	885.28	73.34	276.09	106.02	99.54
52	73.82	226.43	113.43	140.72	107.28	31.73	1038.42	72.65	302.35	106.30	99.52
53	67.28	243.57	136.28	148.10	109.70	31.41	1093.88	68.82	320.21	106.69	103.34
54	63.09	255.62	160.16	155.72	110.51	28.64	1169.57	67.25	321.83	107.07	104.83
55	61.20	273.63	193.32	163.60	112.94	25.56	1212.34	65.68	311.82	107.60	105.94
56	58.04	297.34	225.40	171.72	110.78	26.08	1239.86	62.72	359.05	108.20	106.64
57	54.26	336.74	253.72	180.10	110.24	25.69	1253.57	59.76	366.52	108.96	108.09
58	56.78	344.81	292.23	188.72	109.70	22.16	1263.77	56.62	363.15	109.61	108.86
59	55.21	373.35	325.14	197.59	109.16	21.64	1297.26	55.05	388.30	110.20	109.53
1960	54.26	435.27	354.26	206.71	109.43	19.72	1352.21	52.26	410.09	110.90	110.42
61	53.31	486.30	383.80	216.08	109.16	18.37	1437.69	50.17	427.81	112.31	110.62
62	53.63	517.62	412.20	225.69	108.36	16.96	1557.00	48.08	441.44	113.67	110.80
63	54.57	547.82	437.78	235.56	107.55	14.90	1691.81	45.30	455.86	114.90	110.79
64	55.84	596.44	477.45	245.68	107.28	13.10	1790.78	43.21	479.38	116.04	111.25
65	58.68	614.56	503.58	256.04	106.74	11.88	2005.16	40.94	485.27	117.38	111.59
66	43.22	665.76	541.66	266.65	107.01	12.40	2275.38	38.85	518.12	122.00	112.00
67	61.20	753.57	588.22	277.52	107.55	9.57	2538.10	37.28	560.55	122.27	111.72
68	58.68	841.42	636.27	288.62	106.74	9.83	2744.74	34.84	615.94	121.58	112.37
69	58.36	912.43	692.41	299.99	106.20	9.12	2878.23	33.28	685.27	117.36	113.31
1970	59.31	997.80	737.17	311.59	105.93	8.41	2937.95	31.71	736.53	119.00	114.91

第6章 日本の出生率の計量的分析　129

付表6-2　OLSによる計測結果

従属変数 独立変数	出生率 B				1人当たり所得				女性労働力率 L_t	乳幼児死亡率 M
	YY/PQ	YP/PQ	YPN	$YPNN$	YY/PQ	YP/PQ	YPN	$YPNN$		
出生率 B									$-2.0456**$ (-8.0417) -0.1511	
1人当たり所得 YY/PQ	$-0.0252**$ (-6.9373) -0.1983									
YP/PQ		$-0.0540**$ (-7.4131) -0.1696								
YPN			$0.0418**$ (4.6220) 0.3290							$3.3004**$ (8.4118) 0.2865
$YPNN$				$-0.0366**$ (-7.3222) -0.2880						$-3.3041**$ (-8.9954) -0.7188
女性労働力率 L_t	$-0.1882**$ (-6.3568) -2.5475	$-0.2655**$ (-8.5885) -3.5939	$-0.1307**$ (-3.6744) -1.7692	$-0.0742**$ (-2.2921) -1.0044	$-1.3441**$ (-2.6702) -2.3119	$-1.4437**$ (-5.8177) -6.2232	$2.2133**$ (3.3661) 3.8069	$3.1895**$ (5.5392) 5.4860		$-1.4622**$ (-3.0817) -0.3181
乳幼児死亡率 M	$0.0068**$ (3.6584) 0.2460	$0.0059**$ (3.6584) 0.2135	$0.0085**$ (3.5141) 0.3075	-0.0001 (-0.0235) -0.0036						
教育水準 E/Q	$1.5191**$ (2.5406) -0.2345	$0.6547**$ (2.8512) 0.1011	$0.6853**$ (2.4445) 0.1058	$1.7385**$ (5.7054) 0.2684	$16.8306**$ (5.2842) 0.3302	1.0612 (0.6758) 0.0522	$25.1951**$ (6.0558) 0.4942	$25.1430**$ (7.3994) 0.4942		$38.0863**$ (1.3261) 0.1625
農業シェアー L_a/L	$0.0203**$ (1.9643) 0.3098	0.0002 (0.0218) 0.0031	$0.0763**$ (5.7829) 1.1643	$0.0586**$ (6.0248) 0.8942		$8.0260**$ (12.7231) 1.1389	-0.3192 (-0.1910) -0.0181	$3.7834**$ (2.7716) 0.2142	-0.0042 (-0.1778) -0.0047	
実質賃金率 W/P					$16.1521**$ (12.6231) 0.9145				$-1.0065**$ (-5.6243) -0.0331	$4.1889**$ (4.8939) 1.7668
年齢構成 A_t/Q									0.3245 (2.6953) 0.1919	
医療水準 H/Q										$-0.6943**$ (-5.7611) -0.5838
定数項	8.4028 6.2951	12.6370 8.7125	2.4373 1.2752	3.2144 2.2297	46.1898 2.4256	53.7792 5.7286	-73.2779 -2.9460	-115.9927 -5.7097	38.3681 10.1112	-70.8023 -1.3916
$\bar{R}/SE$	0.9036 0.2028	0.9091 0.1970	0.8737 0.2321	0.9081 0.1981	0.9477 4.4005	0.8887 2.1695	0.8118 5.7481	0.9200 4.6946	0.7944 0.6420	0.8645 19.9666
D/DF	1.0087 65	1.0534 65	0.7671 65	0.8163 65	0.1621 67	0.1515 67	0.0386 67	0.0798 67	0.5307 66	0.1400 66

付表6-3 2段階最小二乗法（2SLS）による計測結果

従属変数 独立変数	出生率 B	1人当たり所得 YY/PQ	1人当たり所得 YP/PQ	1人当たり所得 YPN	1人当たり所得 $YPNN$	女性労働力率 L_f	乳幼児死亡率 M
YY/PQ	-0.0372** (-7.5158) -0.2928						
YP/PQ	-0.0972** (-7.2908) -0.3052	1.4295** (4.1264) 0.3175					
YPN	0.1336** (6.8915) 1.0515		2.6896** (4.6277) 0.2335				
$YPNN$	-0.0552** (-7.8874) -0.4344			-2.8007** (-1.8825) -0.6092			-1.3671** (-2.3782) -0.2974
女性労働力率 L_f	0.1089** (1.8689) 11.4741		-0.7545** (-2.1260) -0.6932	2.3229** (2.8755) 3.9954	3.5634** (5.3181) 6.1291		
乳幼児死亡率 M	0.0006 (0.1465) 0.0217	-0.4030 (-0.6339) -0.6932	-1.3679 (-0.6779) -0.0672				
教育水準 E/Q	0.0290** (5.5258) 1.0492	0.0422** (6.4043) 1.5268	0.0221** (4.4128) 0.7995				
農業シェアー L_a/L	-0.0350 (-1.9131) -0.5341	-0.1150 (-4.3928) -1.7549	-0.1809** (-6.8681) -2.7605	0.0801** (4.9709) 1.2223		-0.0011 (-0.0369) -0.0012	-0.1277 (-0.0548) 0.0539
実質賃金率 W/P						-1.0353** (-4.6132) -0.034	
年齢構成 A_s/Q		13.4582** (3.7229) 0.2640	2.6636** (6.6215) 0.4112	1.7449** (4.8700) 0.2694	1.9645** (5.4086) 0.3033	0.3022** (1.9796) 0.1787	
医療水準 H/Q			8.5453** (11.2365) 1.2126	24.5916** (5.3540) 0.4824	23.4716** (6.1608) 0.4604		-0.5414** (-3.0758) -0.4552
教育水準 E/Q（続）	2.7444** (6.4618) 0.4237	16.848** (12.3668) 0.9540	27.6485 2.0669	3.9849** (2.7753) 0.2256		-86.0584** (-3.2342) -0.3672	-36.5031** (-1.4700) -0.1618
定数項	-2.0855 -0.8590	-14.7576 -4.2464	-4.8060 -1.9445	10.5860 0.4417	-77.1363 -2.5333	39.2032 7.9807	8.9348 0.1803
$\bar{R}/SE$	0.8772 0.2331	0.8625 0.2422	0.8785 0.2278	0.9424 4.6150	0.8572 2.5761	0.7019 0.7732	0.8830 18.5554
D/DF	0.7206 65	0.7173 65	0.6344 65	0.6958 67	0.1477 67	0.1133 67	0.2861 66

（注）E/Q 行の後半係数：$-37.9269**$ (-1.8152) -0.1618、$4.2763**$ (4.0779) 1.4169、$4.1719**$ (4.7393) 1.7596、$-0.3700**$ (-2.4059) -0.3111、$-0.2353**$ (-1.3926) -0.1979、0.0736 (0.3810) 0.0619、207.8952 1.1444、-58.2266 -1.2466、-129.6892 -5.1349、-69.0941 -1.3158、0.8573 20.4946、0.9141 4.8638、0.8529 20.8031、0.8768 19.0396、0.3156 67、0.2696 66、0.1827 66、0.1499 66、0.2756 66

付表6-4 コックラン・オーカット法を用いたOLS（COOLS）による計測結果

第6章 日本の出生率の計量的分析

独立変数 \ 従属変数	出生率 B	YY/PQ	YP/PQ	YPN	$YPNN$	女性労働力率 L_t	乳幼児死亡率 M
出生率 B		0.0005 (0.0703) 0.0039				0.3113 (0.9295) 0.0230	
YY/PQ			-0.0003 (-0.0202) -0.0009				0.1666 (0.7279) 0.0362
YP/PQ				-0.00666** (-1.9688) -0.5242			0.4236 (0.8516) 0.0368
YPN					-0.0441** (-3.6471) -0.3471		-1.6543* (-1.5406) -0.3599
$YPNN$							-1.4616** (-2.1080) -0.3179
女性労働力率 L_t	-0.0055 (-0.1480) -0.0745	-0.1635** (-1.5081) -0.2812	-0.0909 (-0.9409) -0.3918	0.0207 (1.0521) 0.1039	0.2674** (7.0590) 0.4599		-23.6826** (-1.5298) -0.1011
乳幼児死亡率 M	-0.0072*** (-2.0006) -0.2605	-0.0077*** (-2.1222) -0.2786	-0.0054 (-1.5223) -0.1954	0.0002 (0.0664) 0.0072			
教育水準 E/Q	0.3208 (0.6006) 0.0495	0.3224 (0.6364) 0.0498	1.7245** (3.9075) 0.2662	3.0609** (1.5677) 0.1505	19.1171** (4.7760) 0.3762		-7.7456 (-0.4146) -0.0331
農業シェアー L_a/L	0.0255 (1.3247) 0.3891	0.0213 (1.0856) 0.3250	0.0431** (2.4672) 0.6577	0.0520** (3.4286) 0.7935	4.9004** (5.1866) 0.0961		-0.1835 (-0.2764) -0.5343
実質賃金率 W/P					15.8529** (12.8895) 0.8976	7.3311** (14.0323) 1.0403	-0.2789 (-0.5386) -0.01579
年齢構成 A_o/Q						0.1449** (4.1891) 0.1633	0.2364 (0.7570) 0.0078
医療水準 H/Q						1.3629** (20.5029) 0.8056	
R/SU	0.9348	0.8875	0.9355	0.7237		0.2873	-0.0641 (-0.9726) -0.0539
		0.2203	4.9052	3.5956		1.1963	-0.0460 (-0.7070) -0.0387
R/SE	0.1677	0.9387	0.9925	0.9893	0.9973	0.8914	0.9890
		0.1626	1.6632	0.7080	0.3377	0.4669	5.7015
							(0.9891, 5.6637)
D/DF	2.1547 64	2.1230 64	1.3571 66	1.0689 66	0.0507 66	1.5661 65	2.5496 65
							2.6122 65

第 7 章　日本の人口成長と経済発展

はじめに

　本章では前章に引き続き，人口の実証的研究について分析することにする。第1節では日本の人口と技術進歩の綱引競争に関し，いかに技術進歩が人口との綱引競争に勝ってきたかについてみることにする。まず日本の人口は1％程度の成長率を持ち，労働力も同様の成長率を持ってきた。しかしこの労働力は農業部門と非農業部門とに分けて観察すれば，かなり大きな違いを示している。また技術進歩に関しては，非農業技術進歩，特に戦後のものは農業技術進歩に比べ，はるかに大きな値を持っていた。しかし，その値は時期により大きく変動し，1910年代や20年代はマイナスの値をとっている。それに対し，農業技術進歩は非農業技術進歩と比べ，実に地味ではあるが，かなり安定的な値を持つという特徴を持っていた。その結果として，日本では明治以降1970年までの100年間では技術進歩率が人口成長率を凌駕し，技術進歩が人口との綱引競争に勝ってきたのであった。つづいて農工間の労働および資本の移動論争と技術進歩と人口の競争との関係を述べ，第2節では，技術進歩の非対称性，すなわち農業技術進歩のプッシュ効果と非農業技術進歩のプル効果について，図形的に示し，最後に第3節では，経済発展の過程において，日本の過剰人口がいかに増減し，それが経済発展にいかに影響したかをみることにする（より詳細は山口三十四［1982b］［1994］を参照されたい。この章はこれらの2つの著書の人口と経

済発展の部分のエッセンスを取り出し，展開し要約したものである）。

第1節　日本の人口と技術進歩の綱引競争

　ここでは日本で実際に生じた人口と技術進歩（必要に応じ人口と食料）についてみることにしよう。それを得るには日本の経済発展の概観を知る必要があるだろう。第7-1図は農業および非農業部門のアウトプット（2個）とインプット（4個），および相対価格（農産物価格／非農産物価格）と1人当たり所得の8つの変数（これは筆者のモデル $Ax=b$ の8つの内生変数である。モデルの詳細は付録の説明を参照されたい）の対前年成長率を示したものである（実質化できるものはすべて実質化されている。また1970年以降は石油ショックから安定成長の経済となり，それまでの大川一司=ロソフスキー［1973］の言う趨勢加速の特徴を持つ時代とは全く異質な経済となっている。それゆえ，ここでの計測期間は明治以降から1970年までに限定している）。第7-1図のパネル(1)と(2)はアウトプットである農業生産量（Y_1）と非農業生産量（Y_2）の対前年成長率を示したものである。これをみれば，非農業に比べ，自然状況に大きく左右される農業生産量の変動が激しく，特に明治時代は大きく変動していたことが理解できるであろう。しかし最近では，技術進歩や品種改良等により農業生産量の変動は非常に小さくなっていることも理解できるであろう。

　一方非農業生産量の変動も初期の頃はかなりあったが，次第に小さくなったことも理解できるのである。これは明治時代等の非農業はその後の金属，機械や電気等とは異なり，軽工業，特に綿，麻や桑を原料として使用する繊維工業が中心であった。それゆえ，農業と同様自然等の影響をより多く受けていたのであった。また農業生産量の棒グラフの上に書いてある数値（例えば1880年では2.4）は，1880年から1890年までの10年間の農業生産量（産出量）の平均成長率が2.4％であったことを示したものである。これより第2次世界大戦の1940年代を除き，農業では1930年が0.5％と最も小さな成長率を持っていることがわかるであろう。これはいわゆる昭和の農業恐慌が生じた時代に当たるものであった。一方非農業生産量をみると，1920年代が2.5％と最も小さな値を持って

いることも理解できるのである。これは日本の経済が反動恐慌，金融恐慌や関東大震災により大きく崩れた時代に対応するものである。逆に，戦後の高度成長期時代前後の1950年代や1960年代は8.9%，11.9%と大きく成長していることがわかるのである。

つづいて，アウトプットからインプットの方へと目を移すことにしょう。パネル(3)と(4)は農業資本ストック（K_1）と非農業資本ストック（K_2）の対前年成長率を示したものである。これをみれば，非農業資本ストックの成長率の方が農業資本ストックの成長率よりも，はるかに大きい成長率を持っていることが理解できるであろう。一方農業資本ストックは第2次世界大戦前までは，微々たる成長率しか持っていなかったこともわかるのである。しかし第2次世界大戦後は農業部門も機械化の時代に入り，農業資本ストックの成長率も以前と比べるときわめて大きくなったことも理解できるのであろう。農業労働力（L_1）は1910年頃まではゼロ成長，すなわち一定の値であったが，1910年代と1930年代は小さなマイナス成長（流出）を示していた。逆に，第2次世界大戦の1940年代はプラスの成長（流入）を示していたが，戦後になり大きな流出率（マイナス成長）を持つようになっている。

これは農業資本ストックの高成長と対応するものであり，農業労働力が農業資本ストックに代替されたことを示すものである。非農業労働力（L_2）の成長は1910年頃より比較的大きくなり，戦後，特に1950年代は農業労働力の流出とあいまって非常に高い成長率を持っていたのであった（第7-1図パネル(5)(6)を参照）。相対価格（P）は第7-1図パネル(7)で理解できるように，農産物価格の変動がきわめて大きかった（低価格弾力性による）ゆえ，第2次世界大戦までは大きく変動していた。しかし戦後になると，上述の農業生産量の安定とあいまって，農産物価格政策等により農産物価格は非常に安定するようになっている。1人当たり所得（E）（同図パネル(8)参照）は，資料のない第2次世界大戦以外では，恐慌時の1920年代や日露戦争後の1900年代が0.5%と1.3%と非常に低い成長を示している。しかし1930年代になると成長率は3.9%とかなり大きくなり，戦後の高度成長期では7.1，10.0ときわめて大きな成長率を持つようになっていることも理解できるであろう。

つづいて，第7-2図は日本全体の総人口（Q）や総労働力（L）等（これら

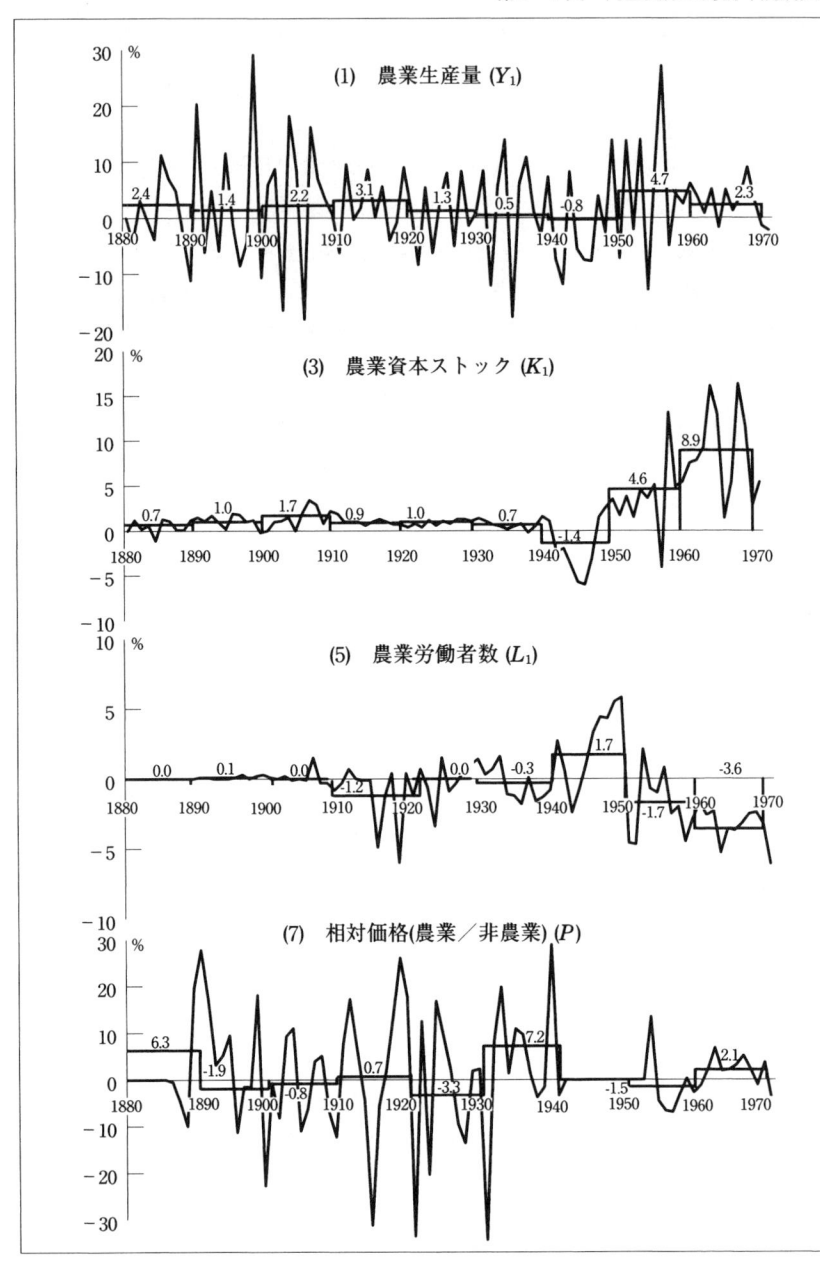

第7-1図　内生変数の対前年度成長率

(1) 農業生産量 (Y_1)

(3) 農業資本ストック (K_1)

(5) 農業労働者数 (L_1)

(7) 相対価格(農業／非農業) (P)

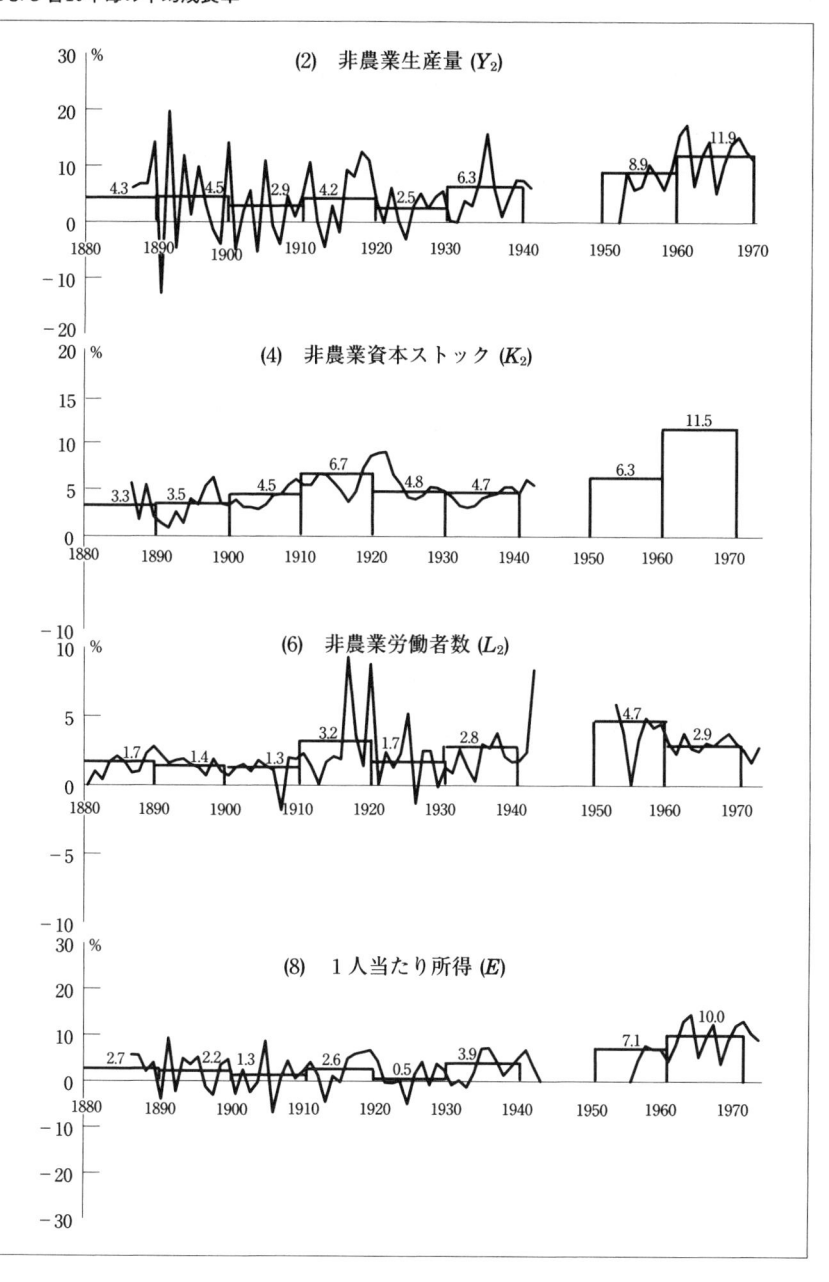

第7章　日本の人口成長と経済発展　137

および各10年毎の平均成長率

(2) 非農業生産量 (Y_2)

(4) 非農業資本ストック (K_2)

(6) 非農業労働者数 (L_2)

(8) 1人当たり所得 (E)

138　第3部　人口の実証的研究

第7-2図　人口，労働，資本ストックの対前年成長率

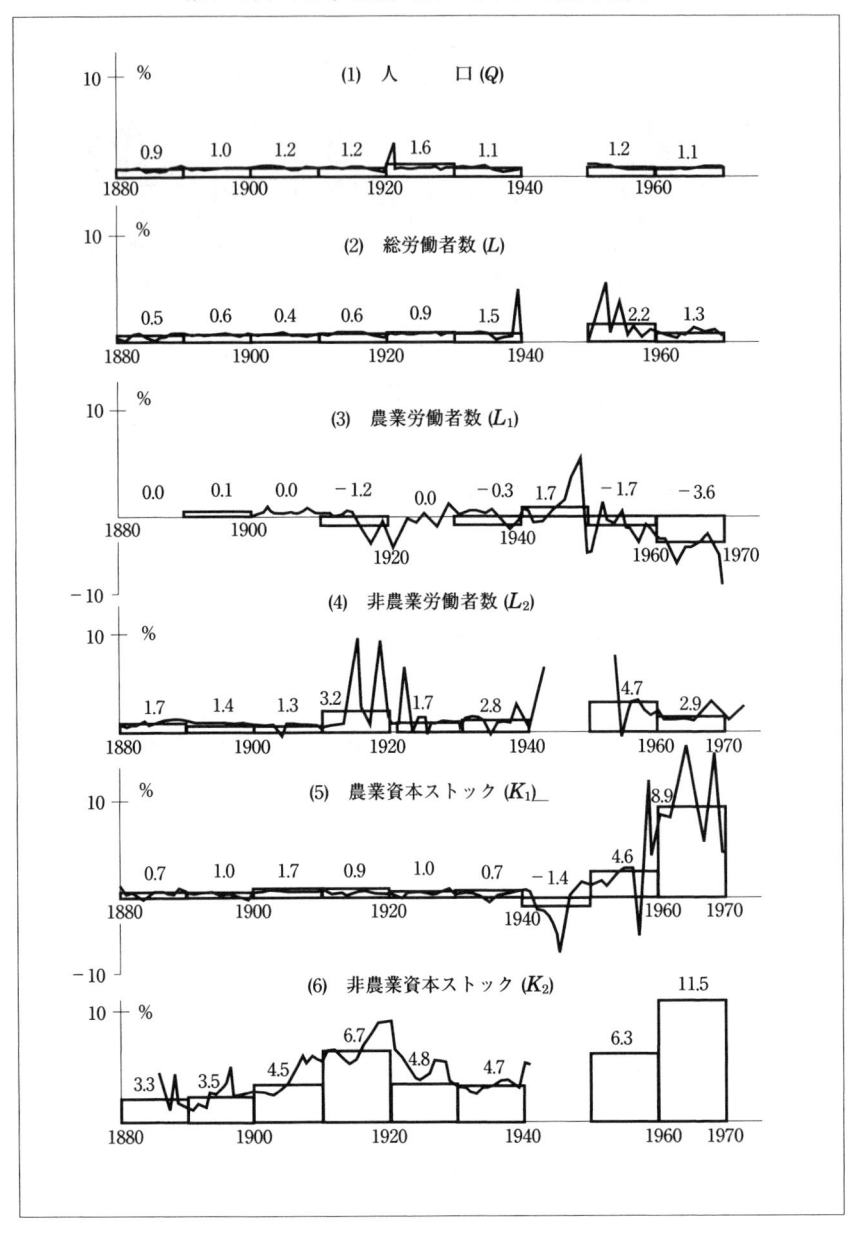

(1) 人　口 (Q)

0.9　1.0　1.2　1.2　1.6　1.1　　1.2　1.1

(2) 総労働者数 (L)

0.5　0.6　0.4　0.6　0.9　1.5　　2.2　1.3

(3) 農業労働者数 (L_1)

0.0　0.1　0.0　−1.2　0.0　−0.3　1.7　−1.7　−3.6

(4) 非農業労働者数 (L_2)

1.7　1.4　1.3　3.2　1.7　2.8　　4.7　2.9

(5) 農業資本ストック (K_1)

0.7　1.0　1.7　0.9　1.0　0.7　−1.4　4.6　8.9

(6) 非農業資本ストック (K_2)

3.3　3.5　4.5　6.7　4.8　4.7　　6.3　11.5

第7章 日本の人口成長と経済発展 139

第7-1表 内生変数および外生変数の各10年毎の平均成長率

(単位:%)

		1880〜1890	1890〜1900	1900〜1910	1910〜1920	1920〜1930	1930〜1940	1940〜1950	1950〜1960	1960〜1970	全期間平均
内生変数	$\dot{Y}_1$	2.4	1.4	2.2	3.1	1.3	0.5	-0.3	4.7	2.3	2.0
	$\dot{Y}_2$	4.3	4.5	2.9	4.2	2.5	6.3	—	8.9	11.9	5.7
	$\dot{K}_1$	0.7	1.0	1.7	0.9	1.0	0.7	-1.4	4.6	8.9	2.0
	$\dot{K}_2$	3.3	3.5	4.5	6.7	4.8	4.7	—	6.3	11.5	5.7
	$\dot{L}_1$	0.0	0.1	0.0	-1.2	0.0	-0.3	1.7	-1.7	-3.6	-0.6
	$\dot{L}_2$	1.7	1.4	1.3	3.2	1.7	2.8	-1.0	4.7	2.9	2.1
	$\dot{P}$	6.3	-1.9	-0.8	0.7	-3.3	7.2	—	-1.5	2.1	0.4
	$\dot{E}$	2.7	2.2	1.3	2.6	0.5	3.9	—	7.1	10.0	3.8
外生変数	$\dot{K}$	2.3	2.6	3.6	5.3	4.2	4.2		6.1	11.3	5.0
	$\dot{L}$	0.5	0.6	0.4	0.6	0.9	1.5	0.2	2.2	1.3	0.9
	$\dot{Q}$	0.9	1.0	1.2	1.2	1.4	1.1	1.6	1.2	1.1	1.2
	$\dot{B}$	0.4	0.6	0.7	0.7	-0.1	0.3	-0.4	0.4	-0.5	0.2
	$\dot{F}$	0.8	2.8	5.3	4.5	3.7	2.1	8.1	10.2	9.2	5.2
	$\dot{T}_1$	2.1	0.9	1.4	2.9	0.8	0.2	(-2.1)	3.7	1.4	1.7
	$\dot{T}_2$	2.3	2.0	0.5	-0.5	-0.2	2.8		3.8	6.5	1.4
	$\dot{a}$	3.2	-2.5	-0.4	0.5	-2.6	1.0		-1.7	-3.6	-0.8
内生外生	$\dot{Y}_1$	3.4	1.7	2.2	3.2	1.1	0.4	-0.5	3.6	2.1	1.9
	$\dot{Y}_2$	3.7	3.9	2.6	4.0	2.4	5.7	—	9.2	11.9	5.4
	$\dot{T}_1$	3.2	1.3	1.8	3.5	1.0	0.1	-1.2	4.1	3.0	1.9
	$\dot{T}_2$	1.7	1.9	0.1	-0.9	-0.5	2.0	—	4.1	6.3	1.8
	$\dot{a}$	4.2	-2.2	-0.4	0.6	-2.8	0.9	—	-4.7	-4.1	-1.1

(備考) 上段の内生,外生変数の $\dot{Y}_1, \dot{Y}_2, \dot{T}_1, \dot{T}_2, \dot{a}$ は産出量(アウトプット)シリーズの値,下段のものは付加価値シリーズの値である。ここでサフィックス1は農業,サフィックス2は非農業を示し,Y_i は各部門の生産量,K_i は各部門の資本ストック,L_i は各部門の労働力,P は相対価格(農産物/非農産物),E は1人当たり所得,Q は人口,B は土地,F は非農業起源農業経常投入財(肥料等),T_i は各部門の技術進歩率,a は需要シフターを示す。またドット(・)は成長率を示す,$\dot{Y}_1=\Delta Y_1/Y_1$ を意味している。山口[1982b][1994]を参照。

は外生変数である)の対前年成長率を示したものである。これをみれば,人口はなだらかな成長率を示していることがわかるであろう。また労働力も同様にあまり大きな変動の無い成長率を示している。しかしこの労働力は農業部門と非農業部門とに分けて観察すれば,かなり大きな変動を示すことは,すでに第7-1図でみたとおりである。これらの10年毎の平均成長率は第7-1,第7-2図の中の数値ないしは第7-1表(内生および外生変数の両方が示されている)において示されている。これより,人口や労働力はおよそ1%の率で成長してい

第7-2表　農業および非農業部門の部分生産性　(単位:％)

	1880〜1990	1890〜1900	1900〜1910	1910〜1920	1920〜1930	1930〜1940	1940〜1950	1950〜1960	1960〜1970	全期間平均
農業労働生産性	2.4	1.3	2.2	4.3	1.3	0.8	(-1.0)	6.4	5.9	3.1
農業資本生産性	1.7	0.4	0.5	2.2	0.3	-0.2	(1.1)	0.1	-6.6	-0.2
土地生産性	2.0	0.8	1.5	2.4	1.4	0.2	(0.1)	4.3	2.8	1.9
非農業労働生産性	2.6	3.1	1.6	1.0	0.8	3.5	—	4.2	9.0	3.2
非農業資本生産性	1.0	1.0	-1.6	-2.5	-2.3	1.6	—	2.6	0.4	0

(出所)　第7-1表より計算。

ることが理解できよう。一方，技術進歩も農業と非農業とに分けて記載されている。上述のように，技術進歩の測定方法には総合生産性と部分生産性の2つの方法が存在する。

　まず部分生産性により計算された数値は第7-2表に示されている。ここでは農業では労働生産性，土地生産性と資本生産性の3通り，非農業では労働生産性と資本生産性とが示されている。これらの値をみれば，農業と非農業いずれも労働生産性は全期間の平均成長率では3.1および3.2％と，資本生産性の－0.2および0％よりは，はるかに大きな値となっている。土地生産性も全期間平均では1.9％となっている。また，農業および非農業技術進歩（それぞれ T_1 および T_2）の計測結果は第7-1表に示されている。この計測値をみると，非農業技術進歩，特に戦後のものは農業技術進歩と比べ，はるかに大きな値を持っていることがわかるであろう。しかし，その値は時期により大きく変動し，1910年代や20年代はマイナスの値をとっているのである。それに対し，農業技術進歩は非農業技術進歩と比べ，あまり目だちはしないが，かなり安定的な数値を持っていることもわかるであろう。

　それではこの農業および非農業技術進歩は経済にどのような影響を持っているのであろうか。第7-3図は日本経済の発展，ここでは1人当たり所得（E）に対し，農業技術進歩（T_1），非農業技術進歩（T_2）と人口（Q）等がいかなる影響を持つかを計測したものである。第7-3図のパネル(8)の ET_1 は，農業技術進歩 T_1 が1％増加すれば1人当たり所得 E は何％増加するかを示す成長率乗数（成長率乗数については付録を参照されたい。より詳細な説明は山口 [1982b] [1994] を参照されたい），ET_2 は非農業技術進歩 T_2 が1％増加すれば1人当た

り所得 E は何%増加するかを示すものである。また EQ は人口 Q が1%増加すれば1人当たり所得 E は何%増加するかを示したものである。例えば第7－3図の1880年における ET_1 の値はおよそ0.5の値を持っている。このことは1880年において、農業技術進歩が1%増加したならば、1人当たり所得は0.5%増加することを示している。しかしこの値は経済の発展とともに漸減したことが同図よりわかるであろう。逆に、非農業技術進歩の1人当たり所得への影響を現す ET_2 は経済発展とともに漸増しているのも容易に理解できよう。以上が農業、非農業両技術進歩の1人当たり所得への影響であった。いずれにしても、技術進歩は経済発展に対しプラスの影響を持っていたのであった。

一方、人口の経済発展への影響 EQ をみると、常にマイナスの影響を持っていることがわかるであろう。しかもそのマイナスの大きさ（絶対値）はわずかではあるが、傾向的には小さくなってきたこともわかるのである。ここで重要な点は ET_1 と ET_2 との値を加えたものは EQ の絶対値の大きさと等しくなっているという点である。すなわち $ET_1+ET_2=-EQ$ となっていることである。それゆえ、農業技術進歩 T_1 の成長率と非農業技術進歩 T_2 の成長率とを加えた値が、人口 Q の成長率に等しければ、経済は発展も停滞もしない状態となるのである。さらに農業技術進歩 T_1 の成長率と非農業技術進歩 T_2 の成長率とを加えた値が、人口 Q の成長率より大であれば経済は発展し、逆の場合は経済が停滞することになる（第3章第3節も参照）。

そこで、日本で実際に生じた技術進歩や人口をみることにしよう。第7－1表によれば、人口は1880年から1970年までの90年間の平均成長率や、各10年毎の平均成長率のいずれにおいても、約1%程度の成長率を持っている。一方技術進歩は農業と非農業のものを加えると、90年間の平均成長率では3.9%と人口のおよそ3倍の大きさを持っていたことがわかるだろう。それゆえ、日本では技術進歩率の大きさが、人口成長率の大きさよりはるかに大きく、それゆえ経済は大きく発展してきたということが理解できるのである。

第7－4図はこの点を示したものである。この図のパネル(s)の1人当たり所得における棒グラフの高さは、1880年から1970年までの各10年間における1人当たり所得の実質成長率を示したものである。例えば、1880年代における棒グラフの高さは2.7の大きさを示している。これは1880年から1890年までの10年

142 第3部 人口の実証的研究

第7-3図 人口，労働力や技術進歩等

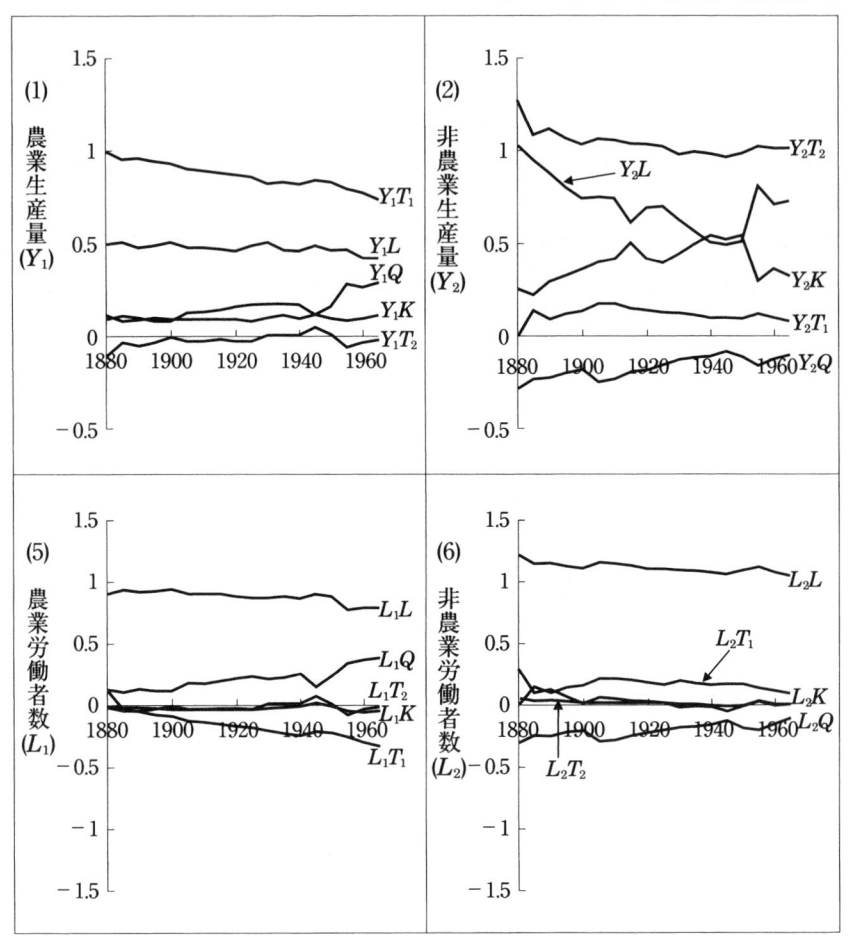

(1) 農業生産量 (Y_1)

(2) 非農業生産量 (Y_2)

(5) 農業労働者数 (L_1)

(6) 非農業労働者数 (L_2)

間に1人当たり所得は実質で平均2.7%の率で成長してきたことを示している。同図より，日本経済は戦後の高度経済成長期に，実質で10%に達する成長率で成長してきたことがわかるであろう。またこの図の中の折れ線グラフは，1人当たり所得の成長に対し，それぞれの要因（例えば人口や両部門の技術進歩等の外生変数）がどの程度の貢献をしたかを示したものである（外生変数の内生変数への貢献度の理論的説明や測定法については，付録の説明や山口［1982b］［1994］を参照

の8内生変数への影響の大きさ（成長率乗数）

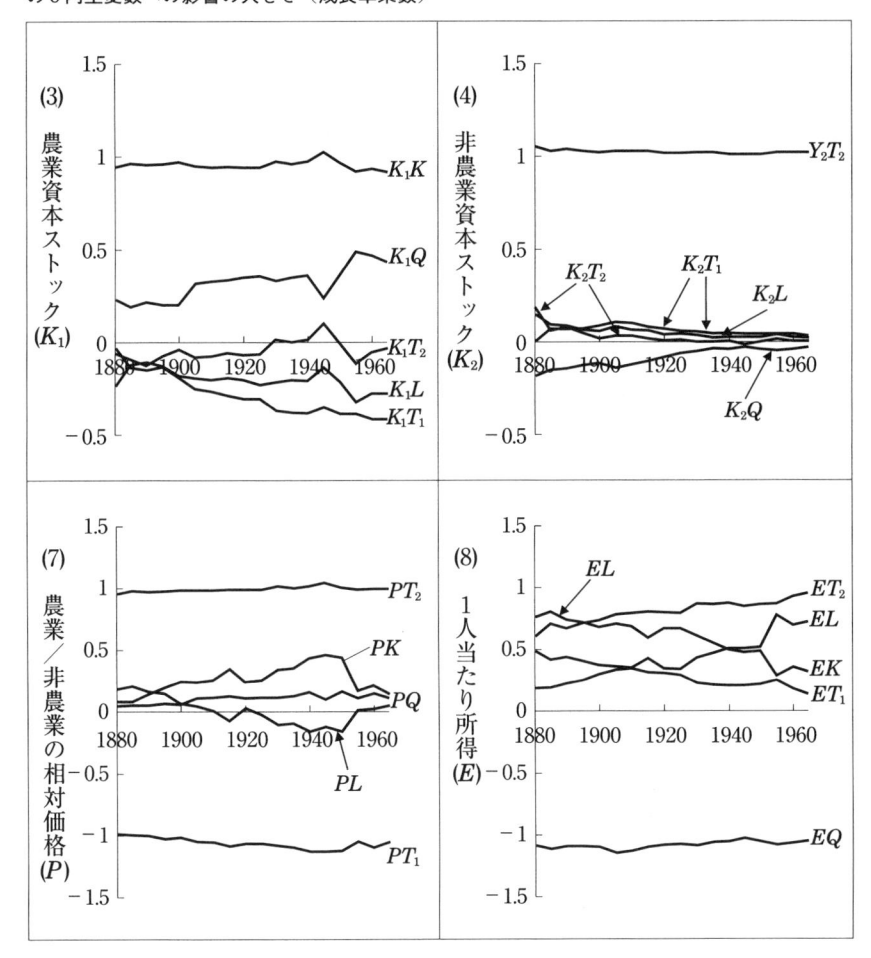

(3) 農業資本ストック (K_1)

(4) 非農業資本ストック (K_2)

(7) 農業／非農業の相対価格 (P)

(8) 1人当たり所得 (E)

されたい）。

例えば1880年代における，人口の貢献の大きさは－1.0となっている。これは1880年代の人口の1人当たり所得への影響の大きさを示す第7-3図の EQ（1885年の大きさは－1.12）に，1880年代の人口成長率（第7-1表でみると0.9％）を乗じて得られたものである。両部門の技術進歩の貢献度も同様にして得られている。この図からも，両部門の技術進歩の貢献が人口のマイナスの貢献より

第7-4図 人口，労働力や技術進歩等

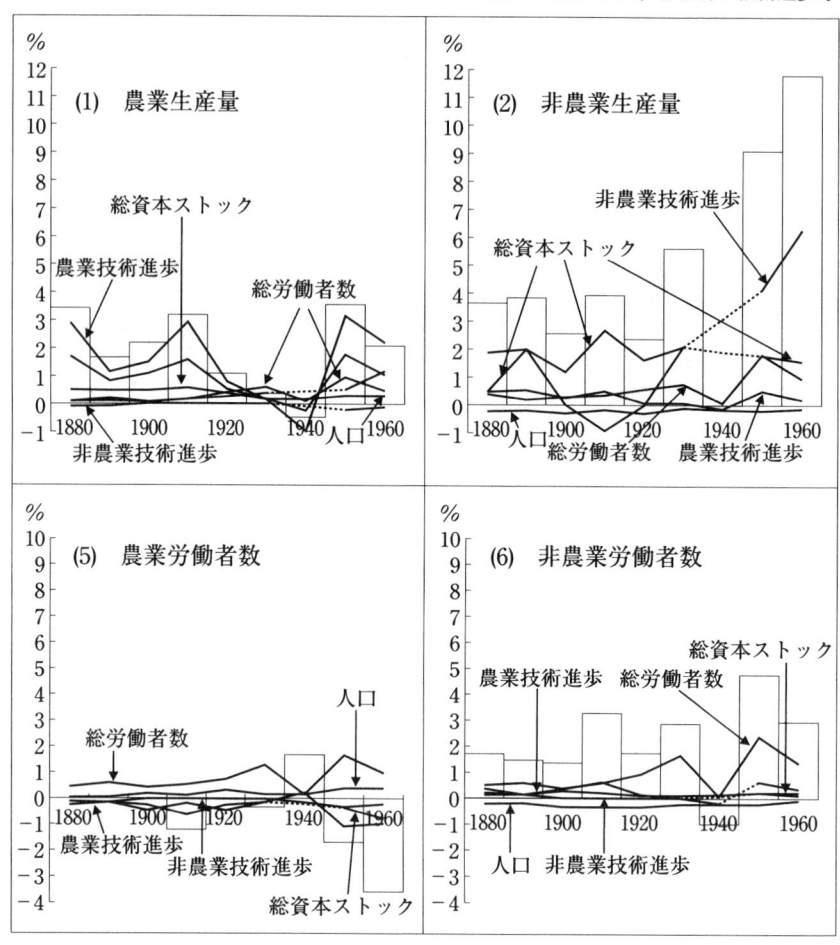

(1) 農業生産量

(2) 非農業生産量

(5) 農業労働者数

(6) 非農業労働者数

も大であったがために，経済が発展してきたことが理解できるであろう。すなわち，日本経済の発展は，技術進歩が人口に綱引競争で勝ったから生じたことが理解できるのである。

これらの分析から，人口に関し，次の6点のファクト・ファインディングスが得られるであろう。すなわち，第1は人口の経済発展への影響，第2は労働の経済発展への影響，第3は生産量と生産要素への人口の純効果（人口と労働

の8内生変数への貢献度

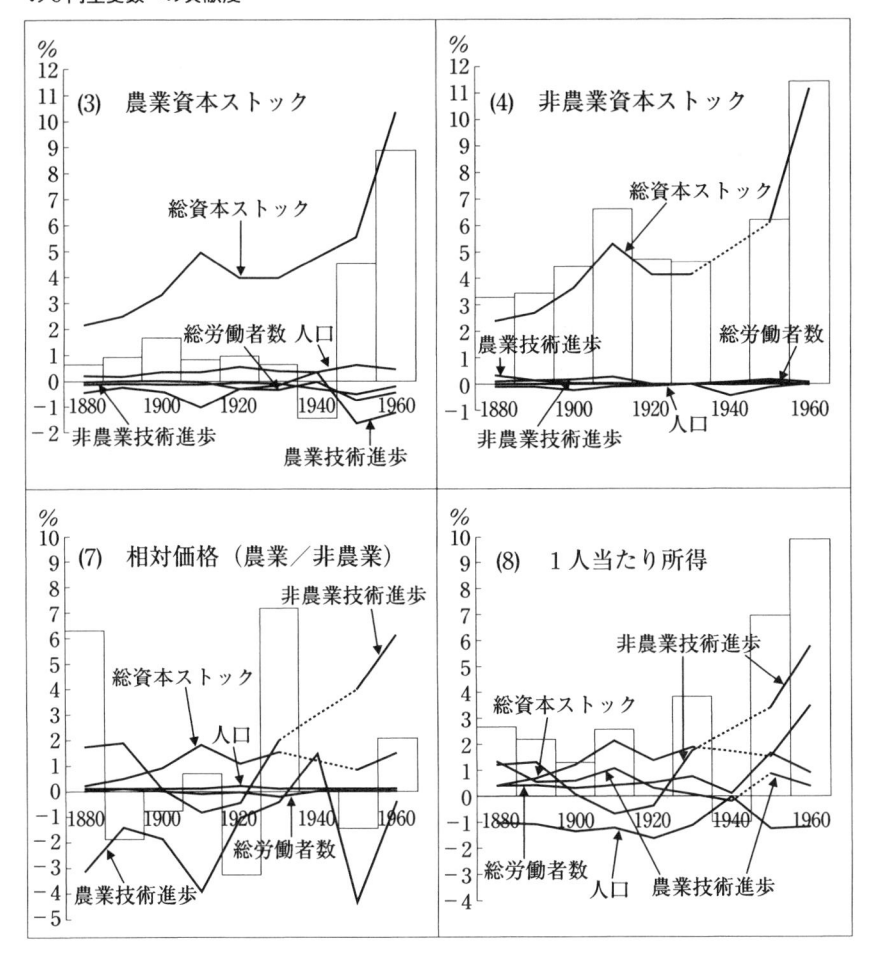

(3) 農業資本ストック

(4) 非農業資本ストック

(7) 相対価格（農業／非農業）

(8) 1人当たり所得

が同量増加した場合の差引効果で，人口の直接効果とも呼ぶ）の大きさと意味，第4は1人当たり所得への人口の純効果の大きさと意味，第5は人口の総効果（＝人口の直接効果＋人口の間接効果．すなわち，人口の純効果〔人口の直接効果〕に，人口と労働の技術進歩への効果〔人口の積極的効果，または人口の間接効果〕を加えた総計）の大きさと意味，第6は人口と技術進歩の経済発展への綱引競争の計測結果の6点である．それぞれの1～6の要点は，次のカッコ付きの番号で対応し

て，述べられている。

(1) 人口が増加すれば，農業部門は相対的に大きくなり，非農業部門は逆に相対的に減少するという結果が得られている。すなわち，人口が増大すれば，1人当たり所得は減少し，農産物が相対的により強く需要されるため（贅沢品よりも，食糧等の必需品がまず最初に需要されるため），労働等の生産要素（インプット）が非農業部門から農業部門へと移動することになる。そして，農業生産量を増大させ，非農業生産量を減少させることになる。第7-3図をみると，人口成長は非農業労働を減少させ，農業労働を増加（逆に両部門の技術進歩は農業労働を減少させ，非農業労働を増加）させていることが理解できるであろう。同様に，人口成長は非農業資本ストックを減少させ，農業資本ストックを増加（逆に両部門の技術進歩は農業資本を減少させ，非農業資本を増加）させることが理解できる。その結果，アウトプットである非農業生産量は減少し，農業生産量が増加していることも理解できるのである。

(2) 第2に，労働力が増加すれば，農業部門の資本ストックを除き（資本ストックはリプチンスキーの定理により減少する。この説明は山口［1982b］のpp. 135-36を参照されたい），農業・非農業両部門のインプットとアウトプットのすべてを増加させる作用を持っている。すなわち，労働力が増加すると，農業および非農業労働が増加し，しかも非農業資本ストックも増加し，その結果，両部門の生産量（アウトプット）が増加し，1人当たり所得も増加する。

(3) 第3に，人口と労働が，同時に，同じ量だけ増加（人口の純効果ないしは人口の直接効果とも呼ぶ）すれば，1人当たり所得と非農業資本ストックのみが減少し，両部門のアウトプットや非農業資本ストック以外のインプット（両部門の労働力と農業資本ストック）や相対価格（農産物価格／非農産物価格）も増加する（農業に有利になる）ことになる。

(4) 第4に，人口増加は1人当たり所得を減少させ（人口の消極的効果と呼んでいる），一方では労働力の増加は1人当たり所得を増加させることになる。しかし，人口増加のマイナス効果のほうが，労働力増加のプラス効果よりは大きく，結果として1人当たり所得は減少し，マルサスの法則が当てはまる結果となっている。それゆえ，人口が増加すると，労働のプラスの効果を考慮しても，1人当たり所得が減少することになる。しかも，この人口増加のマイナス

第7章 日本の人口成長と経済発展 147

効果は，経済発展の初期になればなるほど悪い影響を持つ（マイナス効果が大きい）という結果が得られている。一方，労働力増加のプラス効果は，そのような傾向がなく，ほぼ一定の大きさである。それゆえ，この人口増加のマイナス効果と労働力増加のプラス効果を加えた，人口の純効果（これはマイナス）の絶対値も，経済発展の初期になればなるほど大きい（経済発展の初期には悪い結果を持っている）という結果が得られている。

(5) 第5に，上述のように，人口の効果（人口の消極的効果）や人口の純効果はマイナスで，経済発展の初期になればなるほど悪い結果を持っていた。逆に，両部門の技術進歩は1人当たり所得にプラスの効果を持っている。ところが，日本の労働力のように，教育水準の高い人口や労働は技術進歩を生み出すことは理解できるであろう。第3-3表（第3章）は筆者の日本経済発展モデルを用い，この点を計測したものであり，人口と労働が1％増加すれば，技術進歩（人口の間接効果）は何％増加するかを示したものである。計測結果はプラスの大きさを持つことが判明した。それゆえ人口の純効果がマイナスであったとしても，人口や労働が技術進歩を通じプラスに働き（人口の積極的効果と呼んでいる），人口の純効果のマイナスの大きさを凌駕すれば，人口と労働は1人当たり所得にプラスの影響を持つことになる。

この点を考慮した筆者の計量分析は第10-6表（第10章）が示すように，明治初期から高度経済発展期までのほぼ100年全体の期間では，プラスの影響を持っていたのであった。しかし，たとえ，人口の純効果（マイナス）に，人口と労働のプラスの効果を加えたとしても，経済発展の初期にはやはりマイナスの大きさを持っていた。すなわち，経済発展の初期には，たとえ，人口の積極的効果（人口や労働の技術進歩へのプラスの影響）を含めても，人口増加は悪い結果を持つのである。逆に，経済が成熟し，経済発展の後期になるにつれ，人口増加は1人当たり所得にプラスの影響を持つようになっている。日本の場合は1930年代が，マイナスからプラスに変わる転換期であった。

(6) 第6に，人口と技術進歩は通常，経済発展に対し対照的な関係となっている。すなわち，人口は経済発展に対しマイナスの影響を与えるのに対し，技術進歩はプラスの影響力を持っている（第3章第3節を参照）。それゆえ，両者は綱引競争になっており，技術進歩の力が人口の力を上回る場合には，経済は

発展し,逆の場合は経済発展は停滞ないしは逆進することになる。日本の経済発展の場合は時期により様々ではあるが,大部分の期間において,技術進歩の力が人口を陵駕し,経済を大きく発展させてきたのであった(この点は既述の第3章を参照されたい。また以上の6点のより詳細な説明は山口[1982b][1994]も参照されたい)。

第(1)の人口と技術進歩のインプット(労働と資本)移動に関しては,従来から次の様な論争があり,筆者のモデルの実証結果とは次の様な関係になっている。

1 農工間の生産要素移動論争

● 労 働　農家労働力の移動が景気感応的か否かについては,著名な論争があった。論争は並木正吉[1956]が農家労働力の移動に関しては,景気変動とは無関係に自然増加に見合うほぼ一定の労働力を排出していたと発表したことからスタートした。[1] 並木構想は,高木データの1920～25年,1925～30年と1930～35年の各5年間の平均移動人口が,ほぼ一定であることに基づいたものであった。並木の考えの背景には,畑井義隆[1963]が指摘したように農家の二,三男は排出する運命にあったが,日本経済の雇用の場が柔軟であり,どのような場合も彼らを受け入れる場を持っていたということであった。畑井はこの点に疑問を抱き,新規学卒者および,二,三男を抱える農村人口が大恐荒期に何らの影響を受けなかったということはありえず,直接の帰村者は小数であったとしても,流出を押えたということを否定することはできないであろうと指摘した。

新推計を用いた南(進)=小野[1962]は各年ごとの農家人口移動数を観察(並木は5カ年毎の農家人口の流出をとっていた)し,経済成長率と農家人口の純移動数には高度の相関関係を持つことを発表した。並木は上述の5カ年毎の流出の問題点を認め,各年の流出をとることに同意したが,次のような再批判を行った。南(進)=小野は農家人口を計算するに際し,農家戸数に1戸当たりの世帯員数を乗じているが,この世帯員数を一定としていた点が問題である。なぜならば農家戸数は分家により増加するゆえ,たとえ農家戸数は増加しても農家人口は増加するとはいえないからであると主張した。この農家人口が増加し

ないという点は南（進）＝小野や畑井の指摘を待つまでもなく誤りである。しかし，南（進）＝小野の世帯員数一定の仮定が再論争のきっかけとなり，畑井は世帯員数一定の仮定を改良することを求めたのであった。またデータ（農業統計）に関する批判もあったが，この点に関しては再計算の結果も南（進）＝小野説をくつがえすにはいたってはいなかった。

寺西重郎 [1972] はこの並木対南（進）＝小野論争について，次のような3点の要約とコメントをつけている。① 農家人口および農林業就業者の純流出率は一貫して正の値であり，不況になっても負になることはなかった。② 農家人口と農林業就業者の純流出率は景気感応的であり，経済成長率と正の相関を持つ。③ 農家人口に対する非農業部門からの需要は主として非農業部門の経済活動の水準に依存し，農家人口の非農業への供給は主として両部門の相対賃金に依存する。またさらに残る問題点とコメントは次のようである。まず第1は，純流出率の変動がどの程度の流出率と流入率の個別的変動によるのかという点が未解決であるという点である。第2に，第3次産業（小資本・小規模の第3次産業，とりわけ卸・小売商）がきわめて雇用吸収的であり，不況期には雇用のクッションの役割を果たしたという2点であった。

また注意を要する点としては，① 非農業労働力増加に対する農業からの労働力の貢献は，トレンドとして低下しており，非農業部門での自己充足分が増加していること，② この景気感応的農業労働力純流出説は，主として大正時代以降の非農業における雇用労働力に関係し，明治期には雇用労働力は少なく，産業間の移動は業主もしくは家族従業者の移動が圧倒的であったこと，③ 明治期にはいまだ全国的労働市場が形成されておらず，労働の地域間非移動性のため，工業労働力の募集困難が生じていた点等をあげている。このように農工間の労働移動に対しても上述のような論争があった。

● **資 本**　つづいて労働から資本に目を移すことにする。農業部門の資本の流出，流入に関しても，ジョンストン（B. F. Johnston）[1951]，オオカワ＝ロソフスキー（K. Ohkawa and H. Rosovsky）[1960]，レイナス（G. Ranis）[1959]，ルタン（V. W. Ruttan）[1966]，石川滋 [1966]，リー（T. H. Lee）[1968] や加藤譲 [1963] [1970]，藤野正三郎 [1965] および寺西 [1972] 等の論争があった。[2]

ジョンストン，オオカワ＝ロソフスキーやレイナス等は政府と地主の2ルートを通して農業余剰を原資とする工業化説（資本の非農業部門への流出）を推測的に行っていた。第1の政府ルートは，地租を中心とする高租税負担率，低補助金による余剰である。第2の地主ルートは戦前の地主の多くが商，工業を兼営しており，彼らの貯蓄が銀行等を通じて非農業部門に流出したとする説である。逆に，人口が急激に増大し，限られた土地に対し多量の食料が求められるケースでは土地改良や灌漑の要求が急増する可能性があり，農業部門は資本を非農業部門から純流入する可能性もあるだろう。ルタンや石川はこの点を考慮し，存在を認めないリーと意見が分かれていたのであった。

　この面での日本の研究は2方向があると寺西［1972］はいう。第1は上述論文の加藤［1963］［1970］，藤野［1965］等による金融機関の分析であり，第2は石川［1966］による直接的な貯蓄・投資勘定による分析である。まず第1の加藤の研究は長期金融機関の分析をなし，産業組合における預貸率の低下と農業金融機関の農業融資，非農業融資比の低下とにより農業余剰説をサポートしている。一方藤野も1886年の国立銀行のバランス・シートによる研究をなしている。それによれば，農業の貸付ウェイトはほとんどの府県で預金ウェイトを上まわり，他部門から農業部門への資金の流入があったことを示している。しかし寺西［1972］は両者の研究はともに断片的なものであるとの批判をなしている（p.140）。第2の石川方法は金融資産増より負債純増を差し引いたものが資源の純流出を示すという農業の貯蓄，投資勘定を直接的に推計することによっている。そして得られた結論は，戦前（1883～97年，1908～27年）の農業は金融資産増が負債純増を上まわり，農業からの資源の純流出があったのに対し，戦後の農業は資源の純流入があったこと，またインド，中国，台湾は資源の純流入があり，特に台湾は1962年より流出から純流入に転じたと述べているが，最終的な一判断に関しては慎重な態度をとっている。[3] しかしながら明治時代はすでに農業開発の後期段階であり，限界資本係数が小であり，必要投資の少ないことが資源純流出を推進したと述べている。[4] 一方リー［1968］は，台湾では政府財政の余剰や技術進歩が生じる前は大規模な灌漑や土地改良がとりあげられておらず，したがって農業部門への資本の純流入の必要性はなく，結果として農業資本の純流出があったと主張する。

ところで，寺西は最近の論文でこの資本の部門間移動を重視し，1889〜1964年（第2次大戦を除いた）の期間の金融，財政および民間所得移転の3面から資金移動を検討している。そして彼が発見した主要なファクト・ファインディングスは次の5点である。

「(i) 農家貯蓄（農家可処分所得－農家消費）の純流出入で定義される資金移動は，相対的な意味で，一般に予想されているよりははるかに小さい。戦前期の農家部門では，貯蓄は投資を平均的に若干上まわっていたが，両者の差は小さく，金融はその差を限界的に調整する役割を果たしたにすぎなかった。(ii) 戦前期において，民間非農業部門すなわち商工業は一般的には貯蓄超過部門であって，この超過部分と海外からの資金が，主として貯蓄不足部門であった政府部門に供給されたと考えられる。(iii) 農家貯蓄の純流出入の動きは景気循環（特にいわゆる設備循環）に極めてよく対応しており，好況期に純流出（あるいはより大きな流出），不況期に純流入（あるいはより小さい流出）という変動を示す。このことは農業投資の相対的不安定性と，農家可処分所得，したがって貯蓄の安定性ということから説明することができる。(iv) 農家余剰（農家所得－農家消費）の純流出入で定義される資金移動は，一般に正であって，特に第1次大戦前は著しく大きいが，その後，大きさは相対的に低下している。農業からの租税は，主として，政府部門内の支出をまかなったと考えられるが，租税負担における農・非農負担の不均等を，非農への一種の補助金とみなすならば，農家余剰が租税の形で，非農民間部門（商工業）に移動させられたと考えることができる。なお，この余剰の移動において，初期には財政の果たした役割が圧倒的であったが，次第に金融が主役をとってかわるようになった。(v) わが国農村への近代的金融組織の浸透は，ほぼ都市と同時的に進行しており，戦前期農業はかなりよく発達した金融市場の下にあった。しかも農工間資金移動に関するかぎり，金融市場に目立った不完全性はみられない。それゆえ，金融の農家貯蓄純流出入に果たした役割は中立的であったと考えられる。特に戦前期における小農民の金融手段のアヴェイラビリティはかなり高く，主として地主にのみ注目してきた従来の分析視角は，必ずしも適切でないと考えられる」

の5点である。以上のように，労働，資本の移動に対しても多くの論争がある

のである。それゆえ,つづいて本書の計測に従って,人口と技術進歩が農工間の労働や資本の移動にどのような影響や貢献を持っていたかをみることにしよう。

2　経済成長と生産要素移動

そこで生産要素の移動と人口と技術進歩の関係について,ここで筆者の計測結果を述べることにしよう。付表5をみると,人口と技術進歩の生産要素に対する影響(成長率乗数)は,$|L_1T_1+L_1T_2|=|L_1Q|$,$|L_2T_1+L_2T_2|=|L_2Q|$,$|K_1T_1+K_1T_2|=|K_1Q|$,$|K_2T_2+K_2T_2|=|K_2Q|$ という関係があることがわかる。また人口は生産要素を農業部門に移動させ,逆に技術進歩は生産要素を非農業部門に移動させていたこともみた。そこで各期間の生産要素移動に対し,人口と各部門の技術進歩のどちらが大きな力(貢献)を持っていたかについてみることにしよう。これは上述の労働力流出に関する並木対南(進)=小野論争,資本流出に関する石川,ルタン対リー,その後の寺西の展開により明らかになった労働と資本の景気感応説を理論的実証的に説明するものである。すなわちここでは,人口成長に比較して技術進歩率が高く,経済成長が著しい時には生産要素は農業部門から流出し,逆に技術進歩率が低く,人口増加が著しい場合には生産要素が流入されるモデルとなっていた。

そこで明治以降の10年毎の各期間では人口と技術進歩のどちらが生産要素の流出入に強い力を持っていたかをみることにしよう。第7-4図および付表8は人口と各部門の技術進歩等の各外生変数が生産要素の成長(増減)にどのような力(貢献度)を持っていたかを示したものである[6]。それゆえ,これらの図表に従い,まず最初に資本についてみることにする。第7-4図と付表8より $|CK_1T_1+CK_1T_2|\leqq|CK_1Q|$ である期間は1900年,20年,30年代の3期間であり,$|CK_2T_1+CK_2T_2|\leqq|CK_2Q|$ である期間は1900年,20年,30年代であった。それゆえ,少なくとも1900年や1920年および30年代という経済の停滞期には技術進歩に比較して相対的に強い人口要因が農業部門からの資本の流出に歯止めをかけていたということを示している[7]。逆に $|CK_1T_1+CK_1T_2|\geqq|CK_1Q|$ である期間は1880年,90年,1910年,50年および60年代であり,特に大きな差異を持つ期間は1880年,90年,1950年および60年代と経済発展の初期や最近の経済

好況期間であった。また $|CK_2T_1+CK_2T_2|>|CK_2Q|$ の期間（1880年，90年，1910年，50年および60年代）のうち特に両辺に大きな差異がある期間は1880年，90年および1910年代の経済発展初期の期間であった。これらの点は寺西の最近の5つのファクト・ファインディンクスの第(iii)，第(iv)の結論と相通ずるものである。

つづいて労働に関しては $|CL_1T_1+CL_1T_2|\leqq|CL_1Q|$ である期間は1900年，20年，30年代であり，$|CL_2T_1+CL_2T_2|\leqq|CL_2Q|$ である期間は1920年，30年代である。それゆえ，少なくとも1920年代と30年代の経済停滞期には技術進歩に比較して相対的に強い人口要因により農業部門の労働力流出にも歯止めがあったことがわかるであろう。逆に $|CL_1T_1+CL_1T_2|>|CL_1Q|$ である期間は1880年，90年，1910年，50年，60年代となり，特に大きな差異を持つ時期は1880年，90年，1950年，60年代の経済発展の初期や最近の経済好況期である。また $|CL_2T_1+CL_2T_2|>|CL_2Q|$ の期間は1880年，90年，1900年，10年，50年，60年代であり，特に大きな差異を持つ期間は1880年，1910年，50年代である。これらも並木対南（進）＝小野論争の寺西により要約された上述（p. 149）の結論②と③に一致しているのである。

ところで，第7-4図のパネル(3)の農業資本ストックをみると，戦前は総資本ストックの貢献度が農業資本ストックの成長率をはるかに上まわっているが，戦後ではその差が大きく縮まっていることが理解できる。また第7-4図のパネル(4)の非農業資本ストックの成長率をみても，経済発展の初期になればなるほど総資本ストックの貢献度（折れ線グラフで示された値）と非農業資本の実際の成長率（棒グラフの高さ）との間には乖離があることがわかる。この差は両部門の技術進歩や人口の貢献によるものであった。それゆえ，農業部門の資本ストックの成長率は，経済発展の初期になればなるほど両部門の技術進歩や総労働者数や人口要因により大きく影響されていたことを意味している。

つづいて労働力に目を移すことにしよう。まず非農業労働者数に対する総労働者数の貢献度をみると，棒グラフの高さで示された非農業労働者数の成長率に比較して，折れ線グラフで示された貢献度ははるかに小さなものとなっている。これは非農業労働者数が両部門の技術進歩，総資本ストックや人口によりかなり大きく影響されていることを示すものである。この点は農業労働者数へ

の貢献度をみるとより明らかとなるであろう。すなわち両部門の技術進歩，総資本ストックや人口は農業労働者数により大きな影響を与えていることが理解できるでのである。しかし資本の場合と異なる点は，現在においても総労働者数の貢献度と実際の非農業労働者数の成長率の間にはかなりの差異があるという点である。これは現在においても，非農業労働者数は技術進歩や総資本ストックによる農業部門からの流出労働力にかなり依存（以前と比較すると大幅に減少したが）しているということを示すものであろう。逆にいうと資本に関しては両部門の技術進歩や総資本ストックによる農業部門からの農業資本ストック流出はもはやほとんど存在しないということであろう。このように労働市場は資本市場とはかなり異なっていることがわかるのである。

第2節　技術進歩のプッシュ・プル効果

上述のように，農業技術進歩が生じると，農業労働力 L_1 や農業資本ストック K_1 等のインプットは農業部門から非農業部門へと移動することになる。これは農業技術進歩のプッシュ効果と呼ばれていた。この点は，第7-3図の $L_1T_1<0$, $L_2T_1>0$ や，$K_1T_1<0$, $K_2T_1>0$ から，農業インプットが農業部門から非農業部門にプッシュされることが，理解できるであろう。ところが，非農業技術進歩は農業技術進歩とは異なり，技術進歩が生ずると，非農業インプットをプッシュしないのである。それどころか，農業部門のインプットをプルし（引っぱり込み），農業から非農業部門へと移動させるように働いている。これは，第7-3図の $L_1T_2<0$, $L_2T_2>0$ や，$K_1T_2<0$, $K_2T_2>0$ から，農業インプットが農業部門から非農業部門にプルされることも，理解できるであろう。このように，技術進歩は両部門で非対称性を持つのである（これは技術進歩の非対称性と名づけられている）。その結果として，アウトプットの農業生産量 Y_1 と非農業生産量 Y_2 は共に増加することになる。この点は第7-3図の，$Y_1T_2>0$, $Y_2T_1>0$, $Y_1T_2>0$, $Y_2T_2>0$ に表れている。

それでは最初に，技術進歩のプッシュ，プル効果を簡単に図示することにしよう。第7-5図の上図が示すように，農業技術進歩が生じると生産可能性曲

第7章 日本の人口成長と経済発展　155

第7-5図　技術進歩のプッシュ・プル効果

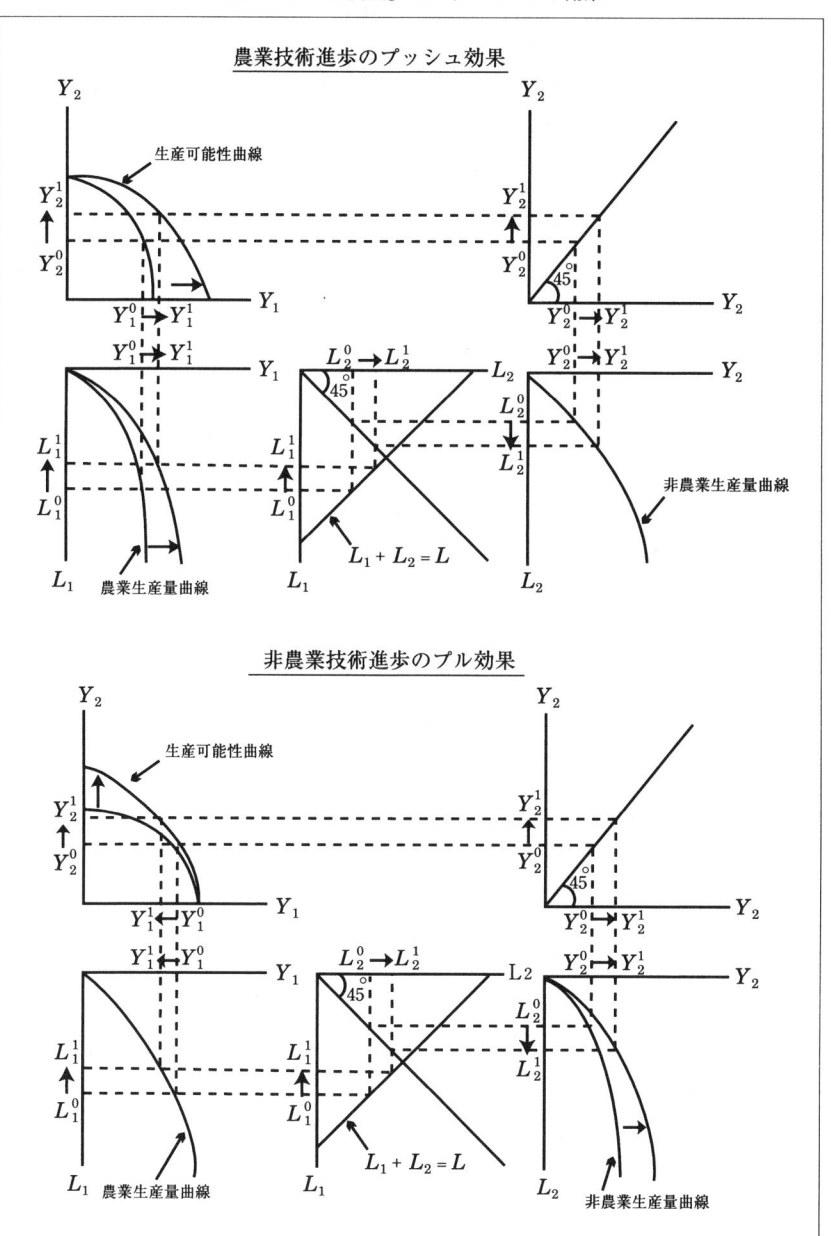

156 第3部 人口の実証的研究

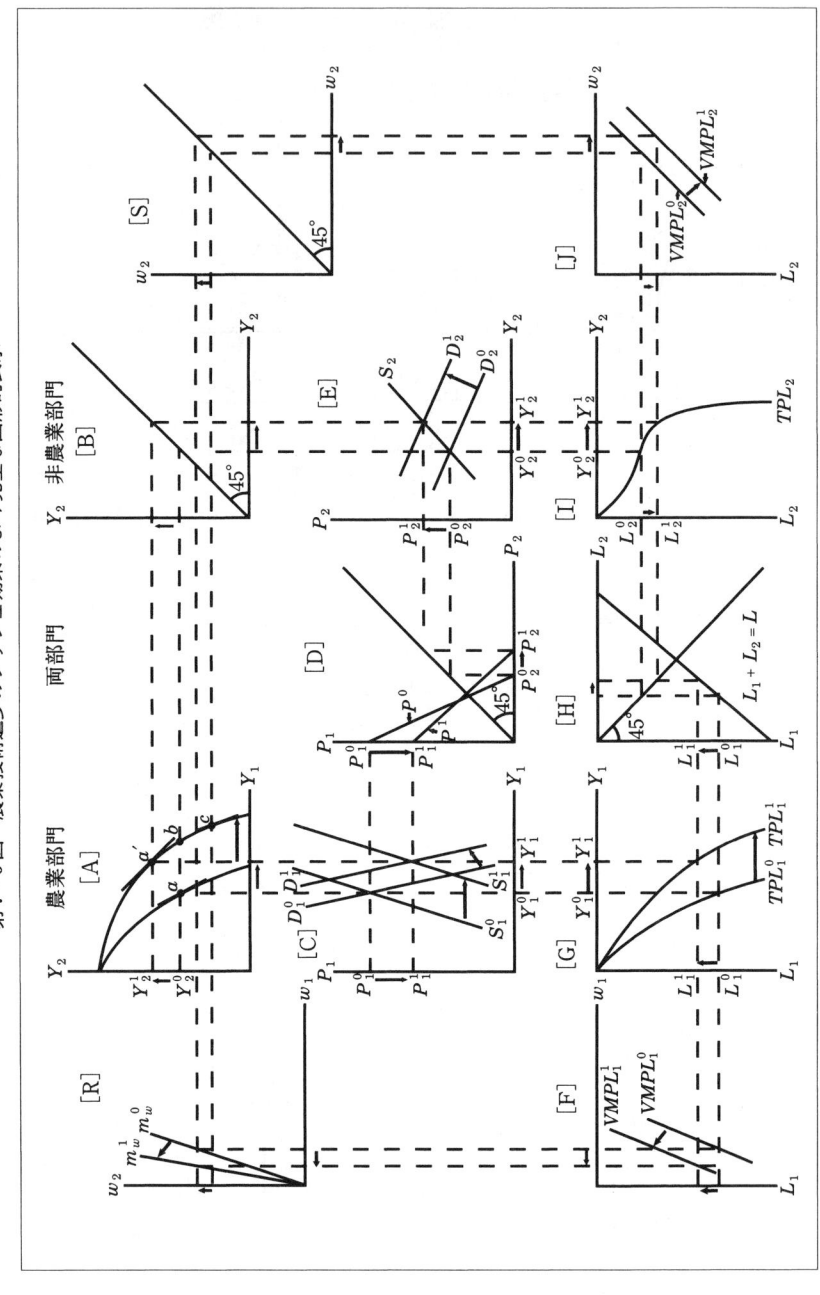

第7-6図 農業技術進歩のブッシュ効果のより完全な図形的表示

第7章 日本の人口成長と経済発展　157

第7-7図　非農業技術進歩のプル効果のより完全な図形的表示

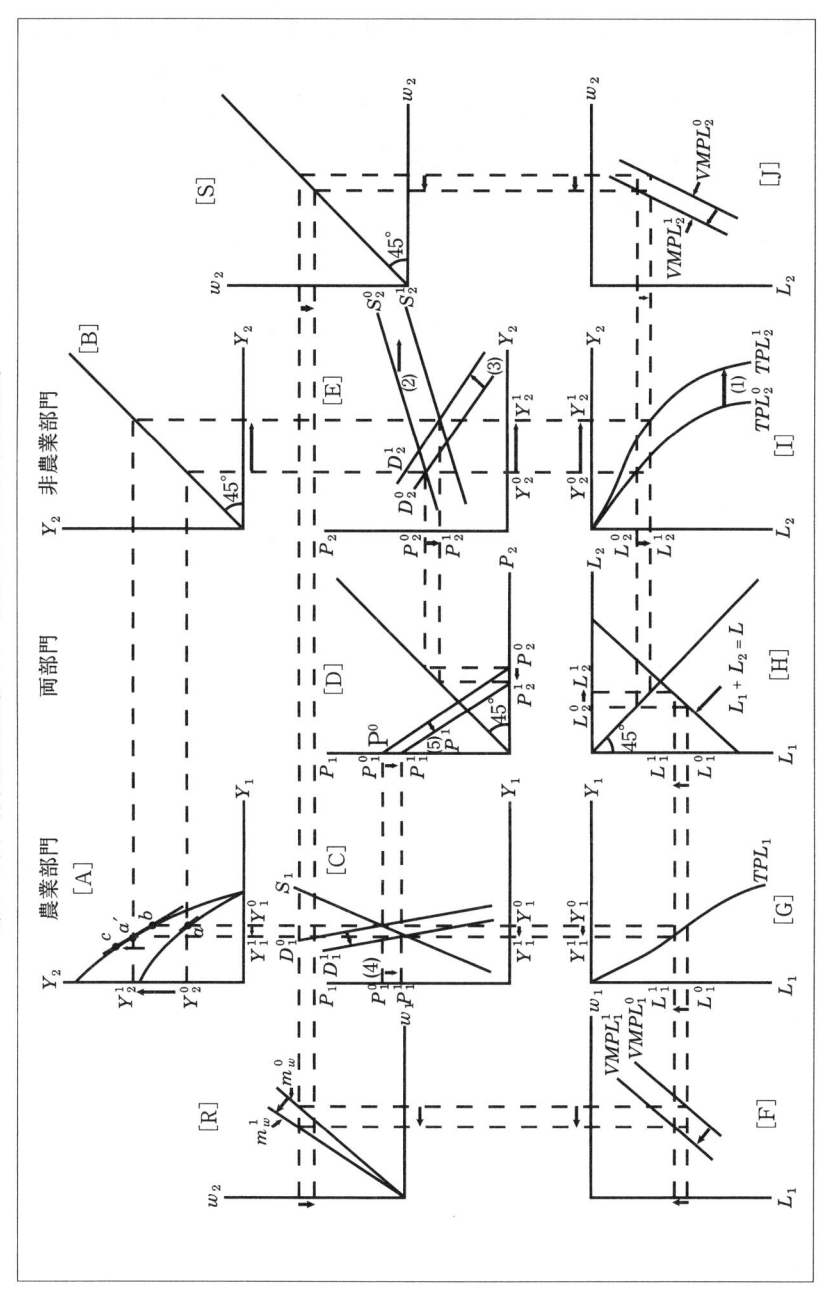

線は図のようにシフトする。また農業生産量曲線も上にシフトする。それとともに、農業労働量はL_1^0からL_1^1へと減少し（プッシュされ），非農業労働量はL_2^0からL_2^1へと増加する。これが農業技術のプッシュ効果の最も単純な表示である。一方非農業技術進歩のプル効果は第7-5図の下図が示すように，非農業技術進歩が生じると生産可能曲線は図のようにシフトする。また非農業生産量曲線も上にシフトする。その結果非農業労働量はプッシュ効果と同様に増加（$L_2^0 \to L_2^1$）し（農業技術進歩の場合と対称的であれば減少するはず），農業労働量を減少（プル）させることになる（$L_1^0 \to L_1^1$）。これが非農業技術進歩のプル効果の最も単純な表示である。いずれにしても両部門の技術進歩の非対称性の概要が図示されたことになる。

● **プッシュ，プル効果のより完全な図形的表示**　それでは，次に両部門の技術進歩のプッシュ，プル効果のより完全な図形的説明を行うことにしよう。すなわち山口［1982b］で不足していた点，特に要素市場や生産可能性曲線の考察も明示的に行い，より完全な図形的説明を行うことにする。第7-6図は農業技術進歩率T_1のプッシュ効果の全貌を示したものである。A図（パネルAをA図と記す。以下同じ）は生産可能性曲線を示している。T_1はG図のように農業労働の生産性を上昇させ，A図の生産可能性曲線は図のようにシフトする。一方，T_1の農業部門および非農業部門の需要および供給曲線への影響はC図およびE図で示されている。T_1は農産物の供給曲線をS_1^0からS_1^1へと右にシフトさせる。さらに，T_1は農産物価格を低下させ，1人当たり所得を上昇させる。それゆえ，農産物需要曲線を右へシフトさせるが，その効果は農産物の低所得および低価格弾力性によりそれほど大きいものではない。そこで，農産物生産はY_1^0からY_1^1へと増加し，農産物価格はP_1^0からP_1^1へと低下する。

　一方，T_1は非農産物需要に対しては正の所得効果と負の価格効果を持っている。しかし，非農産物の所得弾力性が高く，所得効果が価格効果を凌駕し，その純効果は通常の場合正の大きさを持っている（$Y_2T_1>0$）。そこで，非農産物需要曲線はD_2^0からD_2^1へとシフトする。それゆえ，非農産物価格はP_2^0からP_2^1へと上昇し，非農業生産量はY_2^0からY_2^1へと増加する。低下した農産物価格P_1^1と上昇した非農産物価格P_2^1は相対価格P（＝農産物価格／非農産物価

格)を低下させる。これはD図でP^0からP^1への変化として示している。この交易条件$P_1^1 P_2^1$はA図のa'点の接線の勾配と一致し,農業部門の生産量はY_1^0からY_1^1へ,また非農業部門の生産量はY_2^0からY_2^1へと増加する。このA図の$a \to b$へのY_1の増加は効率効果によるものであり,$b \to c$(ただしc点は接線がaの接線と同じ勾配を持つ点)へのY_1の増加は費用効果によるものである。しかし,交易条件の変化により最終均衡点はa'の位置となる。

そこでG図で示されたように,農業部門の労働生産性の上昇は農業労働力をL_1^0からL_1^1へと減少させる。一方,非農業生産量を増加させるには,非農業労働力がL_2^0からL_2^1へと増加することが必要である。この部門別労働必要量は労働市場に影響を与えることになる。農業労働の限界価値生産力曲線$VMPL_1^0$は,非農業労働の限界価値生産力曲線$VMPL_2^0$に比較して減少する。この点はF図およびJ図で$VMPL_1$は下方(原点の方向)へ,一方$VMPL_2$は上方へシフトすると仮定して描かれている。農業労働力L_1に比較して,非農業労働力L_2の需要の増加は,非農業労働力の賃金を相対的に上昇させる。その結果,R図に示されたように相対賃金率$m_w^0(=w_1/w_2)$はm_w^1へと変化する。新しい賃金率と労働力がF図およびJ図で調整され,結果として農業労働の非農業部門への移動が生じることになる。また,H図では両部門の労働力の合計は総労働力に等しくなっている。

非農業技術進歩T_2のプル効果は第7-7図で示されている。A図(第7-7図でも,パネルAはA図と記すことにする。以下同じ)は生産可能性曲線を示している。T_2はI図に示したように,非農業労働の生産性を上昇させ,A図の生産可能性曲線を図のようにシフトさせる。またE図はT_2の供給曲線への影響を示している(供給曲線はS_2^0からS_2^1へとシフトする)。ところが,T_2は1人当たり所得を増大させ,両部門の需要を増大させる。これは,非農業部門ではE図でD_2^0からD_2^1への需要曲線のシフトとして示されている。その結果,非農業生産量Y_2はY_2^0からY_2^1へと増加し,非農産物価格P_2はP_2^0からP_2^1へと低下する。一方,T_2は農業部門の需要に対しては,2つの相反する影響を持っている。所得効果は農産物需要に正の効果,価格効果は負の効果である。農産物の低所得弾力性から,負の価格効果は正の所得効果より大きく($Y_1 T_2 < 0$),農産物需要曲線はC図でD_1^0からD_1^1へとシフトする。すると,農業生産量は

Y_1^0 から Y_1^1 へと減少し，農産物価格も P_1^0 から P_1^1 へと低下する。しかも，農産物価格の低下の度合いは非農産物価格の低下の度合いよりも小さく，結果として相対価格は $P_1^0 P_2^0$ から $P_1^1 P_2^1$ へと上昇する（D図）。この交易条件 $P_1^1 P_2^1$ はA図の a' 点の接線の勾配と一致し，農業生産量は Y_1^0 から Y_1^1 へと低下する。一方，非農業生産量は Y_2^0 から Y_2^1 へと増加する。

農産物需要の減少はG図で示したように，農業労働力を L_1^0 から L_1^1 へと減少させる。ところが，非農業労働力の生産性の上昇にも関わらず，非農業生産量 Y_2 の増加はより多くの非農業労働力を必要とする（非農業労働力はI図で，L_2^0 から L_2^1 へと増加する）。それゆえ，これらの変化は同時に，労働市場の部門別需要に影響を与えることになる。ここでは農業労働力の限界価値生産力 $VMPL_1$ および非農業労働力の限界価値生産力 $VMPL_2$ の両者がともに低下し，前者のほうが後者に比べ相対的により大きく低下すると仮定した図（F図およびJ図）が描かれている。L_2 に比較して，より少ない L_1 の需要により，相対賃金率 m_w は低下する（R図）。F図とJ図で新しい賃金と労働力が調整され，その結果 L_1 は減少し，L_2 は増加することになる。

第3節　日本の過剰人口と経済発展

● **過剰人口と経済発展**　農業非農業2部門モデルにおいて，農業部門の過剰人口が増加したか，減少したかを判断するには，2つの指標によりみることができる。第1の指標は名目農業賃金率 w_1 の成長率と農業労働の限界価値生産力（$VMPL_1$：農業労働力を1単位ずつ増加させた場合，最後の農業労働力により新たに作り出された農産物の価値額。農産物価格が一定の場合，この額は農業労働力をより多く投入するにつれ，次第に小さくなる）の成長率との差（後出の第7-3表の $\dot{m}_1 = \Delta m_1 / m_1$ がこの指標を示す）がプラスかマイナスかにより判断する方法である（これまでの研究結果によれば，経済が転換点をすぎるまでは名目農業賃金率の方が農業労働の限界価値生産力よりも大きい。このことは農業部門に過剰な労働力が存在し，それが農業労働の限界価値生産力を低下させていたことを意味している。それゆえ，この成長率の差がプラスであれば，その期間に農業過剰労働力は増加したことを意味して

いる)。第2の指標は，農業部門の賃金率 w_1 の成長率と非農業部門の賃金率 w_2 の成長率を測定し，その成長率の差 ($\dot{m}_w = \Delta m_w / m_w = \dot{w}_1 - \dot{w}_2$) がプラスであれば，農業過剰労働力は減少，マイナスであれば，農業過剰労働力は増加と判断する方法である。

第1の指標で計算した成長率の差がマイナスであれば，上述の理由によりその期間に農業過剰労働力は減少したことを意味している。第7-3表および，それを図示した第7-8図によれば，1880年代，1900年代，1910年代，1930年代および1950年代が農業過剰労働力が減少した期間であることがわかる。とくに，1880年代（年率約11％で減少），1930年代（約5％）や1900年代（約3％）はかなりのスピードで農業過剰労働力が減少してきたことがわかるであろう。逆に，1890年代（約1～2％）や1920年代（図では減少しているが，他の2者のデータは約1％で増加）は農業過剰労働力が増加してきたのである。

要するに，1880年代に大きく（約10％）減少した農業過剰労働力は，1890年代には逆に年率1～2％の率で増加するようになった。しかし1900年代および1910年代の20年間は，農業過剰労働力は再び年率2～3％の率で減少するようになったのである。1920年代にはわずかながら増加（第(5)欄の(A)の新谷のデータを用いた計算結果のみは例外で，ゼロに近い減少）するようになったが，1930年代には再びかなりの率（約5％）で減少するようになった。第2次世界大戦中の1940年代のデータは残念ながら手に入らないが，おそらくは大きく増加したと推測できよう。しかし第2次世界大戦後の1950年代には，農業過剰労働力は再び約2％の率で減少するようになった（南（進）[1970] の研究によれば，1960年代初期に日本経済は転換点を通過したという。それゆえ1960年代のプラスの値は，それまでのように農業過剰労働力が増加したとは必ずしも解釈できない点に注意）のである。

つづいて，農業部門の過剰人口が増加したか，否かを判断する第2の指標について話を移すことにしよう。第2の指標は，農業部門の賃金率 w_1 の成長率と非農業部門の賃金率 w_2 の成長率を測定し，その成長率の差 ($\dot{m}_w = \Delta m_w / m_w = \dot{w}_1 - \dot{w}_2$) がプラスであれば，農業過剰労働力は減少，マイナスであれば，農業過剰労働力は増加と判断する方法である。この点はもう少し説明が必要であろう。通常，いかなる国のデータをみても，名目農業賃金率が名目非農業賃金

第7-3表 農業労働の過剰就業

	(1)	(2)	(3)=(1)-(2)	(4) VMṖL$_1$		
	$\dot{w}_1$	$\dot{w}_2$	$\dot{m}_w$	(A)	(B)	(C)
1880~1890	-6.4	-4.4	-2.0	4.8	—	3.1
1890~1900	8.3	7.4	0.9	7.0	—	6.1
1900~1910	2.0	4.8	-2.8	5.1	—	4.3
1910~1920	15.9	14.1	1.8	18.3	17.3	17.3
1920~1930	-3.2	0.2	-3.4	-2.9	-3.5	-4.3
1930~1940	6.8	2.2	4.6	11.9	18.8	11.2
1940~1950	77.6	—	—	—	—	—
1950~1960	6.1	9.2	-3.1	8.6	—	8.2
1960~1970	19.8	11.1	8.7	13.8	—	12.7

(備考) 第4欄と第5欄の(A)(B)(C)(D)(E)はそれぞれ新谷[1983]，南亮進[1970]，余法の生産弾性値や分配率を用いて計測したものである。ただし，本文にも記

率よりも低いことは，一般的によく知られた事実である。実際のデータをみても，日本経済も例外ではない。それゆえ，日本の農業部門の賃金率の成長率のデータと非農業部門の賃金率の成長率のデータを比較し，その成長率の差がプラスであれば，賃金格差は縮小し，農業過剰労働力は減少したことになる。

換言すると，農業部門の賃金率の成長率が非農業部門の賃金率の成長率よりも大であるということは，それまでは非農業部門に比べ，農業部門の労働が相対的に過剰であったがために，相対的に低かった名目農業賃金率が名目非農業賃金率に近づくことを意味するからである。その意味で，農業部門の賃金率の成長率と非農業部門の賃金率の成長率との差がプラスであれば，農業過剰労働力は減少したことになる（$\dot{m}_w = \Delta m_w / m_w$ がこの指標を示す）。第7-8図および第7-3表によれば，1890年代，1910年代，1930年代と1960年代に賃金格差は縮小し，農業過剰労働力は減少したことになっている。特に，1930年代や1960年代には，それぞれ年率4.6％と8.7％という大きい率で賃金格差が縮まってきたことがわかるであろう。逆に，賃金格差が拡大し，その意味で農業過剰労働力が増加した期間は1880年代，1900年代，1920年代と1950年代であった。これらの期間ではおよそ2～3％の率で賃金格差が拡大したことになっている。

この賃金格差で興味のひかれる点は次の点であろう。すなわち上述の賃金格差の縮小期間である1890年代，1910年代，1930年代と1960年代の数値をみれば，

（ないしは不完全競争）度合

| | | (5) = (1) - (4) | | | | |
| | | $\dot{m}_1$ | | | | |
(D)	(E)	(A)	(B)	(C)	(D)	(E)
2.4	5.3	-11.2	—	-9.5	-8.8	-11.7
6.5	6.9	1.3	—	2.2	1.8	1.4
4.3	10.0	-3.1	—	-2.3	-2.3	-8.0
17.1	19.2	-2.4	-1.4	-1.4	-1.2	-3.3
-3.2	-4.1	-0.3	0.3	1.1	0	0.9
10.2	13.0	-5.1	-12.0	-4.4	-3.4	-6.2
—	—	—	—	—	—	—
8.6	6.9	-2.5	—	-2.1	-2.5	-0.8
13.8	10.6	6.0	—	7.1	6.0	9.2

秋野=速水 [1973], Yamada and Hayami [1972], 山口三十四 [1987] の第 1 表の, 残したように, ドット（・）は成長率（例えば $\dot{w}_1 = \Delta w_1 / w_1$）を示すものである。

賃金格差の縮小率は0.9％, 1.8％, 4.6％と8.7％と次第にスピードが加速化されていることである。このことは, 賃金格差が拡大した期間はおよそ 2 〜 3 ％のコンスタントな値であったのとは対照的である。換言すれば, 第 2 次世界大戦の期間（1940年代）を除き, 賃金格差は1880年から各10年毎に拡大, 縮小, 拡大, 縮小, 拡大, 縮小, 拡大, 縮小と交互に繰り返してきた。しかし賃金格差の拡大期は, 拡大率が 2 〜 3 ％のほぼ一定の値だったのに対し, 賃金格差の縮小期は縮小率が時の経過につれ, 加速度的に大きくなったのである。それゆえ, 賃金格差ないしは農業過剰労働力は拡大, 縮小を繰り返してきたが, 傾向的には時の経過につれ, 大きく縮小するようになったのであった。第 7 - 8 図および第 7 - 3 表より, 第 1 の指標での農業過剰労働力の減少は1880年が最も大きく, その後は減少率の大きさに凹凸はあるが, 傾向的には減少率の大きさが減少していることがわかるであろう。逆に, 第 2 の指標での農業過剰労働力の減少率は, 上述のように傾向的に増加していたのであった。そこで不完全競争（ここでは, もちろん農業過剰労働力を意味する）の減少は, まず第 1 の指標のように農業部門内部での不完全競争の調整で行われ, その後は部門間での調整へと進んでいくことがわかるのである。

● **労働および資本の限界生産力**　ところで, 第 7 - 8 図あるいは第 7 - 3 表に

164　第3部　人口の実証的研究

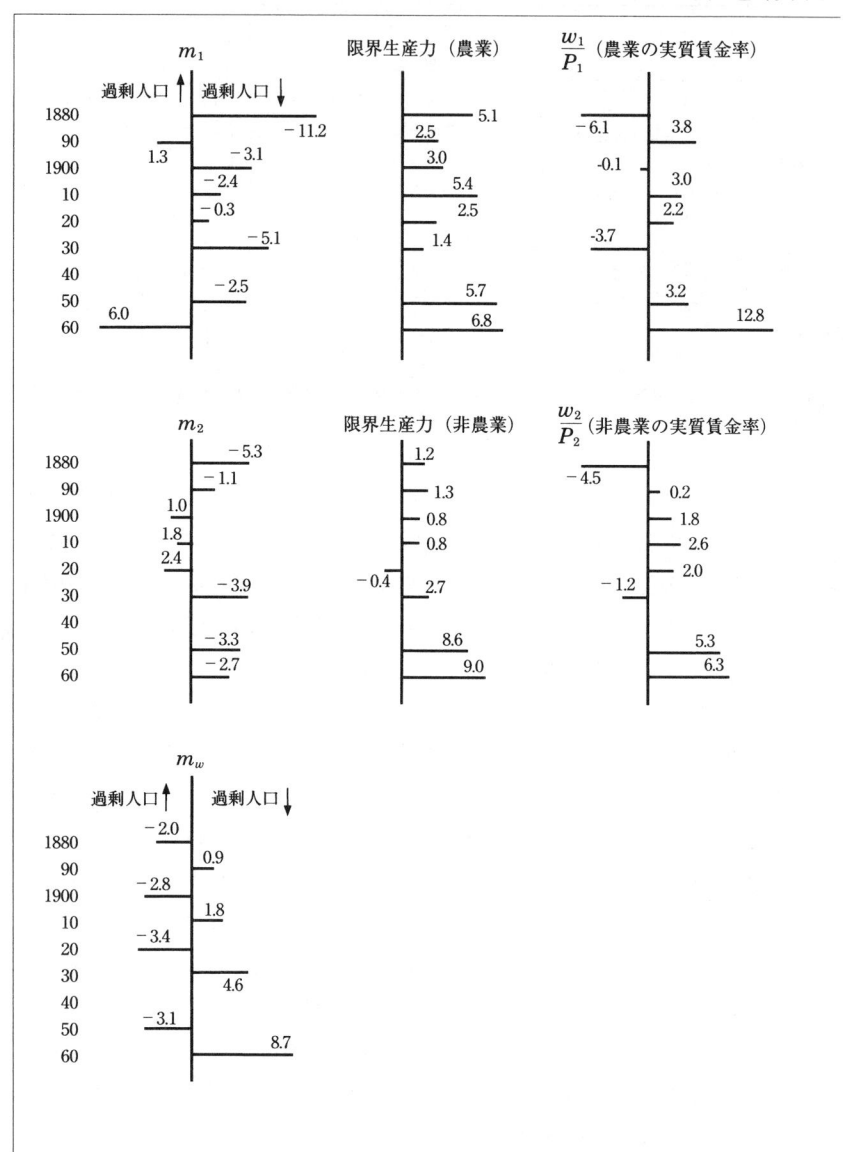

第7-8図　過　剰　人　口

	m_1	限界生産力（農業）	$\dfrac{w_1}{P_1}$（農業の実質賃金率）
1880	過剰人口↑　過剰人口↓		
	−11.2	2.5　　5.1	−6.1　　3.8
90	1.3　　−3.1	3.0	−0.1
1900	−2.4	5.4	3.0
10	−0.3	2.5	2.2
20		1.4	
30	−5.1		−3.7
40			
50	−2.5	5.7	3.2
60	6.0	6.8	12.8

	m_2	限界生産力（非農業）	$\dfrac{w_2}{P_2}$（非農業の実質賃金率）
1880	−5.3	1.2	−4.5　　0.2
90	−1.1	1.3	
	1.0		1.8
1900	1.8	0.8	2.6
10	2.4	0.8	
20			2.0
30	−3.9	−0.4　　2.7	−1.2
40			
50	−3.3	8.6	5.3
60	−2.7	9.0	6.3

	m_w		
	過剰人口↑　過剰人口↓		
1880	−2.0		
90	0.9		
	−2.8		
1900	1.8		
10	−3.4		
20			
30	4.6		
40			
50	−3.1		
60	8.7		

の増減状態

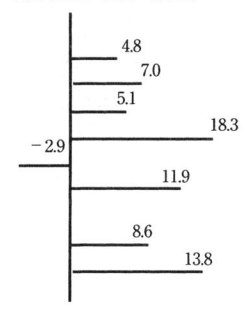

限界価値生産力（農業）

```
        4.8
      7.0
    5.1
         18.3
-2.9
       11.9
    8.6
        13.8
```

w_1（農業の名目賃金率）

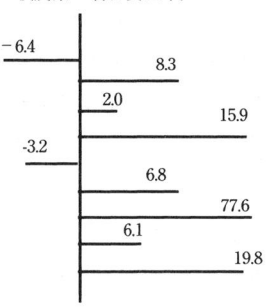

```
-6.4
        8.3
     2.0
            15.9
-3.2
         6.8
               77.6
       6.1
              19.8
```

限界価値生産力（非農業）

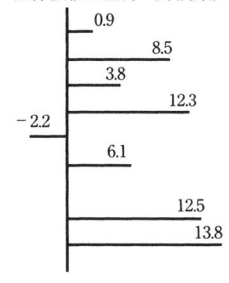

```
     0.9
        8.5
     3.8
          12.3
-2.2
      6.1
         12.5
           13.8
```

w_2（非農業の名目賃金率）

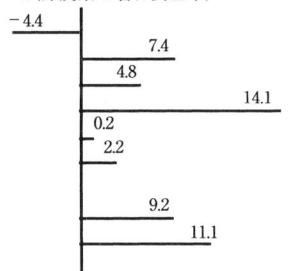

```
-4.4
        7.4
      4.8
              14.1
     0.2
      2.2
           9.2
             11.1
```

（備考） m_1 のパネルは第1定義での過剰人口の増減を示すものである。また第2定義の過剰人口の増減は m_w のパネルで示されている。m_1 はその右のパネルの MPL_1 を w_1/P_1 より差し引いた値より計算され（例えば，1880年代の農業の限界生産力は5.1%の成長率，w_1/P_1 は-6.1%の成長率ゆえ，その差は-11.2%となる），m_w は右の w_1 と w_2 との差により計算（例えば，1880年代の w_1 は-6.4%，w_2 は-4.4%ゆえ，その差は-6.4-(-4.4)=-2.0%となる）されたものである。

より農業労働の限界価値生産力の成長率を大きさの順に並べると，1910年代（18.3%），1960年代（13.8%），1930年代（11.9%），1950年代（8.6%），1890年代（7.0%），1900年代（5.1%），1880年代（4.8%），1920年代（−2.9%）の順となることがわかる。この値から農産物価格の成長率 P_1（本書の付表のデータを使用）を差し引くことにより農業労働の限界生産力の成長率（$M\dot{P}L_1$）を計算すれば，その大きさは1960年代（6.8%），1950年代（5.7%），1910年代（5.4%），1880年代（5.1%），1900年代（3.0%），1890年代（2.5%），1920年代（2.5%），1930年代（1.4%）の順となる（第7-8図あるいは付表7-2）。この点より農業労働の限界生産力の成長率は戦後の1950年代，60年代に大きく，農業恐慌期や経済恐慌期の1930年代，1920年代に小さいことがわかるであろう。

また非農業労働の限界価値生産力の成長率の大きさは，付表7-1より1960年代（13.8%），1950年代（12.5%），1910年代（12.3%），1890年代（8.5%），1930年代（6.1%），1900年代（3.8%），1880年代（0.9%），1920年代（−2.2%）の順となる。この値から非農産物価格の成長率 P_2 を差し引くことにより，非農業労働の限界生産力の成長率（$M\dot{P}L_2$）を計算することができる。その大きさは1960年代（9.0%），1950年代（8.6%），1930年代（2.7%），1890年代（1.3%），1880年代（1.2%），1910年代（0.8%），1900年代（0.8%），1920年代（−0.4%）の順となる（第7-8図あるいは付表7-2）。それゆえ，非農業労働の限界生産力も戦後の1960年代および1950年代の値が大きく，逆に恐慌期の1920年代の値が小さい値を持つ（ここではマイナスの値を持っている）という点は農業部門の場合と同様である。しかし，農業部門と異なる点は農業部門では小さな値を持っていた1930年代の値が，非農業部門ではかなり大きい値の労働の限界生産力を持つという点であろう。この点は，1930年代は農業部門が農業恐慌およびその余波の影響を受け，不況の時期であったのに対し，非農業部門は恐慌時の1920年代とは異なり，むしろ好況期であったということにもよるのであろう。

一方，資本の限界生産力および資本の限界価値生産力の大きさは，労働と比べ非常に小さな値かマイナスの値を持っている[8]。それゆえ，労働と資本との間では際だった差異が存在するのである。まず第1は両部門の労働の限界生産力の成長率が非農業部門の1920年代の−0.4%を除き，すべてプラスの値を持っ

ているのに対し，資本の限界生産力の成長率が両部門とも小さなプラスの値か多くはマイナスの値を持っているという点である。第2は，その中でも特に戦後では，両部門の労働の限界生産力の成長率が農業部門の1960年代の6.8%，1950年代の5.7%，非農業部門の1960年代の9.0%，1950年代の8.6%とかなりの大きな値を持っているに対し，資本の限界生産力の成長率はマイナスかほぼゼロに近い値しか持っていないという点である。

労働の限界生産力は労働の生産弾性値に労働生産性を乗じたものであった。上述のように，限界価値生産力と賃金率が乖離するという意味での農業部門の過剰労働は1890年代（転換点を経験した1960年代は少し意味が異なっていた）を除き減少した。さらに，農業資本ストックの成長率，特に戦後の成長率は非常に大であった。これらの影響により，農業労働生産性はかなり上昇してきたのであった。一方，非農業部門も資本ストックの成長率が非常に大であった。それゆえ，過剰就業の減少は農業部門ほどではないとしても，労働生産性の上昇率は農業部門以上であったと思われる。その結果，一般的に両部門の労働の限界生産力が増加してきたのであろう。それに対し，資本の限界生産力は資本の生産弾性値に資本生産性を乗じたものである。資本生産性はその逆数である資本係数が労働生産性ほど変化しないという万国共通の事実により，それほど大幅な変化はないものと思われる。それゆえ，資本の限界生産力の成長率がマイナスかゼロに近い値を示したものと思われる。

また，両部門の利子率と資本の限界価値生産力との間の乖離を示す m_3, m_4 の成長率をみれば，$\dot{m}_3$ は1890年代の0.1%というわずかなプラスの値を除きすべての時期でマイナスの値をとっていることがわかる。$\dot{m}_3$, $\dot{m}_4$, がマイナスの値を持つということは資本の限界価値生産力の動きに利子率が次のように対応していると思われる。すなわち，資本の限界価値生産力の成長率が非常に大きいプラスの時期には利子率は上昇するが，それ以外の時期においては，資本の限界価値生産力の成長率がたとえプラスの期間においても利子率はあまり上昇しないか，むしろマイナスの成長率を持っていたと解釈できるという点である。そして1920年代のように，資本の限界価値生産力の成長率がマイナスの期間においては，利子率の成長率は大きなマイナスの値を示すことになるのである。換言すれば利子率は資本の限界価値生産力の動きに後からついていき，そ

168　第3部　人口の実証的研究

第7-4表　不完全競争度をも含んだ農業生産量の成長会計

	$\Delta Y_1/Y_1$	CY_1T_1	CY_1T_2	CY_1K	CY_1L	CY_1Q	CY_1B	CY_1a	CY_1N
1880~1890	3.4(100)	2.9(85)	-0.1(-3)	0.5(15)	0.1(3)	0.1(3)	0.1(3)	1.7(50)	-1.9(-56)
1890~1900	1.7(100)	1.1(65)	-0.1(-6)	0.5(29)	0.2(12)	0.1(6)	0.2(12)	-0.9(-53)	0.6(35)
1900~1910	2.2(100)	1.5(68)	-0.0(0)	0.5(23)	0.1(5)	0.1(5)	0.2(9)	-0.2(-9)	0(0)
1910~1920	3.2(100)	2.9(91)	0.0(0)	0.6(19)	0.2(6)	0.2(6)	0.2(6)	0.3(9)	-1.2(-38)
1920~1930	1.1(100)	0.8(73)	0.0(0)	0.4(36)	0.4(36)	0.3(27)	-0.0(0)	-1.5(-136)	0.7(64)
1930~1940	0.4(100)	0.2(50)	0.0(0)	0.4(100)	0.6(150)	0.2(50)	0.1(25)	0.5(125)	-1.6(-400)
1940~1950	-0.5(100)	-1.0			0.1	0.2	-0.1		
1950~1960	3.6(100)	3.2(89)	-0.2(-6)	0.5(14)	1.0(28)	0.3(8)	0.1(3)	-3.3(-92)	2.0(56)
1960~1970	2.1(100)	2.2(105)	-0.1(-5)	1.2(57)	0.5(24)	0.3(14)	-0.1(-5)	-3.1(-148)	1.2(57)

	CY_1N	CY_1m_w	CY_1m_1	CY_1m_2	CY_1m_3	CY_1m_4	CY_1m_r		
1880~1890	-1.9(-56)	0.2(6)	-1.2(-35)	0.6(18)	-0.3(-9)	0.6(18)	-1.8(-53)		
1890~1900	0.6(35)	-0.1(-6)	0.2(12)	0.1(6)	0.0(0)	0.9(53)	-0.5(-29)		
1900~1910	0.0(0)	0.4(18)	-0.5(-23)	-0.2(-9)	-0.6(-27)	0.7(32)	0.2(9)		
1910~1920	-1.2(-38)	-0.3(-9)	-0.4(-13)	-0.3(-9)	-0.6(-19)	0.1(3)	0.3(9)		
1920~1930	0.7(64)	0.7(64)	-0.1(-9)	-0.5(-45)	-0.5(-45)	1.2(109)	-0.1(-9)		
1930~1940	-1.6(-400)	-1.2(-300)	-1.3(-325)	-1.0(-250)	-1.6(-400)	1.3(325)	0.2(50)		
1940~1950									
1950~1960	2.0(56)	1.1(31)	-0.9(-25)	1.1(31)	-0.5(-14)	0.3(8)	0.9(25)		
1960~1970	1.2(57)	-3.0(-143)	2.0(95)	0.9(43)	0.9(43)	0.9(43)	1.3(62)		

(備考)　この表の中の，例えば CY_1T_1 は T_1 (農業技術進歩)の Y_1 (農業生産量)への貢献度を示すものである。この値は T_1 の Y_1 への成長率乗数 Y_1T_1 に各期で実際に生じた農業技術進歩率 T_1 の値を乗じたものである。また，表中のカッコ内の数字は%を示すものである。

第7章 日本の人口成長と経済発展　169

第7-5表　不完全競争度合の8内生変数への貢献度

	CY_1m_w	CY_2m_w	CK_1m_w	CK_2m_w	CL_1m_w	CL_2m_w	CPm_w	CEm_w
1880~1890	0.2(6)	-1.2(-32)	0.1(14)	-0.0(0)	0.6( )	-1.5(-88)	-1.3(-21)	-0.7(-26)
1890~1900	-0.1(-6)	0.4(10)	-0.0(0)	0.0(0)	-0.3(300)	0.8(57)	0.5(-26)	0.2(9)
1900~1910	0.4(18)	-1.1(-42)	-0.0(0)	-0.0(0)	1.0( )	-2.4(185)	-1.5(188)	-0.7(-54)
1910~1920	-0.3(-9)	0.5(13)	0.1(11)	-0.0(0)	-0.7(58)	1.4(44)	0.9(129)	0.3(12)
1920~1930	0.7(64)	-0.9(-38)	-0.2(-20)	0.0(0)	1.6( )	-2.1(-124)	-1.9(58)	-0.5(-100)
1930~1940	-1.2(-300)	0.8(14)	0.6(86)	-0.0(0)	-2.3(767)	1.7(61)	2.6(36)	0.6(15)
1940~1950								
1950~1960	1.1(31)	-0.7(-8)	-0.4(-9)	0.2(3)	1.7(-100)	-1.0(-21)	-2.2(147)	-0.4(-6)
1960~1970	-3.0(143)	1.0(8)	1.7(19)	-0.1(-1)	-5.4(150)	1.6(55)	5.7(271)	1.0(10)

	CY_1m_l	CY_2m_l	CK_1m_l	CK_2m_l	CL_1m_l	CL_2m_l	CPm_l	CEm_l
1880~1890	-1.2(-35)	6.7(181)	-0.3(-43)	0.2(6)	-3.6( )	8.3(488)	7.3(116)	3.9(144)
1890~1900	0.2(12)	-0.6(-15)	0.0(0)	-0.0(0)	0.5(500)	-1.1(-79)	-0.8(42)	-0.4(-18)
1900~1910	-0.5(-23)	1.2(46)	0.0(0)	0.0(0)	-1.1( )	2.6(200)	1.7(-213)	0.8(62)
1910~1920	-0.4(-13)	0.7(18)	0.1(11)	-0.0(0)	-1.0(83)	1.9(59)	1.2(171)	0.4(15)
1920~1930	-0.1(-9)	0.1(4)	0.0(0)	-0.0(0)	-0.1( )	0.2(12)	0.2(-6)	0.0(0)
1930~1940	-1.3(-325)	0.9(16)	0.6(86)	-0.1(-2)	-2.5(838)	1.9(68)	2.9(40)	0.6(15)
1940~1950								
1950~1960	-0.9(-25)	0.6(7)	0.3(7)	-0.1(-2)	-1.4(82)	0.8(17)	1.8(-120)	0.4(6)
1960~1970	2.0(95)	-0.7(-6)	-1.1(-12)	0.1(1)	3.7(-103)	-1.1(-38)	-4.0(-190)	-0.7(-7)

(備考)　8内生産数は付録で示したように農業生産量 Y_1，非農業生産量 Y_2，農業資本ストック K_1，非農業資本ストック K_2，農業労働力 L_1，相対価格 P と1人当たり所得 E の8変数である。

の動きが止まるか成長率がマイナスになるやいなや，直ちに利子率を下げてしまうかのようにみえるのである。この点は上述の労働市場の場合とは全く異なっている（第7-3表，および第7-8図あるいは付表7-1の，賃金率と労働の限界生産力との乖離を示す $\dot{m}_1$, $\dot{m}_2$ を参照されたい）ことがわかる。[9]

● **過剰人口と成長会計分析**　第7-4表は不完全競争度合を含んだ農業生産量の成長会計を示したものである。この表をみると，残差項として捉えられた不完全競争度合 N の貢献度がかなり大きい値を示していることがわかる。それゆえ，江崎光男［1984］がいうようにこの不完全競争度合 N の中身の分析が次に必要となるであろう。その結果は第7-4表の下段で示されている。結果をみれば，残差としての CY_1N は両部門の賃金率格差の貢献 CY_1m_w，農業部門の賃金率と労働の限界価値生産力との間の格差の貢献 CY_1m_1，非農業部門の賃金率と労働の限界価値生産力との間の格差の貢献 CY_1m_2，両部門の利子率格差の貢献 CY_1m_r および農業部門の限界価値生産力と利子率との間の格差の貢献 CY_1m_3，非農業部門の限界価値生産力と利子率との間の格差 CY_1m_4 の6個に分解することができる。これより，各期間における賃金格差や利子率格差，あるいは要素価格とその限界生産力との間の格差が農業生産量の成長に対してどのような貢献を行ってきたかが明らかになるのである。この結果をみれば，全般的にいって，農業生産量の成長に対しては両部門の賃金格差（CY_1m_w），農業労働の限界価値生産力と名目農業賃金率との間の格差（CY_1m_1），農業資本の限界価値生産力と農業利子率との間の格差（CY_1m_3）等の貢献度が不完全競争度合 N の中では大きな値を示していることがわかるであろう。特に1930年代では残差項 N の貢献度 CY_1N は農業生産量の成長率の4倍もの大きさ（負の）であったことがわかるのである。この点は第7-4表の下段の結果より判断すれば，賃金格差（CY_1m_w）や両部門の賃金率と労働の限界価値生産力との間の格差（CY_1m_1 と CY_1m_2）等によるということが理解できるのである。

　一方，見方を変えて賃金率格差 m_w と名目農業賃金率と農業労働の限界価値生産力との間の格差 m_1 が農業生産量 Y_1，非農業生産量 Y_2，農業資本ストック K_1，非農業資本ストック K_2，農業労働者数 L_1，非農業労働者数 L_2，相対

価格 P および1人当たり所得 E の8つの変数の成長率に対しどのような貢献を行ってきたかについての計測は第7-5表で示されている。例えば，CY_1m_w は両部門間の賃金格差 m_w の成長率が農業生産量 Y_1 の成長率にどの程度の貢献を行ってきたかを示すものである。これをみると，不完全競争度合を示し，過剰労働人口の大きさを測定する指標である賃金格差 m_w や名目農業賃金率と農業労働の限界価値生産力との間の格差 m_1 は農業労働者数 L_1 や非農業労働者数 L_2 および相対価格 P の成長率に大きな貢献度（プラスおよびマイナスの）を持っていることがわかる。

これは成長率乗数の値（付表6参照）からもある程度は予想できる結果である。すなわち，ある外生変数（例えば m_1）のある内生変数（例えば Y_1）への貢献度（ここでは CY_1m_1）は成長率乗数（ここでは Y_1m_1）に外生変数の実際の成長率（ここでは $\dot{m}_1$）を乗じたもの（$CY_1m_1=(Y_1m_1)\dot{m}_1$）であった。そこで不完全競争の成長率乗数の大きさを第7-9図あるいは付表6でみることにしよう。ここで N_w と N_r は $N_w=m_wm_2/m_1$，$N_r=m_rm_4/m_3$ と定義されるものである。それゆえ，不完全競争度合が下がり，完全競争に近づけば，名目農業賃金率 w_1 と農業労働の限界価値生産力 $VMPL_1$ の差異である m_1 は小さくなり，N_w は大きくなる（何故ならば，名目農業賃金率 $w_1=m_1\cdot VMPL_1$〔ただし，$VMPL_1$ は農業労働の限界価値生産力〕である〔通常では $VMPL_1$ は w_1 より小さいので，$m_1>1$〕ため，m_1 が小さくなれば，不完全競争度合が小さくなる）。同様に，両部門の賃金格差 m_w は $w_1=m_ww_2$ と定義（ただし，通常では w_2 より w_1 の方が小さいので，$m_w<1$）されているため，完全競争に近づき，賃金格差が小さくなれば m_w が大きくなり，N_w も大きくなる。結局，不完全競争度合が下がり，完全競争に近づけば，N_w や N_r は大きくなるようになっている。

それではこの労働市場の不完全競争度合を示す N_w や資本市場の不完全競争度合いを示す N_r が大きくなれば（完全競争に近づけば），アウトプット市場，インプット市場，相対価格や1人当たり所得の8内生変数への影響はどのようになるのであろうか。第7-9図（折れ線グラフで示された農業生産量，非農業生産量，農業資本ストック，非農業資本ストック，農業労働力，非農業労働力，相対価格，1人当たり所得の値の大きさは，それぞれ Y_1N_w，Y_2N_w，K_1N_w，K_2N_w，L_1N_w，L_2N_w，PN_w，EN_w の値を図示したものである）あるいは付表6はその大きさを示す不完全競争

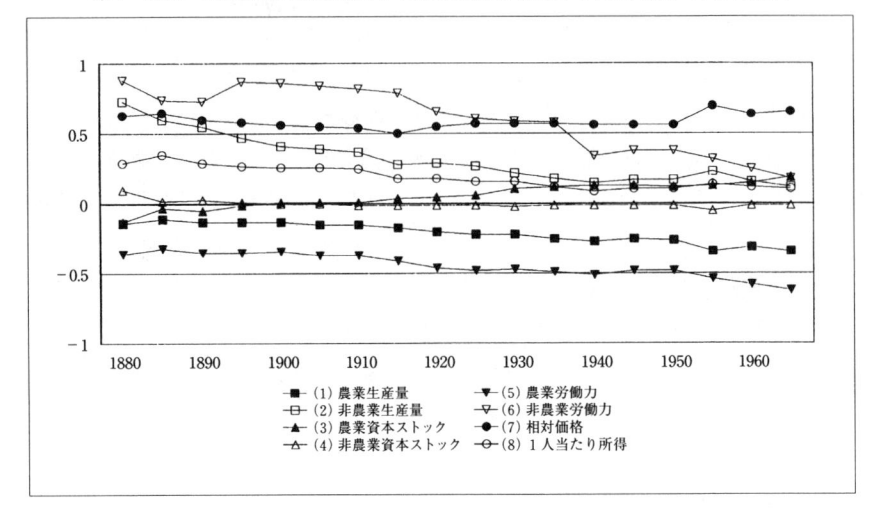

第7-9図 労働市場の競争度合が1％増加した場合の8内生変数への影響度合

凡例:
- ■ (1) 農業生産量
- □ (2) 非農業生産量
- ▲ (3) 農業資本ストック
- △ (4) 非農業資本ストック
- ▼ (5) 農業労働力
- ▽ (6) 非農業労働力
- ● (7) 相対価格
- ○ (8) 1人当たり所得

の成長率乗数を示したものである。この計測値より，次のようなファクト・ファインディングスが見い出されるであろう。まず第1に，労働市場の不完全競争度合が下がり（完全競争に接近し），N_w が大きくなると，農業部門の労働力は非農業部門に移動し（$L_1N_w<0$, $L_2N_w>0$），その結果農業生産量は減少し（$Y_1N_w<0$），逆に非農業生産量は増加する（$Y_2N_w>0$）。そして，相対価格は増加し（$PN_w>0$），農業に有利となり，1人当たり所得は増加する（$EN_w>0$）。

第2に，同様に労働市場の不完全競争度合が低下（完全競争に接近）し，N_w が大きくなると，全期間を通すと相対価格への影響（PN_w）が最も大きく，0.6〜0.7とほぼ一定の大きさを持っている（第7-9図）。つづいて，非農業労働力（L_2N_w）や非農業生産量（Y_2N_w）への影響は最初は大きい（0.7〜0.8）が次第に小さくなり，ついに0.1から0.2の大きさとなっている。逆に農業労働力（L_1N_w）や農業生産量（Y_1N_w）への影響（絶対値の大きさ）は最初は小さい（L_1N_w は-0.36, Y_1N_w は-0.14）が，次第に大きくなっている（L_1N_w は-0.62, Y_1N_w は-0.34）。その結果，1人当たり所得への影響（EN_w）は初めは0.29であったが，次第に減少し，0.11への大きさとなっている。

第7-10図　資本市場の競争度合が1％増加した場合の8内生変数への影響度合

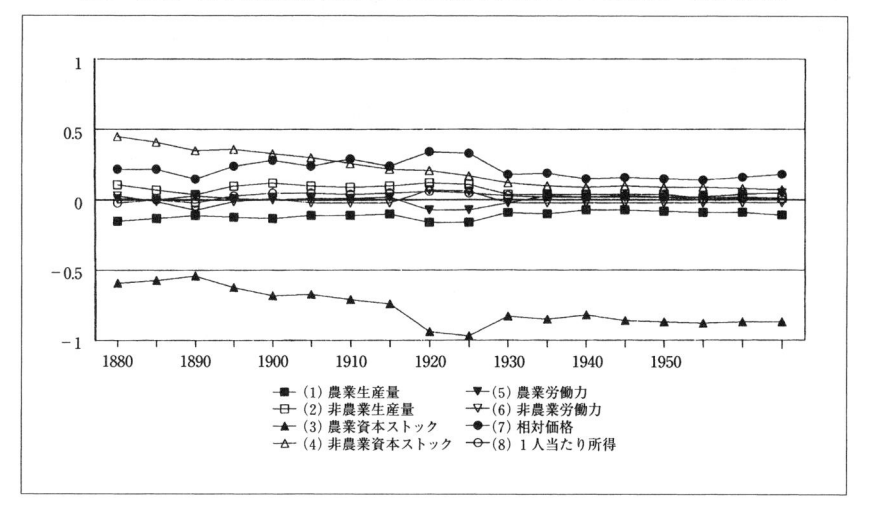

- (1) 農業生産量
- (2) 非農業生産量
- (3) 農業資本ストック
- (4) 非農業資本ストック
- (5) 農業労働力
- (6) 非農業労働力
- (7) 相対価格
- (8) 1人当たり所得

つづいて，資本市場の不完全競争度合を示す N_r が大きくなれば（不完全競争度合が下がり，完全競争に近づけば），第1に農業部門の資本ストックは非農業に移動し（$K_1N_r<0$, $K_2N_r>0$），その結果農業生産量は減少し（$Y_1N_r<0$），逆に非農業生産量は増加する（$Y_2N_r>0$）。そして，相対価格は増加し（$PN_r>0$），1人当たり所得は増加する（$EN_r>0$）（ただし，経済発展の初期には減少する場合もある。第7-10図および付表6を参照）。第2に，資本市場の不完全競争度合が低下（完全競争に接近）し，N_r が大きくなると，全期間を通すと農業資本ストックへの影響（K_1N_r）が最も大きく，$-0.59\sim-0.87$の大きさを持っている。つづいて，非農業資本ストック（K_2N_r）や非農業生産量（Y_2N_r）への影響は最初は大きい（それぞれ0.45と0.11）が次第に小さくなり，ついに0.01から0.07の大きさとなっている。逆に農業資本ストック（K_1N_r）への影響は最初は比較的小さい（-0.59）が，次第に大きくなっている（-0.87）。その結果，相対価格への影響は0.2程度となり，1人当たり所得への影響（EN_r）は初めは-0.02であったが，次第に小さくなり，0.00への大きさとなっている（付表6）。

賃金格差 m_w や名目農業賃金率と農業労働の限界価値生産力との間の格差 m_1 が両部門の労働力や生産量に影響を与えることは容易に理解できる。また

その影響の大きさは，相対的規模が次第に小さくなる農業部門では次第に大きくなり，逆に相対的規模が次第に大きくなる非農業部門では次第に小さくなることも理解できよう。しかし，m_w や m_1 が相対価格 P の成長率に大きな影響（プラスおよびマイナスの）を持っている点は説明が必要であろう。ジョンソン（H. G. Johnson）[1966] は両部門の生産関数にコブ＝ダグラス型生産関数を用いると，生産可能曲線の膨らみは僅かであることを示している。また不完全競争を含めると，生産可能性曲線は容易に膨らみを失い，原点に対して凸になる可能性さえ持つことを示している。この説明により不完全競争度合を示す m_w や m_1 が，相対価格 P の成長率に大きな影響（プラスおよびマイナスの）を持つことになったのである。

　また上述のように，ある外生変数（例えば m_1）のある内生変数（例えば Y_1）への貢献度（ここでは CY_1m_1）は成長率乗数（ここでは Y_1m_1）に外生変数の実際の成長率（ここでは $\dot{m}_1$）を乗じたもの（$CY_1m_1 = (Y_1m_1)\dot{m}_1$）であった。それゆえ，貢献度はこの2つの要素から成り立っている。1つは成長率乗数の大きさであり，もう1つは外生変数（ここでは不完全競争度合の m_1 や m_w 等）の大きさである。第1の外生変数の m_1（名目農業賃金率と農業労働の限界価値生産力との間の格差であり，m_1 の成長率がマイナスであれば，農業労働の過剰人口は減少，プラスであれば増加を意味）の成長率の符号と大きさから，農業部門の過剰労働人口は1880年代は減少，90年代は増加したが，1900年代以降は1930年代までは再び減少した（減少度合いの大きさは，次第に小さくなったが）。戦後になり，1950年代は再び減少し，1960年代の初めに転換点を迎えたのであった。

　第2の外生変数である賃金格差 m_w も上述のように，1880年から各10年毎に拡大，縮小，拡大，縮小，拡大，縮小，拡大，縮小と交互に繰り返してきた。しかし賃金格差の拡大期は，拡大率が2～3％のほぼ一定の値だったのに対し，賃金格差の縮小期は縮小率が時の経過につれ，加速的に大きくなっていたのであった。それゆえ，賃金格差ないしは農業過剰労働力は拡大，縮小を繰り返してきたが，傾向的には時の経過につれ，大きく縮小するようになったことがわかるのである。それゆえ，貢献度の大きさはこの成長率乗数の大きさと m_1 や m_w の両者の大きさに依存した結果が示されたのである。

おわりに

　以上，日本の人口成長と経済発展について述べてきた。これらを要約すれば，次の様になるだろう。

　1　本章では，まず最初に日本で実際に生じた人口と技術進歩について観察し，日本の経済発展の概観をみた。それゆえ，日本で実際に生じた技術進歩や人口を計測した。その結果，人口は1880年から1970年までの90年間の平均成長率や，各10年毎の平均成長率のいずれにおいても，約1％程度の成長率を持っていたことがわかった。一方技術進歩は農業と非農業のものを加えると，90年間の平均成長率では3.9％と人口のおよそ3倍の大きさを持っていた。それゆえ日本では，技術進歩率が人口成長率をはるかに凌駕したゆえ，経済は大きく発展したことがわかったのである。第7-4図はこの点を示したものである。この図のパネル(8)図中の折れ線グラフは，1人当たり所得の成長に対し，人口や技術進歩等がどの程度の貢献をしたかを示したものである。例えば1880年代の人口の貢献度の大きさは－1.0となっていた。これは1880年代の人口 Q の1人当たり所得 E への影響の大きさを示す第7-3図の成長率乗数 EQ（1885年の大きさは－1.12）に，1880年代の人口成長率（第7-1表でみると0.9％）を乗じて得られたものである。両部門の技術進歩の貢献度も同様にして得たものである。この図からも，日本の場合は両部門の技術進歩の貢献度が人口のマイナスの貢献度よりも大きかったがために，経済が発展してきたことがわかる。

　2　農業技術進歩が生じると，農業労働力や農業資本ストック等のインプットは農業部門から非農業部門へと移動することになる。これは農業技術進歩のプッシュ効果と呼ばれている。一方，非農業技術進歩は農業技術進歩とは逆に，技術進歩が生じると，非農業インプットをプッシュせず，農業部門のインプットを引っぱり込む（プル）ように働いている。逆に人口はインプットを農業部門から非農業部門へと移動させるように働いている。本章での実証結果では1900年や1920年および30年代という経済の停滞期には技術進歩に比較して相対的に強い人口要因が農業部門からの資本や労働の流出に歯止めをかけていたということを示している。また，上述のように技術進歩は両部門で非対称性を持

っている(技術進歩の非対称性)。この農業技術進歩のプッシュ効果を図示した第7-6図で,農業技術進歩が生じると生産可能性曲線は図のようにシフトし,農業生産量曲線も上方にシフトする。それゆえ農業労働量は減少し(プッシュされ),非農業労働量が増加することになる。これが農業技術進歩のプッシュ効果である。一方非農業技術進歩のプル効果は,第7-7図で示したように,非農業技術進歩が生じると生産可能性曲線がシフトし,非農業生産量曲線も上にシフトする。その結果,非農業労働量はプッシュ効果と同様に増加し(農業技術進歩の場合と対称的であれば減少する),農業労働量を減少(プル)させることになる。これが非農業技術進歩のプル効果である。これらの図示は両部門の技術進歩の非対称性をわかりやすくしたものである。

3 農業部門の過剰人口が増加したか,減少したかを判断するには,2つの指標により観察することができる。第1の指標は名目農業賃金率の成長率と農業労働の限界価値生産力の成長率との差がプラスかマイナスかにより判断する方法である。この成長率の差がマイナスであれば,その期間に農業過剰労働力は減少したことを意味している。計測結果は,1880年代,1900年代,10年代,30年代および50年代が農業過剰労働力が減少した期間であった。特に,1880年代(年率の減少率が約10%),1930年代(約5%)や1900年代(約3%)は大きいスピードで農業過剰労働力が減少したことがわかった。逆に,1890年代(約1〜2%)や1920年代(約1%)は農業過剰労働力は増加した時期であった。

4 農業部門の過剰人口が増加したか否かを判断する第2の指標は,農業部門の賃金率と非農業部門の賃金率の成長率を測定し,その成長率の差がプラスであれば農業過剰労働力は減少,マイナスであれば農業過剰労働力は増加と判断する方法である。計測結果によれば,1890年代,1910年代,30年代と60年代に賃金格差は縮小し,その意味での農業過剰労働力は減少したことがわかった。特に,1930年代や60年代には,それぞれ年率4.6%と8.7%という大きい率で賃金格差が縮まってきたことがわかる。逆に,賃金格差が拡大し,その意味で農業過剰労働力が増加した期間は1880年代,1900年代,20年代と50年代であった。これらの期間ではおよそ2〜3%の率で賃金格差が拡大し,農業過剰労働力が増加したのであった。

5 この賃金格差で興味のひかれる点は次の点である。すなわち賃金格差の

第7章　日本の人口成長と経済発展　177

縮小期間である1890年代，1910年代，1930年代と60年代の賃金格差の縮小率は，それぞれ0.9％，1.8％，4.6％および8.7％と次第にスピードが加速化したことである。この点は，賃金格差が拡大した期間の拡大率はおよそ2～3％というほぼ一定の値であったのとは対照的であった。また第2次世界大戦の期間（1940年代）を除き，賃金格差は1880年から各10年毎に拡大，縮小，拡大，縮小，拡大，縮小，拡大，縮小と交互に繰り返してきたことになる。しかも上述のように，賃金格差の縮小期は縮小率が時の経過につれ，加速度的に大きくなってきたのである。すなわち，賃金格差（ないしは農業過剰労働力）は拡大と縮小を繰り返してきたが，時の経過につれ，大きく縮小するようになったのである。第7-8図から，第1指標での農業過剰労働力の減少期間は1880年代が最大で，その後は減少率の大きさは傾向的に減少してきたことが理解できた。また第2指標での農業過剰労働力の減少率は，傾向的に増加したのであった。そこで不完全競争度合の減少（農業過剰労働の減少）は，まず第1の指標のように農業部門内部での不完全競争の減少で始まり，その後に部門間での減少へと進んできたことがわかったのである。

（付記）　本章は山口［1982b］［1994］を要約，加筆，展開したものである。モデル等は本書の付録，詳細はこれらの書物を参照されたい。

注
1）　並木［1956］。またこの労働と資本の農業部門からの移動に関しては，寺西［1972］がコンパクトなサーベイをなしている。
2）　ジョンストン，オオカワ＝ロソフスキー，レイナス，ルタン，石川，リー，寺西，加藤［1963］や藤野［1965］の論争は山口［1982b］の第1章を参照されたい。
3）　特に初期は負債残高が非常に大であり，結論は再検討を要するといっている。
4）　寺西［1972］のp.140による。
5）　以下は寺西［1976］のpp.324-25による。
6）　この図表は成長率変数に実際に生じた成長率を乗した貢献度を示していることに注意。
7）　第7-2図（ないし付表7）より人口（Q）の成長率は1920年代に1.6％と最高の増加率を示し，1930年代も1.1％と比較的高い増加率を示している。
8）　付表7-1をみると，農業資本の限界価値生産力の成長率の大きさは1910年代（13.9％），1930年代（8.7％），1960年代（5.2％），1950年代（4.9％），1890年代（3.8％），1880年代（1.2％），1900年代（1.0％），1920年代（－6.7％）の順となってい

る。この数値より農産物価格の成長率 $\dot{P}_1$ を差し引くことにより農業資本の限界生産力の成長率（$M\dot{P}K_1$）を求めることができる（付表7-2）。その大きさは1950年代（2.0％），1880年代（1.5％），1910年代（1.0％），1890年代（-0.7％），1900年代（-1.1％），1920年代（-1.3％），1930年代（-1.8％），1960年代（-1.8％）の順となり，労働と比べ非常に小さな値かマイナスの値を持つということがわかるのである。また非農業資本の限界価値生産力の成長率の大きさは1890年代（11.1％），1910年代（8.8％），1930年代（6.4％），1960年代（5.2％），1880年代（3.1％），1950年代（2.8％），1900年代（2.0％），1920年代（-2.3％）の順となる（付表7-1）。

この数値より非農産物価格の成長率 $\dot{P}_2$ を差し引くことにより非農業資本の限界生産力の成長率（$M\dot{P}K_1$）を求めれば，その大きさは1890年代（3.9％），1880年代（3.4％），1930年代（3.0％），1960年代（0.4％），1920年代（-0.5％），1900年代（-1.0％），1950年代（-1.1％），1910年代（-2.7％）の順となる（付表7-2）。それゆえ，この点も農業部門と同様労働と比べ非常に小さな値かマイナスの値を持つようになっている。

9）両部門の利子率と限界価値生産力との間の乖離を示す m_3, m_4 の成長率が労働の場合とは対照的に，1890年代の農業部門のプラス（$\dot{m}_3=0.1$）の時期を除き，すべてマイナスの値をとっていた（付表7-1）という点に関しては，次のようなインプリケーションを持っている。第1は，利子率は1980年代と1910年代には例外的にプラスの成長率を持っていた（付表7-1）が，その他の期間では常にマイナスの成長率を持っていた。それゆえ実質利子率はマイナスの成長率を持っていた（付表7-2）という点である。第2は，資本の限界生産力の成長率はプラスとマイナスの成長率を持っていた（付表7-2）が，いずれも絶対値は小さかったという点である。この第1および第2の2点により，実質利子率（r_1/P_1, r_2/P_2）の成長率から資本の限界生産力（MPK_1, MPK_2）の成長率を減じた値は常にマイナスになったのである。いずれにしても実質利子率は明治の初期や戦後間もない頃にはかなり大きな値を持っていたが，次第に減少したのであった。

付表7-1 資本市場および非農業労働市場の不完全競争度合

	$(V\dot{M}PL_2)$	$\dot{m}_2$	$\dot{r}$	$(V\dot{M}PK_1)$	$(V\dot{M}PK_2)$	$\dot{m}_3$	$\dot{m}_4$
1880〜1890	0.9	-5.3	-1.3	1.2	3.1	-2.5	-4.4
				(2.4)	(0.1)	(-3.7)	(-1.4)
1890〜1900	8.5	-1.1	3.9	3.8	11.1	0.1	-7.2
				(5.2)	(7.6)	(-1.3)	(-3.7)
1900〜1910	3.8	1.0	-4.2	1.0	2.0	-5.2	-6.2
				(2.6)	(1.1)	(-6.8)	(-5.3)
1910〜1920	12.3	1.8	7.8	13.9	8.8	-6.1	-1.0
				(15.2)	(8.8)	(-7.4)	(-1.0)
1920〜1930	-2.2	2.4	-9.6	-6.7	-2.3	-2.9	-7.3
				(-5.3)	(-4.2)	(-4.3)	(-5.4)
1930〜1940	6.1	-3.9	-6.9	8.7	6.4	-15.6	-13.3
				(10.2)	(4.4)	(-17.1)	(-11.3)
1940〜1950	—	—	—	—	—	—	—
1950〜1960	12.5	-3.3	-1.0	4.9	2.8	-5.9	-3.8
				(1.9)	(6.8)	(-2.9)	(-7.8)
1960〜1970	13.8	-2.7	-3.1	5.2	5.2	-8.3	-8.3
				(0.2)	(5.2)	(-3.3)	(-8.3)

(備考) カッコ内の数字は各期間で生産弾性値が一定と仮定した場合の計測値を示すものである。

付表7-2 労働と資本の限界生産力の成長率

	$(\dot{M}PL_1)$	$\left(\dfrac{\dot{w}_1}{P_1}\right)$	$(\dot{M}PL_2)$	$\left(\dfrac{\dot{w}_2}{P_2}\right)$	$(\dot{M}PK_1)$	$\left(\dfrac{\dot{r}}{P_1}\right)$	$(\dot{M}PK_2)$	$\left(\dfrac{\dot{r}}{P_2}\right)$	$\dot{P}_1$	$\dot{P}_2$
1880〜1890	5.1	-6.1	1.2	-4.5	1.5	-1.0	3.4	-1.0	-0.3	-0.3
1890〜1900	2.5	3.8	1.3	0.2	-0.7	-0.6	3.9	-3.3	4.5	7.2
1900〜1910	3.0	-0.1	0.8	1.8	-1.1	-6.3	-1.0	-7.2	2.1	3.0
1910〜1920	5.4	3.0	0.8	2.6	1.0	-5.1	-2.7	-3.7	12.9	11.5
1920〜1930	2.5	2.2	-0.4	2.0	-1.3	-4.2	-0.5	-7.8	-5.4	-1.8
1930〜1940	1.4	-3.7	2.7	-1.2	-1.8	-17.4	3.0	-10.3	10.5	3.4
1940〜1950	—	—	—	—	—	—	—	—	—	—
1950〜1960	5.7	3.2	8.6	5.3	2.0	-3.9	-1.1	-4.9	2.9	3.9
1960〜1970	6.8	12.8	9.0	6.3	-1.8	-10.1	0.4	-7.9	7.0	4.8

第 8 章　タイの人口成長と経済発展

はじめに

　タイの経済発展は，1997年以降はマイナス成長（特に1998年のGDP成長率はマイナス10.4％であった）となり，非常に大きな問題を抱えている。しかし，それまでの発展はめざましく，世界の注目をあつめてきた。そして，着実にNIESにつぐ地位を占めるようになってきた。そこで，それほど遠くない将来に転換点を迎えようとしていると言われている。一方では，1980年の半ばまで，2～3％にもおよぶ人口成長率を持っていたゆえ，日本，台湾や韓国ほど転換点を迎えるのは容易ではなく，かつ今回の大不況で，かなりの時間が必要であるとの相対立する意見もみられている。幸いにも新谷［1993］等により，データの整理（これに対する批判も知っているが，データ整理のファースト・アプローチとしては大きな貢献であろう）が大幅に進んでおり，色々の角度から分析ができるようになっている。ここでは山口［1982b］［1994］の日本経済に用いた成長会計分析等の手法を使用し，タイ経済の人口と技術進歩の競争関係，タイの過剰人口と経済発展，タイ経済の成長会計分析等の分析を行い，日本とタイの経済発展の様子を比較することにしよう。

第1節　タイ国における経済発展

よく知られたように、タイは1961年にスタートした第1次経済計画からこれまでに、7つの経済社会計画を終え、現在は第8次経済社会計画が1997年からスタートされている。第1次経済計画（1961〜66年）および第2次経済社会計画（1967〜71年）はインフラ整備の促進（第1次計画は交通通信とエネルギー、第2次計画は教育と交通通信と少しの違いがあり、かつ第2次は社会的な面も考慮されたとの違いがあるが）に重点が置かれていた。この期間は輸入代替工業化が進み、着実な成長をとげたのであった。しかし、輸入代替工業化が一巡し、70年代の農産物不況により、1970年代初頭には成長率が低下したのであった。

第3次経済社会計画（1972〜76年）および第4次経済社会計画（1977〜81年）は社会的公正や社会的正義という面も出されるようになった。これはニクソン・ショックや2度の石油危機のように国際環境の激変が生じ安定面が重視され始めた計画でもあった。第3次で進められた重化学工業化等が外国投資等の減少、景気の後退等で第4次では後退し、かつ財政赤字や国際収支の赤字、物価上昇、地域格差や所得格差、環境悪化等の問題を抱えることとなった。このような問題が露呈した状態での第5次経済社会計画（1982〜86年）は、再び工業化の推進等を示しながら、一方では農村開発を進め、雇用創出、社会サービスの充実等をはかる貧困撲滅計画をあげるようになり、経済構造の調整色の強い計画であった。

第6次経済社会計画（1987〜91年）は効率の向上と、質の改善等を目指した経済開発、生産構造の再編成、適正な地域配分等構造調整が強調され、成長率の目標も5％と過去最低のものであった。しかし、石油価格の低下、国際的な金利の低下等国際環境が好転し、輸出の急増、投資の増大等で成長率も当初の2倍程度にもなり、NIESにつぐ地位を獲得するまでになった。第7次経済社会計画（1992〜96年）は第6次計画の成功で、タイ経済の発展可能性に大きな自信を持ち、インドシナ東南アジア地域の経済発展の核になろうとするものであった。しかし、一方では長期的発展からは不均衡が生じてきたことも事実であった。そこで、社会的公正と生活の質の改善（第1は持続可能な成長、第2は

地方との発展バランス，第3は生活の質の向上，人的資源開発，環境の改善等の3つ）方向をも目指すものであった。[2)]

　第8次経済社会計画（1997～2001年）では，第1に，社会・経済の変化に対応できる健康，福祉，知性等を育てることにより，タイのポテンシャルを育て，発展させること，第2に安定した社会を発展させ，家族やコミュニティーを強くさせ，人的発展をサポートし，生活の質を改良し，国の発展にコミュニティーの参加を強めること，第3に安定的かつ持続可能な経済発展を増進させること，第4に質の良い生活の為に，環境や資源を利用し，保全すること，第5に非政府組織，私的部門の役割を拡大することの5点が目的であった。しかし，1997年の9月には，経済の急停滞（GDPの対前年成長率は，1996年は5.9％だったのが，1997年にはマイナス1.8％となった。さらに，1998年にはマイナス10.4％と極端に後退した）により，計画の大幅な見直しをせざるをえなくなった。そして，持続可能な成長のため，人的資源の開発は維持するが，IMFとの合意（安定性と安全性を重視）から，マクロのターゲットと投資計画を改正し，特に公的投資の縮小をするようになった。

　以上がタイの経済社会計画の概要であるが，つづいてタイの経済発展の実態をみることにしよう。第8-1図（第8-1図の8つのパネルの変数は，本書の付録あるいは山口［1982b］［1994］のモデル $Ax=b$ の x の8内生変数を示す）のパネル1は実質農業生産量（実線の折線グラフ）と農産物価格（点線の折先グラフ）の対前年成長率（例えば，1951年の値は1950年から51年までの成長率）を示したものである。これをみれば，1950年代にみられた農業生産量の大きな変動は，1960年代にはまず最初にマイナス成長がなくなっていることがわかるであろう。しかし，対前年成長率は10％をこえる年もあった。ところが1970年代や80年代になると，いくつかの例外を除いて，農業生産量の変動は次第に小さくなっているのである。

　すなわち，この点はタイ農業で品種改良や技術革新等がなされてきたことを示すものであろう。それに対し，農産物価格の変動は農業生産量の変動に比べ，はるかに大きく（農産物需要の価格弾力性が小さいより生じる），現在でもかなりの大きさを持っていることがわかるであろう。特に1972～73年の食糧危機の際には，30％をこえる大変動が生じていたのであった。それに対し，パネル2で

184　第3部　人口の実証的研究

第8-1図　8内生変数の対前年成長率

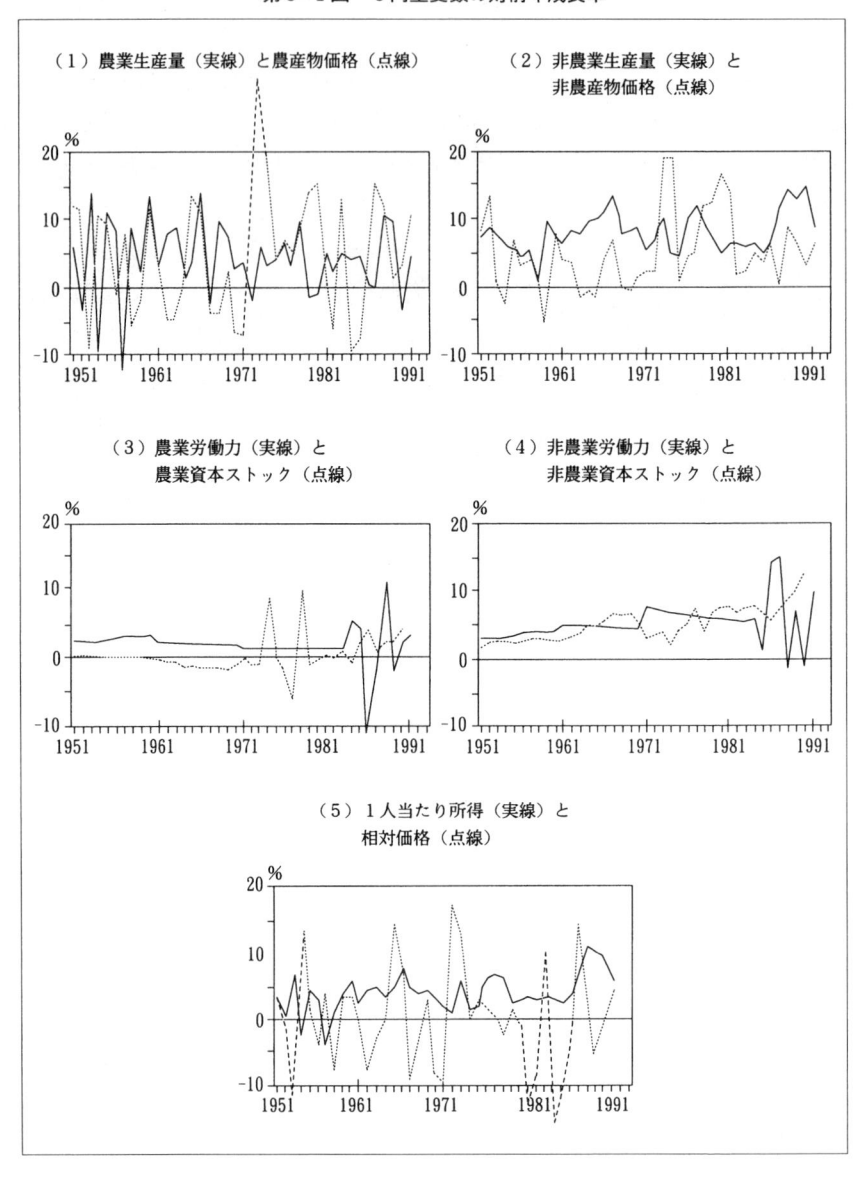

(1) 農業生産量（実線）と農産物価格（点線）

(2) 非農業生産量（実線）と非農産物価格（点線）

(3) 農業労働力（実線）と農業資本ストック（点線）

(4) 非農業労働力（実線）と非農業資本ストック（点線）

(5) 1人当たり所得（実線）と相対価格（点線）

第8章 タイの人口成長と経済発展　185

第8-2図　8内生変数の5カ年平均成長率

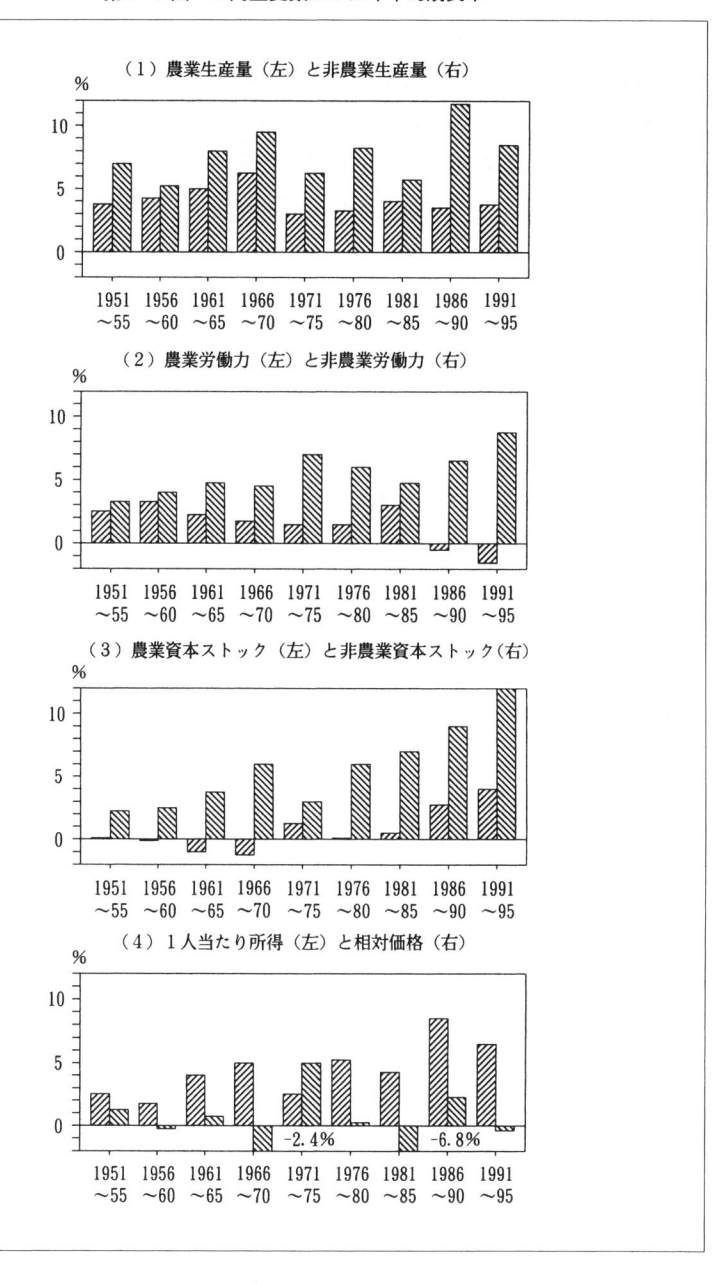

(1) 農業生産量（左）と非農業生産量（右）

(2) 農業労働力（左）と非農業労働力（右）

(3) 農業資本ストック（左）と非農業資本ストック（右）

(4) 1人当たり所得（左）と相対価格（右）

示された非農業生産量の変動はきわめて小さく、価格変動も農産物の価格変動と比べると非常に小さいことがわかるであろう。この両者の比較により、農業と非農業の特徴の違いが明確に浮き彫りになってみえてくるのである。

また第8-1図より、農業生産量と農産物価格の間には逆相関が存在（すなわち、豊作になれば価格が下落し、不作の時は価格が上昇する）することが理解できるであろう。一方、非農業生産量も非農業物価格と逆相関を持っていることがわかるが、農産物ほど鮮明な逆相関は存在しないことも理解できよう。農産物価格も1960年代まではきわめて鮮明な逆相関が存在したが、その後は国内の豊凶よりも、むしろ世界や外国の状態等（例えば、1972年と73年の食糧危機の時期等）がより大きな影響力を持ち始め、タイ国内の農業生産量は農産物価格とそれほど逆相関を持たなくなっていることがわかる。さらに、同図のパネル3には農業労働力と農業資本ストックが、パネル4には非農業労働力と非農業資本ストックの対前年成長率が示されている。しかし、これらのインプットはいくつかの例外を除き、アウトプットほど変動していないこともわかるであろう。また1人当たり所得は農業と非農業生産量の変動を合成したような形になっていることも理解できるのである。

一方、第8-2図のパネル1（農業生産量 Y_1 と非農業生産量 Y_2 の対前年成長率の5年平均値）をみれば、タイ経済は1950年代から60年代へとアウトプット面で、加速度的に成長率を伸ばしてきたこともわかる。すなわち、棒グラフが示す実質農業生産量の成長率（第8-2図のパネル1の棒グラフの高さは、実質農業生産量および実質非農業生産量の対前年成長率の5年の平均の大きさを示している。例えば、1951～55年の農業生産量の棒グラフの高さは3.6を示しているが、これは実質農業生産量の1951年から55年までの毎年の対前年成長率、すなわち1950～51、51～52、52～53、53～54、54～55年の成長率を5年間平均したものの大きさが3.6%であったことを意味している）は1951～55年に3.6%であったのが、56～60年には4.1%、61～65年には5.0%、66～70年には6.3%へと加速度的に増加してきたことがわかる。

同様に、非農業生産量も1951～55年は6.9%であったのが、56～60年は5.3%と少し低下した。しかし、1961～65年は8.2%、66～70年は9.4%へと加速度的に増加してきたのであった。ところが、1971～75年と81～85年になると、農業生産量の成長率は3%程度へと低下したのである。また、非農業生産量は2つ

の石油ショックがあった1971～75年および1981～85年は5～6％程度へと低下したが，逆に1986～90年は12％程度もの成長率を持っていたのであった。それゆえ，農工間の格差は1970年代から特に大きくなってきたことを意味するのである。

一方インプット面では，農業労働力の成長率が低下傾向を持っていた（パネル2参照）のに対し，非農業労働力の成長率は1971～75年までに加速度的に成長率を高め，6～8％程度の成長率で安定するようになっている。また，農業労働力の成長率は1986～90年に初めてマイナス成長となり，その後はマイナス成長が次第に大きくなってきているのである。一方，資本ストックに関しては，非農業資本ストックは1971～75年を除き，加速度的に成長率を高めてきたのであった。ところが，農業資本ストックは1970年頃まではゼロかマイナス成長を持っていたが，次第に正の大きな成長率を持つようになっている（農業労働力に代替）ことも理解できるのである。一方，経済発展の総合的な指標である1人当たり所得も1971～75年と81～85年の両期間は少し停滞したが，全体としては加速度的に成長してきたこともわかるであろう。これらの事実は上述の経済社会計画と，如実に対応していることが確認できるであろう。

第2節　農業過剰人口と経済発展

この節では，タイ経済の過剰人口がどのように増減し，経済に影響を与えたかをみることにしよう。まず最初に，タイ経済の技術進歩（T_i）と人口（Q）についてみることにする。第8-1表は1953年から93年まで（例えば同表の1953年の人口Qの値の3％は対前年成長率の1951年から55年までの5つの平均，すなわち1950～51年，51～52年，52～53年，53～54年，54～55年の成長率の5つの平均が3％であることを示すものである。それゆえ，同表で計算しているように，1995年までのデータはすべて揃えることができた。しかし，部門別資本ストック等を含む1996年以降のデータは，一部が揃わなかった為，1996年以降のものは今回は断念した。以下の計算も同様である）のタイ経済の技術進歩率と人口成長率を示したものである。サフィックス1は農業部門（それゆえ，T_1は農業技術進歩を示し，T_2は非農業技術進歩）を，

第8-1表 タイの人口と技術進歩 (単位:%)

	E	T_1	T_2	T	Q	$T-Q$	Y_1/Y	L_1/L	K_1/K
1953	2.5	2.3	4.0	6.3	3.0	3.3	39.9	84.6	36.6
1954	2.3	2.2	3.3	5.5	3.0	2.5	39.6	84.5	36.2
1955	1.4	0.6	2.6	3.2	3.0	0.2	36.9	84.4	35.7
1956	0.1	-0.7	1.0	0.4	3.0	-2.6	38.3	84.3	35.2
1957	1.4	1.5	1.6	3.0	3.0	0.0	34.6	84.2	34.6
1958	1.7	1.8	1.8	3.6	3.0	0.6	35.8	84.1	34.1
1959	1.6	1.0	2.0	3.0	3.0	0.0	36.6	84.0	33.5
1960	3.3	4.6	2.4	7.0	3.0	3.9	32.6	84.0	32.9
1961	4.2	4.6	3.6	8.2	3.1	5.1	34.3	83.9	32.2
1962	4.2	4.4	3.4	7.9	3.1	4.8	32.8	83.8	31.6
1963	3.9	2.4	3.7	6.1	3.1	3.0	34.1	83.7	31.0
1964	5.1	4.7	4.4	9.2	3.1	6.1	33.5	83.3	30.4
1965	5.2	2.7	5.3	8.0	3.1	4.9	33.4	83.0	29.6
1966	5.0	2.9	5.2	8.1	3.3	4.7	33.7	82.6	28.7
1967	5.2	4.1	4.9	8.9	3.3	5.6	32.0	82.3	27.5
1968	4.9	3.9	4.5	8.4	3.4	5.0	30.8	81.9	26.4
1969	3.6	1.7	3.3	5.0	3.4	1.6	31.5	81.5	25.1
1970	2.9	1.8	1.8	3.5	3.4	0.2	28.4	81.2	23.7
1971	3.3	0.9	2.1	3.0	3.1	-0.1	28.8	80.8	22.3
1972	2.7	0.1	1.4	1.5	3.0	-1.5	28.7	80.4	21.0
1973	2.5	0.8	0.5	1.3	2.9	-1.6	27.7	80.0	19.9
1974	3.4	1.6	1.4	3.1	2.8	0.3	27.4	79.0	19.5
1975	4.5	3.0	2.4	5.4	2.7	2.8	25.7	78.1	18.8
1976	4.7	3.8	2.3	6.2	.2.6	3.6	25.0	77.2	18.1
1977	4.9	3.1	2.6	5.7	2.5	3.2	24.7	76.3	19.1
1978	5.1	1.9	2.6	4.5	2.1	2.4	24.6	75.4	18.4
1979	4.6	1.6	1.8	3.4	2.0	1.3	24.0	74.6	17.4
1980	3.8	1.4	0.7	2.1	1.9	0.2	22.5	73.7	15.6
1981	3.2	0.7	0.0	0.6	1.9	-1.2	22.6	72.8	16.3
1982	3.3	1.4	-0.3	1.1	1.9	-0.7	21.2	72.0	15.3
1983	3.3	2.1	0.4	2.5	2.1	0.4	20.2	71.1	14.4
1984	3.3	2.6	-0.5	2.1	2.0	0.0	20.0	70.3	13.6
1985	4.2	2.5	-0.8	1.7	2.0	-0.3	19.5	69.5	12.8
1986	5.7	2.3	1.7	4.0	1.9	2.1	19.4	68.7	12.2
1987	7.2	4.1	2.8	6.9	1.7	5.2	19.1	68.6	11.4
1988	8.6	2.7	4.7	7.4	1.7	5.7	19.1	69.3	11.0
1989	9.1	3.2	5.9	9.1	1.6	7.5	18.2	59.8	10.8
1990	8.8	4.4	6.3	10.7	1.5	9.2	16.6	62.7	10.2
1991	7.9	3.5	4.0	7.5	1.4	6.1	16.2	60.7	9.7
1992	7.3	2.5	3.5	6.0	1.3	4.7	15.8	61.6	9.1
1993	6.7	3.6	0.2	3.8	1.3	2.5	13.6	60.3	8.5

(備考) 例えば，1953年の1人当たり実質所得 E の2.5は，対前年成長率の1951年から55年まで，すなわち1950~51年，51~52年，52~53年，53~54年，54~55年の成長率の5つの平均が2.5%であることを示す（ただし，Y_1/Y，L_1/L と K_1/K の3系列のみは3年前の年，例えば1953年の値は，1950年の値である。また Y は実質所得，L は総労働者数，K は総資本ストック，サフィックス1は農業を，2は非農業部門を表す）。

第8章 タイの人口成長と経済発展　189

第8-2表　タイ農業の過剰人口の増減　　（単位：％）

	Y_1	L_1	W_1/P_1	m_1	W_1	W_2	m_w	N
	(1)	(2)	(3)	(4)	(5)	(6)	(7)	(8)
				=(3)−(1)+(2)			=(5)−(6)	=(4)−(7)
1973	3.0	1.4	−1.8	−3.4	10.7	11.6	−0.9	−2.6
1974	3.5	1.4	−3.5	−5.6	12.0	10.5	1.5	−7.1
1975	4.5	1.4	0.5	−2.6	13.5	10.9	2.7	−5.3
1976	5.3	1.4	2.4	−1.5	11.3	11.5	−0.2	−1.2
1977	4.3	1.4	2.4	−0.5	10.2	11.4	−1.2	0.7
1978	3.2	1.4	2.2	0.4	12.4	12.1	0.3	0.1
1979	3.0	1.4	2.0	0.4	10.9	14.0	−3.1	3.5
1980	2.9	1.4	1.5	0.0	8.0	12.0	−4.0	4.0
1981	1.9	1.4	0.8	0.3	8.0	8.0	0.0	0.4
1982	3.1	2.2	0.5	−0.4	2.8	6.1	−3.2	2.8
1983	4.3	2.8	−0.4	−1.8	−2.8	4.1	−6.9	5.0
1984	3.3	0.2	−3.9	−7.0	−5.4	1.0	−6.4	−0.6
1985	2.8	−0.5	−6.7	−10.0	−4.1	0.4	−4.4	−5.6
1986	4.0	1.4	−5.8	−8.4	−3.4	3.5	−6.9	−1.5
1987	5.0	−0.1	−3.2	−8.4	1.5	2.1	−0.6	−7.7
1988	3.4	−0.5	−2.9	−6.8	4.1	2.5	1.6	−8.4
1989	4.2	2.4	1.0	−0.8	9.1	6.7	2.5	−3.2
1990	5.2	3.6	3.2	1.6	9.9	9.2	0.7	0.9
1991	3.5	1.2	5.4	3.1	10.6	7.1	3.5	−0.4
1992	0.4	2.8	1.3	−1.1	8.5	11.9	−3.4	2.3
1993	4.4	3.2	2.6	1.4	13.2	16.1	−2.9	4.3

（備考）　この表の値も第8-1表と全く同様に解釈されたい。

サフィックス2は非農業部門を示すものである。また，Tは農業と非農業技術進歩率の合計を示したものである。

　これをみれば，非農業技術進歩率は2度にわたる石油ショックがあった1970年代初頭，および1980年代初頭に最低の大きさとなっていることがわかる。また農業技術進歩率も1970年代に最低の大きさの技術進歩率を持っていたこともわかるのである。一方，人口成長率は3％から次第に低下し，1.3％程度へと低下したこともわかるであろう。その結果，経済発展に対する技術進歩率と人口成長率の網引競争の結果である両者の差異（$T-Q$）は1970年代初頭（第8-1表の1973年で，1971～75年の平均成長率）は−1.6％，1980年代初頭（第8-1表の1983年で，1981～85年の平均成長率）は0.4％とマイナスかゼロに近い値となった。そして，これは第8-2図の各部門のアウトプットや1人当たり所得の

1971〜75年と1981〜85年の低成長率とほぼ正確に対応しているのである。しかし、大部分のその他の期間では、大きな人口圧力にも屈せずに高い技術進歩率を成し遂げ、両者の差異 ($T-Q$) は正になっていることがわかる。このように、技術進歩と人口は1人当たり所得に対し綱引競争をし、タイ経済では1971年から75年、および1981年から85年を除く大部分の期間で技術進歩が勝利をおさめてきたことが具体的な数値で把握できるのである。

それでは、つづいて過剰人口と経済発展との関係について、タイ経済のデータでみることにしよう。まず第1に、ルイス (A. W. Lewis) [1954] やレイナス゠フェイ (G. Ranis and J. Fei) [1961] を出すまでもなく、第7章の第3節でみたように、農業部門が過剰人口を持てば、農業労働の限界生産力が実質賃金率よりも小さい値をとることは明白なことであろう。それゆえ、農業労働力の限界生産力 ($\alpha Y_1/L_1$) の成長率が実質名目農業賃金率 (W_1/P_1) の成長率よりも大きい場合は、農業過剰人口は減少することになる。逆に、農業労働力の限界生産力の成長率が実質賃金率の成長率よりも小さい場合には過剰人口は増加することになる。それゆえ、この両者(農業労働力の限界生産力と実質賃金率)の成長率の差異により、過剰人口の増減が計測できるのである。そして、第8-2表の m_1 (実際の意味は $\Delta m_1/m_1$ のこと) がマイナスの値の時は、過剰人口が減少したことになる(第8-2表の備考に記されているように、実際の計算にはデータ不足から労働の分配率 α はほぼ一定であると仮定されている)。

第2に、農業部門の賃金率 (W_1) は非農業部門の賃金率 (W_2) よりも低いのが通常の状態である。それゆえ、農業部門に過剰人口が増加すれば、名目農業賃金率はさらに格差が大きくなることになる。それゆえ、この両者(名目農業賃金率と名目非農業賃金率)の成長率の差異により、過剰人口の増減が計測できる。言いかえれば、名目農業賃金率の成長率が名目非農業賃金率の成長率よりも大きければ、過剰人口は減少し、逆に小さければ、過剰人口は増加することになるであろう。すなわち、第8-2表の m_w プラスの値をとる時は、過剰人口が減少したことになるのである。

計測結果をみると、第1の意味での過剰人口が減少した時期は1973年(第8-2表も第8-1表と同様、1973年の値は対前年成長率の71年から75年まで、すなわち1970〜71年、71〜72年、72〜73年、73〜74年、74〜75年の成長率の5つの平均)から77

年までと，1982年から89年までの2つの期間であったことがわかる。逆に，過剰人口が増加した時期は1978年から81年の期間，および1990年から93年までの2つの期間であったこともわかるであろう。一方，第2の意味で過剰人口が減少した時期は1974年から75年，1988年から91年の2期間である。また，第1と第2の両者の合計は第8-2表の第8欄Nで示されている。その結果をみれば，1973年から76年の期間および1984年から91年までの両期間は過剰人口が減少した時期に当たり，1977年から83年および1991年から93年までは過剰人口が増加した時期に当たることがわかるであろう。

この両者より，全体的に（総合的に）過剰人口が減少または増加しなかった時期は，第8-2表の第8欄Nのマイナスおよびほぼゼロの時期が示すように，1973年から78年およびおよび1984年から91年頃までの2期間であることがわかるのである。また全体的に過剰人口が増加した時期は1979年から1983年，および1992年から93年の2期間であることもわかったのである。

第3節　タイ経済の成長会計分析

経済発展が進むにつれ，農業の割合が低下することはよく知られている。第8-1表に示したように，タイの1950年における農業所得の割合（Y_1/Y）は39.9％であった（第8-1表の備考に記したように，同表のY_1/Y, K_1/KおよびL_1/Lのみは1953年の数値が，1950年の値を示す）。それが1960年（63年，以下同様）には34.1％，70年には27.7％，80年には20.2％，90年には13.6％へと低下した。また農業資本ストックの割合（K_1/K）は1950年には36.6％，60年には34.1％，70年には19.9％，80年には14.4％，90年には9.5％へと低下した。これらのタイの経済構造の変化を日本のケースと比較すれば，タイの1950年は日本のほぼ1880年代半ばに当たり，タイの1990年は日本のほぼ1950年代に当たることがわかる[3]。すなわち，日本が70年近く要した経済発展をタイはわずか40年で成就しているのである。それゆえ，無類の速さで発展した日本をはるかに越す勢いで発展し，いわゆるガーシェンクロンがいう後発性の利益が改めて再確認されるのである。

192　第3部　人口の実証的研究

第8-3図　1人当たり実質所得の成長への貢献度

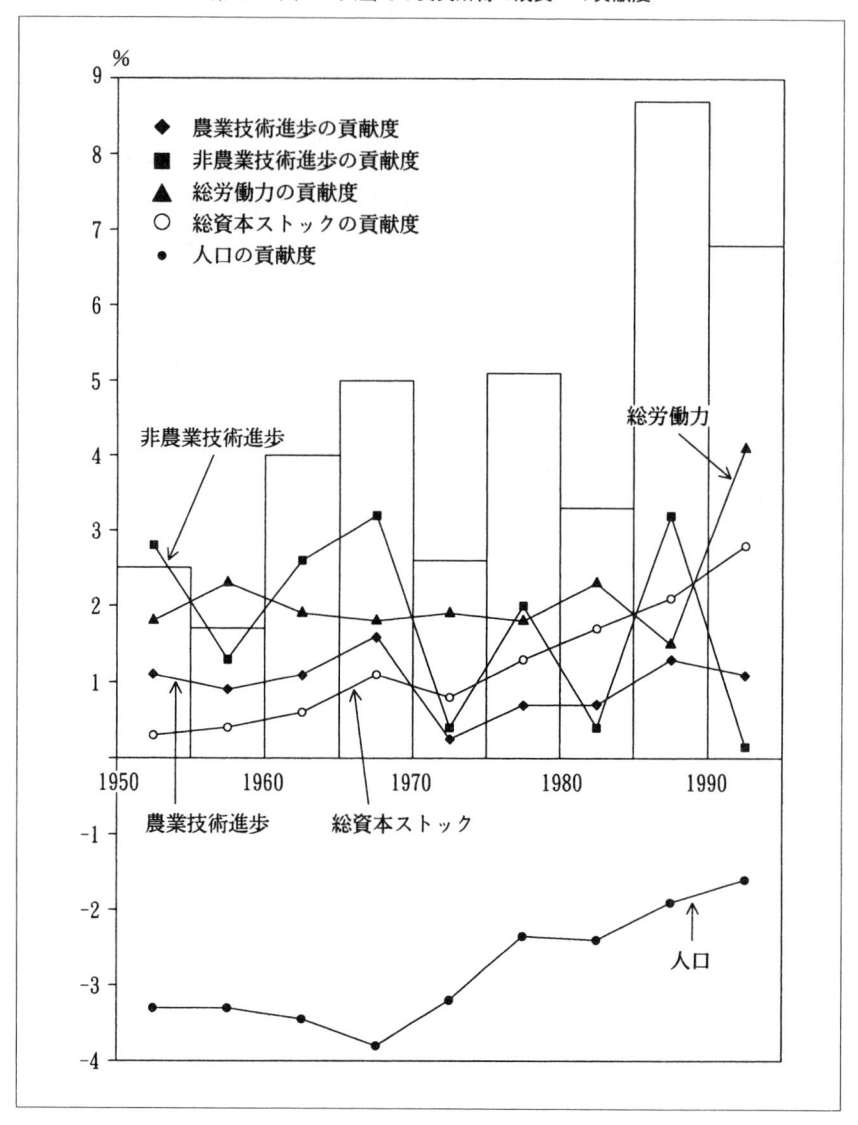

◆　農業技術進歩の貢献度
■　非農業技術進歩の貢献度
▲　総労働力の貢献度
○　総資本ストックの貢献度
●　人口の貢献度

第8章 タイの人口成長と経済発展　193

第8-3表　タイ経済の成長会計分析

(イ) 農業生産量　　　　　　　　　　　　　　　　　　　　　　　　　　　（単位：％）

	$\Delta Y_1/Y_1$	CY_1T_1	CY_1T_2	CY_1K	CY_1L	CY_1Q	CY_1m_1	CY_1m_w
1951〜55	3.6	2.24	-0.14	0.15	1.28	0.17	—	—
	(100)	(62)	(-4)	(4)	(36)	(5)		
1956〜60	4.1	1.74	-0.05	0.18	1.70	0.17	—	—
	(100)	(42)	(-1)	(4)	(42)	(4)		
1961〜65	5.0	2.31	-0.08	0.24	1.34	0.18	—	—
	(100)	(46)	(-2)	(5)	(27)	(4)		
1966〜70	6.3	3.72	-0.07	0.43	1.18	0.21	—	—
	(100)	(59)	(-1)	(7)	(19)	(3)		
1971〜75	3.0	0.76	-0.00	0.29	1.34	0.19	-0.37	0.15
	(100)	(25)	(0)	(10)	(45)	(6)	(-12)	(5)
1976〜80	3.2	1.77	0	0.51	1.33	0.15	0.05	-0.05
	(100)	(55)	(0)	(16)	(42)	(5)	(2)	(-2)
1981〜85	4.3	1.90	0	0.61	1.64	0.20	-0.26	1.38
	(100)	(44)	(0)	(14)	(38)	(5)	(-6)	(32)
1986〜90	3.4	2.64	-0.16	0.80	0.87	0.10	-0.69	-0.35
	(100)	(78)	(-5)	(24)	(26)	(3)	(-10)	(-10)
1991〜95	3.8	3.12	0	1.12	2.58	0.17	—	—
	(100)	(82)	(0)	(29)	(68)	(5)		
平　　均	(100)	(51)	(-0)	(11)	(37)	(4)		
日本の平均	(100)	(81)	(-2)	(35)	(43)	(17)		

(ロ) 非農業生産量　　　　　　　　　　　　　　　　　　　　　　　　　　（単位：％）

	$\Delta Y_2/Y_2$	CY_2T_1	CY_2T_2	CY_2K	CY_2L	CY_2Q	CY_2m_1	CY_2m_w
1951〜55	6.9	0.25	4.64	0.54	2.18	-0.84	—	—
	(100)	(4)	(67)	(8)	(32)	(-12)		
1956〜60	5.3	0.25	2.00	0.63	2.81	-0.74	—	—
	(100)	(5)	(38)	(12)	(41)	(-14)		
1961〜65	8.2	0.39	4.02	0.82	1.94	-0.74	—	—
	(100)	(5)	(49)	(10)	(24)	(-9)		
1966〜70	9.4	0.64	4.73	1.44	1.90	-0.74	—	—
	(100)	(7)	(50)	(15)	(20)	(-8)		
1971〜75	6.3	0.14	0.51	0.92	2.12	-0.58	1.88	-0.29
	(100)	(2)	(8)	(15)	(34)	(-9)	(30)	(-5)
1976〜80	8.6	0.34	2.60	1.60	2.08	-0.38	-0.20	0.09
	(100)	(4)	(30)	(19)	(24)	(-4)	(-2)	(1)
1981〜85	5.7	0.43	0.40	2.00	2.68	-0.43	0.84	-1.83
	(100)	(8)	(7)	(35)	(47)	(-8)	(15)	(-32)
1986〜90	11.9	0.29	5.46	2.95	1.48	-0.46	4.64	0.41
	(100)	(2)	(46)	(25)	(12)	(-4)	(39)	(3)
1991〜95	9.0	0.73	0.20	4.13	4.37	-0.30	—	—
	(100)	(8)	(2)	(46)	(49)	(-3)		
平　　均	(100)	(5)	(37)	(17)	(32)	(-8)		
日本の平均	(100)	(8)	(20)	(45)	(15)	(-7)		

第8-3図, 付表8-1および第8-3表はタイの経済成長会計分析の結果を示したものである。第8-3図（図中の棒グラフの高さは, 各5年毎の1人当たり実質所得の成長率を示すものである。例えば, 1950年の棒グラフの高さは2.5の大きさを示している。これは1950～55年までの5年間で, 1人当たり所得は2.5%の大きさで成長したことを示すものである。一方折線グラフの大きさは, 記述された変数の貢献度の大きさを示すものである）および付表8-1をみれば, タイ経済の1人当たり実質所得（E）の成長に対し, 総労働力（L）の貢献（CEL）は最大で, 変動は大きいが非農業技術進歩もかなりの大きさの大きな貢献（CET_2）をしていることがわかるであろう。これを日本の経済発展（タイの1950～90年の40年間に対応するのは, 日本の1880～1950年であるゆえ, この期間の指標を比較した）に比較すると, 日本の場合は総資本ストックの貢献（CEK）がきわめて大きく, 農業技術進歩の貢献（CET_1）もかなりの大きさを持っていた。しかし, 非農業技術進歩の貢献（CET_2）は非常に小さいものであった。これはこの時期は不況期で, 非農業技術進歩率の大きさがほぼゼロかマイナスあった1920年代と1910年代が入っていたためであった（この期間を除けば, 日本の非農業技術進歩の貢献は39%の大きさとなる）。そこで全体的に目立つ点は, 日本の場合は資本ストックの貢献が, タイの場合は総労働力の貢献度が大きな値となっていることがわかるのである。

一方, 農業生産量（Y_1）の成長に対しては, 農業技術進歩（T_1）の貢献度（CYT_1）が平均で51%と最も大きく, つづいて, 総農業労働力（L）の貢献度（CY_1L）が37%の大きさとなっている（第8-3表を参照）。また総資本ストック（K）の貢献度（CY_1K）は11%, 人口（Q）の貢献度（CY_1Q）は4%となっている。それに対し, 日本の場合は農業技術進歩と総資本ストックの貢献度が大きかったのである。また, タイの非農業生産量（Y_2）の成長に対しては, 非農業技術進歩の貢献（CY_2T_2）が最大の大きさを持っているが（上述のように, 日本は不況期であった1920年代と1910年代に非農業技術進歩率がきわめて小さかったので, 貢献度は小さい）, 日本の場合は総資本ストックの貢献（CY_2K）が, タイの場合は総労働力の貢献度（CY_2L）も大きな値となっている。

この総労働力の1人当たり所得や両部門の生産量への大きな貢献に関しては, 次の点に注意を払う必要があるだろう。すなわち日本に比べ, タイの経済発展

第8章　タイの人口成長と経済発展　195

で最初に目をひく点は，タイの人口成長率の高さである。タイの人口成長率は現在でこそ1.3％程度へと激減しているが，1990年近くまでは2％以上，1970年代までは3％以上にもおよぶものであった。この点は，1880年から高度経済成長期にいたるほぼ全期間にわたり，1％程度の人口成長率であった日本の経験とは全く異なるものである。それゆえ，タイの農業労働力の割合 (L_1/L) で，総労働力に占める農業労働力の割合は日本と比べ，きわめて大きな値を持っているのである。

　すなわち上述のように，タイの1950年における農業所得の割合 (Y_1/Y) は39.9％であったのが，90年には13.6％へと低下した。また農業資本ストックの割合 (K_1/K) は1950年には36.6％であったのが，90年には9.5％へと低下した。すなわちこの両者に関しては，タイの1950年は日本のほぼ1880年代半ばに当たり，タイの1990年は日本のほぼ1950年代に当たっていたのである。しかし，日本の1880年代の農業労働力の割合 (L_1/L) は70％程度であったのに対し，同程度の経済発展段階に当たるタイの1950年の値は85％にものぼるものであった。また日本の1950年の値は44％であったのに対し，同程度の経済発展段階に当たるタイの1990年の値は62％にも達していた。

　このように，タイはこの農業労働力の割合が，日本よりはるかに高い値を持っており，農業部門で多くの過剰人口が存在していることがわかるであろう。この点は上述のように，1人当たり所得の成長に対し，日本の場合には総資本ストックの貢献が，タイの場合には総労働力の貢献度が大きな値となっていたこととコンシステントなことであろう[4]。そして，農業労働力は1980年半ば以降はマイナス成長となっていた。またタイの農業過剰人口も1970年前半と1980年後半から91年頃までに減少していたが，タイ農業は依然として過剰人口がかなり大きいことが推測されるのである。新谷は注2）で述べた『前掲書』で農業労働の生産弾性値を0.34と推定し，その書物のp.77の図3-3で労働の限界生産力と賃金率の間にきわめて大きな差異があり，過剰状態が強いことを示唆していたが，この点はここでの研究と一致するものである。

おわりに

　以上，タイの経済発展について述べてきた。要約すれば，次のようになるだろう。

　1　タイは1961年からスタートした第1次経済計画から，第8次経済社会計画まで，合計8つの経済計画がなされてきた。第1次と第2次は，インフラ整備の促進に重点が置かれていた。第3次および第4次経済社会計画では，社会的公正や社会的正義という面も出されてきた。第5次経済社会計画は再び，工業化とともに農村開発も推奨し，経済構造の調整色の強いものであった。第6次では，効率の向上と質の改善を目指した経済開発，生産構造の再編成，適正な地域配分等構造調整が強調された。成長の目標は低かったが，実際は高成長をもたらし，NIESにつぐ地位をもたらした。第7次は第6次の成功で自信を持つようになった。しかし，一方では不均衡が生じ，社会的公正と生活の質の改善方向を目指すものであった。そして現在の第8次を迎え，非常に大きな問題を露呈するようになっている。

　2　農業生産量の変動は大きかったが，1960年代にマイナス成長がなくなり，次第に変動が小さくなった。また農業および非農業生産量の成長率は加速度的に大きくなってきた。一方インプット面では，農業労働力の成長率は，1986～90年の期間に，初めてマイナス成長を記録したのであった。また，農業資本ストックは1970年頃までは，ゼロかマイナス成長であったが，次第に正の大きな成長率を持つようになってきた。そして，1人当たり所得は1971～75年と81～85年の両期間は少し停滞したが，全体としては加速度的に成長した。

　3　タイ経済では，人口と技術進歩の綱引競争で，1971年から75年，および1981年から85年を除く大部分の期間で，技術進歩が勝利をおさめ，経済が発展してきたことが計測結果から理解できる。

　4　過剰人口の増減を測る第1の測定法（限界生産力と実質賃金率の成長率の差異から測定）によれば，過剰人口が減少した時期は1973年から77年までと，1982年から89年までの2つの期間であった。逆に，過剰人口が増加した期間は，1978年から81年の期間，および1990年から93年の2つの期間であった。一方，

第2の意味（名目農業賃金率と名目非農業賃金率の成長率の差異から測定）で過剰人口が減少した期間は，1974年から75年，88年から91年の2期間であった。それゆえ，第1と第2の合計の結果をみると，1973年から76年の期間および1984年から91年までの両期間は過剰人口が減少した時期であり，1977年から83年および1991年から93年までが過剰人口が増加した時期であった。

5　経済構造からいうと，タイの1950年は日本のほぼ1880年代半ばに当たり，タイの1990年は日本のほぼ1950年代に当たっている。すなわち，日本が70年近く要した経済発展を，タイはわずか40年程度で成就したことになる。また，タイ経済の1人当たり所得の成長に対し，総労働力の貢献が最大で，変動は大きいが非農業技術進歩もかなりの大きさの貢献をしていた。一方，この期間に相当する日本の場合は（タイの1950年から90年の40年間に対応するのは，日本では1880年から1950年である），総資本ストックの貢献が最大で，農業技術進歩の貢献もかなりの大きさであった。非農業の貢献は非常に変動し，1920年や10年代はゼロかマイナスの貢献であった。また各部門の生産量の成長に対しても，タイの場合は総労働の貢献が大きく，日本の場合は総資本ストックの貢献が大きくなっている。タイの場合，日本と比較すれば，人口成長率が非常に高いものであった。そして，農業労働力の比率もきわめて高いものとなっており，非常に多くの過剰人口を持っていることがわかるのである。

（付記）　本章は山口［1997］を加筆，展開したものである。

注
1）　本研究は1996年7月から8月にかけての文部省海外科学研究費（代表者辻井博）で，タイに調査に行った際の資料や，聞き取り調査からスタートしたものである。それゆえ，ここでの資料は主として新谷正彦［1993］のデータを用い，このタイ調査から得られたもの，Statistical Data Bank and Information Dissemination Division, National Statistical Office, *Statistical Yearbook Thailand* [Various Issues] やその後得られた資料を補助的に使用して分析を行ったものである。
2）　多くの説明書が出版されているが，より平易で詳細な解説は次の書物にも書かれている。新谷［1993］および立石幾久治編［1995］を参照。
3）　山口［1982b］の日本のデータも参照。
4）　ここでの関連で取り上げなければならない点は，タイの就業構造が季節変動が大きい

ことである。またこの季節的職業に農業就業者がきわめて多く就業しているという点である。例えば，1992年を例にとると，農繁期の8月には失業率が1.4%（労働力率は77.9%）であるのに対し，2月は4.4%（労働力率は75.3%），5月は4.99%（労働力率は74.7%）と失業に農業就業者が大きく関係していることがわかるのである。より詳しくは立石編［1995］を参照。

付表8-1　タイ経済の成長会計分析（1人当たり実質所得）　（単位：%）

	$\Delta E/E$	CET_1	CET_2	CEK	CEL	CEQ	CEm_1	CEm_w
1951〜55	2.5	1.05	2.73	0.38	1.82	-3.41	—	—
	(100)	(42)	(109)	(15)	(73)	(-136)		
1956〜60	1.7	0.79	1.26	0.47	2.41	-3.41	—	—
	(100)	(47)	(74)	(28)	(142)	(-201)		
1961〜65	3.9	1.03	2.63	0.62	1.90	-3.53	—	—
	(100)	(26)	(67)	(16)	(49)	(-91)		
1966〜70	4.9	1.60	3.25	1.13	1.68	-3.85	—	—
	(100)	(33)	(66)	(23)	(34)	(-79)		
1971〜75	2.5	0.31	0.37	0.74	1.90	-3.27	1.25	-0.16
	(100)	(12)	(15)	(30)	(76)	(-131)	(50)	(-6)
1976〜80	5.1	0.70	1.95	1.33	1.90	-2.35	-0.14	0.05
	(100)	(14)	(38)	(26)	(37)	(46)	(-3)	(1)
1981〜85	3.3	0.72	0.32	1.72	2.47	-2.40	0.62	-1.19
	(100)	(22)	(10)	(52)	(75)	(-73)	(19)	(-36)
1986〜90	8.6	1.23	3.21	2.09	1.24	-1.93	2.51	0.26
	(100)	(14)	(37)	(24)	(14)	(-22)	(29)	(3)
1991〜95	6.7	1.06	0.17	2.93	4.12	-1.50	—	—
	(100)	(16)	(3)	(44)	(65)	(-22)		
平　均	(100)	(26)	(52)	(27)	(63)	(-95)		
日本の平均	(100)	(37)	(8)	(92)	(35)	(-103)		

（備考）　例えば，CET_1 は農業技術進歩 T_1 の1人当たり所得 E への貢献度を示すものである。

第9章 神戸市の人口成長と経済発展

はじめに

　神戸市の人口は明治以来，第2次大戦による攪乱期を除き急成長で増加した。昭和14（1939）年にはすでに100万人を突破する大都市となっていたが，第2次大戦により約38万人の水準へと低下したのであった。しかし，その後再び急ピッチで回復し，昭和32（1957）年には戦前のピーク時以上の水準になり，その後も増大（阪神・淡路大震災時は除く）していることは周知のとおりである。また，この人口増加の1つの要因は，旧神戸市周辺を新市域とすることにより行われてきたのであった。ところで，この人口増加や都市化の進展は農業にも大きな影響を与えるものであった。本章では，神戸市において人口増加がどのように進展し，市域の拡大とどのようにかかわっているか，さらにそれに伴って農業はどのように変化していったのか等について考察を行うことにする。第1節は戦前の地域別人口成長，第2節は戦後の地域別人口成長，第3節は人口成長と農業の動向である。

第1節　戦前の地域別人口成長

　戦前の神戸市の，地域別人口をみる前に，まず最初に神戸市全体の人口成長

200　第3部　人口の実証的研究

第9-1図　神戸市の人口

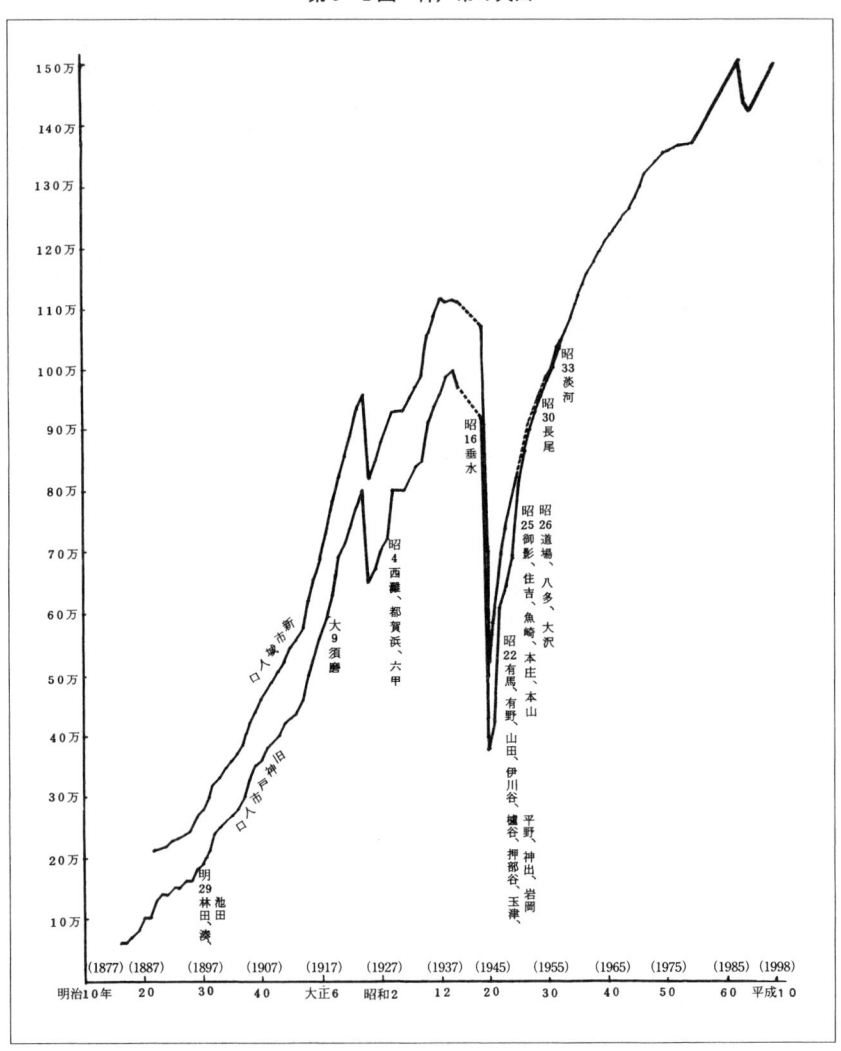

[図：神戸市の人口推移グラフ（1877年〜1998年）]
- 明29　林田、湊
- 大9　須磨
- 昭4　西灘、都賀浜、六甲
- 昭16　垂水
- 昭22　有馬、有野、山田、伊川谷、櫨谷、神出、岩岡、押部谷、玉津、平野
- 昭25　御影、住吉、魚崎、本庄、本山
- 昭26　道場、八多、大沢
- 昭30　長尾
- 昭33　淡河
- 新市域人口
- 旧神戸市人口

をみることにし，つづいて戦前の地域別人口成長をみることにしよう。

● **神戸市の人口**　　神戸市の人口（現住人口）は第9-1図が示すように，明治

16 (1883) 年の約 6 万人の水準から平成11 (1999) 年の約148万人の水準へと増加した。その間，第 2 次世界大戦により約38万人（昭和20 [1945] 年）の水準へと激減したが，その後急ピッチで増加し，昭和32年には戦前の最高水準であった昭和14 (1939) 年の約百万人の水準を凌駕し，阪神・淡路大震災の前の平成 6 (1994) 年には151万8,982人でピークとなった。しかし，大震災で平成 8 年には141万9,825人にまで減少したが，その後増加し現在の人口水準となった。なお第 9 - 1 図の大正14 (1925) 年の人口の落ちこみは，第 2 回国勢調査により人口の正確な把握がなされ，それまでの戸籍による数字が是正されたためにもたらされたものである。周知のように神戸市は，近隣地域を次第に統合合併することにより神戸市域を拡大していった。例えば第 9 - 1 図にも示したように，戦前では明治29 (1896) 年には林田，湊，池田が，大正 9 (1920) 年には須磨が，昭和 4 (1929) 年には西灘，都賀浜，六甲が，昭和16 (1941) 年には垂水が合併された。

戦後では，昭和22 (1947) 年に北神の有馬，有野，山田，および西神の伊川谷，櫨谷，押部谷，玉津，平野，神出，岩岡が合併されたのを初めとして，昭和25年には神戸市近隣の御影，住吉，魚崎，本庄，本山，昭和26年には北神の道場，八多，大沢（オオゾ），さらに昭和30年には長尾，最後に昭和33 (1958) 年に北神の淡河（オオゴと読む。前年の32年に上淡河と淡河が合併し，淡河となった）が合併され，現在に至っている。第 9 - 1 図の新市域人口は，現在の市域で当時は神戸市域でなかった地域に住んでいた人口も含めた人口数を示したものである。それゆえ，新市域人口と旧神戸市人口との差は現在では合併され神戸市となっているが，当時はいまだ神戸市に編入されていなかった地域の人口の大きさを示したものである。これをみると，この人口の大きさは戦前では合併により多少の違いがあるが，ほぼ一定であったことがわかるであろう。これは後にみるように，北神や西神の農業地域等は幾つかの例外を除いては人口はほとんど停滞気味であったことと対応している。

そこで，まず神戸市の各地域毎の人口の発展パターンをみることにしよう。概していえば，旧神戸市周辺の人口成長率は明治30 (1897) 年から40 (1907) 年頃より神戸市の中心部に近い地域から周辺へと順次かつ次第に大きくなっていった（第 9 - 2 図を参照）。それに対し，北神の美嚢郡や有馬郡の人口成長率は

202 第3部 人口の実証的研究

第9-2図 戦前の各地域（旧神戸市周辺）の人口成長

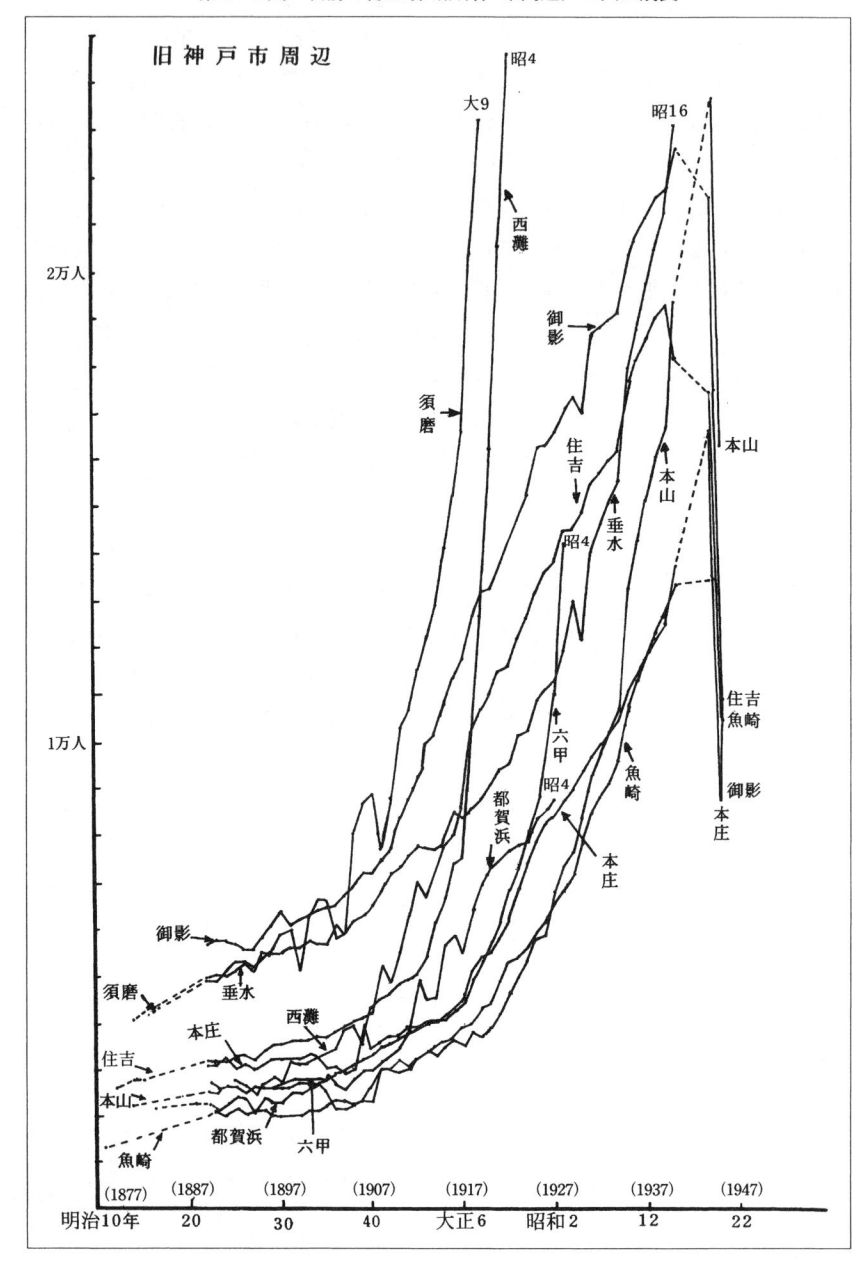

第9章　神戸市の人口成長と経済発展　203

第9-3図　戦前の各地域（有馬郡，美嚢郡，明石郡）の人口成長

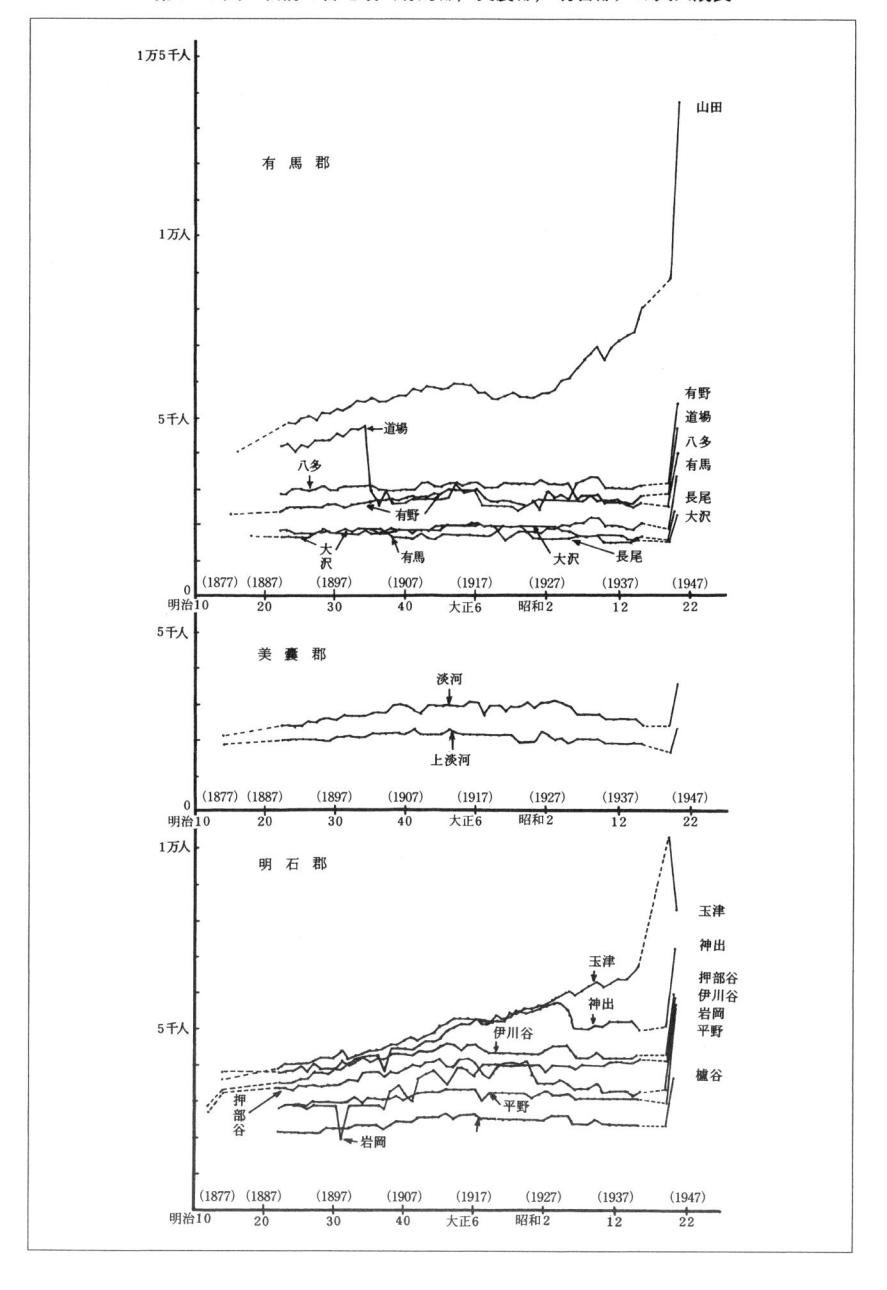

低く，西神の明石郡の人口成長率もほんのわずか大きいものであった（第9-3図参照）。また北神や西神の農村地域では，明治期より大正期にかけ，人口は微増したが，大正期から昭和期の農業恐慌時まではほとんどの町村で人口は減少していたこともわかるであろう。明治以降農村地域での商工業の発達はそれほど大きくなかったという点を考慮すると，この点は農業，特に稲作等の技術進歩により人口の扶養力が増大したが，その後停滞し，農業恐慌により人口扶養力が減少したゆえ生じたものであろう。

さらに，典型的な農村地帯は人口成長のパターンにより3つの範疇に分類することができるであろう。第1のパターンは北神の大沢，八多や淡河にみられるように，戦前を通じて人口がほとんど増加しなかった地域である。これらの地域は戦後になると，逆に人口が減少するようになった。第2のパターンは北神の山田，西神の玉津等にみられるように，人口はかなり増加する地域である。これらの地域では戦後になると，人口が団地造成とあいまって急激に増加しているのである。第3のパターンはこれらの両者の中間的なもので，人口がわずかながら増加している地域である。後にみるように，この中間的地域も戦後には上記の団地造成により，人口が急増する地域が多くなっている。

● **戦前の地域別人口成長**　それでは神戸市の各地域の人口成長をより詳しく，具体的にみることにしよう。旧神戸市周辺の人口成長は第9-2図で示されている。これをみると，明治30（1897）年頃より旧神戸市周辺に最も近い須磨の人口が次第に急増していることがわかるであろう。つづいて西灘，都賀浜，六甲，御影，垂水等が明治40（1907）年頃より人口成長率が大きくなったのである。またそれより東の住吉，本山，本庄や魚崎の各地域の中では旧神戸市に最も近い住吉が近隣の本山，本庄，魚崎よりも早く，大正から昭和にかけて人口成長率が急増した。このように，第9-2図は旧神戸市に近い地域から次第に人口が急増した様子を示している。それでは，第9-3図により北神についてみることにしよう。北神ではほぼコンスタントに増加した山田を除き，ほとんどすべての町村で人口成長は停滞していたことがわかるであろう。しかし，より詳細にみれば，有野が昭和の農業恐慌以後もわずかながら増加している点は他の北神の町村と異なっている点であった。

一方，西神では玉津が明石市周辺ということで，かなりの人口増加率を示している。またこの地域が都市的要素を多く持つということは，終戦の年の昭和20（1945）年に人口が減少している点に強く現れている。すなわち第9-3図をみれば，昭和20年には人口は都市的要素を持つ地域では減少し，農村的要素を持つ地域では増加していることがわかるであろう。それゆえ，玉津はこの点においても戦前にすでに都市的要素をかなり持っていた地域であることがわかるであろう。この点は玉津と同様，北神で戦前にすでにかなりの人口増加を持っていた山田が，昭和20年には人口急増の状態であったのとは好対照であった。また神出や岩岡も，玉津と比較すると増加率は低いが，かなりの人口増加を示していることもわかるであろう。しかし，神出と岩岡は農業恐慌後には人口が停滞ないし減少し，かつ昭和20年には人口が増加している点を考慮すると玉津とは異っていることがわかる。すなわち神出や岩岡は純農村的色彩を持っていたが，農業での人口扶養力を増大させてきたがゆえに人口が増加したものと考えることができるのである。

第2節　戦後の地域別人口成長

戦後になると，これらの純農村地域の人口成長パターンは激変し，第9-4図のように今までとは異なった3つのパターンに変化するようになった。すなわち，第1パターンは戦前の旧神戸市周辺の地域のように，人口が急増するものである。この第1パターンを持つ地域としては，北神の山田，有野，西神の玉津，押部谷，伊川谷，平野，櫨谷（平成8［1996］年に平野と櫨谷が合併し，西神中央となった）等があげられよう。第2パターンは逆に，人口が減少する地域である。この典型的な例としては北神の淡河，大沢，八多（最近は少し盛り返している）と昭和40（1965）年以降の有馬等があげられよう。第3パターンはその中間的地域であり，人口成長が第1パターンほどではないとしても増加している地域である。これらの例としては西神の岩岡，北神の長尾（この両者はかなりの率で増加している），道場（少し増加），さらに西神の神出（最近は停滞か，少し減少気味である）をあげることができるであろう。

206 第3部 人口の実証的研究

第9-4図 戦後の各地域の人口成長

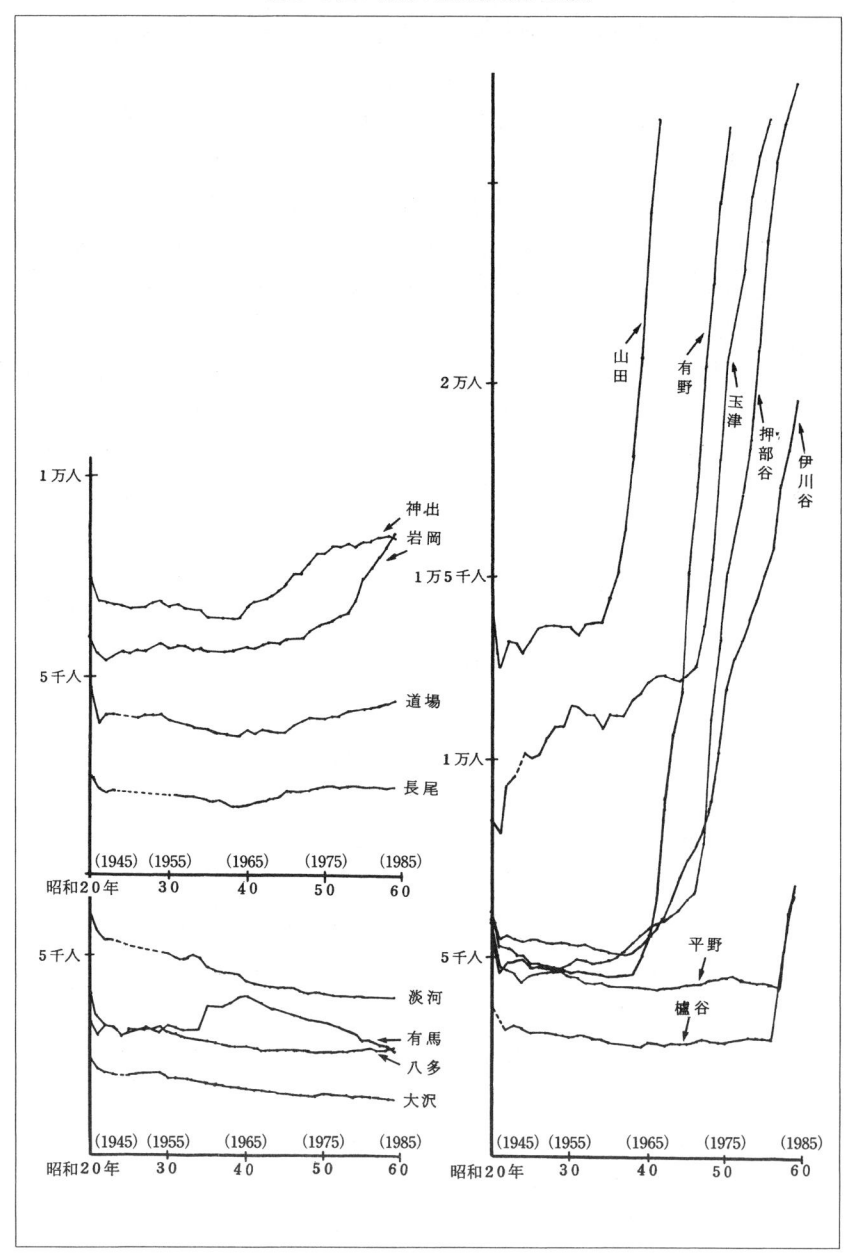

第9章　神戸市の人口成長と経済発展　207

第9-5図　神戸市の団地造成

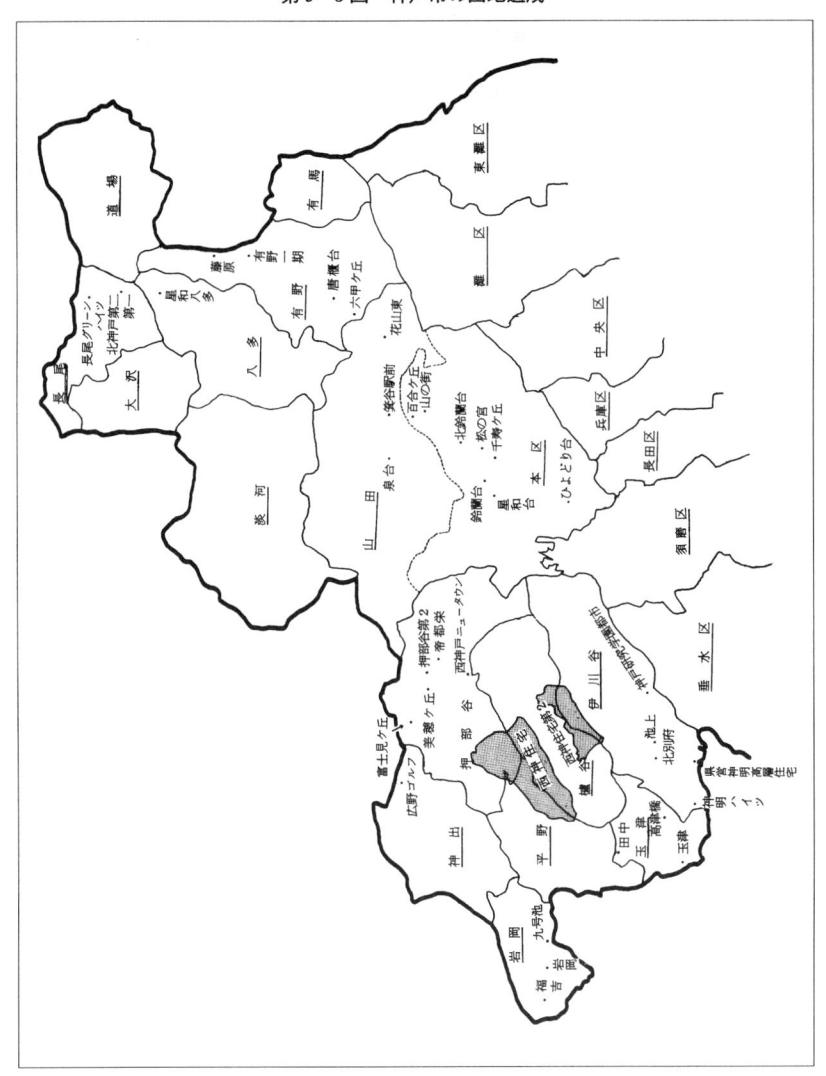

　この第1パターンにみられる人口増加は神戸市による団地造成により生じたものが主な要因であった。そこで昭和60（1985）年7月の神戸市団地造成現況図により，各地域毎の団地造成についてみることにしよう（第9-5図参照）。

北神と西神の中で，数量ともに最も多く団地造成が行われてきた地域は山田であった。すなわち，山田では昭和37（1962）年6月に許可，認可がおりた百合ケ丘（2,550人），また昭和38年2月の松の宮（548人），昭和38年10月の干寿ケ丘団地（300人）をはじめとして約50にものほる団地形成が行われている。その中で特に大きい計画人口を持つものは昭和40年12月の鈴蘭台（18,000人），昭和43年3月の北鈴蘭台（14,700人），昭和44年5月のひよどり台（21,000人）等であった。また山の街は昭和44年12月の第1山の街から昭和55年12月の第4山の街を合計すると19,652人にもなるものである。

その他にも昭和44（1969）年12月以降の星和台も第4までを含めて合計10,677人となる大規模な団地造成であった。その他5,000人以上のものをあげると，昭和48年21月の花山東（6,460人），昭和45年10月の泉台第1期（5,225人）や昭和47年6月の箕谷駅前（5,000人）等があり，その他数多くの団地造成がなされてきたのであった。山田につづき数多くの団地造成が行われてきた地域は有野，玉津，押部谷や伊川谷であり，約10前後の団地造成がなされている。まず有野では昭和39年11月の唐櫃台（5,017人），昭和40年4月の六甲ケ丘（2,740人）をはじめとした開発がなされており，その中で特に規模の大きいものは昭和52年9月の藤原（30,000人，ただし有野以外の地も含む），昭和45年5月の有野1期（15,000人）や上述の唐櫃台があげられよう。

一方，西神の玉津は昭和40（1965）年4月の玉津（18,000人），昭和48年4月の高津橋（1,040人）をはじめとして，昭和40年代から50年代，60年代にかけて積極的に開発された地域であった。この中で，特に規漠の大きいものは玉津（18,000人）や田中（3,500人）である。また押部谷では昭和42年9月の帝都栄（300人），昭和43年10月の帝都栄2期（520人）をはじめとして，昭和44年3月の富士見ケ丘（3,520人），昭和44年5月の美穂ケ丘（4,500人）等があり，この押部谷も昭和40年代から50年代，60年代に積極的に開発された地域であった。その中で特に大きい規模のものは昭和46年12月の西神戸ニュータウン（22,764人）や昭和54年8月の押部谷第2（5,100人）等があげられる。

ところで櫨谷や平野は多くの地域にまたがった比較的新しい大規模な団地造成がなされた地域である。例えば昭和46（1971）年2月の西神住宅（67,000人）や昭和55年12月の西神住宅第2（36,000人）等は特に大規模なものであり，そ

れらにより人口が増大した地域であった。実際に第9-4図をみても櫨谷や平野の人口は昭和56年頃より急増していることがわかるのである。また岩岡や神出については，岩岡の団地造成数が5つと神出の2つの団地造成を上まわっている。すなわち岩岡では昭和48年5月の福吉（1,286人），昭和49年12月の九号池（420人）や昭和50年1月の岩岡（9,600人）等が代表的なものであり，一方の神出は昭和43年4月の広野ゴルフ1期（990人）と広野ゴルフ2期（250人）の2つが開発されたのであった。いずれにせよ，これらの団地造成が人口の急増の大きな要因であったことは明白であろう。

第3節　人口成長と農業の動向

　このような人口の増大に対し，農業も変化を余儀なくされてきた。工業化ないしは住宅化などの人口増加等による農地の壊廃は農業部門のシェアーを減少させ，工業部門のシェアーを増大させるものであった。しかし農業も残り少なくなった土地でより集約的な作物である野菜等の生産を行うように変化した。ここでは，これらの点についてみることにしよう。第9-1表は兵庫県，旧神戸市および新神戸市地域を含む武庫郡，有馬郡，明石郡，美嚢郡の明治および大正期の産業別生産額の構成比を示したものである。神戸市の工業を含む兵庫県の工業のシェアーは大正期においては約80％とかなりの大きさを示しているが，旧神戸市や武庫郡の工業のシェアーは特に大きく90％以上の数値であった。また明石郡も工業のシェアーが大正5（1916）年にはすでに約73％とかなりの大きさを示していたのであった。しかしながら，この明石郡は大正8（1919）年の明石市の独立により工業のシェアーが大幅に低下し，それとともに農業のシェアーがかなり増加したことが第9-1表からもわかるであろう。
　一方，有馬郡の工業のシェアーは25％前後と，各地域の中で最も小さい値を示している。逆に農業のシェアーは最も大きく，約60％もの値を示している。また美嚢郡がそれにつづき，60％弱の値となっている。しかもこの有馬郡と美嚢郡は，美嚢郡がほんのわずか工業のシェアーが高く，農業が低いという点を除き構成比がかなり似かよっていたこともわかるであろう。明石郡も明石市の

第 9-1 表　産業別生産額構成比　　　　　　　（単位：％）

		農業	林業	畜産	鉱業	水産	工業	合計
兵庫県	明治40(1907)年	34.1	3.5	1.1	0.9	3.2	57.2	100.0
	大正5(1916)年	13.5	1.6	0.9	0.9	1.5	81.6	100.0
	大正10(1921)年	16.0	2.9	1.4	0.4	2.7	76.6	100.0
旧神戸市	明治40(1907)年	0.2	0.0	1.5	0.0	0.9	97.4	100.0
	大正5(1916)年	0.1	0.0	0.8	0.0	0.6	98.5	100.0
	大正10(1921)年	0.1	0.0	1.2	0.0	2.3	96.4	100.0
武庫郡	明治40(1907)年	7.8	0.6	0.2	0.0	0.7	90.7	100.0
	大正5(1916)年	6.0	0.5	0.4	0.0	0.6	92.5	100.0
	大正10(1921)年	5.3	0.2	1.0	0.0	0.7	92.8	100.0
有馬郡	明治40(1907)年	59.8	12.3	1.8	0.0	0.1	26.0	100.0
	大正5(1916)年	63.8	6.9	2.3	0.0	0.1	26.9	100.0
	大正10(1921)年	64.6	8.6	1.7	0.0	0.2	24.9	100.0
明石郡	明治40(1907)年	24.9	0.5	0.6	0.0	3.1	70.9	100.0
	大正5(1916)年	21.5	0.5	0.6	0.0	3.9	73.3	100.0
	大正10(1921)年	41.2	1.8	1.0	0.0	8.0	48.0	100.0
美嚢郡	明治40(1907)年	46.0	9.2	0.5	0.0	0.1	44.2	100.0
	大正5(1916)年	55.3	3.7	1.0	0.0	0.1	39.9	100.0
	大正10(1921)年	58.0	4.1	1.2	0.0	0.2	36.5	100.0

独立後は約40％の水準へと，逆に農業のシェアーが増加している点がユニークな点であろう。また，北神の有馬郡と美嚢郡の林業のシェアーもかなりの大きさを持つ点が特色の１つとなっている。一方，畜産や水産のシェアーはわずかであるが，その中でも畜産は有馬郡，旧神戸市や美嚢郡で，また水産は臨海部である明石郡，旧神戸市および武庫郡で生産されていたこともわかるであろう。上述の明石郡の明石市の独立の例が示すように，人口と農業の関係はまず農業のシェアーの大きさが変化するという点でつながっている。しかしながら，人口成長は農業に対してはこの点にとどまらず，作物構成をも変化させるのである。この点については，次にみることにしよう。

● **人口と作物の構成の変化**　　ここでは，人口成長と農産物の品目変化との関係を考えることにしよう。ボズラップ（E. Boserup）[1965]が述べたように，一定の土地に人口が増加すればより集約的な農業が行われるようになる。ここにおける対象である農業においても，例えば米と野菜を考慮すると，明らかに野菜の方が米よりもより集約的な作物であり，土地生産性が高い作物である

第9章 神戸市の人口成長と経済発展　211

第9-6図　10アール当たり収量

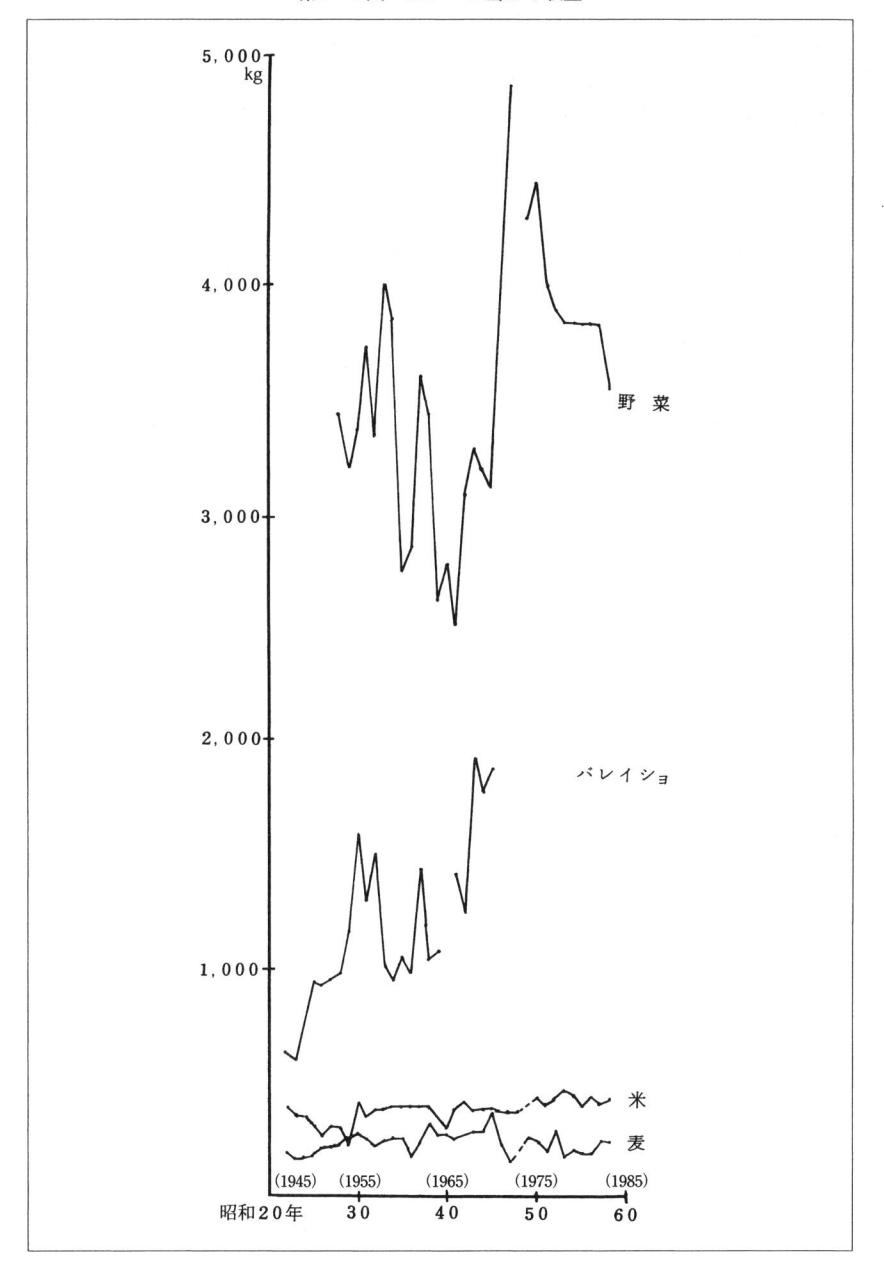

(第9-6図参照)。それゆえ,人口がかなり大きく増加すると,その地域の農業は米から野菜の方向へとシェアーが移るのである。この点を具体的にみることにしよう。すでに山口=浦長瀬［1985］で,郡別農産物総価額の構成比の変化を示していた。それによれば,旧神戸市では米のシェアーが明治40（1907）年の63.4%から大正5（1916）年には22%へと減少し,逆に野菜を含む食用農産物のシェアーが14.7%から59.9%へと急増していた。

また果実も同様に1.4%から9.5%へと増加していた。これは上述の人口増加により米から土地をより集約的に利用する野菜等へと転用した結果によるものであろう。また武庫郡も食用農産物のシェアーが明治40（1907）年には10%であったのが,大正5（1916）年には12.3%,さらに大正10（1921）年には28.6%へと増加し,逆に米のシェアーが約72%の水準から62%の水準へと減少している点も人口増加が作用していると考えられる。さらに明石郡も食用農産物の比率が明治40年に5.7%であったのが,大正5年には10.9%へと増加し,米のシェアーは68.5%から67.5%へと微減したのであった。ところが明石市の独立が行われた後の大正10年には,逆に食用農産物のシェアーは9.9%へと減少し,かつ米のシェアーは74.2%へと増加した。このように,人口が1つの要因として,農産物の品目構成は変化するのである。

また山口［1984a］は,明治以降大正を通じ,昭和の第2次世界大戦までの,旧神戸市およびその周辺の郡の,米,麦,菜種,実綿,大豆,甘藷,馬鈴薯,葉煙草の作付反別および収穫高についてのデータ分析を詳しく行った。その結果,北神の有馬郡と美嚢郡は気侯的および人口的要因やその他の要因により自給的色彩が強く,米麦比率が高かったのに対し,武庫郡や明石郡はバラエティーにとんでいた。一方,武庫郡では明治30（1897）年頃までに外国産により大きな打撃を受けた実綿の生産がかなり盛んに栽培されていたのであった。また大豆,甘藷や葉煙草は明石郡で,馬鈴薯は有馬郡,美嚢郡と武庫郡等でかなり盛んに栽培されていた。第9-2表は上記の作物以外で各地域に関し作付面積が相対的に大きいものを示したものである。第9-2表の数値の上段は上記の期間中に作付された最大の面積を示し,下段はその期間中の最低の面積を示したものである。

これをみれば,北神の美嚢郡や有馬郡は大根や小豆といった伝統的,自給的

第9章 神戸市の人口成長と経済発展　213

第9-2表　農産物の地域別作付面積　　　　　　　（単位：反）

神戸市	漬物	ネギ	ナス	ホウレン草	越瓜	大根	里イモ	蚕豆	キクナ	キュウリ
	520	401	274	272	250	200	156	144	125	113
	97	27	64	56	56	14	6	0	13	19
武庫郡	蚕豆	イチゴ	大根	カブラ	漬物	ホウレン草	里イモ	小豆	ネギ	エンドウ	ニンジン	ナス
	4,081	2,210	1,741	1,314	920	910	902	762	741	687	674	608
	193	30	50	51	130	3	177	31	62	4	40	312
有馬郡	小豆	大根	蚕豆	漬物
	993	784	667	505
	47	102	64	154
美嚢郡	大根	小豆
	597	462
	326	294
明石郡	大根	西瓜	蚕豆	小豆	漬物	カブラ	ソバ	キビ	エンドウ	トマト	ナス
	4,679	2,588	1,570	1,320	1,313	1,157	1,146	643	628	550	434
	803	117	464	67	43	47	131	0	127	0	70

（備考）作付面積の上段は最大の面積，下段は最低の面積を表す。

作物が主で種類が少ないのに対し，武庫郡，明石郡および神戸市等都市化が進んだ地域は，非常にバラエティーにとんだ構成になっていることもわかるであろう。もちろんこれらの差異が生じた要因の1つは，気候の違いであろう。すなわち北神では裏作が比較的少なく，それゆえ自然に品目も制限されるからである。また，その他の要因としては交通の便等を筆頭とする数多くのものが考えられよう。しかしその中で重要な点は，人口増加あるいは都市化が要因となり，野菜等のより集約的な作物が生産されるようになったという点であろう。旧神戸市，武庫郡や明石郡ではキクナ，キュウリ，イチゴ，エンドウ，トマト，ホウレンソウ等と非常にバラエティーに富み，かつ比較的新しい作物がかなり積極的に栽培されていることも注目に値するものである。

　ところで，御影，住吉，本山，本庄や魚崎の東神ともいうべき旧神戸市東部の周辺の地域のうち，御影では明治から大正に，また住吉では大正に，その他

第9-3表　神戸市東部の作物栽培

地域	年	米(反)	漬菜	ホウレン草	米	大麦	裸麦	小麦	馬鈴薯	蚕豆	イチゴ	キュウリ	ナス	生大根	エンドウ	ニンジン	越瓜	ゴボウ	青イモ	ネギ
御影	昭和3	6反	83.3	33.3	100.0	0	16.7	0	116.7	66.7	50.0	50.0	100.0	116.7	0	0	0	16.7	100.0	200.0
御影	昭和8	6	250.0	66.7	100.0	0	0	0	150.0	83.3	33.3	33.3	100.0	183.3	0	0	0	0	33.3	200.0
御影	昭和14	5	100.0	20.0	0*	0	0	0	40.0	20.0	0	0	40.0	60.0	0	0	0	0	0	40.0
住吉	昭和3	23	17.4	0	100.0	0	0	0	21.7	0	0	4.3	26.1	0	0	0	0	0	0	73.9
住吉	昭和8	16	31.3	0	100.0	0	0	0	0	0	0	6.3	12.5	56.3	0	0	43.8	0	0	106.3
住吉	昭和14	2	0	0	0*	0	0	0	100.0	0	0	0	0	100.0	0	0	0	0	0	0
本山	昭和3	1,011	8.0	1.0	100.0	0	21.8	54.6	3.5	1.7	0.3	1.0	3.0	1.5	0.3	0	1.0	5.0	6.0	5.0
本山	昭和8	277	20.9	10.8	100.0	0	9.0	8.7	14.4	20.2	3.2	5.4	5.1	3.6	2.5	2.9	4.3	8.3	9.0	83.0
本山	昭和14	6	66.7	50.0	100.0	0	0	66.7	166.7	33.3	0	166.7	33.3	16.7	0	383.3	0	0	16.7	616.7
本庄	昭和3	543	2.2	1.5	100.0	0.2	9.8	5.0	2.8	1.7	0	1.5	2.9	0.9	0	0	0.2	0	0.2	2.8
本庄	昭和8	271	11.1	5.2	100.0	0	1.8	4.8	3.3	0	1.1	14.4	5.2	0	0	1.1	1.1	0	2.6	28.4
本庄	昭和14	37	156.8	62.2	100.0	0	12.6	6.7	0	0	0	170.3	54.1	5.4	0	8.1	24.3	10.8	5.4	13.5
魚崎	昭和3	119	5.0	4.2	100.0	0	0	0	19.2	10.9	3.4	8.4	8.4	4.2	0	0.8	0.8	0.8	1.7	4.2
魚崎	昭和8	26	15.4	11.5	100.0	0	30.8	19.2	19.2	11.5	0	103.8	57.7	15.4	0	3.8	3.8	3.8	19.2	26.9
魚崎	昭和14	6	66.7	50.0	100.0*	0	0	0	33.3	0	0	66.7	33.3	100.0	0	100.0	0	33.3	0	3.8

地域	年	甜瓜	三つ葉	チサ	トマト	南瓜	カブラ	大豆	甘藷	西瓜	カンラン	キクナ	分葱	蕗	緑肥
御影	昭和3	0	0	0	0	0	0		0.6		0.5	1.0			
御影	昭和8	0	0	16.7	0	0	0		3.6		0	7.2	0		12.4
御影	昭和14	0	0	0	0	0	0		33.3		0	16.7	0		0
住吉	昭和3	0	4.3	0	0	0	0		0.6						
住吉	昭和8	0	6.3	0	0	6.3	6.3		1.1			0.4			
住吉	昭和14	0	0	0	0	0	0		2.7			45.9			
本山	昭和3	0.3	1.0	0	0.2	0.5	0.3	0.5							
本山	昭和8	2.2	9.0	1.8	8.7	1.8	0.7	0.7					0	0	
本山	昭和14	0	16.7	0	166.7	0	0	0					1.8	1.8	
本庄	昭和3	0	2.2	0	0	0	0	0.4							
本庄	昭和8	0	0	9.2	8.1	0	0	0					0	0	
本庄	昭和14	0	0	0	0.8	0	0	1.7					0	7.7	
魚崎	昭和3	0	3.8	0	11.5	0	1.7	3.8					3.8	0	
魚崎	昭和8	0	0	0	3.8	0	7.7	0					50.0	0	
魚崎	昭和14	0	0	0	33.3	0	50.0	0							

(備考) 表の数値は、各地域の各時期の米の栽培面積を100とした場合の各作物の栽培面積の指数。 ＊については注7）（221ページ）参照。

第9-7図　各地域別農家世帯数

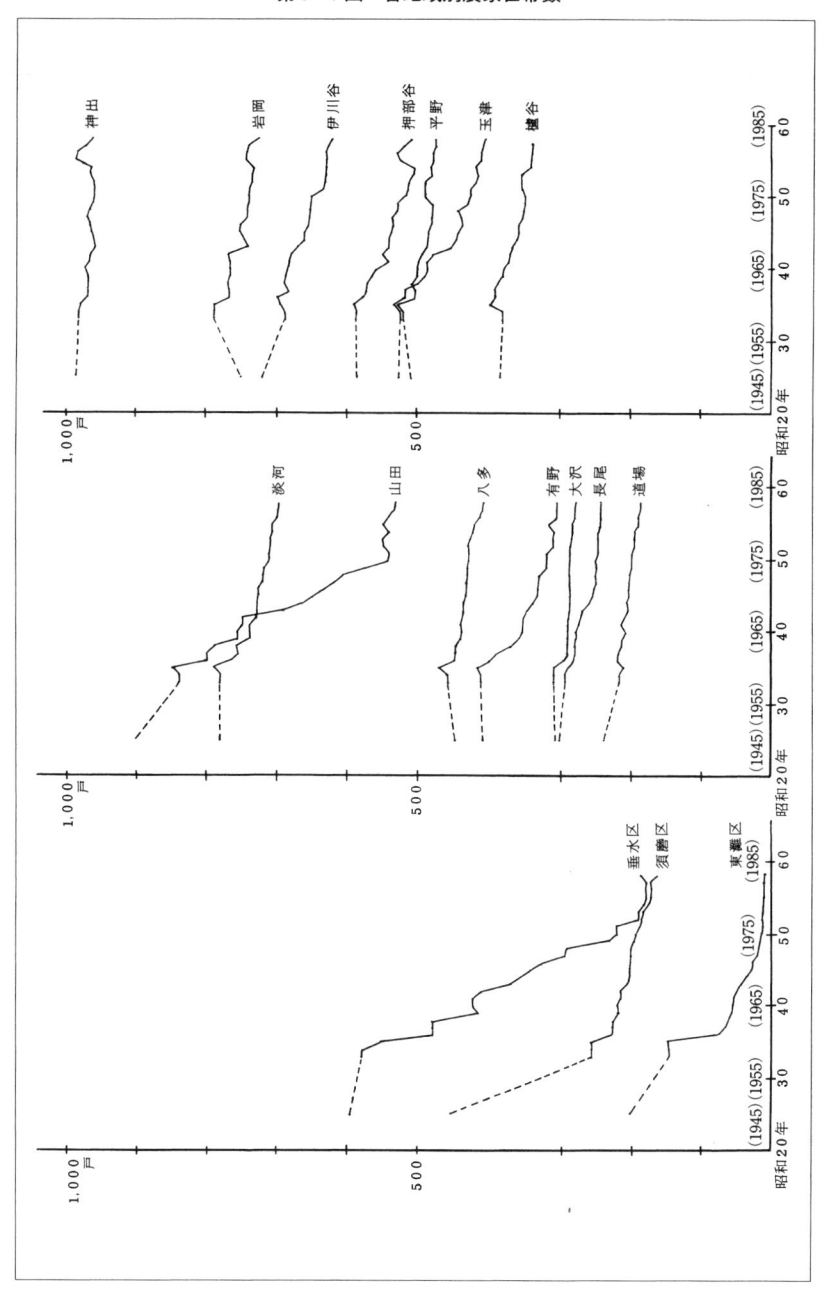

の地域では昭和になってから人口が急増したことは，すでに第9-2図でみたとおりであった。第9-3表は昭和3（1928）年から14（1939）年にかけての米の作付反別の大きさと，その米の作付反別の大きさを100とした場合のその他の作物の作付反別の大きさを指数化して示したものである。例えば御影の昭和3年では，米の作付反別は6反であり，その大きさを100として，その他の作物の作付反別を指数化したものである。それゆえ，ナスや青イモの100は6反の作付反別を，またネギの200は12反の作付反別があったことを示している。[7]

　これをみると，すでに明治末から大正期にかけて人口が急増した御影では，昭和3（1928）年から14（1939）年にかけての米の作付反別は6反から5反へとわずかしか減少していないのに対し，住吉の米の作付反別は23反から2反，本山にいたっては1,011反から6反へと，また本庄では543反から37反，魚崎では119反から6反へとわずか10年余りで米の作付面積が激減していることがわかるのである。なかでも，本山の激減ぶりは特に目につくものであろう。また作付作物の種類をみても，昭和以前にすでに都市化が進んでいた御影では，昭和3年から14年までの期間に，米の作付反別と遜色のない面積をもつ馬鈴薯，蚕豆（ソラマメ），イチゴ，キュウリ，ナス，生大根，青イモ，ネギ，漬菜等のバラエティーにとんだ栽培が行われていたことがわかるであろう。また住吉では，ネギ，生大根，罵鈴薯等が米に比べ相対的により多く栽培されていたこともわかる。

　しかし，上記期間中に人口が急増したその他の地域では，昭和3（1928）年の時には，米に比較するとその他の作物の面積はほんのわずかであった。しかしながら昭和14（1939）年になると，米と対等かそれに近い面積をもつ数多くのバラエティーにとんだ作付へと変化していることが注目されるのである。例えば本山では罵鈴薯，キュウリ，ニンジン，ネギ，漬菜，ホーレンソウ，トマト等が米とほぼ対等かそれ以上の面積を持つように変化している。また本庄はキュウリ，ナス，漬菜，ホーレンソウ，キクナを，魚崎はキュウリ，ナス，生大根，ニンジン，漬菜，ホーレンソウ，カブラ，キクナ等が相対的により多く栽培されるように変化していることもわかるであろう。いずれにせよ，このように人口増加ないしは都市化により，作付パターンが米中心からその他の作物，特に野菜の生産へとシフトしていることが理解できるのである。

● **人口と農家世帯数および農業余剰**　第9-7図は戦後の北神および西神の農家世帯数の推移を示したものである。第9-4図ですでにみたように，昭和30年代から40年代に団地造成等ともあいまって，まず山田でつづいて有野，玉津，押部谷，伊川谷，櫨谷，平野で人口が急増し，都市化の様相を示していた。この人口増に対応して，各地域の農家世帯数も30年代から40年代にまず山田で，つづいて有野，玉津，押部谷，伊川谷，櫨谷等で減少し始めたのであった。ただここで注意をしなければならないのは，人口が戦後になって減少している地域である淡河，八多，大沢において農家世帯数もわずかながら減少している点である。この点は上記の人口増による農地の壊廃や転用によるパターンとは異なり，むしろ農地は不変のまま農業をやめてしまったことを示すものと解釈すべきであろう。この点は上記の地域とは全く対照的なものである。

　一方，人口と農業余剰との関係はレイナス＝フェイ (G. Ranis and J. Fei) [1961] やジョーゲンソン (D. W. Jorgennson) [1961] 等の二重経済論の重要なトピックスであった。そこで，つづいて神戸市域の米を例にとり，人口と農業余剰（ここでは米の余剰）との関係を調べることにしよう。第9-4表は神戸市やその周辺で現神戸市域となっている郡の人口と農業余剰との関係を示したものである。この表をみると，人口成長率は旧神戸市が最も高く，明治16 (1883) 年の63,219人から昭和5 (1930) 年には，795,380人へと22倍もの大きさになっていることがわかる。つづいて，武庫郡は明治16年の34,032人から昭和5年には165,763人と約5倍の大きさとなっている。一方明石郡は大正5 (1916) 年までは59,614人から89,598人へと増加しているが，明石市の独立により5万人ないし6万人台へと逆に減少していることもわかるであろう。また有馬郡および美嚢郡は約3万人強のレベルが約4万人強のレベルへと約4割程度増加していることも理解できるであろう。

　それに対し米の生産量は，明石郡，美嚢郡と有馬郡とが大きく，明治16 (1883) 年の約4ないし5万石の水準から大正時代には10万石を超える水準になっている。一方，武庫郡の米の生産量は大正時代までは増加していたが，それ以降は都市化に伴い急減していることがわかるであろう。この点は第2次大戦前の武庫郡の人口が，明治後期から大正にかけて急増していたことと一致するものである。また旧神戸市の生産量は最も低い水準にあることも理解でき

第9-4表　各郡別米の生産量と人口

	美嚢郡		武庫郡		有馬郡		明石郡		旧神戸市	
	生産量	人口	生産量	人口	生産量	人口	生産量	人口	生産量	人口
	石	人	石	人	石	人	石	人	石	人
明治16年 (1883)	48,729	31,386 (-17,343)	17,701	34,032 (-16,331)	55,528	33,151 (-22,377)	42,345	59,614 (-17,269)	708	63,219 (-62,511)
明治20年 (1887)	87,616	32,855 (-54,761)	48,951	36,528 (-12,423)	74,164	34,817 (-39,347)	101,385	60,529 (-40,856)	3,075	95,908 (-92,833)
明治25年 (1892)	77,561	34,443 (-43,118)	43,358	35,743 (-7,615)	79,420	35,601 (-43,819)	96,688	63,979 (-32,709)	4,299	148,220 (-143,921)
明治30年 (1897)	55,148	36,046 (-19,102)	66,967	77,078 (-10,111)	58,179	39,910 (-18,269)	70,687	66,304 (-4,838)	8,388	193,001 (-184,613)
明治35年 (1902)	80,484	37,535 (-42,949)	94,379	83,511 (-10,868)	82,056	41,688 (-40,368)	93,968	70,903 (-23,065)	6,765	274,449 (-267,684)
明治40年 (1907)	95,564	38,093 (-57,471)	104,185	93,590 (-10,595)	83,525	42,316 (-41,209)	114,898	76,844 (-38,054)	5,765	363,593 (-357,828)
大正元年 (1912)	95,312	40,817 (-54,495)	95,847	111,263 (-15,416)	92,405	43,595 (-48,811)	106,086	83,309 (-22,777)	2,708	431,378 (-431,170)
大正5年 (1916)	108,416	42,316 (-66,100)	105,517	130,870 (-25,353)	107,575	45,354 (-62,221)	134,340	89,598 (-44,742)	2,115	529,865 (-527,750)
大正9年 (1920)	110,333	39,031 (-71,302)	97,264	151,780 (-54,516)	104,711	43,381 (-61,330)	127,988	59,022 (-68,966)	8,380	688,491 (-680,111)
大正14年 (1925)	101,377	41,317 (-60,060)	76,198	182,786 (-106,588)	93,802	43,580 (-50,222)	115,925	61,795 (-54,130)	4,953	649,051 (-644,098)
昭和5年 (1930)	111,377	42,842 (-68,535)	68,181	165,763 (-97,582)	99,998	45,146 (-54,852)	124,702	64,146 (-60,556)	4,693	795,380 (-790,687)

(備考) カッコ内の数字はその地域の米の余剰 (石) を表す。

る。ここで簡便化のため，1人の人間が1年に約1石の米を消費すると仮定することにしよう。戦後の，しかも最近の米の消費量は減少しているが，明治，大正や昭和の前半ではこの仮定は許されることであろう。第9-4表のカッコ内の数字はこのデータにより生産量から人口数を差しひいた値を示したものである。この値はその地域で消費されずに米の余剰（農業余剰）として供出された量を示すことになる。

　この米の余剰の各郡毎の大きさをみるとやはり美嚢郡，有馬郡および明石郡が4万石から6万石にも至る米の余剰を持っていたことがわかる。これらの各郡のそれぞれの農業余剰は神戸市，明石市その他の都市の4万人から6万人もの労働者の食料となっていたことであろう。一方，逆に旧神戸巾は全期間を通じて自給率は非常に低く，ゼロに近い状態であった。また武庫郡は明治の頃には余剰米を所有していた時期もあったが，大正期に入り人口が増加するにつれて大幅な不足状態を示すようへと変化したのであった。このように米をとりあげても人口との関係において各地域毎に明瞭に差異がわかるのである。

おわりに

　以上，神戸の人口と農業の展開過程の一考察を行ってきた。ここで簡単にふり返ってみると，人口成長は戦前に山田や玉津，さらに有野等の少し増加する傾向を持った地域が，戦後に人口が急成長する徴候を持っていた。この人口急成長は戦後の団地開発により生じたのであった。一方，その他の農村的色彩を持つ地域では，戦前の人口はほぼ一定の状態であった。しかし，それらの地域の戦前の人口も，より詳細にみれば，昭和初期の農業恐慌時までは微増傾向を持っていた。そして，昭和の農業恐慌以後は逆に減少し，昭和20（1945）年には急激に増加するというパターンを持っていた。戦後になると，これらの人口急成長の地域とは全く異なったパターン（人口がむしろ減少するパターン）を持つ淡河や大沢等も出現し，人口成長や都市化により農業も変貌を余儀なくされてきた。本章では神戸市における，このような人口成長と農業の展開過程の一考察を行ってきた。これらの内容を要約すれば，次の様になるだろう。

1 神戸市の人口は，明治29（1896）年の林田，湊，池田を初めとし，戦後の北神や西神に至る近隣地域の次々の合併により，大きく増大した。そして，明治30（1897）年頃には須磨，40年頃には西灘，都賀浜，六甲，御影，垂水等が次第に人口成長率が高くなっていた。一方，北神は山田以外は純農村的で，人口停滞状態であった。また西神では，玉津以外の神出や岩岡も同様であった。

2 戦後になると，これらの純農村地帯は，それまでの動きとは異なった3つのパターンに変化した。第1は，戦前の旧神戸市のように，人口が急増したものである。北神の山田，有野，西神の玉津，押部谷，伊川谷，平野，櫨谷等がその例である。第2は，逆に，人口が減少したものである。北神の淡河や大沢と，昭和40（1965）年以降の有馬がその例である。第3は，岩岡，長尾（この両者は急増している）や道場等の，これらの中間的地域であり，人口成長が第1ほどではないにせよ，増加している地域である。これらのうち，第1パターンの人口急増は神戸市による団地造成が大きく影響したものである。

3 人口成長は，各地域の農業を大きく変化させてきた。第1は，人口増加は各地域の農業構成比を減少させ，工業比を増大させたことである。第2は，人口が増大するにつれ，米生産から野菜等のより集約的作物の生産に変化したことである。しかも，都市化の進展に伴い，バラエティに富んだ新しい作物が栽培されるようになった。まず第1の工業構成比に関しては，旧神戸市や武庫郡は，明治40（1907）年の段階ですでに90％以上の工業構成比を持っていた。また明石郡も大正5（1916）年には約73％とかなりの大きさであったが，大正8（1919）年の明石市の独立により50％以下の水準へと低下した。逆に有馬郡と美嚢郡は，農業のシェアーが60％程度の高いものであった。畜産は有馬郡，旧神戸市や美嚢郡で，水産は臨海部の明石郡，旧神戸市や武庫郡で比較的多く生産されていた。

4 人口が増大するにつれ，農作物も米生産等からより集約的な野菜生産等へと変化した。例えば，明治40（1907）年から大正10（1921）年への変化をみると，旧神戸市では米生産が63.4％から22％へと減少し，逆に野菜を含む食用農産物の比率が14.7％から59.9％へと増加した。また武庫郡も食用農産物のシェアーが10％から28.6％へと増大した。さらに明石郡も食用農産物の比率が5.7％から9.9％へと増大した。また，北神の有馬郡や美嚢郡は自給的色彩が強

く，米麦比率がきわめて大きかったのに対し，武庫郡や明石郡はバラエティーに富んだ構成を持つという対照的な結果を持っていた。

5　人口と農業余剰（ここでは米の余剰）の関係を各地域で調べてみた。米の生産は明石郡，美嚢郡と有馬郡とが大きく，明治16（1883）年の約4万石ないしは5万石の水準から大正時代には10万石を超える水準へと増加した。また，武庫郡は大正時代までは増加したが，都市化の進展につれ急減した。旧神戸市の生産量は最も低い水準であった。ここで，1人が1年で1石の米を消費するものと仮定すれば（明治，大正や昭和初期にはこの仮定は妥当），美嚢郡，有馬郡と明石郡は4万石から6万石の米の余剰を持っていた。これらの農業余剰（米余剰）は神戸市，明石市やその他の都市等の4万人から6万人の労働者の食料になっていたのであった。逆に旧神戸市は全期間を通し，自給率はゼロに近い状態であり，武庫郡も明治期には余剰米を生産していたが，大正期に入り，都市化が進展するにつれ，大幅な不足状態を示すようになった。

（付記）　本章は山口［1986］を加筆，展開したものである。

注
 1）　この点については『神戸市史』第2輯，本編の第3章を参照されたい。なお本章の資料は『兵庫県統計書』，『神戸市統計書』等から得られたものである。
 2）　米の反収の増加については山口三十四＝浦長瀬隆［1986］のpp. 15-35を参照。
 3）　道場の人口が激減しているのは，長尾の独立によるものである。
 4）　第9-6図に10アール当たり収量がキログラムで示されているが，金額でみても野菜がより土地生産性の大きい作物であることに変わりはない。
 5）　山口＝浦長瀬［1986］の第9-1表を参照。
 6）　山口［1984a］のpp. 1-24を参照。
 7）　ただし，御影の昭和14（1939）年の米の作付面積の指数は0となっている。それ故，左の端の欄に書かれた数値5は米以外の作物で最大の作付面積を持つもの（ここでは漬菜）の作付面積が5反であることを示している。住吉および魚崎の昭和14年についても同様である（住吉＝馬鈴薯，魚崎＝ニンジン）。

第4部
人口の積極的作用と人口政策

第10章 人口の積極的作用と経済発展

は じ め に

　これまでは，人口の経済発展への影響についてみてきたが，人口の積極的作用（プラスの影響）については，焦点を当てていなかった。第3部では，これまで研究が行われてきた，通常の意味での人口の経済発展への影響をみた後に，人口の積極的作用（プラスの影響）についても焦点を当てることにする。そこで，第10章の第1節では，ボズラップ（E. Boserup）[1965] の人口圧力が技術進歩を誘発するという説を紹介する。つづいて第2節では，過剰人口のプラスの影響を示す例として，現在の神戸市西区の五百蔵（イオロイ）の過剰人口が土地開墾に導いた例を示すことにする。最後に第3節では，人口の積極的作用を計測する手段としての3つの方法（ヴァードン法，残余法，および通常の成長理論で用いられる要素増加的進歩率法の3つの方法）で計測した結果を示すことにする。

第1節　ボズラップの技術進歩誘発論

　第2章で概説したように，農業との関連で楽観的人口論を展開し，人口の技術進歩誘発効果を説いたのは，ボズラップ [1965] であった。そこで述べたよ

第 10-1 図　ボズラップによる人口の技術進歩誘発効果

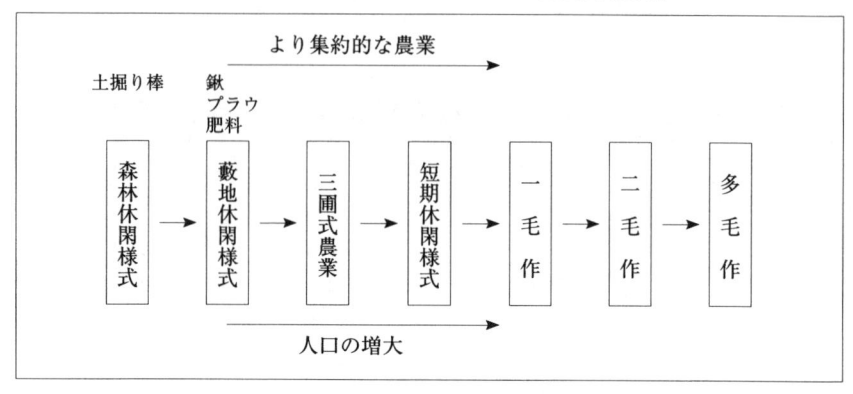

```
                 より集約的な農業
         ―――――――――――――――→
    土掘り棒   鍬
           プラウ
           肥料
  ┌────┐ ┌────┐ ┌────┐ ┌────┐ ┌────┐ ┌────┐ ┌────┐
  │森林│ │藪地│ │三圃│ │短期│ │一毛│ │二毛│ │多毛│
  │休閑│→│休閑│→│式農│→│休閑│→│作 │→│作 │→│作 │
  │様式│ │様式│ │業 │ │様式│ │   │ │   │ │   │
  └────┘ └────┘ └────┘ └────┘ └────┘ └────┘ └────┘
         ―――――――――――――――→
                 人口の増大
```

うに，彼女は人口増加が，未耕地の開墾，沼沢地の干拓，改良作物や改良緑肥の導入等を導き，むしろ技術進歩を誘発するものが多いものであると主張していたのであった。そして歴史家が農業革命と呼ぶものは，人口が原因となっているものが多いという。すなわち，人類歴史の初期においては，人々は所与の土地で人口増加が生じた場合には，労働投入量を増大させたのであった。ところがそのような方法にも限界があり，多くの手段を考慮する必要があった。まず初期の段階では斧の生産のみで十分であり，資本はほとんど存在しなかった。しかしながらその段階を越えると森林休閑様式と呼ばれ，条件の良い森林地を焼き畑にするという農業が行われるようになった（第 10-1 図を参照）。その際には道具として，土掘り棒で作物が作られていた。

　しかしながら焼き畑後，とりたてて肥料を供給しない農法では地力も低下し，数年で他の森林地に移動せざるをえなくなるのが通常であった。ところが人口がより多くなるにつれ，そのような条件の良い森林地も限度があり，藪地休閑様式と呼ばれる方式に移行したのであった。すなわち人口増のため，条件の良い森林地のみでは需要においつかず，条件の劣る灌木地帯へと移行せざるをえなくなるのである。この段階においてはもはや土掘り棒は役に立たず，それにかわり鍬が出現し，さらにプラウの出現や畜糞や池の泥土を肥料として用いることにより生産性をあげるという方向に変化したのであった。さらに人口が増加すれば当時北欧州で行われていた三圃式農業へと移行し，さらに人口が増加

すればそれぞれ短期休閑様式，一毛作，二毛作から多毛作へとより集約的な農法が営まれるようになったのである（第10-1図を参照）。このボズラップ説はスリヘル・ファン・バート（B. H. Slicher van Bath）[1963]により唱えられたものを展開したものであった。またクラーク（C. Clark）[1967]もボズラップと同様に人口の積極的作用を高く評価する者である。このようにボズラップやクラークは世間一般的にいわれるマルサス説と対立し，人口がむしろ技術進歩を誘発するものであると主張するのである（より詳細は，ボズラップ[1965]を参照されたい）。

第2節　過剰人口の土地開墾への圧力[1]

　神戸市西区に神出町という場所がある。その前身の神出村は，徳川時代の新田開発により大きく開けた村であった。その村の大字の1つの五百蔵（イオロイ）も，その新田開発により開拓されたものである[2]。五百蔵は明石郡神出村（現在の西神）の東北端に属し，東は押部村，北は美嚢郡志染村字広野，西は小神，南は東村にとり囲まれた場所にある。この五百蔵で大正11（1922）年4月1日に「耕地整理組合設立認可申請書」[3]が当時の兵庫県知事有吉忠一に提出されている。その中で土地開墾を行う理由の1つに，「労力過剰ノ状態ナリ」と明記されている[4]。もちろん，この過剰人口のみが土地開墾を促した要因のすべてではないことは言うまでもない[5]。しかし，人口圧力から，開墾へというメカニズムが働いていたことは事実であろう。ここでは兵庫県明石郡神出村（現在神戸市西区神出町）五百蔵（イオロイ）の資料により，過剰人口がどのように土地開墾へと結びついたかについて述べることにする。

　一般的には悲観的人口論者の代表ともいえるマルサス（R. Malthus）[1798]でさえも過剰人口が開墾へと結びつく点について次のように記述している。すなわち，

　　「人口増加にたいする不断の努力が，生存手段が増大するまえに，人びとの数を増大させる。それゆえ，まえには七百万を扶養していた食糧は，いまや七百五十万人あるいは八百万のあいだでわけられなければならない。その

結果，貧しいものは，さらにわるい生活をしなければならないし，またかれらのおおくのものは，きびしい困窮を余儀なくされなければならない。労働者の数もまた，市場における仕事の割合をこえるから，労働の価格は低下の方向にむかわなければならないし，他方，食料の価格は同時に，上昇する傾向があるだろう。それゆえ，労働者は，まえと同額をかせぐために，さらにいっしょうけんめいはたらかねばならない。この困窮の時期のあいだ，結婚にたいする支障と，家族をやしなう困難さとは，ひじょうにおおきいので，人口は停滞している。そのあいだ，労働の安価なこと，労働者の豊富さ，およびかれらのあいだにおける勤労の増大の必然性が，耕作者を刺激して，かれらの土地にいっそうおおくの労働を雇用し，あたらしい土地を開墾し，すでに耕作状態にあるものを，もっと完全に施肥し改善するようにさせ……」[6]
というのである。

　それでは新たに土地開墾を行った五百蔵が当時神出村役場文書に書かれているように，過剰人口の状態であったか否かを，多くのデータによりみることにしよう。まず最初に，過剰人口はどのような形態として特徴づけることができるのであろうか。ある農村地域が過剰人口であることにより生ずるいくつかの指標としては，次のようなものがあげられるであろう。① 農業から非農業への人口の移動がある。② 土地の細分化，分散化があり，集約的な農法が行われている。③ 土地なし農家や小作人の比率が増加する。④ 小作料ないしは土地賃貸料が増加する。⑤ 土地の価格が上昇する。⑥ 物価が上昇する。⑦ 農業労働者の実質賃金が下落する[7]。もちろん，このうちの③④⑤⑥は相互に深く関連しているであろう。例えば過剰人口により土地なし農家や小作人が増加すれば小作料が増加し，土地の価格も上昇するであろう。また物価等もこれらと間接的にせよ連動するであろう。これらの指標は他の条件によっても決定され，過剰人口のみが要因として現れてくるのではないことは言うまでもない。しかし，過剰人口の場合にはこれらの徴候が現れるということは否定できないことと思われる。そこで，つづいて五百蔵のこれらの指標をみることにしよう。

　最初の第1指標は，農業から非農業への人口の移動である。そこで，「神出村役場文書」により，データの揃う大正6（1917）年から9（1920）年までの人口の移動を第10-1表よりみることにしよう。この表より入寄留および出寄

第10章　人口の積極的作用と経済発展　229

留に焦点を合わせてみると、神出村全体に比較して、五百蔵では① 入寄留が各年ともゼロ人となっている点が目につくであろう。入寄留がゼロとなっている他の字は勝成のみである。一方、② 出寄留は神出村および五百蔵ともに大正9年には減少しているが、これは大正9年の反動恐慌によるものであろう。しかし、五百蔵ではほぼ20人程度となっている。かつ本籍人口に対する出寄留の割合[8]をみても、神出村全体に比較して2倍か2倍以上の比率を示している。その結果、本籍人口に対する流出人口の割合は神出村全体の3倍程度、12大字の中でも大正8、9（1919, 20）年[9]では最も高い比率を示している。この点は入寄留がゼロ人であった勝成でさえも非常に低い値をとっていることと対照的な状態を示している。以上により、五百蔵ではたとえ経済が不況になった場合においてさえも、神出村のみならず全国各地でみられたといわれる農村への帰還は全くみられなく（入寄留がゼロ）、逆に出寄留の比率が非常に高い数値を示していたことがわかるのである。この点は当時五百蔵が過剰人口状態にあったと記述されていることを裏づけるものであろう。

　つづく第2指標は、土地の細分化、分散、および農法が集約的になることである。この点に関しては「申請書」に「農法ハ一般ニ集約的」と記述されている以外には直接に役立つ資料は「神出村役場文書」においてもみられない状態である。しかし、次のように間接的には推測することができるであろう。まず第1に開墾および耕地整理が行われる以前の田は2.19町で40筆となっている。また畑は10.04町で59筆、田畑合計では約12町歩となっている。[10]すなわち平均すれば田は1筆当たり0.55反、畑は1筆当たり1.70反であった。工事施行後には田は8.97町で132筆、畑は12.13町で31筆、田畑合計で約21町となっている。平均すれば田は1筆当たり0.68反、畑は1筆当たり3.91反へと、畑は2倍以上の大きさへと拡大しているのである。逆に言えば理想とされる規模に比較して、これまでの1筆当たりの大きさは非常に細かく分散され、小規模の状態であったと推察されるのである。

　しかも、1戸当たり米作付反別および1人当たり米収穫高を資料の揃う大正3、4、9年についてみると（第10‐2表）、例えば大正9（1920）年に神出村全体が1戸当たり米作付反別は8.41反であるのに対し、五百蔵では4.29反と約半分である。[11]さらに1人当たり米収穫高では同じく2.81石に対し、半分以下の

230　第4部　人口の積極的作用と人口政策

第10-1表　神出村における人口状態

	本籍人口(A)	現住人口	出寄留(B)	入寄留(C)	(B/A)	(B-C)/A	本籍人口(A)	現住人口	出寄留(B)	入寄留(C)	(B/A)	(B-C)/A
			神出村						田	井		
大正6年	5,623人	5,629人	403人	89人	7.2%	5.6%	736人	734人	18人	25人	2.4%	-1.0%
7	5,600	5,217	423	85	7.6	6.3	736	729	25	24	3.4	0.1
8	5,648	2,502	523	125	9.3	7.0	737	736	24	30	3.3	-0.8
9	5,683	5,362	437	149	7.7	5.1	742	739	23	23	3.1	0.0
			東						南			
大正6年	882	807	82	10	9.3	8.2	336	323	24	14	7.1	3.0
7	893	807	87	8	9.7	8.8	329	327	14	14	4.3	0.0
8	907	803	106	10	11.7	10.6	315	304	22	13	7.0	2.9
9	932	846	91	9	9.8	8.8	317	310	21	14	6.6	2.2
			五百蔵						成			
大正6年	113	93	20	0	17.7	17.7	72	71	1	0	1.4	1.4
7	117	97	19	0	16.2	16.2	70	77	1	0	1.3	1.3
8	118	98	19	0	16.1	16.1	81	79	1	0	1.2	1.2
9	116	99	17	0	14.7	14.7	88	87	1	0	1.1	1.1
			小野						神			
大正6年	63	45	27	9	42.9	28.6	630	339	19	3	5.3	4.4
7	63	50	26	13	41.3	20.6	354	334	19	3	5.4	4.5
8	65	74	20	29	30.7	-13.8	356	339	17	3	4.8	3.9
9	73	86	16	29	21.9	-17.8	358	342	18	3	5.0	4.2
			広合						北			
大正6年	384	351	32	3	8.3	7.6	304	284	25	6	8.2	6.3
7	382	347	31	1	8.1	7.9	285	269	20	6	7.0	4.9
8	383	342	39	2	10.2	9.7	287	262	29	6	10.1	8.0
9	380	335	46	4	12.1	11.1	290	262	32	7	11.0	8.6
			紫合						勢			
大正6年	571	551	63	5	11.0	10.2	1,346	1,270	71	3	5.3	4.8
7	566	512	58	5	10.2	9.4	1,339	1,257	73	3	5.5	5.0
8	580	525	63	9	10.9	9.3	1,354	1,225	121	18	8.9	7.6
9	570	528	52	11	9.1	7.2	1,346	1,307	76	47	5.6	2.2
			池田						小勝			
大正6年	456	441	21	8	4.6	2.9						
7	457	410	50	5	10.9	9.8						
8	465	415	52	5	11.2	10.1						
9	469	422	45	2	10.0	9.2						

(備考) 大正6, 7, 8, 9年＝1917, 18, 19, 20年。
(出所) 「神出村役場文書」内の「出入人口統計表」。

第10章 人口の積極的作用と経済発展　231

第10-2表　神出村における農業状態

		現住戸数	人口	米作付反別	米収穫高	1戸当り人数	1戸当り米作付反別	1反当り米収穫高	1人当り米収穫高
神出	大正3年	838戸	5,313人	7,124反	15,709石	6.34人	8.50反	2.21石	2.96石
	4	841	5,299	7,204	15,689	6.30	8.57	2.18	2.93
	9	845	5,363	7,109	15,052	6.35	8.41	2.12	2.81
田井	大正3年	119	696	999	2,158	6.16	8.39	2.16	3.10
	4	119	711	1,019	2,204	5.97	8.56	2.16	3.10
	9	119	739	897	1,300	6.21	7.54	1.45	1.76
東	大正3年	127	822	915	2,071	6.47	7.20	2.26	2.52
	4	126	824	942	2,109	6.54	7.48	2.24	2.56
	9	136	846	1,044	2,550	6.22	7.68	2.44	3.01
南	大正3年	50	192	465	1,050	3.84	9.30	2.26	5.47
	4	50	196	443	988	3.92	8.86	2.23	5.04
	9	49	310	427	890	6.33	8.71	2.08	2.87
小神	大正3年	48	341	498	1,069	7.10	10.38	2.15	3.13
	4	48	345	503	1,080	7.19	10.48	2.15	3.13
	9	47	342	456	960	7.28	9.70	2.11	2.81
五百蔵	大正3年	15	97	32	59	6.47	2.13	1.84	0.61
	4	15	96	33	59	6.40	2.20	1.79	0.61
	9	14	99	60	109	7.07	4.29	1.82	1.10
勝成	大正3年	13	67	79	155	5.15	6.08	1.96	2.31
	4	12	73	96	186	6.08	8.00	1.93	2.55
	9	14	87	93	175	6.21	6.64	1.88	2.01
小束野	大正3年	7	51	131	277	7.29	18.71	2.11	5.43
	4	7	44	131	277	6.29	18.71	2.11	6.30
	9	27	86	357	536	3.19	13.22	1.50	6.23
広谷	大正3年	57	347	515	1,341	6.56	9.04	2.60	3.59
	4	58	369	527	1,218	6.36	9.09	2.31	3.30
	9	53	335	574	1,200	6.32	10.83	2.09	3.58
北	大正3年	49	295	756	1,617	6.02	15.43	2.14	5.48
	4	50	293	767	1,637	5.86	15.34	2.13	5.59
	9	44	262	430	762	5.95	9.77	1.77	2.91
紫谷	大正3年	93	550	789	1,758	5.91	8.48	2.23	3.20
	4	91	527	792	1,765	5.79	8.70	2.23	3.35
	9	92	528	790	1,730	5.74	8.59	2.19	3.28
宝勢	大正3年	192	1,260	1,672	3,573	6.56	8.71	2.14	2.84
	4	196	1,266	1,697	3,626	6.46	8.66	2.14	2.86
	9	187	1,307	1,738	3,673	6.99	9.29	2.11	2.81
池田	大正3年	68	420	273	581	6.18	4.01	2.13	1.38
	4	69	418	254	540	6.06	3.68	2.13	1.29
	9	63	422	243	535	6.70	3.86	2.20	1.27

（備考）　大正3年＝1914年，4年＝1915年，9年＝1920年。
（出所）　「神出村役場文書」の「諸統計表」。

232　第4部　人口の積極的作用と人口政策

第10-3表　自小作別田畑面積

	田　（町）				畑　（町）				田　畑
	自作	自・小作	小作	計	自作	自・小作	小作	計	計
大正元年	156.0	304.1	232.4	719.5	39.5	65.7	5.2	111.0	830.5
2〃	142.0	304.8	224.3	712.6	42.4	66.1	5.0	114.3	826.0
3〃	135.3	305.9	243.2	726.6	41.9	60.2	6.9	109.0	835.6
4〃	132.5	292.2	301.4	726.1	39.2	45.6	16.6	101.2	827.3
5〃	133.0	294.4	295.1	722.5	38.2	48.2	8.8	95.2	817.7
6〃	135.2	288.3	297.7	721.2	36.5	46.6	15.2	98.2	819.4
7〃	124.1	282.2	314.9	721.2	35.2	48.1	12.4	96.1	817.3
8〃	305.7	210.7	210.0	726.5	52.2	26.4	13.0	91.6	818.1
9〃	334.5	227.9	154.7	721.1	27.8	61.3	12.2	110.3	831.4
10〃	28.3	299.7	419.6	750.3	15.5	29.9	45.2	90.6	840.9
11〃	35.2	288.0	410.8	736.2	15.5	29.8	40.6	85.9	822.1

（備考）　大正元~11年＝1912~22年。
（出所）　「神出村役場文書」内の『わたしたちの郷土神出』。

1.10石と極端に低い値をとっていることがわかるであろう。大正3, 4 (1914, 15) 年にはこの格差はより大きい値となっていたことも同表より理解できるのである。以上により，「申請書」に記述されているとおり，五百蔵は過剰人口の状態であったと推察されるのである。しかし，さらにこの点をより強力に補足する為，第3以下の指標についてもみることにしよう。

　第3の指標である土地なし農家ないしは小作人が増加するという点をみると，大正元 (1912) 年から11 (1922) 年の間に，田畑はともに傾向として自作が減り，小作が増加するという点がみられるであろう。例えば，田を例にとれば，大正元年に自作は156町歩であったものが，大正11年には35.2町歩へと減少し，一方小作は232.4町歩から410.8町歩へと増加している（第10-3表を参照）。ただし，大正8, 9 (1919, 20) 年は景気の余波の為か傾向とは逆方向に働いているが，大正10 (1921) 年には反動恐慌の波がおしよせ自作が減少し，小作人が増加したのであった。これらの点はただ単に過剰人口により生じたものではなく，他の経済部門との関係等より複雑なメカニズムが働いている。しかし大正10年，11年に自作が激減し，小作が激増しているのは非農業部門が不況となり，農村へと人口が還流し，小作が増加したというメカニズムも働いていたものと思われる[13]。

　それでは，第4, 5, 6および第7の指標である小作料ないしは土地賃貸価

第10章　人口の積極的作用と経済発展

第10-4表　各種の指標

	(1) 明石郡田1反当たり賃貸価格(上田)		(2) 明石郡標準地1反当たり土地売買価格(上田)		(3) 白米1石当たり価格(並)		(4) 明石町賃金農作日雇日給(上)	(5) (4)/(3)
	金	米	田	畑	神戸	明石郡		
大正元年	29.03円	1.35石	270円	40円	20.94円	20.94円	70銭	3.3
2〃	26.93	1.35	270	40	20.68	20.68	75	3.6
3〃	16.87	1.35	242	36	14.37	14.37	70	4.9
4〃	20.25	1.35	253	37	13.44	12.23	60	4.9
5〃	21.60	1.35	291	41	13.66	15.56	—	—
6〃	32.40	1.35	327	86	18.89	15.83	70	4.4
7〃	56.70	1.35	425	112	47.90	46.63	100	2.1
8〃	74.25	1.35	625	225	38.07	54.81	150	2.8
9〃	45.06	1.41	1,250	450	38.07	54.81	250	4.6
10〃	53.50	1.41	1,200	450	40.49	37.99	—	—

(備考)　大正元～10年＝1912～21年。
(出所)　兵庫県『兵庫県統計書』より計算。

格，土地の価格，物価，実質賃金率等の変動をみることにしよう。第4の指標である小作料ないしは土地賃貸価格は第10-4表で示されている。この表をみれば土地賃貸価格が傾向的に増加し，特に大正7（1918）年に急騰しているが，これは米騒動の年であるがゆえに当然のことがらであろう。しかし，大正10（1921）年においても大正元（1912）年の約2倍の大きさとなっている。ある意味で実質土地賃貸価格である米納高をみても，大正元年の1反当たり1.35石から大正9，10年には1.41石へと実質的に増加している。つづいて，第5指標の土地の価格を第10-4表よりみると，大正元年に比べ標準田地1反当たり平均価格は4倍以上の大きさを大正10年には持つに至っている。畑にいたっては10倍以上の価格となっていることが理解できるであろう。

そこで，第6の指標である物価を米価を代表させてみることにしよう。第10-4表よりみれば，大正9，10（1920，21）年の米価は大正元（1912）年に比較して約2倍前後の大きさとなっている。特に，大正7，8，9年に凶作から米騒動となり，米価が急騰していることが理解できるであろう。最後に，第7の指標である実質賃金率の変動をみることにしよう。その為にまず賃金率をみると，農作日雇賃金は大正元年の70銭から大正9年には250銭へと3.5倍の大きさとなっている。実質賃金率を計算するために，上述の米価の値で実質化する

と，大正元年に比較すると，大正9年を除き，傾向として下落するという値が計算されるのである。¹⁶⁾以上より，いかなる指標をとってみても，「申請書」に記述されていたような過剰人口の状態に五百蔵があったことは疑うことができないものであろう。

これらの多くの指標により，五百蔵が当時「神出村役場文書」の「申請書」に明記されていた過剰人口の状態にあり，その過剰人口が土地開墾へと結びついたという点が理解できるであろう。それゆえ，マルサス，クラーク，ボズラップ等が主張するように人口のプラス面が存在することは偽りのない事実であろう。しかし，この過剰人口のみが土地開墾へと結びついたと直結することはできないであろう。過剰人口とともにその他の条件，例えば灌漑面，需要面や資金面等の諸要因が土地開墾へと結びついたと思われる。すなわち，これらの過剰人口以外の条件が十分に熟していなければ土地開墾へと結びつかなかったと思われる。そこで，過剰人口につづく第2の要因として掲げなければならないのは大正8年に支線及溜池全部工事の完成が告げられた山田川疎水であろう。¹⁷⁾この疎水の完成により，それまでは水不足の為に畑または原野としてのみ利用可能であった地域を開墾し，水田ないしは畑地として利用することを可能にさせたのである。

第3の要因は，当時米騒動を引き起こした米価の高騰により，水田経営がより有利なものとなったという点であろう。この点は「申請書」の中にも記述されている。また，第10-4表より理解できるように，大正元（1912）年に比較して2倍ないしはそれ以上の米価の高騰が大正8，9，10年にはみられたのであった。第4の要因としては，上述のように資金面で県補助金が大正6（1917年）年より引水路，溜池など開田の付帯工事について費用の2割を補助できるようになった点と，大正8（1919年）年の「開墾助成法」による国助成金が施行面積5町以上の開墾に対して行われるようになった点とがあげられよう。以上の4要因が，過剰人口の圧力とともに，主要因となり，五百蔵の開墾を可能にさせたと思われる。それゆえ，単なる過剰人口のみが開墾要因ではないことは明白なことである。

しかし，第2要因の山田川疎水もたび重なる飢饉により災害を受けた神出村，ひいては西神地域全体がいわば過剰人口の状態となっており，疎水完成が永年

第10章　人口の積極的作用と経済発展　235

の夢であった点を考慮すれば，必ずしも過剰人口と無縁なものではないであろう。また第3要因の米騒動をひき起した米価の高騰も米の供給に対する米の需要が過剰であったという点で過剰人口とも密接に関連しているであろう。第4要因の開墾に対する国や県の補助金に対しても，明治30年代後半頃より増加する人口に対する食糧増産の必要性の為に開墾が奨励されていた事実を考慮に入れると，必ずしも過剰人口とは無関係であるとは言えないであろう。以上，過剰人口がいかに土地開墾へと結びつくかについて五百蔵の例をとり説明した。もちろん，単なる人口成長はプラスの面どころか，マイナス面が多いであろう。しかし，悲観的人口論の考え方が混在している今日，人口のマイナス面を厳然と認めつつも，これらのプラス面の貢献を評価して，うまく利用することは開発戦略を総合的に進める上で，キーポイントの1つとなるだろう。

第3節　人口の技術進歩への影響

　第3章および第7章で述べた様に，人口と技術進歩はいわば綱引き関係のようになっている。日本経済の場合，第7-4図のパネル(8)の1人当たり所得で示したように，各部門の技術進歩のプラスの貢献が人口のマイナスの貢献度を凌駕したがために，1人当たり所得が増加し，経済発展が成就されてきたということが理解できたのであった。ところが，これらの分析においては人口と技術進歩はお互いに独立の変数として取り扱われていた。しかし，日本の経済をふり返ってみた場合，極言すれば日本には教育水準が高く，勤勉な人的資源のみが存在したといえるほど天然資源に乏しい国であった。しかし，日本は外国から借りてきた技術（Borrowed Technology）を，日本の事情にうまく適合させ，技術進歩を生み出してきた。換言すれば，日本の高い技術進歩率を生み出したものは，まさしく教育水準の高い，質の良い人口であったともいえよう。それゆえ，人口や労働の技術進歩への影響を捉え，この点を人口の経済発展（1人当たり所得）へのマイナスの効果に加えなければ人口の真の効果の測定になっていないことになるだろう。
　そこで筆者は従来から，この人口や労働の技術進歩を通しての1人当たり所

第10-5表　人口の間接効果を測定する3方法

① ヴァードン法　$\begin{cases} T_1 = a_1' Y_1^{1/2} \\ Y_1 = B_1' T_1^{\alpha_1'} L^{\beta_1'} Q^{\gamma_1'} T_2^{\delta_1'} \\ T_2 = a_2' Y_2^{1/2} \\ Y_2 = B_2' T_1^{\alpha_2'} L^{\beta_2'} Q^{\gamma_2'} T_2^{\delta_2'} \end{cases}$

→ $\begin{cases} T_1 = A_1' L^{(\beta_1' + \delta_1' m')/(2 - \alpha_1')} Q^{(\gamma_1' + \delta_1' n')/(2 - \alpha_1')} \\ T_2 = A_2' L^{m'} Q^{n'} \end{cases}$

ここに　$m' = (\alpha_2' \beta_1' + 2\beta_2' - \alpha_1' \beta_2') / (4 - 2\alpha_1' - \alpha_2' \delta' - 2\delta_2' + \alpha_1' \delta_2')$

$n' = (\alpha_2' \gamma_1' + 2\gamma_2' - \alpha_1' \gamma_2') / (4 - 2\alpha_1' - \alpha_2' \beta_1' - 2\delta_2' + \alpha_1' \delta_2')$

② 残余法　$\begin{cases} T_1 = a_1 L_1 \\ L_1 = B_1 T_1^{\alpha_1} L^{\beta_1} Q^{\gamma_1} T_2^{\delta_1} \\ T_2 = a_2 L_2 \\ L_2 = B_2 T_1^{\alpha_2} L^{\beta_2} Q^{\gamma_2} T_2^{\delta_2} \end{cases}$

→ $\begin{cases} T_1 = A_1 L^{(\beta_1 + \delta_1 m)/(1 - \alpha_1)} Q^{(\gamma_1 + \delta_1 n)/(1 - \alpha_1)} \\ T_2 = A_2 L^m Q^n \end{cases}$

ここに　$m = [\beta_2 (1 - \alpha_1) + \beta_1 \alpha_2] / [(1 - \alpha_1)(1 - \delta_2) - \alpha_2 \delta_1]$

$n = [\gamma_2 (1 - \alpha_1) + \gamma_1 \alpha_2] / [(1 - \alpha_1)(1 - \delta_2) - \alpha_2 \delta_1]$

③ 成長モデル法　$\begin{cases} \dot{T}_1 = \lambda_K \beta + \lambda_L \alpha \\ \dot{T} = \lambda_K \delta + \lambda_L \gamma \end{cases}$

→ $\begin{cases} CEPop_I = (ET_1 \times \lambda_L \alpha) + (ET_2 \times \lambda_L \gamma) \\ CY_i Pop_I = (Y_i T_1 \times \lambda_L \alpha) + (Y_i T_2 \times \lambda_L \gamma) \end{cases}$

得の影響を，人口の積極的効果ないしは人口の間接効果と呼び，人口と労働両方の1人当たり所得への影響を，人口の直接効果と呼んできた。また，この人口の直接効果に間接効果を加えたものを，人口の総効果と呼んでいた（山口[1982b][1994]を参照）。もう少し詳細にいえば，この人口の直接効果は人口の純効果とも呼ばれ，人口の1人当たり所得へのマイナスの効果に，労働の1人当たり所得へのプラスの効果を加えたものである。通常，これはマイナスの値を持っている。一方，人口の間接効果を捉える方法としては，ヴァードン法，残余法，および通常の成長理論で用いられる要素増加的進歩率法の3つの方法があった（第10-5表を参照。このモデルの詳細は，本書の第11章および山口[1994]の第3章を参照）。ヴァードン法というのは生産性が総産出量の平方根に比例すると仮定するモデルであり，クラーク[1967]やサイモン（J. Simon）[1977]により採用されたものである。一方，残余法は残余の大きさないしは生産性は労働力規模の関数であると仮定するモデルである。

第3の通常の成長理論法は，いわゆる各部門の技術進歩は各要素の分配率にその要素の要素増加的進歩率を乗じたものの和に等しいとするものであるが，

第10章 人口の積極的作用と経済発展 237

第10-6表 人口の総効果の計測値

年代	人口の直接効果 $CEPOP_D$	人口の間接効果 $CEPOP_I$			人口の総効果 $CEPOP_T$		
		残余法	ヴァードン法	要素増加的進歩率法	残余法	ヴァードン法	要素増加的進歩率法
	(1)	(2)	(3)	(4)	(5) (1)+(2)	(6) (1)+(3)	(7) (1)+(4)
1880～1890	-0.59	0.55	0.38	0.90	-0.04	-0.21	0.40
1890～1900	-0.66	0.66	0.40	0.97	0.00	-0.26	0.31
1900～1910	-1.10	0.38	0.18	1.00	-0.72	-0.92	-0.10
1910～1920	-0.95	0.65	0.34	0.97	-0.30	-0.61	0.02
1920～1930	-1.11	0.97	0.59	0.93	-0.14	-0.52	-0.18
1930～1940	-0.20	1.74	1.01	0.93	1.54	0.81	0.73
1940～1950	-1.56	0.15	0.07	0.91	-1.41	-1.49	-0.65
1950～1960	0.43	2.56	1.88	0.93	2.99	2.31	1.36
1960～1970	-0.21	1.44	0.98	0.89	1.23	0.77	0.68
平均	-0.65	1.01	0.66	0.95	0.35	0.01	0.29

そこで労働（＝人口）の分配率と要素増加的進歩率（Factor argumenting rate）を計算することにより，労働（＝人口）が技術進歩にどの程度貢献しているかを計測する方法である。第10-5表にこれら3つのモデルが要約して記述（山口[1994]の第3章も参照されたい）しているが，ヴァードン法や残余法はクラークやサイモン等により示されたものである。この計測結果である本書第3章の第3-2表によれば，人口と労働が1％ずつ増加すれば，農業技術進歩は0.5～0.9％，非農業技術進歩は0.7～1％増加するという結果が得られている。それゆえ，人口の成長率が低下すれば，労働力比率の低下につけ加え，技術進歩の創出効果が低下し，経済が不活発化するというおそれが，出てくることになるだろう（第3-2表も参照されたい）。

明治以降の日本の経済発展の計測結果によると，第10-6表で示されているように，人口の総効果（人口の直接効果に，人口の間接効果を加えたもの）の貢献（$CEPOP_T$）は1930年まではマイナスであった（第10-6表の人口の総効果 $CEPOP_T$ を参照）。しかし，第2次世界大戦中はマイナスであったが，1930年代にプラスとなり，戦後も一貫してプラスとなっている。また，人口の直接効果の貢献（$CEPOP_D$）は全期間を通してマイナスであったが，人口の間接効果の貢献（$CEPOP_I$）は一貫してプラスであり，しかも直接効果のマイナスよ

りも大きかったがために，人口の総効果はプラスとなったのである（詳細は山口 [1994] の第3章を参照されたい）。それゆえ，人口のプラスの間接効果を考慮しても，経済発展の初期の段階では人口増加はマイナスの方向に働くことが改めて理解できたのである。しかし，日本のように教育水準の高い人口は技術進歩を誘発し，経済発展の後期になると人口増加はプラスの方向に働くことも理解できるのである。

お わ り に

1 農業との関連で楽観的人口論を展開し，人口の技術進歩誘発効果を説いたのは，ボズラップであった。そこで述べたように，彼女は人口増加が，未耕地の開墾，沼沢地の干拓，改良作物や改良緑肥の導入等を導き，むしろ技術進歩を誘発するものが多いものであると主張していたのであった。そして歴史家が農業革命と呼ぶものは，人口が原因となっているものが多いという。すなわち，人口が増大するにつれ，森林休閑様式，藪地休閑様式，三圃式農業，短期休閑様式，一毛作，二毛作から多毛作へとより集約的な農法が営まれるようになったという。このボズラップ説はバートにより唱えられたものを展開したものであった。またクラークもボズラップと同様に人口の積極的作用を高く評価する者である。このようにボズラップやクラークは世間一般的にいわれるマルサス説と対立し，人口がむしろ技術進歩を誘発するものであると主張するのである。

2 神戸市西区に神出町（旧神出村）という場所がある。その村の大字の1つの五百蔵（イオロイ）も，その新田開発により開拓されたものである。この五百蔵で大正11（1922）年4月1日に出された「耕地整理組合設立認可申請書」に，「労力過剰ノ状態ナリ」と明記されている。もちろん，この過剰人口のみが土地開墾を促したのではないが，人口圧力から，開墾へというメカニズムが働いていたことは事実であろう。そこで，新たに土地開墾を行った五百蔵が当時神出村役場文書に書かれているように，過剰人口の状態であったか否かを，多くのデータによりみることにした。まず最初に，ある農村地域が過剰人

第10章　人口の積極的作用と経済発展　239

口であることにより生ずるいくつかの指標としては，次のようなものがあげられる。① 農業から非農業への人口の移動がある。② 土地の細分化，分散化があり，集約的な農法が行われている。③ 土地なし農家や小作人の比率が増加する。④ 小作料ないしは土地賃貸料が増加する。⑤ 土地の価格が上昇する。⑥ 物価が上昇する。⑦ 農業労働者の実質賃金が下落する。

　3　第1指標の，農業から非農業への人口の移動を，入寄留および出寄留に焦点を合わせてみると，五百蔵では，たとえ経済が不況になった場合においてさえも，神出村のみならず全国各地でみられた農村への帰還は全くみられなく（入寄留がゼロ），逆に出寄留の比率が非常に高い数値を示していた。つづく第2指標は，土地の細分化，分散，および農法が集約的になる点に関しては，開墾および耕地整理後は規模が大きく拡大していた。逆に言えば，理想とされる規模に比較して，これまでの1筆当たりの大きさは非常に細かく分散され，小規模の状態であったと推察されるのである。しかも，1戸当たり米作付反別および1人当たり米収穫高は神出村全体と比べ，五百蔵では約半分であった。また1人当たり米収穫高も半分以下であった。第3の指標である土地なし農家ないしは小作人が増加するという点も，田畑はともに傾向として自作が減り，小作が増加した。第4の指標である小作料ないしは土地賃貸価格は増加し，大正10（1921）年には大正元（1912）年の約2倍の大きさとなっている。また実質土地賃貸価格である米納高も，実質的に増加していた。第5指標の土地の平均価格も大正10年には，大正元年に比べ，4倍以上の大きさを持ち，畑にいたっては10倍以上の価格となっていた。第6の指標である物価の上昇に関しては，米価は急騰していたのであった。第7の指標である実質賃金率は，傾向として下落するという結果が得られた。以上より，いかなる指標をとってみても，「申請書」に記述されていたような過剰人口の状態に五百蔵があり，土地開墾へと誘導したのであった。

　4　人口と技術進歩はいわば綱引き関係のようになっている。日本経済の場合，各部門の技術進歩のプラスの貢献が人口のマイナスの貢献度を凌駕したがために，1人当たり所得が増加し，経済発展が成就されてきたのであった。ところが，日本の高い技術進歩率を生みだしたものは，まさしく教育水準の高い，質の良い勤勉な人口であったともいえよう。それゆえ，人口や労働の技術進歩

への影響を捉え，この点を人口の経済発展（1人当たり所得）へのマイナスの効果に加えなければ人口の真の効果の測定はなされていないことになるだろう。そこで，この人口や労働の技術進歩を通しての1人当たり所得の影響を，人口の積極的効果ないしは人口の間接効果と呼び，人口と労働の1人当たり所得への影響を，人口の直接効果と呼ぶことにした。また，この人口の直接効果に間接効果を加えたものを，人口の総効果と呼ぶことにする。ただし，この人口の直接効果は人口の純効果とも呼ばれ，人口の1人当たり所得へのマイナスの効果に，労働の1人当たり所得へのプラスの効果を加えたものである。通常，これはマイナスの値を持っている。

5　人口の間接効果を捉える方法としては，ヴァードン法，残余法，および通常の成長理論で用いられる要素増加的進歩率法の3つの方法がある。ヴァードン法というのは生産性が総産出量の平方根に比例すると仮定するモデルであり，残余法というのは残余の大きさないしは生産性は労働力規模の関数であると仮定するモデルである。第3の通常の成長理論法は，いわゆる各部門の技術進歩は各要素の分配率にその要素の要素増加的進歩率を乗じたものの和に等しいとするものであり，労働（＝人口）の分配率と要素増加的進歩率を計算することにより，労働（＝人口）が技術進歩にどの程度貢献しているかを計測する方法である。計算結果によれば，人口と労働が1％ずつ増加すれば，農業技術進歩は0.5～0.9％，非農業技術進歩は0.7～1％増加するという結果が得られた。その結果，日本の人口の総効果は経済発展の初期段階（1880～1920年代）ではマイナスであるが，後期（1930年代および戦後）ではプラスとなっている。それゆえ，人口の成長率が低下すれば，労働力比率の低下につけ加え，技術進歩の創出効果が低下し，経済が不活発化するという結論が出ることになる。

注

1）　この節は山口三十四＝浦長瀬隆［1985］および山口［1994］の第7章のエッセンスを書き直し，展開したものである。詳細は，その本の第7章を参照されたい。ここで行う分析は必要は発明の母である（過剰人口の土地開墾への圧力）という人口のプラス面の研究である。人口のマイナス面やその他のプラス面についての分析は上記の書物も参照されたい。

2）　後出の第10-1表等に示されるように，神出村は12大字から成り立っている。このう

第10章　人口の積極的作用と経済発展　241

ち中央の肥沃地帯（田井，東，北）はすでに奈良時代から農業が定着していたが，ここでとり扱う五百蔵は新田開発により開発されたものである。これらを含む西北神の農業については，山口［1984a］のpp.1-24を参照されたい。

3）「神出村役場文書」による。以下ことわりのない場合を除き「申請書」と記述する。

4）「本地区農家ノ處ニ労働シツツアル労働者ハ一戸平均男二人女二人ヲ有シヲレリ然ルニ耕地別ハ一戸平均三反歩（「申請書」の中に田の字はみあたらないが，前後の文脈より田三反歩と解釈できる）畑六反余歩内外ニシテ『労力過剰』ノ状態ナリ」と記述されている。

　さらに，開墾の理由については，

　「本地区ハ神出村ノ東北一端ニ位シタル山間ノ僻地ニシテ地区内ハ下流流先トナリ集水面積少シ従ッテ用水モ少ナシ夫レガ為田地面積僅カニ二町弱ニ過ギズ凡テ地区内ハ畑ト山林ナリトス土質ハ肥沃良好且ツ凹凸アルモ比較平担ニシテ開墾地トシテハ最モ適当ノ土地ナリ故ニ美嚢郡志染村大字広野山林ニ溜池ヲ築造シ之レガ用水ヲ求メ開墾ヲナシ根本的ノ改良ヲ行ヒ農業上ノ利用増進ヲ計ラザルベカラズ特ニ近年ハ畑地作ノ利益少ナク米価ハ騰貴スルノ一方ナリ今畑地ヲ田地トナシ之レガ増加ヲ計ルハ目下ノ急務ナルトス」

と記述されている。水田の区画については，

　「田地ニ開墾セントスル畑山林ハ現況ニ述ベタル如ク比較的平担ノ土地ト雖トモ多少ノ凹凸ト傾斜ヲ有シ且ツ畑地ニ開墾セントスレバ僅カノ傾斜ヲ許サザレバ画一的田地ヲ作製スルハ困難ナルヲ以テ同高線ヲ平行ニ長方又ハ正方形ニ可広拡大ナル田区ヲ作成セリ」，

用水については

　「今茲ニ地区外美嚢郡志染村大字広野字奥ノヶ谷ニ於テ山田川水利組合ノ事業トシテ大字広野新開田ニ揚水機ヲ設置シ目下使用シツツアル用水，分水ヲ受ケ該組合ニ水質ヲ出納シテ加入ヲ申込用水ノ源ヲ求メ大字広野山林ヲ借受ケ溜池ヲ設置シ引水ヲナシテ該溜池ニ貯水シ置キ更ニ導水路ヲ設ケ地区内開墾田ニ引水シ潅漑ヲナス」

と書かれている。

5）後出の第10-2表より1戸当たり人数は五百蔵は大正4，9年で6.40〜7.07人と神出村全体の6.30〜6.35よりも大きく，かつ後出の多くの指標が労働力過剰であった点より過剰人口であったとも言えるであろう。

6）マルサス［1798］（永井義雄訳［1973］）の訳書のpp.32-33を参照。

7）グリッグ（D. Grigg）［1980］のChapter 3では過剰人口の徴候として，これらのうちのいくつかを掲げているが我々の目的には不十分である。そこで，上述の7項目について調べることにする。

8）第10-1表のB／A欄を参照されたい。

9) 第10-1表の（B-C）／A欄を参照されたい。また，この表でみられる小束野は，大正8年に呉錦堂による小束野開発が行われ，移住者があり，大正8年以降は（B-C）／A欄はマイナスとなっている。呉錦堂による小束野開発については，浦長瀬隆[1984]に掲載の論文を参照されたい。
10) この数値は「申請書」によっている。それゆえに地区変更を行った後出の「耕地整理設計書」の数字とは少し異なっている。
11) 第10-2表の1戸当たり作付反別の項を参照。
12) 五百蔵の資料が不足の為，この資料は神出村全体のものであることに注意されたい。しかしながら，神出村の一部である五百蔵も村全体と同様の傾向を持ったものと思われる。
13) すなわち，経済不況の為に農村から都市への人口移動が減少し，農村地帯が過剰人口の状態になったとも言えるであろう。
14) この点も五百蔵の資料が不足し，明石郡全体のものが使用されている。しかしながら五百蔵もこのような傾向を示していたものと思われる。
15) 第10-4表の第(4)欄を参照。
16) 第10-4表の第(5)欄を参照。
17) 山田川疎水については山本下賜夫[1915]，大山貞一[1941]，兵庫県淡河川・山田川土地改良区[1965]を参照されたい。

第 11 章　出生率低下と経済停滞

はじめに

　最近の報告によれば，2000年の合計特殊出生率は1.35であり，イタリアやスペイン等とともに，最低グループに属す低さとなっている。これは，人口の置き換え水準である2.09をはるかに下まわった値となっている。この点は，発展途上国の人口爆発が問題となって以来，現在では悲観的人口論的な考え方が支配的な背景と一致している。しかし，これまでをふり返ってみると，悲観的人口論と楽観的人口論とは縄目のように変遷してきたのであった。また日本においても，1974年以前には，人口の置き換え水準に近くなるように，政策的にも考慮されていた経過があった。ところが，発展途上国での人口爆発が問題となって以来，人口の純再生産率の低下はむしろ歓迎すべきものであるとの考えが支配的な流れとなっていた。しかし後にみるように，日本の老年人口比率（65歳以上の人口比率）は歴史上どの国もかつて経験したことがないほどのスピードで増加しているのが現状である。この老年人口比率のスピードを急増させる要素として，出生力低下は大きな影響を持っている。この出生力低下は女性が労働力として社会進出するにつれ，より顕著に現れてくることが，多くの世界各国で発見されている。また，本書第6章の日本に関する実証研究においても，この点は計量結果としても確認されている。
　ところが，この出生力低下はマクロ的観点を無視するならば，ミクロ的観点

からは人々の合理的な選択の結果（それゆえ，合成の誤謬が生じている）であるとも解釈できる。すなわち，ミクロ的観点のみで考えるならば，経済が発展するにつれて子供を持つ効用が低下し，逆に教育費等の子供を持つコストが増大するゆえ，人々は子供数を減らすという合理的な選択をしているとも解釈できるからである。しかし，一度低下した出生率の回復は困難きわまり，また高齢化問題や社会の活気等を考えるにつれ，国全体の大きな出生率の低下は問題となるものである。この点が顕著に現れたのがフランスと東欧諸国であった。これまで，これらの国においては多くの手段を用いて出生促進政策が採られてきた。この点を考慮すれば，現在こそ人口についてより客観的に考える必要があるように思われる。そこで第1節では日本の人口構造がいかに変容してきたかを調べ，第2節で人口についての考え方を楽観的人口論と悲観的人口論とに分けて考え，より客観的に人口のプラス面およびマイナス面について考えてみることにする。第3節では，日本経済発展にとって人口や技術進歩がどのような役割を果たしてきたかを調べ，また人口が技術進歩にどのような影響を与えたかについてのモデル分析を行い，計測結果を吟味することにする。

第1節　出生率低下と人口構造の変容

　日本の出生率は戦後急激に低下し，1970年の半ばに人口の置き換え水準を下まわるようになった。しかし，最近はさらにより低い水準へと低下した状態となっている。例えば，合計特殊出生率は1935年には5.11の水準であったものが，1965年には2.14となり，さらに1985年には1.76，1999年には1.34へと大きく低下した。この出生率および死亡率の変動の結果として，人口の年齢構成を示すピラミッドは富士山型から釣り鐘型，ツボ型へと変化し，現在はヒョウタン型となっている。そして，年少人口が減少，老年人口が増加の形態をとっている。また生産年齢人口の中においても高年労働者の比率が高まり，若年労働者の比率が減少しているのである。老年人口比率は通常10%を超えると高齢化社会に入るといわれているが，2000年11月1日における日本の老年人口比率は17.3%（総務省統計局統計センター資料）と過去最高となり，第11-1図のように，さら

第11章 出生率低下と経済停滞　245

第11-1図　日本の人口の年齢構成の推移

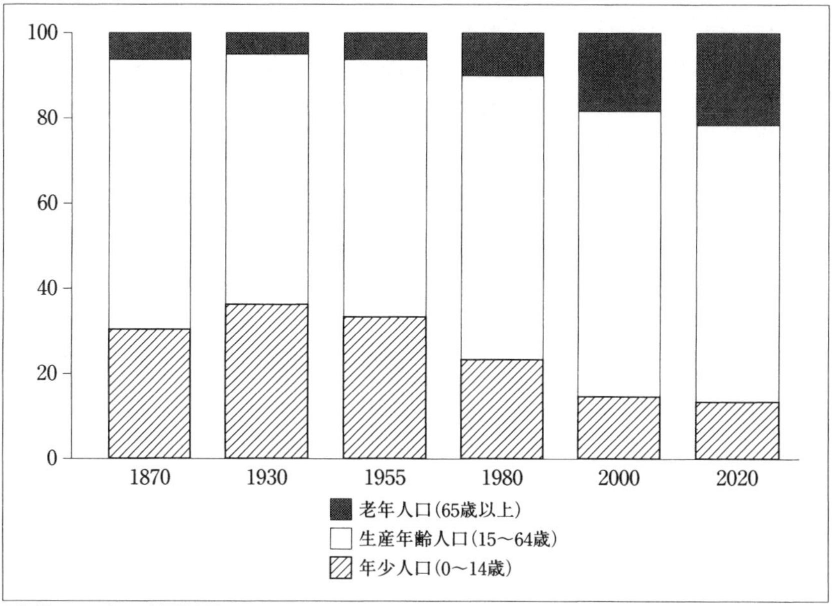

■ 老年人口（65歳以上）
□ 生産年齢人口（15〜64歳）
▨ 年少人口（0〜14歳）

（備考）　1955年は沖縄県を除く。
（資料）　1870〜1920年は，安川正彬［1977］，1920年〜1980年は総理府『国勢調査』，1980年以降は厚生省人口問題研究所『日本の将来設計人口—1997年1月推計』。
（出所）　人口問題審議会編［1984］の28ページおよび上記資料。

に増加するようになっている。

　それでは，何故出生率がこのように低下してきたのであろうか。最も明快な答えは子供を持つ効用や便益が，減少ないしは停滞したのに対し，子供を持つコスト，なかでも教育等のコストが増加し，子供を持つ意義が低下したゆえと答えることができるであろう。すなわち，子供を持つコストが農村社会と異なる現在では，教育費や機会費用の増加が顕著であるが，その他のものに関してもより多くのコストが必要となっている。一方，子供の効用に関しては，農村社会では重要であった子供の労働力はもはやほとんど無用のものとなっており，生産力としての子供の労働の効用は大きく減少している。また老後の保証としての子供の効用も経済が発展し，年金や貯金その他社会保障等が充実するにつれ，子供を持つ効用が減少したのであった。このように子供を持つ効用が減少

ないしは一定であるのに対し，コストが増大したゆえ，子供を持つ意義が低下し，出生率が低下したと解釈できるのである。[1]

しかし，この点は次のような問題点を含むことになるだろう。すなわち，それはミクロ的利益とマクロ的利益の不一致という点であり，この点は注意しなければならないポイントの1つであろう。たとえば経済的にみれば，3人の子供を持つ親と1人ないしはゼロ人の子供を持つ親とでは，経済的負担の格差は大きく，それゆえ個人ないしはミクロの視点からは子供が少ない方が有利であろう。日本の出生率の低下は如実にこのことを物語っている。しかし，すべての親がそのような行動をとるならば，マクロ的にみれば非常に大きな高齢化問題が生じてくることになる（それゆえ，合成の誤謬が働くことになる）。そこで，すでに他の多くの先進国が行っているように，子供の少ない者には社会的責任を持たせ，逆に子供の多い者には援助するという意味での政策介入等が必要となるという意見が出てくるのである。いずれにせよ，現在は経済基盤ないしは経済政策基盤としての人口や人口構造が大きく変化し，これまでにない多くの問題が出現し始めているのが現状である。

第2節　人口経済モデルの先行的諸研究

日本の人口と経済につき，モデル化し，研究を行ったものは，大きく分けて3通りに分類することができるであろう（第11-1表を参照されたい）。第1は，データを用い，計量的に計測し，推定値を用いてシミュレーションを行うという，通常最も多く行われている方法である。この方法を用いた研究に，南亮進＝小野旭 [1971] [1972] [1975]，オガワ＝スーツ（N. Ogawa and D. Suits）[1982]，オガワ（Ogawa）[1982] 等の研究がある。第2は，他の諸研究から，最適と思われるパラメターの値を求め，それを用いてシミュレーションを行い，現実値と比較するという方法である。このタイプの研究に，ケリー＝ウイリアムソン（A. Kelley and J. Williamson）[1971] [1973] [1974] およびケリー＝ウイリアムソン＝チーサム（A. C. Kelley, J. G. Williamson and R. J. Cheetham）[1972a] [1972b] 等の研究がある。第3は，いわゆるグロウス・アカウンティングと呼ばれる成

第11-1表　人口の実証的研究の系譜

人口と経済との関係に関する研究は3つの方向で行われてきた。第1は、データを用い、計量的に計測し、推定値を用いてシミュレーションを行う方法。南亮進=小野旭（第5-1表および第5章の説明を参照），オガワ=スーツ、オガワ等。第2は、他の諸研究から、最適と思われるパラメータの値を求め、それを用いてシミュレーションを行い、現実値と比較するという方法。ケリー=ウイリアムソンおよびケリー=ウイリアムソン=チーサム等の研究。第3は、いわゆるグロウス・アカウンティングと呼ばれる成長会計分析（成長会計分析は、経済成長をもたらす諸要因を分解して、各々の要素の貢献度を計算する方法）。速水佑次郎、大川一司、山口三十四、ヤマグチ=ケネディー、ヤマグチ=ビンスバンガー等。

(1) オガワ=スーツ・モデル

人口と経済モデルとしては、従来より数段進歩したもの。第1次産業と非1次産業の2部門、資本ストックや労働力率を内生化。人口面も、ブラス出生力関数やコール=ディミニー（Coale and Demeny）モデルを用いて分析。方法もスプライン関数等推定テクニックに新しい方向。しかし問題点は次の6点。第1は、生産部門は2部門に分割、だが需要面は各部門の需要関数が存在せず、全体として消費 C、投資 I、政府支出 G、輸出 X、輸入 M があるのみ。第2に、価格面の明示的な考慮がなく、人口との関連で特に重要なリンクと思われる人口増による農産物価格の上昇、さらに農業生産量の増加というメカニズムが、観察不可能。第3に、資本ストックは内生化、しかし貯蓄率関数や貯蓄配分係数は1人当たり所得等により決定→人口は貯蓄のみに影響、投資には影響を与えないモデル。第4に、第1次産業従事者比率は非1次産業の生産量の成長率と1期前の第1次産業従事者比率の関数となっている。それゆえ、要素市場の考慮は全く不足。第5に、人口との関連でいえば、輸出関数は非1次産業の生産量の関数となっているが、分析期間では生糸や茶等の第1次産業の生産量も重要な影響を持っていた。第6に、データの説明や吟味を公表することが望まれる。

(2) オガワ・モデル

2部門分割は行われず、経済全体をモデル化し、大別すると人口面、労働力率、投資関数およびGNP成長率関数に分けて推定を行っている。人口面はブラス関数を修正したものとコール=ディミニー・モデルに文盲率および小学校入学者比率が合計特殊出生率を媒介としてループとなった関係となっている。しかし、オガワ・モデルでは投資やGNPの成長率というコアになるべきいくつかの重要な推計は、スーツ=メソン等から採用されている。しかも、モデルはデータの関係上とはいえ、部門分割がなく、経済全体のものとなっている。さらに重要な点は、人口ときわめて密接な関連を持つ需要面の考慮が、全く行われていないモデルとなっている点は問題であろう。また決定係数 R^2 や t 値も、良好とは言い難いものが多く見うけられている。また、一般的にいって通常の人口・経済のシミュレーション分析の問題点は、シミュレートした値が推定値に大きく依存するという点であろう。すなわち、その推定値は多くの計量的推定テクニックの仮定、期間の長さ、データや当てはまりの程度に大きく依存している。それゆえ、1度の推計値を用いてシミュレーションを行うという方法は、新しい発見が可能であるという長所の反面、大きな危険性を伴うものである。

(3) ケリー=ウイリアムソンおよびケリー=ウイリアムソン=チーサム・モデル

大きな危険性を伴った顕著な例は、ケリー=ウイリアムソン等により分析された研究結果である。彼等の初期の論文では、日本の人口の低成長率が"非常"に重要な役割を果たしたと述べていた。しかし、その後人口はそれ程重要な要因ではなかったと態度をひるがえし、高人口成長に対し比較的楽観的な見解へと変化している。このように、パラメターのとり方により、シミュレーション値を操作することが可能であり、自ら互いに矛盾する結果を得ている。

(4) 山口、ヤマグチ=ビンスバンガーおよびヤマグチ=ケネディー・モデル

そこで、筆者の一般均衡的成長会計モデルでは、多くの先行的諸研究の成果の中から、最も妥当と思われるパラメターやデータを選び、それを用いて一般均衡的成長会計分析（従来の部分均衡的成長会計を展開）を行っている。そして、オガワ=スーツ、オガワやケリー=ウイリアムソン等とは全く異なった分析方法を持つモデルで計測を行っている（第5-1表および第5章の説明を参照）。また山口モデルは、(1) 1部門の生産面に加え、需要面、他部門の需給両面の影響が見られる、(2) 数学的・図形的エクセントリックの回避、(3) 相対価格は可変である。そこで、所得と価格の両方の影響を考慮でき、技術進歩の非対称性（プッシュ・プル効果）等のファクト・ファインディングスを見い出すことができる、レイナス=フェイやジョーゲンソン、初期のケリー=ウイリアムソンとは異なり、農業資本をインプットに入れている、(5) 不完全競争のインパクトを研究できる新古典派と古典派のミックス的なモデルとなっている。それゆえ、過剰人口の経済発展への影響等も測定している（第5-1表と第7章第3節も参照）。

長会計分析である。成長会計分析は，経済成長をもたらす諸要因を分解して，各々の要素の貢献度を計算する方法である。従来は，アウトプットの成長に対し，インプットと技術進歩等の供給面の貢献度を測定する生産関数的アプローチであった。

山口［1982b］［1994］は，従来から行われてきた，ある1部門の供給面のみに焦点を当てた成長会計分析（部分均衡的成長会計分析と呼ぶ）に，需要面や他部門の影響を明示的にとり入れ，しかもアウトプットのみならず，インプットや相対価格の8つの変数の成長会計も，同時に可能なモデルを用いて成長会計分析（一般均衡的成長会計分析）[2]を行った。そして先行的諸研究の中から，世間一般に広く認められ，最も適当と思われるパラメターやデータを使用し，人口と経済の関係を詳細に分析した。成長会計という意味で，モデル値と現実値とは100％対応しており，その意味で第1の方法や第2の方法とは全く異なるものである。[3] 以上3つのタイプの中で，オガワ＝スーツ・モデルは，人口と経済モデルとしては，数段進歩したものであり，その点で筆者は高く評価を行いたく，実際に行ってきた。

彼等は，経済全体を，第1次産業と非1次産業の2部門に分割し，資本ストックや労働力率を内生化したモデルを構築して計測を行っている。また人口面も，ブラス出生力関数やコール＝ディメニー（Coale and Demeny）モデルを用いて分析を行っている。さらに，方法もスプライン関数等を用い，推定テクニックに新しい方向を示している。しかし問題点をあげるならば，次の6点があげられるであろう。まず第1は，生産部門は2部門に分割されているにもかかわらず，需要面は各部門の需要関数が存在せず，全体として消費 C，投資 I，政府支出 G，輸出 X，輸入 M があるのみである。第2に，価格面の明示的な考慮がなく，人口との関連で特に重要なリンクと思われる人口増による農産物価格の上昇，さらに農業生産量の増加というメカニズムが，観察不可能なモデルとなっている。

第3に，資本ストックは内生化されてはいるが，貯蓄率関数や貯蓄配分係数は1人当たり所得，ないしは大人に換算した1人当たり所得により決定されているゆえ，人口は貯蓄のみに影響を与え，投資には直接に影響を与えないモデルとなっている。この点は，より一層の展開が望まれよう。第4に，第1次産

業従事者比率は非1次産業の生産量の成長率と1期前の第1次産業従事者比率の関数となっている。それゆえ，要素市場の考慮は全く不足している点は問題となるだろう。第5に，人口との関連でいえば，輸出関数は非1次産業の生産量の関数となっているが，分析期間では生糸や茶等の第1次産業の生産量も重要な影響を持つであろう。第6に，より一層欲をいえば，データの説明や吟味を公表することが望まれるだろう。

一方，オガワ・モデルでは，2部門分割は行われず，経済全体をモデル化し，大別すると人口面，労働力率，投資関数および GNP 成長率関数に分けて推定を行っている。人口面はブラス関数を修正したものとコール゠ディメニー・モデルに文盲率および小学校入学者比率が合計特殊出生率を媒介としてループとなった関係となっている。しかし，オガワ・モデルでは投資や GNP の成長率という核になるべきいくつかの重要な推計は，スーツ゠メソン等から採用されている。しかも，モデルはデータの関係上とはいえ，部門分割がなく，経済全体のものである。さらに重要な点は，人口ときわめて密接な関連を持つ需要面の考慮が，全く行われていないモデルとなっている点は問題であろう。また決定係数 R^2 や t 値も，良好とは言い難いものが多くみうけられている。

また，一般的にいって通常の人口・経済のシミュレーション分析の問題点は，シミュレートした値が推定値に大きく依存するという点であろう。すなわち，その推定値は多くの計量的推定テクニックの仮定，期間の長さ，データや当てはまりの程度に大きく依存している。それゆえ，1度のみの推定値を用いてシミュレーションを行うという方法は，新しい発見が可能であるという長所の反面，大きな危険性を伴うものである。その顕著な例はケリー゠ウィリアムソン等により分析された研究結果である。彼等の初期の論文 [1971] では，日本の人口の低成長率が"非常"に重要な役割を果たしたと述べていた[4]。しかし，その後人口はそれ程重要な要因ではなかったと態度をひるがえし，高人口成長に対し比較的楽観的な見解へと変化しているのである[5]。このように，パラメターのとり方により，シミュレーション値を操作することが可能であり，自ら互いに矛盾する結果を得ている[6]。そこで，筆者は多くの先行的諸研究の成果の中から，最も妥当と思われるパラメターやデータを選び，それを用いて一般均衡的成長会計分析を行っている。

第11-2図 人口と労働の

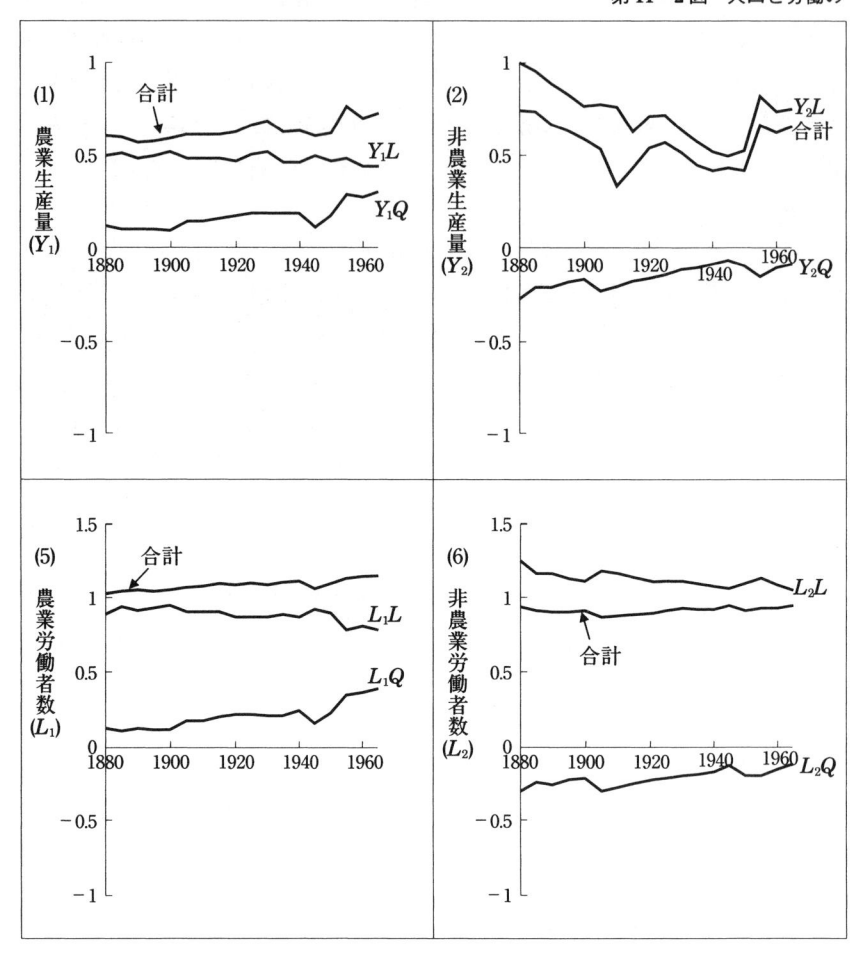

(1) 農業生産量 (Y_1)／(2) 非農業生産量 (Y_2)／(5) 農業労働者数 (L_1)／(6) 非農業労働者数 (L_2)

第3節 人口のシミュレーション分析

● **人口の直接効果とシミュレーション** 本書の第3章, 第7章や付録（より詳細な点は山口［1994］を参照されたい）で示したように, モデルはマトリックスの形で $Ax=b$ と表されるものである。[7] 8外生変数は b ベクトルに, 8内生変

経済発展への影響

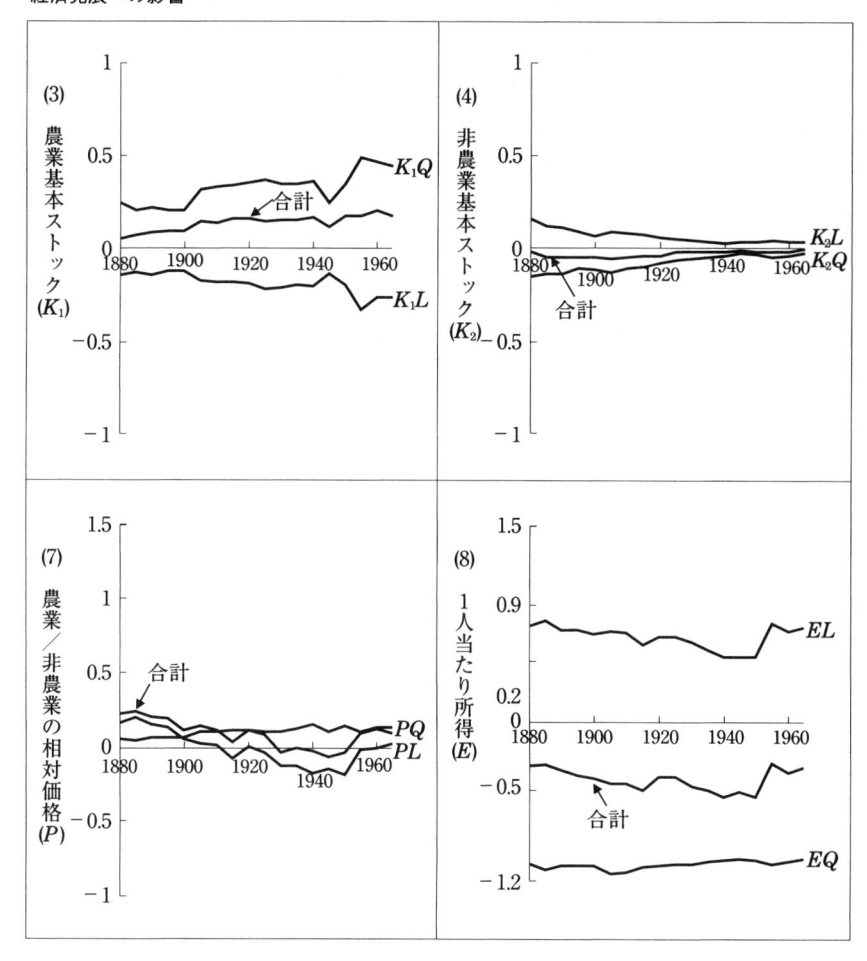

(3) 農業基本ストック (K_1)

(4) 非農業基本ストック (K_2)

(7) 農業／非農業の相対価格 (P)

(8) 1人当たり所得 (E)

数は x ベクトルに含まれている。[8] このモデルを用いて成長率乗数（外生変数の成長率の内生変数の成長率への影響の度合いを示すもので，第11-2図，付表11-1（本章末）および第7-3図を参照）および貢献度の計測（第7-4図を参照）を行った。[9] すでにみたように，人口の純効果（人口と労働の効果を加えたもので，第11-2図および付表11-1の1人当たり所得を例にとれば $EQ+EL$ となる）を人口の直接効果と呼び，人口の積極的効果（人口の技術進歩への影響）を人口の間接効果と

呼んでいた。この人口の間接効果を捉える方法としては，第10章で示した3方法（残余法，ヴァードン法，要素増加的進歩率法）を用いている。[10]

これらの人口に関する計測結果は次のように要約することができるであろう（第11-2図や第7章も参照）。[11]

(1) 人口 (Q) 成長は，農業部門が大きなシェアを占める経済発展の初期になればなるほど1人当たり所得 E に悪い影響を持っている（EQ を参照。EQ は人口 Q が1％増加した時に，1人当たり所得 E が何％増加するかを示したものである）。[12]

(2) 人口成長は，農産物の相対価格 (P) を上昇させ ($PQ>0$)，農業生産量 (Y_1) の増加 ($Y_1Q>0$)，非農業生産量 (Y_2) の減少 ($Y_2Q<0$) へと導く（サフィクス1は農業部門を2は非農業部門を示す）。その結果，インプットは非農業部門から農業部門へと流出する ($K_1Q, L_1Q>0, K_2Q, L_2Q<0$。ここで K_i は各部門の資本ストックを，L_i は各部門の労働力を示す）。一方，第7章第2節で詳述したように，各部門の技術進歩 (T_i) は要素移動に対し，人口と対照的な効果を持っている。つまり各部門の技術進歩はプッシュ，プル両効果により，インプットを農業部門から非農業部門へと流出させる役割を果たしている ($L_1T_i, K_1T_i<0, L_2T_i, K_2T_i>0$)。[13]

(3) 1920年代および30年代の不況期には，人口要因により農業労働力および資本ストック流出に少なくとも歯止めが行われ，一方1880年，90年，1910年，50年，60年代の経済発展の初期や経済の好況期には，各部門の技術進歩の農業労働力および資本ストックに対するプッシュ，プル両効果が人口要因より強く，農業労働力および資本ストックの非農業部門への移動が行われたのである。[14]

(4) 総労働者数 (L) が増加すると，両部門の労働者数 (L_i) は増加する ($L_iL>0$)。しかし，増加の度合は非農業労働力 (L_2) の方が大である ($L_2L>L_1L$)。これは非農産物の高所得弾力性，農産物の低所得低価格弾力性によるものである。また，農業部門の資本ストック (K_1) は非農業部門へ流出させられる ($K_1L<0$)。一方，生産面のみに焦点を当てたリプチンスキーの定理によれば，総労働者数が増加すると相対価格 (P) 一定のもとでは資本集約的部門の生産量が減少することになる。しかし，本書での分析では総労働者数が増加すると，労働集約的部門に比較優位を持つというヘクシャー・オリーンの定理により，相対価格は増加（多くの期間で $PL>0$) し，両部門の生産量 (Y_i)，さ[15]

第11章　出生率低下と経済停滞　253

第11-2表　人口の総効果およびシミュレーション

	人口の直接効果	人口の間接効果			人口の総効果										
		残余法	ヴァードン法	要素増加的進歩率法	残余法	ヴァードン法	要素増加的進歩率法	$\dot{E}$	$\dot{E}_R$	$\dot{E}_V$	$\dot{E}_R$ $K=50\%$	$\dot{E}_V$ $K=50\%$	$\dot{E}_R$ $K=0\%$	$\dot{E}_V$ $K=0\%$	$\dot{E}_R$ $0.5T$	$\dot{E}_V$ $0.5T$
	(1)	(2)	(3)	(4)	(5) (1)+(2)	(6) (1)+(3)	(7) (1)+(4)	(8)	(9)	(10)	(11)	(12)	(13)	(14)	(15) (11)-0.5T	(16) (12)-0.5T
1880〜1890	-1.97 (-0.59)	1.84 (0.55)	1.27 (0.38)	0.99	-0.13 (0.04)	-0.70 (-0.21)	-0.40	2.70	2.61	2.21	2.41	2.01	2.21	1.81	0.82	0.54
1890〜1900	-1.98 (-0.66)	1.98 (0.66)	1.20 (0.40)	0.97	0.00 (0.00)	-0.78 (-0.26)	-0.31	2.20	2.20	1.68	1.85	1.33	1.50	0.98	0.52	0.17
1900〜1910	-2.75 (-1.10)	0.96 (0.38)	0.45 (0.18)	1.00	-1.79 (-0.72)	-2.30 (-0.92)	-0.10	1.30	0.23	-0.08	-0.37	-0.68	-0.97	-1.28	-1.37	-1.55
1910〜1920	-2.37 (-0.95)	1.62 (0.65)	0.85 (0.34)	0.97	-0.75 (-0.30)	-1.52 (-0.61)	0.02	2.60	2.15	1.69	1.15	0.59	-0.05	-0.51	-0.58	-1.41
1920〜1930	-2.08 (-1.11)	1.83 (0.97)	1.11 (0.59)	0.93	-0.25 (-0.14)	-0.97 (-0.52)	-0.18	0.50	0.39	0.05	-0.31	-0.65	-1.01	-1.35	-0.60	-1.18
1930〜1940	-0.55 (-0.20)	4.75 (1.74)	2.75 (1.01)	0.93	4.20 (1.54)	2.20 (0.81)	0.73	3.90	6.56	5.29	5.61	4.34	4.66	3.39	2.90	2.36
1940〜1950	-2.92 (-1.56)	0.28 (0.15)	0.14 (0.07)	0.91	-2.64 (-1.41)	-2.78 (-1.49)	-0.65	—	—	—	—	—	—	—	—	—
1950〜1960	1.08 (0.43)	6.41 (2.56)	4.70 (1.88)	0.93	7.49 (2.99)	5.78 (2.31)	1.36	7.10	11.60	10.57	10.80	9.77	10.00	8.97	5.93	5.60
1960〜1970	-0.57 (-0.21)	3.94 (1.44)	2.68 (0.98)	0.89	3.37 (1.23)	2.11 (0.77)	0.68	10.00	11.14	11.34	9.39	9.59	7.64	7.84	5.01	5.67
平　均	-1.57 (-0.65)	2.62 (1.01)	1.68 (0.68)	0.95	1.06 (0.35)	0.12 (0.01)	0.29	3.80	4.61	4.09	3.82	3.29	3.00	2.48	1.58	1.28

(出所)　データはオオカワ―シノハラ (K. Ohkawa and M. Shinohara) [1979] を用い、我々のモデルを用いて計算した。

第11-3表　人口の直接

	(1) $=\dot{E}$	(2) =合計 $3\%\dot{Q}$	(3) =(2)+合計 $3\%\dot{L}$	(4) =(3)− $50\%\dot{K}$	(5) =(4)−50% CET_1	(6)* =(5)−50% CET_2
1880	2.7	0.3	2.3	2.1	1.5	0.9
1890	2.2	0.0	1.7	1.4	1.1	0.5
1900	1.3	−0.8	1.0	0.4	0.1	0.1
1910	2.6	0.6	2.0	0.9	0.4	−0.4
1920	0.5	−1.0	0.4	−0.3	−0.5	−0.9
1930	3.9	1.9	2.7	1.7	1.7	0.8
1940	—	—	—	—	—	—
1950	7.1	5.1	5.8	4.9	4.2	2.5
1960	10.0	8.0	9.2	7.5	7.5	4.5

（備考）　*1910年，1920年代はT_2がマイナスの2倍になると仮定。
（出所）　データはオオカワ＝シノハラ［1979］を用い，我々のモデルを用いて計算した。

らに1人当たり所得（E）は増加する結果（Y_tL, EL）となっている。この点はリプチンスキーの定理とは全く異なっている。

(5)　人口（Q）や労働（L）の両部門の技術進歩（T_i）への影響（人口の積極的作用）を考慮する方法として，上記の3方法（残余法，ヴァードン法，要素増加的進歩率法）により計測した。全期間を平均すれば，3方法による人口の総効果（人口の純効果＋労働や人口の技術進歩を通した1人当たり所得への影響の効果）はすべて正の値を持っている（第11-2表の第(5), (6), (7)欄の最下段を参照）。まず労働や資本等の効率増加を測定する第3の方法（要素増加的進歩率法で第11-2表の第(7)欄）によれば1900年代，1920年代，1940年代を除くすべての期間で人口の総効果は正の値をとっていた。一方，ヴァードン法および残余法（第11-2表の第(6)と第(5)欄）による人口の総効果は全期間の平均では正の値をとっていた。しかし，経済発展の初期から1920年代までは負の値をとる場合も多いが，1940年代を除く経済発展の後期では正の値をとるように変化している（詳細は山口［1994］の第10章も参照）。

つづいて，シミュレーション結果について述べることにしよう。最初に，人口の積極的作用（間接効果）を考慮しないで，人口の直接効果のみに焦点を当てることにする。この目的のために，次のような人口に関するいくつかのシミュレーションを行った（第11-3表を参照）。(1) 人口（Q）のみが3％の率で増加した場合（第(2)欄）。(2) 人口とともに労働力（L）も3％の率で増加した場

第11章 出生率低下と経済停滞　255

効果のシミュレーション　　　　　　　　　　　　　　　　　　　　（単位：%）

(7)* =(6)−合計 3％CEL	(8)* =(7)+合計 2％CEL	(9) $\dot{T_1}$のない 場合	(10) $\dot{T_2}$のない 場合	(11) $\dot{K}$のない 場合	(12) $\dot{L}$のない 場合
−1.1	0.1	1.4	1.5	2.3	2.3
−1.3	−0.3	1.7	0.9	1.5	1.8
−1.7	−0.6	0.7	1.2	0.1	1.0
−1.8	−0.9	1.5	—	0.4	2.2
−2.2	−1.5	0.2	—	−0.9	−0.1
−0.0	0.3	3.8	2.2	2.0	3.1
—	—	—	—	—	—
1.9	1.7	6.2	3.6	5.5	5.4
3.3	3.8	10.0	4.1	6.5	9.1

合（第(3)欄）。(3) しかし，資本ストック（K）の成長率が50％になった場合（第(4)欄）。(4) さらに，農業技術進歩（T_1）および非農業技術進歩（T_2）が50％に減少した場合（第(5)，(6)欄）。(5) 他の条件はすべて以上の状態のもとで，かつ労働力（L）のみが日本で実際に生じた成長率でしか増加しなかった場合（第(7)欄）。(6) または労働力（L）が２％の成長率でしか増加しなかった場合（第(8)欄）。(7) 他のすべての変数は日本で実際に生じた成長率で成長し，農業技術進歩率（T_1），非農業技術進歩率（T_2），総資本ストック（K），総労働者数（L）のみが，全く存在しなかった場合（第(9)，(10)，(11)，(12)欄）の７ケースである。

　以上の結果は，次のように要約することができる。まず(1) 人口の成長率が３％になった場合には，1920年代までの１人当たり所得の成長率はゼロに近い値となっている。特に1900年代，1920年代はマイナスの成長率となる（第(2)欄）。(2) たとえ労働力が３％の率で増加し，各部門の技術進歩や総資本ストックが現実に日本で生じた成長率で増加したと仮定しても，１人当たり所得の成長率は日本で実際に生じた成長率の約８割程度に減少する（第(3)欄）。(3) 以上の条件のもとで，資本ストックの成長率が日本で実際に生じた成長率の50％になった場合には，１人当たり所得は少し減少し（第(4)欄），さらに各部門の技術進歩が50％に減少した場合には，大きく減少する（第(5)，(6)欄）。この場合には1930年までの成長率はほんのわずかである。(4) 以上は人口も労働力も

3％の率で成長すると仮定した場合であるが，労働力が日本で実際に生じた成長率でしか増加しなかった場合（第(7)欄），および2％の率で増加した場合（第(8)欄）には，1920年までの1人当たり所得の成長率はマイナスとなる結果が得られている。

● **人口の総効果とシミュレーション**　ここでは高人口成長と人口の技術進歩を通しての積極的作用（人口の間接効果）をも含めた関係を検討することにしよう（第11-2表参照）。モデルは上述の残余法，ヴァードン法，要素増加的進歩率法の3方法を用いた。それにより，次のような結果が得られた。

(1)　人口が3％の率で増加し，かつ労働力は実際に日本で生じた労働力率の比率で比例的に増加したと仮定した場合には，人口の直接効果（人口の純効果）はほとんどすべての期間で，より大きいマイナスの値を持つようになる。[16]一方，人口の間接効果は各部門の技術進歩を増加させ，残余法，ヴァードン法いずれの場合もより大きい技術進歩の値を持つように作用する。その結果，人口の総効果（直接効果＋間接効果）は全期間の平均では，プラスの値を持つが，全期間の前半である1920年代までは，実際の日本の人口成長率で，人口の総効果を評価したものと比べ，より大きいマイナスの値を，一方1940年代を除く後半の期間では，より大きいプラスの値を持つようになる（第11-2表の第(2)～第(7)欄を参照）。

(2)　全体を通じ最大のマイナスの値を持つ期間は1940年代であるが，それを除けば1900年代が最も大きく，1910年代，1920年代，1880年代，1890年代の順にマイナスの値（絶対値）が次第に小さくなっている。一方，最大のプラスの値を持つ期間は1950年代であり，つづいて1930年代，1960年代の順となっている（第11-2表の第(5)，(6)欄）。これらの期間は両部門，特に非農業技術進歩率が比較的高い時期に当たり，労働力の成長率が人口の成長率を凌駕したがゆえに大きいプラスの値を持ち，逆の場合には上記期間のようにマイナスの値を持ったものと思われる。

(3)　以上の結果より，1人当たり所得の成長率は経済発展の前半の期間では減少し，後半ではかなりの率で増加することになる。ところで，人口は技術進歩に相反する2つの影響力を持っている。1つは上述の人口の積極的作用であ

り，他の1つは人口増加が貯蓄率を低下させ，投資さらに技術進歩を低下させるというマイナスの作用である。特に経済発展の初期においては後者の影響はかなり強く働き，後期になり経済が順調に進むにつれてその影響は小さくなるものと思われる。

そこで，これらの作用を考慮した場合のシミュレーションも行うことにした。(1) 人口の積極的作用を評価したうえで資本ストックの成長率および両部門の技術進歩率がその50％へと減少した場合には，1900年代，1910年代，1920年代の1人当たり所得の成長率は－1.37，－0.58，－0.60とマイナスの値になり，1880年代，1890年代，1930年代，1950年代，1960年代は0.82，0.52，2.90，5.93，5.01とプラスの値となる結果（第11－2表の第(15)欄の残余法の場合を参照されたい。第(16)欄はヴァードン法による計測結果である）が得られている。これより経済発展の前半では1880年代，1890年代にプラスの成長があったとしても，その後の1900年代，1910年代，1920年代のマイナスの成長により相殺され，1人当たり所得はほとんどゼロかマイナスの成長率しか持たなかったものと思われる。(2) しかし，たとえ上記のような厳しい制限条件のもとにおいても，1930年以降（1940年代を除く）ではプラスのかなり大きな成長率を持つことがわかるのである。特に1930年以降は資本ストックや技術進歩の成長率が半減するとは考え難く，その場合には現実に日本で生じた成長率よりもはるかに大きい成長率で1人当たり所得は成長するという結果が得られている。[17]

サイモンの主張は30年から80年の長期では人口はプラスの効果を持つということであった。また，全く異なった方法で分析した南（進）＝小野や後期のケリー＝ウィリアムソンも楽観的な人口観を持っていた。一方オガワ＝スーツや前期のケリー＝ウィリアムソンは高人口成長に対してかなり悲観的な人口観を持っていた。これらの相反する見解に対し，ここでのモデル分析はどのようなことを教えてくれるのであろうか。計測結果から判断すれば，経済発展の初期の段階では高人口成長はたとえ人口の積極的作用を考慮に入れたとしても経済に悪影響を持つという結果が得られている。

しかし経済発展の後期には，高人口成長は1人当たり所得に対してはむしろ有利な条件となるように変化するのである。オガワ＝スーツ・モデルが対象とした1885年から1920年までは，筆者の計測ではマイナス面が強く出る時期であ

った。一方,南(進)=小野が対象とした1886年から1940年は大きい人口のプラスの効果を持つ1930年代が含まれており,それがそれぞれの計測結果に違いが出てきた要因の1つになったと思われる。さらに南(進)=小野,ケリー=ウィリアムソンは人口と労働を同一視したモデルとなっており,この点も楽観的人口論を導く要因の1つであろう。また,現在(1999年)の合計特殊出生率が1.34にまで落ち込んだ日本の出生率の激減は,政策をあやまれば究極的には経済停滞に導く事になる点に注意が必要であろう。

おわりに

以上,日本の人口と経済のモデル分析について述べてきた。ここで,これらの論点を要約すると次のようになるだろう。

1　日本の人口と経済についての計量研究は,第1に計量的推定とシミュレーション,第2にケリー=ウィリアムソンのように他の研究からパラメターを求め,シミュレーションを行う方法,第3に成長会計分析を用いる場合の3通りに分けることができる。筆者の一般均衡的成長会計分析は従来の供給面のみに焦点を当てた部分均衡的成長会計分析とは異なり,需要面や他部門の影響を明示的に取り入れ,しかもアウトプット以外に,インプットや相対価格の成長会計が同時にできるモデルであった。成長会計という意味でモデルの値と現実値とは100%対応しており,第1や第2の方法とは全く異なるものである。

2　第1の分類には,オガワ=スーツやオガワ・モデルが入っている。オガワ=スーツは人口経済モデルとしては,数段進歩したものであるが,問題点は,第1に,生産部門は2部門に分割されているが,需要面は価格面の明示的な考慮がなく,人口との関連で重要と思われる人口増による農産物価格の上昇,それに伴う農業生産量の増加というリンクが観測できないモデルとなっている点であろう。第2は,資本は内生化されているが,人口は貯蓄面のみに影響を与え,投資面には影響を与えないというモデルとなっている点であろう。第3点は,要素市場の考慮が不十分である点。さらに,輸出関数は非農業生産量の関数となっているが,当時は茶や生糸等第1次産品の輸出も重要であったのであ

る。さらに一般的にいっても，通常のシミュレーション分析の問題点としては，1度のみの推定値を用いてシミュレーションを行う点であろう。それは新しい発見が可能であるという長所の反面，危険性をも伴うものである。その典型的な例がケリー゠ウィリアムソンである。彼等の初期の論文での，日本の低人口成長が非常に重要な役割を持っていたという主張が，後期の論文では人口はあまり重要な要因ではなかったと豹変するのである。これはパラメターのとり方によりシミュレーションを操作することが可能であり，自ら互いに矛盾する結果を得ているのである。そこで筆者は，多くの先行的諸研究から最も妥当と思われるデータやパラメターを吟味選択し，それを用いて成長会計分析を行ったのであった。

3　人口成長は経済発展の初期になればなるほど悪い影響を持っている。そして農業部門のアウトプットやインプットを増加させる効果を持っている。逆に，技術進歩はプッシュ，プル効果で農業インプットを減少させる作用を持っている。経済発展の初期や好況期では技術進歩は人口よりも力が強く，インプットを農業部門から流出させていた。しかし1920年代や30年代のような不況期には，人口要因により労働や資本の流出は歯止めがなされていたのであった。人口の技術進歩への貢献を捉える3つのモデルによると，日本の人口は経済発展の初期においては負の値を持つが，後期になると正となり，全期間では正の値を持っていたことが理解できたのである。

4　そこで，人口の直接効果のシミュレーションを行うことにした。まず3％の高人口成長率を持っていたと仮定した場合では，日本の1人当たり所得の成長率はゼロに近い値となっていたであろうとの結果が得られた。また，たとえ労働力が3％の率で増加したとしても，1人当たり所得の成長率は8割程度にしかならなかった。以上の仮定につけ加え，資本ストックの成長率が実際の半分の大きさであったと仮定すると，1人当たり所得の成長率は少し低下し，さらに両部門の技術進歩が2分の1の大きさであったと仮定すれば，1930年までの成長率はほんの僅かなものとなった結果が得られている。以上は人口も労働力もともに3％の率で増加した場合であるが，労働力が2％の率でしか増加しなかった場合や，日本で実際に生じた率でしか増加しなかった場合には，1920年までの1人当たり所得の成長率はマイナスの大きさとなっていたという

結果も得られている。

5 次に、人口の間接効果（積極的作用）をも含めたシミュレーションを行った。まず3％の人口成長率を持ち、かつ労働力は日本の労働力率に合わせて増加したと仮定した場合には、人口の総効果は全期間の平均ではプラスとなるが、1920年代まではより大きいマイナスの値を、40年代を除く後半の期間では、より大きいプラスの値を持つようになった。そこで、さらに資本ストックや両部門の技術進歩が2分の1に減少したと仮定した場合には、1920年代までの1人当たり所得の成長率はゼロかマイナスの値となった。しかし、このような厳しい条件のもとにおいても、1930年代以降の期間では正のかなり大きい成長率を持つというシミュレーション結果が得られたのである。また日本の人口と経済に関する分析で、南（進）＝小野や後期のケリー＝ウィリアムソンは楽観論者として、一方ではオガワ＝スーツや前期のケリー＝ウィリアムソンは悲観論者として相対立した結果を得ていた。本書の結果から判断すると、南（進）＝小野の研究は人口の大きい正の効果を持っている1930年代を計測期間に含んでいる（オガワ＝スーツの対象期間は1885年から1920年までであった）。それゆえ、この点が相対立した原因の1つであったことがわかった。また1999年の合計特殊出生率が1.34にまで落ち込んだ日本の出生率の激減は、政策をあやまれば究極的には経済停滞に導く可能性がある点も注意する必要があるだろう。

（付記）　この章は山口［1994］の第10章を展開したものである。

注

1）　ライベンシュタイン（H. Leibenstein）［1974］を参照。
2）　一般均衡的成長会計分析については山口［1982b］［1994］を参照されたい。
3）　山口［1982b］［1994］を参照。また、山口［1982b］に対する9書評の評価およびコメント、それに対する答え等は山口［1994］の第2章を参照されたい。
4）　オガワおよびオガワ＝スーツ（悲観論者である彼等も、もちろん人口の労働力サイドのプラスの効果を認めてはいる）はケリー＝ウィリアムソン［1974］の楽観的結果に相対立した結果を得ている。そして明治期の人口変動は日本の経済発展の奇跡的離陸に重要な役割を果たしたと述べている。しかし、ケリー＝ウィリアムソンの初期の論文［1971］はまさしくオガワ等が述べているように悲観的人口論者の見解を持っていたのである。

5) これは彼等が人口と労働を同一視している点にもよっている。南(進)=小野モデルも同様の取扱いにより楽観的なモデルとなる一因となっている。それゆえ，筆者のモデルでは労働と人口とを区別している。
6) すなわち，彼等の初期の論文では東南アジアの現在の人口成長率(2.7%)と彼等のモデルの期間での日本の人口成長率(約0.9%)とを比較して，1885年から1900年間の異常に高い日本成長率の約60%が人口要因(低人口成長)により説明され，低人口成長は非常に重要な役割を演じたと述べていたのであった。
7) 付録およびその説明を参照。また詳細は山口[1994]を参照されたい。
8) モデルの詳細な説明は本書の付録か山口[1994]の第2章を参照されたい。ここでは山口[1982b]とは異なり，両部門の生産量を付加価値に統一しているがため，農業生産関数は静学的モデルの第2式に示すように土地，労働，資本の3要素となっている。ただし，8内生変数は Y_1, Y_2, K_1, K_2, L_1, L_2, P, E, 8外生変数は a, T_1, T_2, Q, B, L, K, m_w である(不完全競争を考慮したモデルの場合は，m_w の代わりに N_w と N_r とが入り，9外生変数となる。記号はすでに第7章で示したものである。記号の要約は第7-1表の備考，あるいは付録を参照されたい)。
9) すでに述べた(付録にも記載)ように，成長率乗数は外生変数の成長率が内生変数の成長率にどのような影響を与えるかを示すものである。例えば，人口 Q の成長率の1人当たり所得 E の成長率への影響を示す成長率乗数は EQ で示されている。この成長率乗数に実際に日本で生じた人口成長率を乗じると1人当たり所得の成長に対する人口の貢献度 $CEQ(=EQ\times Q)$ が測定できる。これらの点については，本書の付録か，より詳細には山口[1994]の第2章ないしは山口[1982b]の第4章のp.111以下を参照されたい。また定義の差異により，山口[1982b]のp.113の4-3表の Y_1, Y_2, T_1, T_2, a は異なっている。これらの新データおよび貢献度の計測は山口[1984b]で示されている。本章では，これらの多くの結果の中から人口面にのみ焦点を絞って記述したものである。
10) この人口の積極的作用の計測方法に関しては，本書の第10章および山口[1994]の第3章を参照されたい。本章では山口[1982b]よりも新データで，さらに残余法をより正統な方法で計測した結果を示している。
11) ここで示された計測結果はモデルおよびデータの差異により数値に多少の違いがあるが，山口[1982b][1994]で示された結論を否定するものではない。
12) これは付表11-1の EQ の値の絶対値が趨勢的に経済発展の初期になればなるほど大きくなる点，およびより明瞭には l_1, k_1, λ の EQ に対するセンシティンシティビティ・テストよりいえるのである。詳しくは，ヤマグチ=ケネディー(M. Yamaguchi and G. Kennedy)[1984b]を参照。また，日本では両部門の技術進歩の成長率の和が人口の成長率を凌駕したがゆえに経済発展に成功したのである。

13) 換言すれば，各部門の技術進歩が資本や労働のインプットに与える影響は部門により異なっている。すなわち，農業の技術進歩はインプットを農業部門から押し出す効呆（プッシュ効果）を持つのに対し，非農業の技術進歩はインプットを農業部門から非農業部門に引きよせる効果（プル効果）を持ち，非対称的である（第7章第2節を参照）。
14) 旧モデルおよび旧データによる分析は山口［1982b］を参照されたい。新モデル，新データによる貢献度の計測結果は山口［1994］の第2章に示されている。計測結果はその第2章ですでに述べたように，数値の多少の差異はあるが，ここで示した分析を否定しないことが確認されている。
15) この図形的説明は山口［1982b］p. 136の5-2図を参照されたい。
16) 第11-2表の第(1)欄（3％の人口成長の場合）とその欄のカッコ内の数字（日本の実際に生じた人口成長率の場合）とを比較することによりわかるであろう。
17) もちろん，他の研究と同様，ここでは1人当たり所得という経済面のみに焦点を当てている。しかも，経済面においても環境問題やエネルギー問題等の問題も考慮する必要があるだろう。それゆえ，総合的な判断を下す一要因としての1人当たり所得の重要性をここでは示しているのである。

付表11-1　人口Qと労働力LおよびLおよび人口の純効果 ($L+Q$) の成長率乗数

	Y_1L	Y_1Q	Y_1L+Y_1Q	K_1L	K_1Q	K_1L+K_1Q	L_1L	L_1Q	L_1L+L_1Q	PL	PQ	$PL+PQ$
			農業資本ストック (K_1)			農業労働者数 (L_1)			相対価格(農業/非農業) (P_1)			
1880	0.50	0.10	0.60	-0.19	0.24	0.05	0.90	0.12	1.02	0.18	0.05	0.23
1885	0.51	0.08	0.59	-0.13	0.20	0.07	0.93	0.10	1.03	0.20	0.04	0.24
1890	0.48	0.09	0.57	-0.14	0.22	0.08	0.92	0.12	1.04	0.16	0.05	0.21
1895	0.49	0.08	0.57	-0.12	0.21	0.09	0.93	0.11	1.04	0.13	0.06	0.19
1900	0.51	0.08	0.59	-0.12	0.21	0.09	0.94	0.10	1.04	0.05	0.06	0.11
1905	0.48	0.13	0.61	-0.18	0.32	0.14	0.90	0.17	1.07	0.03	0.10	0.13
1910	0.48	0.13	0.61	-0.19	0.33	0.14	0.90	0.17	1.07	0.03	0.10	0.13
1915	0.47	0.14	0.61	-0.18	0.34	0.16	0.88	0.19	1.07	-0.01	0.11	0.10
1920	0.46	0.16	0.62	-0.20	0.35	0.15	0.88	0.21	1.09	-0.09	0.12	0.03
農業生産量 (Y_1) 1925	0.49	0.17	0.66	-0.22	0.36	0.14	0.87	0.22	1.09	-0.03	0.10	0.07
1930	0.51	0.17	0.68	-0.21	0.36	0.15	0.88	0.21	1.09	-0.12	0.10	-0.02
1935	0.46	0.17	0.63	-0.20	0.35	0.15	0.87	0.22	1.10	-0.12	0.12	-0.00
1940	0.46	0.17	0.63	-0.20	0.36	0.16	0.88	0.24	1.10	-0.17	0.14	-0.03
1945	0.49	0.11	0.60	-0.14	0.24	0.10	0.91	0.15	1.06	-0.15	0.09	-0.06
1950	0.46	0.16	0.62	-0.20	0.37	0.17	0.88	0.22	1.10	-0.17	0.14	-0.03
1955	0.47	0.28	0.75	-0.32	0.49	0.17	0.78	0.34	1.12	0.00	0.10	0.10
1960	0.42	0.26	0.68	-0.27	0.47	0.20	0.79	0.36	1.15	0.00	0.13	0.13
1965	0.42	0.29	0.71	-0.27	0.44	0.17	0.78	0.37	1.15	0.03	0.10	0.13

	Y_2L	Y_2Q	Y_2L+Y_2Q	K_2L	K_2Q	K_2L+K_2Q	L_2L	L_2Q	L_2L+L_2Q	EL	EQ	$EL+EQ$
			非農業資本ストック (K_2)			非農業労働者数 (L_2)			1人当たり所得 (E)			
1880	1.02	-0.28	0.74	0.15	-0.18	-0.03	1.24	-0.30	0.94	0.76	-1.09	-0.33
1885	0.95	-0.22	0.73	0.10	-0.15	-0.05	1.16	-0.24	0.92	0.80	-1.12	-0.32
1890	0.88	-0.22	0.66	0.09	-0.14	-0.05	1.16	-0.25	0.91	0.73	-1.10	-0.37
1895	0.81	-0.19	0.62	0.07	-0.12	-0.05	1.13	-0.22	0.91	0.71	-1.10	-0.39
1900	0.75	-0.17	0.58	0.06	-0.11	-0.05	1.12	-0.21	0.91	0.68	-1.10	-0.42
1905	0.76	-0.24	0.52	0.08	-0.14	-0.06	1.17	-0.29	0.88	0.69	-1.15	-0.46
1910	0.75	-0.22	0.33	0.07	-0.12	-0.05	1.16	-0.28	0.88	0.68	-1.14	-0.46
1915	0.62	-0.18	0.44	0.06	-0.10	-0.04	1.14	-0.25	0.89	0.59	-1.11	-0.52
1920	0.71	-0.17	0.54	0.04	-0.08	-0.04	1.12	-0.22	0.90	0.66	-1.09	-0.43
非農業生産量 (Y_2) 1925	0.71	-0.15	0.56	0.04	-0.06	-0.02	1.12	-0.20	0.92	0.66	-1.08	-0.42
1930	0.63	-0.12	0.51	0.03	-0.05	-0.02	1.11	-0.18	0.93	0.61	-1.08	-0.48
1935	0.56	-0.11	0.45	0.02	-0.04	-0.02	1.10	-0.17	0.93	0.55	-1.07	-0.52
1940	0.51	-0.09	0.42	0.02	-0.04	-0.01	1.09	-0.16	0.93	0.50	-1.06	-0.56
1945	0.50	-0.07	0.43	0.02	-0.03	-0.02	1.07	-0.12	0.95	0.50	-1.04	-0.54
1950	0.52	-0.10	0.42	0.02	-0.04	-0.02	1.10	-0.18	0.92	0.51	-1.06	-0.55
1955	0.82	-0.16	0.66	0.03	-0.05	-0.02	1.13	-0.20	0.93	0.77	-1.09	-0.32
1960	0.72	-0.11	0.61	0.02	-0.04	-0.02	1.09	-0.15	0.94	0.69	-1.08	-0.39
1965	0.74	-0.09	0.65	0.02	-0.03	-0.01	1.07	-0.11	0.96	0.72	-1.06	-0.34

(出所)　データはオオカワ＝シノハラ [1979] および付表3の計測値を用い，筆者のモデルから計算。

終章　出生率促進政策と低出生率の本質

はじめに

　日本の合計特殊出生率（ある年の女性の出生率を年齢別に計算して合計したもので，1女性が生涯に産む子供の数）は遂に，1.4の水準を下回り，2000年には1.35へと低下した。世界でもイタリア，旧西ドイツ等，数カ国を除くと最低の水準となっている。これまでの数値は，かなり楽観的な見解であった。しかし，現実には大幅な低下となったのである。そこで本章では，少子化の現象の認識とそこから生じると予想される事態について考慮することにする。

第1節　先進国の人口成長と日本の少子化

● 出生率低下と高齢化問題　　総務庁は2000年9月15日（敬老の日）の65歳以上の高齢者人口が，日本全国で2,190万人で，総人口の17.3％に至り（スウェーデンとイタリアがそれぞれ17.4％で日本は世界で第3番目に大きい値），過去最高に達したと発表した（70歳以上が，総人口の1割を初めて上回ったのは1997年の1,302万人で，総人口の10.3％であった）。この点『毎日新聞』は，すでに1997年の9月15日の朝刊で，「70歳以上の人口1割超える」との大きな見出しで，第1面トップの記事を載せていた（『日本経済新聞』も1998年9月15日の朝刊の1面に，「65歳以上

の高齢者2000万人を突破」との見出しを掲載)。この高齢者人口は1950年頃から増加し始め，2015年には3,188万人となり，国民の4人に1人が高齢者になるという。そして，2020年頃にはピークを迎え，その後は徐々に減少する。

また2000年の男女別では，男性の913万人に対し，女性は1,277万人で，女性は65歳以上の人口の58.3％（換言すると，女性は男性の1.4倍）を占めている。さらに高齢になればなるほど，女性の割合が高くなり，85歳以上では，女性が男性の2.5倍にもなっている。さらに，15～64歳の生産年齢人口に対する高齢者の比率である老年人口指数は25％以上にもなり，生産年齢の4人に1人が高齢者であるということになっている。この値は2010年には34.6％となり，生産年齢者3人に高齢者1人の割合になるとみられている。[1]

そこで従来は慣例であった，子が親の面倒をみ，高齢になって子供に面倒をみてもらうと言う「扶養連鎖」が高齢化社会の到来で続かなくなり始めていると『日本経済新聞』は以下のように，1997年9月11日の夕刊に報告していたのであった。この問題が最も大きなピークになるのが，2020年だという（2008年頃から日本の総人口は減少に転じると予想されている）。その時点では，2010年のケースが示したように，国民の4人に1人が65歳以上の高齢者という世界最高齢者国になるという。そして，14歳以下の子供数は現在より300万人も減少し，高齢者数の半分になってしまうという少子国になるのである。それゆえ，「扶養連鎖」が断ち切れてしまうわけである。

また公的年金は，現在4人に1人を支えている（すなわち，専門的な言葉で言えば，被保険者に対する老齢基礎年金の受給者の割合は，1995年度で23.5％であるという）。この値は2003年には3人に1人となり，2015年には2人に1人を支えることになるという。それゆえ，公的年金は給付と負担のバランスが大きく崩れてしまうのである。経済企画庁の研究会が示した計算結果によると，財政や社会保障の改革をしないで，現状を維持した場合，国民所得に占める社会保障と税金の負担率（国民負担率）は，2025年には51.5％に達するという。しかもこれに財政赤字の大幅な拡大が加わると，同年の国民負担率は73％になるのである。すなわち，収入の4分の3が税金や社会保障等の負担で消えてしまうと報告していたのであった。[2]

終　章　出生率促進政策と低出生率の本質　267

● **出生率低下に関する論争**　現在はマスコミも，高齢化問題を大きく取り上げるようになっている。筆者は，人口爆発が話題となり，悲観的人口論がきわめて強かった1970年代前半から，人口は短所のみならず長所をも含む，総合的な評価を行う必要があることを，ヤマグチ（M. Yamaguchi）[1973]，山口三十四［1974］［1975］や日本人口学会等で強調してきた。また書物でも，山口［1982b］や山口［1994］にもその点を述べていた。一方では，舘稔等は，人口の置換水準をなるべく守る必要があると言っていた。ところが，その後の厚生省による人口の将来推計値は，かなり楽観的であった。それゆえ，総合研究開発機構（NIRA）も大きなエネルギーを費やして，論争を行っていた。『日本経済新聞』は，6年以上も前の，1994年6月16日の朝刊に，出生率低下に関し，甘い見通しを持つと厚生省を批判していた総合研究開発機構（NIRA）の論争を取り上げている[3]。すなわち，NIRAの主張は日本の出生率低下の度合がより大きく，それゆえ高齢化問題をより激化させることを意味していた（実際にそのようになっている）。いずれにせよ，日本の出生率は大幅な低下状態にあり，その速度は留まらないことを意味している。それでは，他の先進国の出生率低下は，どのようなものであったのであろうか。以下ではこの点に関してレビューすることにしよう。

● **先進国の人口成長**　第1章で述べたように，先進国の低人口成長率は，発展途上国の高人口成長率とは対照的であり，その結果，先進国は高齢化問題が，逆に発展途上国では，いかに増え続ける人口を抑制するかが大きな問題となっている。先進国の人口成長は，18世紀後半に，まず英国で人口爆発が生じたのであった。ヨーロッパの人口が世界に占める割合は，1700年には16.5％であったのが，1750年には17.8％，1800年には19.4％へと増加したのであった。そのような背景のもとで，マルサスが『初版人口の原理』（1798年）を出版したのである。しかし，その後は約150年間，17～8％を維持していたが，発展途上国の人口爆発等により，1950年には15％台に落ちたのであった。しかも，1960年代後半から1970年代に，西欧の出生率はさらに大きく低下し，2000年には8.4％程のシェアーに落ちている。一方，アフリカは，西暦1900年には世界人口の8.0％であったシェアーが，2000年には14.2％にまで増加している。それ

ゆえ，ヨーロッパとアフリカは，人口のシェアーの点で，まさしく対照的に進んでいることがわかるのである。

ところで，1995年の日本の出生率は9.6パーミル（パーセントの10分の1），死亡率は7.4パーミルで自然増加率は2.1パーミル（世界的にも，ロシアの-5.4は例外として，独の-1.4，伊の-0.4に続く英国の2.2とともに欧米先進国中でも，最低水準グループにあった），合計特殊出生率は1.42と，現状人口を維持する値の2.09をはるかに下回った数値となっていた。そして，2000年の合計特殊出生率は[4]
1.35にまでに落ち込んでいる（1990年以降1999年までの合計特殊出生率の値は，1.54，1.53，1.50，1.46，1.50，1.42，1.43，1.39，1.38，1.34へと低下）。また人口ピラミッドは富士山型から釣り鐘型，ツボ型へと変化し，現在はヒョウタン型になっている。そして1996年5月の厚生省の『人口問題に関する意識調査』でも，人口の高齢化を憂慮している者の割合が50％以上にも及ぶ事が判明し，多くの人々が心配していることがわかるのである。

また人口に占める65歳以上の高齢化割合は1995年に14.5％であったのが，2000年には17.2％（確定値は17.3％），2010年には22.0％，2020年には26.9％，2050年には32.3％になるだろうと予測されている。これは，1997年1月に，厚[5]
生省人口問題研究所が『日本の将来推計人口』の公表したものを基にしたものである。それによれば，日本の総人口は2007年には1億2,778万人で，ピークとなり，その後は減少し，2050年には，1億49万6,000人へと減少するであろうと言っている。そして，65歳以上の老年人口は1997年中に15歳未満の年少人口以上となり，2050年には，上述のように日本の人口の32.3％が老年人口になるという。そうなれば，1.7人の生産年齢人口で1人の老齢者を支えることになる（1995年では4.8人で1人の老齢者を支持）。これは，上のNIRA対厚生省論争や筆者の永年の主張を汲んだものであり，前回（1992年）の推計時よりも早いペースで進んでおり，年金や雇用・賃金制度に大きな影響を与えてくることになるのである。このように，日本の出生率の低下は急速であり，大きな高齢化問題を抱えていることがわかるのである。

そこで，以下では，西欧の出生率を阿藤誠編［1996］により，振り返ってみることにしよう。ヨーロッパでは，高出生率を持っていたマルサス時代（18世紀後半から19世紀の前半）が過ぎ去ると，1800年代の後半から1930年代には，低

終　章　出生率促進政策と低出生率の本質　269

出生率状態が続くようになった。そして，1930年代の合計特殊出生率は人口置換水準を大きく下まわるようになった。しかし第2次世界大戦後から1960年代に出生率は高騰し，ベビー・ブーム状態となった。しかし，1960年代に入ると，出生率は一斉に低下し，1970年代には置き換え水準（2.09）を下まわる水準へと低下した。ところが，1980年代後半になると，それぞれの国の方向は多様化するようになったのである。

　例えば，米国，スエーデンは反騰し，2以上になり，ノルウエー，フィンランド，カナダの出生率も上昇した。また，英国とフランスは，あまり低下せず，1.8程度となっている。さらに，旧西ドイツ，ベネルックス，オーストリア，スイス等の西部ヨーロッパは下げ止まり，一方，イタリアとスペインの南欧諸国は急激な低下が始まり，1.3以下となっている。ところで，日本の出生力転換は1920年頃に始まり，1950年代には終了した。すなわち，戦後のベビー・ブーム期には合計特殊出生率は4を超えていたが，1957年には2.0となった。しかし，1973年の2.14を境に低下し，1980年代前半は少し高騰したが，80年代後半は大きく低下し，1999年には1.34となったのである[6]。

第2節　少子化と提言された政策意見

● **人口の正負の貢献**　すでに第2章（第2-2表も参照）および第3章で述べたように，人口の経済への正負の貢献は次のようであった。まず最初に，人口の生産面への貢献のうち，人口の経済へのマイナス効果としては，(1) 人口増加は1人当たり所得を減少させる。(2) 人口増加は年齢構成を変化させ，就業人口比率を減少させ，1人当たり所得を減少させる。(3) 子供は現在の貨幣の限界効用を増加させ，時間的選好を現在に向け，貯蓄よりも消費を多くさせる。(4) 公共施設等から受ける1人当たりサービス量は減少する等であった。一方，人口の経済へのプラスの効果としては，(1) 人口増加は労働力を増加させ，生産にプラスに働く。両親の労働量を増加させる。農村社会等では子供の労働力はきわめて重要である。(2) 規模の経済，分業や競争を生じさせ，生産性を高める。(3) 必要は発明の母である。(4) 知識の蓄積が行われ，天然資源の開発等

を進める。天才の出る数はより大きい人口数の場合に絶対数で大となり，経済に貢献する。

つづいて，人口の消費面，文化面やその他への貢献としては，(1) 人口成長率の高い国は青年人口の割合も大きく，新生産物に対する感応性が大きい。さらに，新しい職業に対する順応性，適応性や活気等も大きい。青年層の教育水準は老年層よりも高く，消費以上のものを生産し，貯蓄をする。若年層は流動性が高く，資源の最適配分に一役を買う。(2) 人口成長は道路等のインフラストラクチュアの建設にプラスの貢献をする。高人口成長は人口密度を高め，輸送，教育や衛生面にプラスの影響を与える。オーバヘッド・コストは人口に関係なくある程度の大きさが必要であり，多くの人口では割安になる。発展途上国では人口成長が灌漑や農業投資にプラスに働く。[7]

発展途上国の人口爆発以来，人口はマイナス面のみが強調されすぎたきらいがあった。しかし高齢化の進行が急速な日本社会では，人口のマイナス面とともに，人口のプラス面を評価することが必要であろう。さもなければ，少子化が一層進み，人口のプラス面を享受できなくなるからである。一方，筆者のモデルによる実証分析では，人口と労働が1％増加したときに誘発される農業技術進歩は，0.5～0.9％，非農業技術進歩は0.6～1.2％程度となっている（第3章の第3-3表を参照）。少子化になれば，人口成長が停滞ないしはマイナス成長になり，この技術誘発効果が無くなることを意味し，これまでの日本経済発展の源泉であった力が消えることを意味している。これは大問題であろう。

● **人口高齢化への提言された政策意見** 『日本経済新聞』はすでに4年前の1997年4月24日の夕刊に「少子化，国の対策どこまで」，「一歩間違うと出産の強制に」，「『根っこの議論』欠ける」の見出しで，初めに次のような文章で議論の要約をなしている。「『児童手当の引き上げを』『子の無い夫婦に税金をかけては？』。急激な少子化の進行に，出生率向上策の必要性があちこちで語られ始めた。だが一歩誤ると戦時中の"産めよ増やせよ"につながりかねない微妙な問題でもある。出産という個人的な領域に国はどこまで踏み込めるのか。」という出だしで，少子化と国の対策についての議論を行っていた（以下は，この『日本経済新聞』の要約である）。そして，経済界，自民党，厚生省や国連の4

終　章　出生率促進政策と低出生率の本質　271

団体の意見（全体的意見と自民党のペナルティー論）と，子供を公共財として出産を評価する積極的意見（高山憲之一橋大学教授），逆に子供は私的財とし，男性の労働時間を問題視する意見（島田晴雄慶応義塾大学教授），いかなる文明社会を維持させるかを明確にさせ，出生抑制を是正する様々な制度改革を行う意見（正村公宏専修大学教授）の3人の学者の意見等を紹介している。

　まず最初に出ているのは，経済界であるが，若年労働力の急減，年金保険料など企業の負担増，成長の先細り……。少子化即「経済小国」への転落と，経済界は少子化を深刻に受け止め，少子化への反応も非常に早いものであった。そして，すでに次のような具体案をも述べていた。すなわち，東京商工会議所が4月上旬に発表した少子化対策は，合計12点の具体案をも示していたという。その内容は，人口減少社会対策基本法（仮称）の制定，保育施設・サービスの拡充や育児休業・所得保障期間の延長等から成り立っていた。さらに，仕事と出産，育児の両立を可能にさせる業績評価制度の重視を企業に要求し，事実婚や婚外子の社会的容認にも言及するという，徹底ぶりであったと言っている。

　第2の，自民党は，行政改革推進本部の規制緩和委員会（清水嘉与子委員長）で，少子化対策を検討したという。そして，その特徴としては，子育て経費の具体的な軽減策をあげていたという。さらに，児童手当の金額・期間の思い切った見直し，公的年金制度に子育ての評価システムを組み込む案，保育サービス利用者へ所得税の保育費控除新設等にも及ぶものという。しかも，自民党内では，本格的な議論を始めようとしているという。

　一方，第3の厚相の諮問機関である人口問題審議会は，1997年2月から少子化問題を取り上げ，各界専門家のヒアリングの最中である。しかし，性急な方向付けは避け，少子化対策の是非など，入口の議論にとどまる予定であるという。厚生省が慎重なのは，軽薄な出産誘導が戦時体制下の「産めよ増やせよ」式の人口増強政策を思い出させるからであり，しかも出産誘導は人権問題に触れかねない問題に発展する可能性があるからであるという。そこで新聞は「さすがに現代では"子宝報国"思想の出番はない。」とも述べている。

　第4の国連については，「『国連でもすでに1970年代，政府がこの分野で，政策を策定する場合も，強制ではなく説得と教育によるソフトな手段であるべきとの線で合意ずみ。今では，性や生殖の問題における女性の選択権をうたった

リプロダクティブ・ヘルス／ライツの考え方を無視できない」(岡崎陽一日本大学非常勤講師)というように，述べている。また自民党のペナルティー論に関しては，新聞は「だが自民党の規制緩和委では，結構，強硬論も飛び交ったようだ。座長の清水議員が打ち明ける。『【自分は子供を産まず，他人の産んだ子の負担で老後を楽に過ごそうとの考えはけしからん。そんな女性には税金を課すべきだ】なんて声も一部にはあります。他方には【まず男性が育児に参加しなくては】という男性議員もいますが』。」のように述べている。

　一方，子供を「公共財」とみなし(子を産むことが社会に恩恵を与えるゆえ，社会もそれに支援を与えるべきとみなし)，出産を評価する積極策を訴える学者も存在している。自民党にも影響を与えたと言われる高山憲之一橋大学教授はこの立場に立っており，「規制緩和委の勉強会でも，年金制度中に出生手当や児童手当を組み込む案などを披露している」と新聞は述べている。ところが，新聞は，一方では「島田晴雄慶応義塾大学教授は『子供は私的財』との立場をとる。先の人口問題審のヒアリングでも『男女は愛情のために結婚し，子供を産むべきで，それ以上の強制はすべきでない』との持論を展開した。少子化を憂えるなら『むしろ改革すべきは企業社会であり，男性の労働時間こそ出産・育児の最大の制約条件ではないか』とも」との意見も存在するという。

　さらに，正村公宏専修大学教授は「『少子化問題は，我々がどんなやり方で文明社会を維持しようとしているかという根幹的な議論なくして語れない』と小手先の対策を戒め，……『非婚の傾向もあるにせよ，子を産みたいとの気持ちは，人間にとってノーマルな欲求。それがどこかで抑圧されているなら，社会的に是正するのは正当な行為といえる。子を減らさないための方策として取り組むのではなく，人権と自由な選択を保証する観点から様々な制度改革を行えば，結果的に出生率改善につながるのではないか』」と主張するとも述べている。そして「議論はまだまだ続きそうだが，少子化のピッチの早さに浮足立って，『論より実践』との声も出そうな気配。しかし根っこにある議論を放置したまま札束を積んでも，効果は期待薄だろう」とも述べている[8]。この正村公宏説は素晴らしいポイントを突いてはいるが，これのみでは不十分で，根本的な解決にはならないと思われる。この点の評価は以下で述べることにする。

第3節　経済至上主義とマルサスの原理

● **経済至上主義と持続可能な発展**　従来から野尻武敏 [1987] は，経済至上主義は自然からの反発（資源の頭打ちと環境汚染），人間からの反発（人間性回復の要求）や経済主義自身の自己矛盾（有限な資源に対し使い捨てを行っている）より挫折を余儀なくされると主張している[9]。これは，経済至上主義的な発展ではなく，持続可能な経済発展の方向へと変更せざるをえないということであろう。ところで，第3章第3節で述べたように，持続可能な発展を主張する人々の信念は次の6ポイントに支柱が置かれている。まず第1は，経済成長には限界があるという点であり，第2は科学や技術に必ずしも全面的な信頼を置いていないという点である。第3は，環境面でのリスクを極力避けようとする態度であり，第4は何世代にもわたる分配的正義ないしは平等主義の倫理を持っていることである。第5は人口成長に歯止めをかけるという態度を持つ点であろう。第6は，彼等の目指す点は，経済成長よりはむしろ種の生き残り，環境保護やマイノリティ文化の保護等に重点を置いているという6点である。

またすべての発展政策は目標として，次の6点が考慮されているか否かを吟味せねばならないという。第1は，自然環境をサポートするかどうかという点であり，第2は，限られた地球資源の需要であることをわきまえる必要があるということである。第3は，地域的かつ更新可能な代替資源を考慮することであり，第4は，劣悪な条件で生きている生命体の生活水準を向上させることである。第5は，できるかぎり自給率を向上させることであり，第6は，すべての生命体の高潔さや本来の価値を尊敬することの6点である[10]。現在この持続可能な発展論の展開は，試行錯誤の状態である。しかし，日本では依然として経済至上主義が幅をきかせたものとなっている。この経済至上主義は究極的に，終焉に至る事は必至であろう。それは次の点からも，推測できるのである。

● **人口の原理が現状へ発する警告**　人口爆発と，先進諸国の品種を改良し，それを発展途上国の生産条件に適応させ，米作や麦作に驚異的な生産量の増大をもたらした緑の革命とは，発展途上国の2つの大きな話題であった。またこ

の問題は、人類の永遠のテーマともいうべき人口と食糧、あるいは人口と技術進歩との競争という関係にもなっていた。上述のように、先進諸国の人口爆発（現在の発展途上国のものに比較すると、人口小爆発ともいうべきものであるが）は18世紀の後半から19世紀にかけて発生し、全世界に占める先進諸国の人口比率をかなり増大させたのであった。その状態が150年程度続き、今回の発展途上国の人口爆発という事態になったのであった。

　先進国では、マルサスの出た18世紀後半のように、今回の発展途上国の人口爆発が声を大きくして叫ばれたのは当然のことであった。この点の一例は、今世紀末までに発展途上国の人口の、全世界人口に占める比率は75パーセントにものぼり、先進諸国の人口比率は激減するであろうとジャーナリスティックに大いに憂慮されてきたことが思い出される。しかし、これはより長期的かつ客観的にみれば、むしろ発展途上国の人口比率が、マルサス出現以前の比率へと回帰したと解釈する方が、より当を得たものである。例えば、1750年前後の発展途上国の人口比率は、約75パーセントにも及んでいた。それゆえ、現在の発展途上国の人口現象は、発展途上国の人口の元来の方向への巻き返しである、と解釈する方がより当を得ており、これが通常よく誤解されている第1のポイントであろう。

　第2のポイントは、次のような点である。すなわち、この発展途上国の人口爆発の原因は、発展途上国自らの努力というよりは、むしろ先進諸国から導入された医療その他の外生的要因により、死亡率が低下したが、出生率は依然として高率の状態であったという点が、最大の要因であった。また、この高出生率を低下させるために、家族計画等の方法が積極的に導入され、結果として発展途上諸国の人口成長率はかなり低下したのであった。この点で先進諸国は非常に大きな熱意を持って、この家族計画を推進させたのであった。その背景には有限な地球に対する人類の生存の危機感が働いていたのである。この点で思い出されるのは、マルサスの人口の原理についての一解釈であろう。一般に、マルサスの人口論といえば「人口は1，2，4，8……と幾何級数的に増大し、生存資料は1，2，3，4……と算術級数的にしか増加しない」という解釈がなされている。しかし、南（三）[1971]は、この点はむしろ枝葉末節にすぎず、マルサスの人口論でより重要なことは次のような点であるという。[11]すなわち、

終　章　出生率促進政策と低出生率の本質　275

　マルサスの人口論でいう人口というものは，自然と社会との生態の中で自ら生き，自ら更新し，自ら生態を改変する力であり，国家の力と繁栄とを自己に表象し，制約する生きた力であるというように解釈できるというのである。

　すなわち，人口を生きた生命体として捉え，一定の秩序，一定の法則以上のもの，すなわち原理的な力が内在するものとみなしているのである[12]。このような観点からみれば，先進諸国は人口対エネルギーや環境のバランスが崩れ，それゆえ，自然と社会との生態の中で自ら生き，また生きた生命体としての人口が，一種の自己防衛として，人口をコントロールするという危機感を持つ状態であると解釈できるのである。それゆえ，先進諸国と比較し，はるかに少ないエネルギー消費しかなさず，その点で生きた人口という観点から，人口を制約する必要をそれ程強く感じていない発展途上国が，1983年の世界人口会議等で，先進諸国の諸案に対し，ことごとく反対をしたという事態も，このマルサスの人口論の解釈に関連づけて考えることができるのである。一方，先進国は豊かさを謳歌している。ところが，一方では人口対エネルギーや環境のバランスが崩れ，環境破壊に大きな加担をしているとの批判がなされている。これは，自然と社会との生態の中で自ら生き，また生きた生命体としての人口が，一種の自己防衛として人口をコントロールするという危機感を持ち，先進国の出生率が低下しているとも解釈できるのである。この点は，発展途上国や日本をよりよく理解するために，人々が常に心に留めておかなければならない第2のポイントであろう。このようにマルサスの人口の原理の解釈を例にとってみても，いろいろな応用が成り立つのである[13]。

　要するに，出生率は低下し，1999年の合計特殊出生率は1.34（2000年は1.35）へと大きく低下しているが，これは経済至上主義的傾向を持つ日本経済が，このままでは大きな問題であるとのマルサスの原理が働いているとも解釈できるのである。それゆえ，今後は経済至上主義的な発展ではなく，持続可能な経済発展等環境にも優しい方向へと変更せざるをえないということであろう。これは，上述の正村公宏の主張よりも，より大きな観点からの改革が必要であろう。すなわち，小手先の改革を批判し，異彩を放っている正村公宏の説よりも，より大きな問題であり，大幅な意識改革が必要なのである。

おわりに

　以上，3節にわたり出生率促進政策と低出生率の本質について述べてきた。これらを要約すると次のようになるだろう。

　1　2000年9月15日の65歳以上の高齢者人口が，日本全国で2,190万人となり，総人口の17.3％にものぼり（これはスウェーデンとイタリアが，それぞれ17.4％で日本は世界で第3番目に大きい値である），過去最高に達している。この高齢者人口は1950年頃から増加し始め，2015年には3,188万人となり，国民の4人に1人が高齢者になるという。そして，2020年頃にはピークを迎え，その後は徐々に減少する。さらに，15～64歳の生産年齢人口に対する高齢者の比率である老年人口指数は25％以上にもなり，生産年齢の4人に1人が高齢者である。この値は2010年には34.6％となり，生産年齢者3人に高齢者1人の割合になるとみられている。

　2　そこで子が親の面倒をみ，高齢になって子供に面倒をみてもらうと言う「扶養連鎖」が高齢化社会の到来で続かなくなり始めている。この高齢化問題が最も大きなピークになるのが，上述のように2020年であり（2008年頃から日本の総人口は減少に転じると予想されている），国民の4人に1人が65歳以上の高齢者という世界最高齢者国になる。そこで，14歳以下の子供数は現在より300万人も減少し，高齢者数の半分になり，「扶養連鎖」が断ち切れてしまうのである。また公的年金は，現在は4人が1人を支えているが，2003年には3人が1人，2015年には2人が1人を支えることになるという。また，国民所得に占める社会保障と税金の負担率（国民負担率）は，2025年には51.5％に達し，これに財政赤字の大幅な拡大が加わると，同年の国民負担率は73％になるという。すなわち，収入の4分の3が税金や社会保障等の負担で消えてしまうことになる。

　3　一方，既述のように人口の経済へのプラスの効果としては，(1) 人口増加は労働力を増加させ，生産にプラスに働く。両親の労働量を増加させる。子供の労働力は重要である。(2) 規模の経済，分業や競争を生じさせ，生産性を高める。(3) 必要は発明の母である。(4) 知識の蓄積が行われ，天然資源の開発等を進める。天才の出る数は大きい人口数の場合に絶対数で大となり，経済に

貢献する。また，人口の消費面，文化面等への貢献としては，(1) 人口成長率の高い国は青年人口の割合が大きく，新生産物に対する感応性が大きく，新しい職業に対する順応性，適応性，活気等も大きい。また青年層の教育水準は老年層よりも高く，消費以上のものを生産し，貯蓄をする。若年層は流動性が高く，資源の最適配分に一役を買う。(2) 道路等のインフラストラクチュアの建設にプラスの貢献をする。高人口成長は人口密度を高め，輸送，教育や衛生面にプラスの影響を与える。オーバヘッド・コストは多くの人口で割安になる。発展途上国では人口成長が灌漑や農業投資にプラスに働く等がある。高齢化の進行が急速な日本社会では，人口のプラス面をマイナス面とともに公平に評価することが必要である。一方，少子化は人口の技術進歩を誘発する効果を低下させ，日本経済発展の源泉であった力が消えることになり，問題である。

4　少子化に関しては，経済界（人口減少社会対策基本法（仮称）の制定，保育施設・サービスの拡充や育児休業・所得保障期間の延長等，また仕事と出産，育児の両立を可能にさせる業績評価制度の重視を企業に要求，さらに事実婚や婚外子の社会的容認），自民党（子育て経費の具体的な軽減策，児童手当の金額・期間の思い切った見直し，また公的年金制度に子育ての評価システムを組み込む案，さらに保育サービス利用者へ所得税の保育費控除新設等），厚生省（出産誘導は人権問題に触れかねない可能性があるゆえ，性急な方向付けは避けている）や国連（説得と教育によるソフトな手段であるべきとし，性や生殖の問題における女性の選択権をうたったリプロダクティブ・ヘルス／ライツの考え方を重要視）の4団体から意見が出されている。また学者では，子供を公共財として出産を評価する積極的意見（高山憲之一橋大学教授），逆に子供は私的財とし，男性の労働時間を問題視する意見（島田晴雄慶応義塾大学教授），いかなる文明社会を維持させるかを明確にさせ，出生抑制を是正する様々な制度改革を行う意見（正村公宏専修大学教授）等が出されている。

5　経済至上主義は自然からの反発，人間からの反発や経済主義自身の自己矛盾より挫折を余儀なくされるという。それゆえ，持続可能な経済発展の方向へと変更せざるをえないであろう。また，マルサスの原理によれば，先進国の少子化は人口対エネルギーや環境のバランスが崩れ，自然と社会との生態の中で自ら生き，また生きた生命体としての人口が，一種の自己防衛として，人口成長を抑制する状態であると解釈できる。この点からも，持続可能な経済発展

の方向へと変更せざるをえないであろう。それゆえ，正村公宏の「子を減らさないための方策として取り組むのではなく，人権と自由な選択を保証する観点から様々な制度改革を行えば，結果的に出生率改善につながるのではないか」と小手先の改革を批判し，異彩を放っている主張以上の大きな問題であり，大幅な社会的，経済的，意識的改革等が必要であろう。一方では，日本の教育水準の高い質の良い人口は，技術進歩を生み出し，経済を飛躍的に発展させてきた。それゆえ，2008年以降の人口減退は日本経済の衰弱へとつながる恐れが十分である。そこで，人口の急激な減少を避け，他方では人口の原理や経済至上主義の反省から持続可能な経済発展等への方向を考えると，8,000万人から1億人の間で日本の人口は落ち着くのではないだろうか。環境問題等を考慮し，かつ人口減退による経済の衰弱等を考慮すれば，そのようになるのであろうか。

（付記）　この章は山口［1999］を展開したものである。

注
1) 『毎日新聞』1997年および2000年の9月15日号の朝刊を参照。
2) 『日本経済新聞』1997年9月11日号の夕刊参照。
3) 『日本経済新聞』1994年6月16日号の朝刊参照。
4) 矢野恒太記念会編［1997］のp.66を参照。
5) 矢野［1997］のp.72および矢野［2000］のp.52を参照。
6) 阿藤誠［1996］のpp.11-14を参照し，加筆した。
7) 以上，人口のマイナス面およびプラス面の，より詳細な分析は本書の第2章（第2-2表も参照）および第3章を参照。
8) 以上は『日本経済新聞』1997年4月24日号の夕刊の要約である。
9) 野尻［1987］のp.48以下を参照。
10) より詳細は，山口［1991］のpp.32-33およびその他の部分も参照されたい。
11) 南（三）［1971］のp.28を参照。
12) この点の詳細な説明や，南亮三郎のマルサス研究の業績についての積極的な評価は，山口［1982b］の第1章および第9章を参照。
13) 山口［1983］のpp.31-35を参照。

付　録

付表1　静学的モデル

(1)	$Y_1 = aQP^\eta E^\varepsilon$	農産物需要関数
(2)	$Y_1 = T_1 L_1^\alpha K_1^\beta B^{1-\alpha-\beta}$	農業生産関数
(3)	$Y_2 = T_2 L_2^\gamma K_2^\delta$	非農業生産関数
(4)	$L = L_1 + L_2$	労働・資本の部門別配分
(5)	$K = K_1 + K_2$	
(6)	$w_1 = \alpha P_1 (Y_1/L_1)$	限界価値生産額＝要素価格
(7)	$w_2 = \gamma P_2 (Y_2/L_2)$	
(8)	$r_1 = \beta P_1 (Y_1/K_1)$	
(9)	$r_2 = \delta P_2 (Y_2/K_2)$	
(10)	$w_1 = m_w w_2$	要素価格の部門別格差
(11)	$r_1 = r_2$	
(12)	$P'QE = P_1 Y_1 + P_2 Y_2$	所得恒等式

動学的モデル（誘導形）のマトリックス表示

方程式番号	構造パラメーター A マトリックスの値 A								内生変数ベクトル x	外生変数ベクトル b
(1)	1	0	0	0	0	0	$-\eta$	$-\varepsilon$	$\dot{Y}_1$	$\dot{a} + \dot{Q}$
(2)	1	0	$-\beta$	0	$-\alpha$	0	0	0	$\dot{Y}_2$	$\dot{T}_1 + (1-\alpha-\beta)\dot{B}$
(3)	0	1	0	$-\delta$	0	$-\gamma$	0	0	$\dot{K}_1$	$\dot{T}_2$
(4)	0	0	0	l_1	l_2	0	0	0	$\dot{K}_2$	$\dot{L}$
(5)	0	0	k_1	k_2	0	0	0	0	$\dot{L}_1$	$\dot{K}$
(6)	0	0	1	-1	-1	1	0	0	$\dot{L}_2$	$\dot{m}_w$
(7)	0	0	$\beta-\delta$	0	$\alpha-\gamma$	0	1	0	$\dot{P}$	$\dot{T}_2 - \dot{T}_1 - (1-\alpha-\beta)\dot{B} + \gamma\dot{m}_w$
(8)	λ	$1-\lambda$	0	0	0	0	0	-1	$\dot{E}$	$\dot{Q}$

〈付表1および付表2の説明〉

　付表1は筆者の成長会計分析モデルを示したものである（ここでは付加価値を用いているので，産出量を用いた山口［1982b］モデルとは異なっている点に注意。この点の詳細は山口［1994］の第2章を参照されたい）。付表2はインプット市場に不完全競争度合（m_1, m_2, m_3, m_4, m_w, m_r〔ここで m は付表2で示したように，不完全競争度合を表し，サフィックス1は農業，2は非農業を，m_w と m_r は賃金格差と利子率格差を表すものである〕）を入れた，より一般的なモデルである。この付表1のモデルでは，次の諸変数が外生および内生変数となっている（付表2のモデルでは，内生変数は同じ8個であるが，外生変数は m_w の代わりに N_w と N_r とがあり，合計9個の変数となっている。ここで $N_w = m_w m_2/m_1$, $N_r = m_r m_4/m_3$ と定義されるものである）。

付表2 不完全競争度合を含めた静学的モデル

(1)	$Y_1 = aQP^\eta E^\varepsilon$	農産物需要関数
(2)	$Y_1 = T_1 L_1^\alpha K_1^\beta B^{1-\alpha-\beta}$	農業生産関数
(3)	$Y_2 = T_2 L_2^\gamma K_2^\delta$	非農業生産関数
(4)	$L = L_1 + L_2$	労働・資本の部門別配分
(5)	$K = K_1 + K_2$	
(6)	$w_1 = m_1 \alpha P_1(Y_1/L_1)$	限界価値生産額=要素価格
(7)	$w_2 = m_2 \gamma P_2(Y_2/L_2)$	(不完全競争度合 m_i を含む)
(8)	$r_1 = m_3 \beta P_1(Y_1/K_1)$	
(9)	$r_2 = m_4 \delta P_2(Y_2/K_2)$	
(10)	$w_1 = m_w w_2$	要素価格の部門別格差
(11)	$r_1 = m_r r_2$	
(12)	$P'QE = P_1 Y_1 + P_2 Y_2$	所得恒等式

成長率の形にした誘導形のマトリックス表示

方程式番号	構造パラメター A マトリックスの値 A								内生変数ベクトル x	外生変数ベクトル b
(1)	1	0	0	0	0	0	$-\eta$	$-\varepsilon$	$\dot{Y}_1$	$\dot{a} + \dot{Q}$
(2)	1	0	$-\beta$	0	$-\alpha$	0	0	0	$\dot{Y}_2$	$\dot{T}_1 + (1-\alpha-\beta)\dot{B}$
(3)	0	1	0	$-\delta$	0	$-\gamma$	0	0	$\dot{K}_1$	$\dot{T}_2$
(4)	0	0	0	0	l_1	l_2	0	0	$\dot{K}_2$	$\dot{L}$
(5)	0	0	k_1	k_2	0	0	0	0	$\dot{L}_1$	$\dot{K}$
(6)	0	0	1	-1	-1	1	0	1	$\dot{L}_2$	$\dot{N}_w - \dot{N}_r$
(7)	0	0	$\beta-\delta$	0	$\alpha-\gamma$	0	1	0	$\dot{P}$	$\dot{T}_2 - \dot{T}_1 - (1-\alpha-\beta)\dot{B} + \gamma\dot{N}_w + \delta\dot{N}_r$
(8)	λ	$1-\lambda$	0	0	0	0	0	-1	$\dot{E}$	$\dot{Q}$

外生変数(8個)		内生変数(8個)	
農業技術進歩	(T_1)	農業生産量	(Y_1)
非農業技術進歩	(T_2)	非農業生産量	(Y_2)
人口	(Q)	農業労働者数	(L_1)
総労働者数	(L)	非農業労働者数	(L_2)
総資本ストック	(K)	農業資本ストック	(K_1)
土地	(B)	非農業資本ストック	(K_2)
農産物需要シフター	(a)	相対価格(農業/非農業)	(P)
両部門の賃金格差	(m_w)	1人当たり所得	(E)

静学的モデルの第1式は農産物需要関数であり、1人当たり農産物需要 (Y_1/Q) は1人当たり所得 (E)、農業と非農業の相対価格 (P) との関数と仮定されている。第2式は農業生産関数であり、生産要素としては土地 (B)、労働 (L_1)、資本 (K_1)（産出

量を用いたモデルでは，これに肥料等の非農業起源農業経常投入財がつけ加わっていた）を考慮している。また T_1 は農業技術進歩を示すものである。第3式は非農業生産関数であり，生産要素は労働（L_2）と資本（K_2）である。第4, 5式は総労働と総資本は各々の部門のものの和であることを示したものである。第6式から第9式までは各部門の要素需要を示す式である。第10式は両部門の賃金格差を示す式であり，第11式は利子率の均等を示したものである。最後に第12式は総所得がそれぞれの部門の所得の和であることを示す式である。この静学的モデルでは，上記の8内生変数に各部門の賃金率 w_1, w_2 と各部門の利子率 r_1, r_2 を加えた合計12変数が内生変数となっている。

第6式から第11式までの6式より各部門の賃金率，利子率である w_1, w_2, r_1, r_2 の4変数を消去すると次の2つの要素移動条件式が得られる。

$m_w = P(\alpha Y_1 L_2) / (\gamma Y_2 L_1)$

$1 = P(\beta Y_1 K_2) / (\delta Y_2 K_1)$

これらの2式より次の式が得られるであろう[1]。

$m_w = (\alpha \delta K_1 L_2) / (\gamma \beta L_1 K_2)$

$P = [(\alpha \delta)^\delta \gamma T_2 m_w^\gamma] / [(\gamma \beta)^\delta \alpha T_1 L_1^{\alpha-\gamma} K_1^{\beta-\delta} B^\xi]$

これより12式の静学的モデルは次のような8式の成長率の形の動学的モデルに変換することができる[2]。

$\dot{Y}_1 = \dot{a} + \dot{Q} + \eta \dot{P} + \varepsilon \dot{E}$

$\dot{Y}_1 = \dot{T}_1 + \alpha \dot{L}_1 + \beta \dot{K}_1 + (1-\alpha-\beta)\dot{B}$

$\dot{Y}_2 = \dot{T}_2 + \gamma \dot{L}_2 + \delta \dot{K}_2$

$\dot{L} = l_1 \dot{L}_1 + l_2 \dot{L}_2$

$\dot{K} = k_1 \dot{K}_1 + k_2 \dot{K}_2$

$\dot{m}_w = \dot{K}_1 - \dot{K}_2 + \dot{L}_2 - \dot{L}_1$

$\dot{P} = \dot{T}_2 - \dot{T}_1 + (\gamma-\alpha)\dot{L}_1 + (\delta-\beta)\dot{K}_1 - (1-\alpha-\beta)\dot{B} + \gamma \dot{m}_w$

$\dot{Q} = \lambda \dot{Y}_1 + (1-\lambda)\dot{Y}_2 - \dot{E}$

この8式は A を構造パラメターのマトリックス，x を上述の8内生変数の成長率のベクトル，b を9外生変数の成長率のベクトルを示すものとすると，マトリックスの形で $Ax=b$（付表1の下表）と書くことができる。ここで A の逆行列 A^{-1} の各要素は成長率乗数（growth rate multiplier 略して GRM と書く）と呼ばれるものである。例えば，A^{-1} の第1行第4列の要素（c_{14}）は $\partial \dot{Y}_1 / \partial \dot{L}$ であり[3]，それは総労働者 L の成長率が1%増加した場合に農業生産量 Y_1 の成長率がどの程度増加するかを示すものである。

A マトリックスのパラメター（付表3）と成長率乗数（理論値は付表4，計測値は付表5，さらに不完全競争度合の成長率乗数は付表6を参照）とは1880年から1965年までの各5年毎に得られている（ここで重要な点は成長率乗数の変化は経済の構造変化を示す

ということである。第7-3図はこの成長率乗数の計測値を示したものである)。

この各期の成長率乗数と日本で実際に生じた各外生変数の成長率とを乗じると、各外生変数の各内生変数への貢献度を測定することになる。例えば総労働者の農業生産量への貢献は $CY_1L = (\partial \dot{Y}_1/\partial \dot{L})'\dot{L}' = (A^{-1})_{1,4}\dot{L}'$ として求められる。すなわち総労働者の成長率 ($\dot{L}$) が1%増加した場合に農業生産量の成長率がどの程度変化するかは、成長率乗数(ここでは $A_{1,4}^{-1} = \partial \dot{Y}_1/\partial \dot{L}$)により求めることができる(付表4および付表5を参照。また第7-3図はこの成長率乗数を図示したものである)が、マトリックスの表示からも理解できるように、この成長率乗数に日本で実際に生じた総労働者の成長率を乗じると、日本の総労働者の成長率の農業生産量の成長率への貢献度を計測することができるからである(第7-4図および付表8はこの貢献度を示したものである)。

注
1) 上の2式より、$m_w/1 = P\alpha Y_1 L_2(\delta Y_2 K_1)/\gamma Y_2 L_1(P\beta Y_1 K_2) = \alpha\delta K_1 L_2/\gamma\beta L_1 K_2$ となり、前半の式が得られる。また後半の式は $m_w = P\alpha Y_1 L_2/(\gamma Y_2 L_1)$ の Y_1, Y_2 に $Y_1 = T_1 L_1^\alpha K_1^\beta B^{(1-\alpha-\beta)}$ および $Y_2 = T_2 L_2^\gamma K_2^\delta$ を代入し、さらに L_2, K_2 に前半の式から得た L_2, K_2 を代入することにより得られる。
2) 付表1では第(6)式から第(9)式までは限界価値生産額=要素価格と仮定している。ここで限界価値生産額と要素価格に m_1 という差異があるより一般的モデルを考える。すなわち(6)式は m_1、(7)式は m_2、(8)式は m_3、(9)式は m_4 の差異があると仮定する。また(11)式も r_1 と r_2 に m_r の差異があるとする。そして $N_w = m_w m_2/m_1$, $N_r = m_r m_4/m_3$ と定義すると、成長率の形に変換した6番目の式の左辺は $\dot{N}_w - \dot{N}_r$ となり、7番目の式は右辺の $\gamma\dot{m}_w$ が $\gamma\dot{N}_w + \delta\dot{N}_r$ となる。それゆえ付表2の下表のベクトル b の第6行目は $\dot{N}_w - \dot{N}_r$、第7行目は $\gamma\dot{N}_w + \delta\dot{N}_r$ がつけ加えられることになる。これにより限界価値生産額と要素価格の差異が8内生変数にどのような影響を与えるかについての分析が可能となる。
3) A^{-1} マトリックスの各要素を c_{ij} とすると、$\dot{Y}_1 = c_{11}(\dot{a}+\dot{Q}) + c_{12}\{\dot{T}_1+(1-\alpha-\beta)\dot{B}\} + c_{13}\dot{T}_2 + c_{14}\dot{L} + c_{15}\dot{K} + c_{16}\dot{m}_w + c_{17}\{\dot{T}_2 - \dot{T}_1 - (1-\alpha-\beta)\dot{B} + \gamma\dot{m}_w\} + c_{18}\dot{Q}$ となる。それゆえ、$\partial\dot{Y}_1/\partial\dot{L} = c_{14}$ となる。以後、例えば $\partial\dot{Y}_1/\partial\dot{L}$ は簡単に $Y_1 L$ と書く。

付録 283

付表3 マトリックスAのパラメーター

	(1) 農業労働の分配率 $\alpha = \dfrac{w_1 L_1}{P_1 Y_1}$	(2) 農業資本の分配率 $\beta = \dfrac{r_1 K_1}{P_1 Y_1}$	(3) 非農業労働の分配率 $\gamma = \dfrac{w_2 L_2}{P_2 Y_2}$	(4) 非農業資本の分配率 $\delta = \dfrac{r_2 K_2}{P_2 Y_2}$	(5) 農産物(相対)価格弾力性 η	(6) 農産物所得弾力性 $\varepsilon = \varepsilon_1$	(7) 農業労働者数の割合 $l_1 = \dfrac{L_1}{L}$	(8) 農業資本の割合 $k_1 = \dfrac{K_1}{K}$	(9) 農業所得の割合 $\lambda = \dfrac{P_1 Y_1}{P \cdot QE}$
1880	0.58	0.12	0.80	0.20	−0.60	0.80	0.71	0.43	0.50
1885	0.57	0.12	0.80	0.20	−0.60	0.80	0.70	0.42	0.35
1890	0.54	0.12	0.74	0.26	−0.60	0.80	0.68	0.39	0.39
1895	0.54	0.11	0.70	0.30	−0.60	0.80	0.66	0.37	0.33
1900	0.56	0.10	0.65	0.35	−0.60	0.80	0.65	0.33	0.29
1905	0.55	0.11	0.63	0.37	−0.60	0.71	0.63	0.31	0.25
1910	0.56	0.11	0.62	0.38	−0.60	0.71	0.62	0.27	0.24
1915	0.55	0.12	0.52	0.48	−0.60	0.71	0.57	0.23	0.22
1920	0.55	0.12	0.62	0.38	−0.60	0.71	0.51	0.18	0.22
1925	0.59	0.11	0.62	0.38	−0.60	0.71	0.48	0.15	0.22
1930	0.61	0.12	0.55	0.45	−0.60	0.71	0.47	0.13	0.13
1935	0.55	0.13	0.50	0.50	−0.60	0.71	0.44	0.11	0.14
1940	0.55	0.10	0.46	0.54	−0.60	0.71	0.40	0.09	0.13
1945	0.55	0.10	0.46	0.54	−0.60	0.80	0.44	0.10	0.14
1950	0.55	0.10	0.46	0.54	−0.60	0.71	0.44	0.09	0.14
1955	0.65	0.12	0.72	0.28	−0.60	0.61	0.37	0.09	0.16
1960	0.57	0.13	0.65	0.35	−0.60	0.61	0.30	0.08	0.09
1965	0.60	0.16	0.69	0.31	−0.60	0.61	0.23	0.07	0.06

(出所) 表1,2欄:ヤマダ=ハヤミ (S. Yamada and Y. Hayami) [1972] の分配率を再計算し,土地,労働および資本の3要素の再分配率となるようにしたものによる。
表3,4欄:南亮進=小野旭 [1978] による。
表5,6欄:オオカワ (K. Ohkawa) [1972] による。
表7,8,9欄:オオカワ=シノハラ (K. Ohkawa and M. Shinohara) [1979] による。

付表4　成長率乗数の理論的計算値

$|A| = (\alpha+\beta)(1+\eta-\lambda\varepsilon) - \eta + [-\alpha-\eta(\alpha-\gamma)+\varepsilon\{\gamma+(\alpha-\gamma)\lambda\}]I_1 + [-\beta-\eta(\beta-\delta)+\varepsilon\{\delta+\varepsilon(\beta-\delta)\lambda\}]k_1 > 0$

$c'_{11} =$	$\|A\| Y_1 a = \alpha I_2 + \beta k_2 > 0$	$c'_{21} =$	$\|A\| Y_2 a = -(\delta k_1 + \gamma I_2) < 0$
$c'_{12} =$	$\eta(\alpha+\beta-\gamma-\delta) + I_1[\eta(\beta-\alpha)+\gamma(1-\lambda)\varepsilon]$ $+k_1[\eta(\delta-\beta)+\delta(1-\lambda)\varepsilon] > 0$	$c'_{22} =$ $c'_{23} =$	$(1-\varepsilon\lambda)(\delta k_1 + \gamma I_1) > 0$ $[(\alpha-\gamma)\eta + \alpha(1-\varepsilon\lambda)]I_2 + [(\beta-\delta)\eta$
$c'_{13} =$	$\varepsilon(1-\lambda)(\alpha I_2 + \beta k_2) > 0$		$+\delta(1-\varepsilon\lambda)]k_2 > 0$
$c'_{14} =$	$\|A\| Y_1 L = [\varepsilon\beta\gamma(1-\lambda) + \eta(\beta\gamma-\alpha\delta)$ $+\alpha\varepsilon(1-\lambda)(\gamma-1)]k_2 + \alpha\varepsilon(1-\lambda) > 0$	$c'_{24} =$	$\|A\| Y_2 L = \gamma[\beta(1-\varepsilon\lambda)+\beta(\beta-\delta)]k_2$ $+(\delta k_1 + \gamma)[\eta(\alpha-\gamma)+\alpha(1-\varepsilon\lambda)] > 0$
$c'_{15} =$	$\|A\| Y_1 K = \varepsilon\beta(1-\lambda)I_1 + [\eta(\alpha\delta-\beta\gamma)$ $+(1-\lambda)\delta\varepsilon(\alpha+\beta)I_2] > 0$	$c'_{25} =$	$\|A\| Y_2 K = [(\beta-\delta)\eta + \beta(1-\varepsilon\lambda)](\delta+\gamma I_1)$ $+\delta[(\alpha-\gamma)\eta + \alpha(1-\varepsilon\lambda)]I_2 > 0$
$c'_{16} =$	$I_2 k_2 [\beta\{(\alpha-\gamma)\eta + \gamma\varepsilon(\lambda-1)\}$ $+\alpha\{(\delta-\beta)\eta + (1-\lambda)\delta\varepsilon\}] + \alpha\delta\varepsilon(\lambda-1)I_2$ $+\beta\gamma\varepsilon(1-\lambda)k_2 0$	$c'_{26} =$	$\delta k_2 [\{(\delta-\beta)\eta + \beta(\lambda\varepsilon-1)\}I_1$ $+\{\eta(\alpha-\gamma)+\alpha(1-\lambda\varepsilon)\}I_2] - \delta I_2[\eta(\alpha-\gamma)$ $+\alpha(1-\lambda\varepsilon)]+k_2 I_1[(\beta-\delta)\eta+\beta(1-\lambda\varepsilon)] > 0$
$c'_{17} =$	$\eta(\beta k_2 + \alpha I_2) < 0$	$c'_{27} =$	$-\eta(\delta k_1 + \gamma I_1) > 0$
$c'_{18} =$	$-\varepsilon(\alpha I_2 + \beta k_2)$	$c'_{28} =$	$\varepsilon(\delta k_1 + \gamma I_1) > 0$
	$\|A\| Y_1 Q = c'_{11} + c'_{18} = (1-\varepsilon\lambda)(\alpha I_2 + \beta k_2) > 0$		$\|A\| Y_2 Q = c'_{21} + c'_{28} = (\varepsilon-1)(\delta k_1 + \gamma I_1) < 0$
	$\|A\| Y_1 T_1 = c'_{12} - c'_{17} = [\varepsilon(1-\lambda)+\eta](\gamma I_1+\delta k_1)-\eta > 0$		$\|A\| Y_2 T_1 = c'_{22} - c'_{27} = (1-\varepsilon\lambda)(\delta k_1 + \gamma I_1) > 0$
	$\|A\| Y_1 T_2 = c'_{13} - c'_{17} = [\varepsilon(1-\lambda)+\eta][\alpha I_2+\beta k_2] < 0$		$\|A\| Y_2 T_2 = c'_{23} + c'_{27} = (\eta+1-\varepsilon\lambda)(\alpha I_2+\beta k_2)-\eta > 0$
$c'_{31} =$	$\|A\| K_1 a = k_2 > 0$	$c'_{41} =$	$\|A\| K_2 a = -k_1 < 0$
$c'_{32} =$	$(\varepsilon\lambda-1)k_2 < 0$	$c'_{42} =$	$(1-\varepsilon\lambda)k_1 > 0$
$c'_{33} =$	$\varepsilon(1-\lambda)k_2 > 0$	$c'_{43} =$	$(\lambda-1)\varepsilon k_1 < 0$
$c'_{34} =$	$\|A\| K_1 L = [\eta(\gamma-\alpha)+\alpha(\lambda\varepsilon-1)+\gamma(1-\lambda)\varepsilon]k_2 < 0$	$c'_{44} =$	$\|A\| K_2 L = [\alpha-\varepsilon\gamma+(\varepsilon\lambda-\eta)(\gamma-\alpha)]k_1 > 0$
$c'_{35} =$	$\|A\| K_1 K = [(\varepsilon-1)\varepsilon\gamma + \alpha(\gamma-\gamma) + \alpha(1-\varepsilon\lambda)]I_2$ $+\varepsilon(1-\lambda)$	$c'_{45} =$	$\|A\| K_2 K = I_2[\eta(\alpha-\gamma)+\alpha(1-\varepsilon\lambda)+(\lambda-1)\varepsilon\gamma]+\eta(\beta-\delta)$ $+\beta(1-\lambda\varepsilon)+(1-\lambda)\varepsilon\gamma > 0$
$c'_{36} =$	$k_2 [I_2 \{\gamma(\lambda-1)\varepsilon+(\alpha-\gamma)\eta+\alpha(1-\lambda\varepsilon)\}$ $+(1-\lambda)\varepsilon\gamma] > 0$	$c'_{46} =$	$k_1[I_2\{\gamma\varepsilon(1-\lambda)+\eta(\gamma-\alpha)+\alpha(\lambda\varepsilon-1)\}$ $+\gamma(1-\lambda)\varepsilon] > 0$
$c'_{37} =$	$\eta k_2 < 0$	$c'_{47} =$	$-\eta k_1 < 0$
$c'_{38} =$	$-\varepsilon k_2 < 0$	$c'_{48} =$	$\varepsilon k_1 > 0$
	$\|A\| K_1 Q = c'_{31} + c'_{38} = (1-\varepsilon\lambda)k_2 > 0$		$\|A\| K_2 Q = c'_{41} + c'_{48} = (\varepsilon-1)k_1 < 0$
	$\|A\| K_1 T_1 = c'_{32} - c'_{37} = (-\eta+\varepsilon\lambda-1)k_2 < 0$		$\|A\| K_2 T_1 = c'_{42} - c'_{47} = (1-\varepsilon\lambda+\eta)k_1 > 0$
	$\|A\| K_1 T_2 = c'_{33} - c'_{37} = [\varepsilon(1-\lambda)+\eta]k_2 > 0$		$\|A\| K_2 T_2 = c'_{43} + c'_{47} = [\varepsilon(\lambda-1)-\eta]k_1 > 0$
$c'_{51} =$	$\|A\| L_1 a \quad I_2 > 0$	$c'_{61} =$	$\|A\| L_2 a = -I_1 < 0$
$c'_{52} =$	$(\varepsilon\lambda-1)I_2 < 0$	$c'_{62} =$	$(1-\varepsilon\lambda)I_1 > 0$
$c'_{53} =$	$\varepsilon(1-\lambda)I_2 > 0$	$c'_{63} =$	$\varepsilon(\lambda-1)I_1 < 0$
$c'_{54} =$	$\|A\| L_1 L = [\delta\varepsilon(\lambda-1)+\eta(\beta-\delta)+\beta(1-\varepsilon\lambda)]k_2$ $+\delta\varepsilon(1-\lambda) > 0$	$c'_{64} =$	$\|A\| L_2 L = [\delta\varepsilon(\lambda-1)+\eta(\beta-\delta)+\beta(1-\varepsilon\lambda)]k_2$ $+k_1\eta(\alpha-\gamma)+\alpha(1-\lambda\varepsilon)$
$c'_{55} =$	$\|A\| L_1 K = [\delta\varepsilon(1-\lambda)+\beta(\varepsilon\lambda-1)+\eta(\delta-\beta)]I_2 < 0$	$c'_{65} =$	$\|A\| L_2 K = [(\beta-\delta)-\varepsilon\lambda+\beta-\varepsilon\delta]I_1 > 0$
$c'_{56} =$	$I_2[\delta(\lambda-1)\varepsilon+\{\delta(1-\lambda)\varepsilon+(\delta-\beta)\eta$ $+\beta(\lambda\varepsilon-1)\}k_2] < 0$	$c'_{66} =$	$I_1[k_2\{\delta\varepsilon(\lambda-1)+\eta(\beta-\delta)+\beta(1-\lambda\varepsilon)\}$ $+\delta\varepsilon(1-\lambda)] > 0$
$c'_{57} =$	$\eta I_2 < 0$	$c'_{67} =$	$-\eta I_1 < 0$
$c'_{58} =$	$-\varepsilon I_2 < 0$	$c'_{68} =$	$\varepsilon I_1 > 0$
	$\|A\| L_1 Q = c'_{51} + c'_{58} = (1-\varepsilon\lambda)I_2 > 0$		$\|A\| L_2 Q = c'_{61} + c'_{68} = (\varepsilon-1)I_1 < 0$
	$\|A\| L_1 T_1 = c'_{52} - c'_{57} = (\varepsilon\lambda-\eta-1)I_2 < 0$		$\|A\| L_2 T_1 = c'_{62} - c'_{67} = (1-\varepsilon\lambda+\eta)I_1 > 0$
	$\|A\| L_1 T_2 = c'_{53} + c'_{57} = [\eta+\varepsilon(1-\lambda)]I_2 < 0$		$\|A\| L_2 T_2 = c'_{63} + c'_{67} = [\varepsilon(\lambda-1)-\eta]I_1 > 0$
$c'_{71} =$	$\|A\| Pa = (\gamma-\alpha)I_2 + (\delta-\beta)k_2 > 0$	$c'_{81} =$	$\|A\| Ea = -[\delta(1-\lambda)+\beta\lambda]k_1-[\gamma(1-\lambda)+\alpha\lambda]I_1+(\alpha+\beta)\lambda < 0$
$c'_{72} =$	$(\varepsilon\gamma-1)[(\gamma-\alpha)I_2+(\delta-\beta)k_2] < 0$	$c'_{82} =$	$I_2[\lambda\eta(\alpha-\gamma)+\gamma(1-1)]+k_2[\lambda\eta(\beta-\delta)$
$c'_{73} =$	$\varepsilon(1-\lambda)[(\gamma-\alpha)I_2+(\delta-\beta)k_2] > 0$		$+\delta(1-\lambda)]+(1-\lambda) > 0$
$c'_{74} =$	$\|A\| PL = [(1-\varepsilon\lambda)(\alpha\delta-\gamma\beta)+\varepsilon\gamma(1-\lambda)$ $(\alpha+\delta-\gamma-\beta)]k_2+\varepsilon(1-\lambda)(\gamma-\alpha)k_1 > 0$	$c'_{83} =$	$(1-\lambda)[\{(\alpha-\gamma)+\alpha\}I_2 + \{(\beta-\delta)\eta+\beta\}k_2] > 0$
$c'_{75} =$	$\|A\| PK = [\{\beta(\lambda\varepsilon-1)+\delta(1-\lambda)\varepsilon\}(\alpha-\gamma)+\{\alpha(\lambda\varepsilon-1)$ $+\gamma(1-\lambda)\varepsilon\}(\delta-\beta)]I_1$ $+(\alpha+\beta)(\lambda\varepsilon-1)(\delta-\beta)+[\beta(\lambda\varepsilon-1)$ $+\delta(1-\lambda)](\alpha+\beta-1)$	$c'_{84} =$ $c'_{85} =$	$\|A\| EL = [\beta\gamma-\alpha\delta](1+\eta-\lambda)k_2$ $+(\alpha+\eta-1)(1-\lambda) > 0$ $\|A\| EK = (1-\lambda)[\beta+\eta(\beta-\delta)]$ $+(1+\eta-\lambda)(\alpha\delta-\beta\gamma)I_2 > 0$
$c'_{76} =$	$[\{\alpha(\lambda\varepsilon-1)(\beta-\delta)+(\gamma-\alpha)\{\beta(\lambda\varepsilon-1)$ $+\delta\varepsilon(1-\lambda)\}\}+I_1\gamma\varepsilon(1-\lambda)(\beta-\delta)I_1]k_2$ $+\varepsilon\varepsilon(1-\lambda)(\alpha-\gamma)I_2 > 0$	$c'_{86} =$	$[\lambda\eta\beta(\alpha-\gamma)I_2+\eta\gamma(1-\lambda)(8-\delta)I_1$ $+\beta\gamma(1-\lambda)\lambda\eta\alpha(\beta-\delta)I_2]k_2+[\alpha\delta(\lambda-1)$ $+\eta\alpha(\lambda-1)(\alpha-\gamma)I_2 k_1 > 0$
$c'_{77} =$	$\delta\varepsilon(1-\lambda)k_1+\beta(1-\varepsilon\lambda)k_2+\gamma\varepsilon(1-\lambda)I_1$ $+\alpha(1-\varepsilon\lambda)I_2 > 0$	$c'_{87} =$	$\eta[\{-\alpha\lambda+(\lambda-1)\gamma\}I_1+\{-\alpha\beta+(\lambda-1)\delta\}k_1$
$c'_{78} =$	$\varepsilon[(\alpha-\gamma)I_2+(\beta-\delta)k_2] < 0$	$c'_{88} =$	$-[\{\beta+(\beta-\delta)\eta\}k_2+\{\alpha+(\alpha-\gamma)\eta\}I_2] < 0$
	$\|A\| PQ = c'_{71}+c'_{78} = (1-\varepsilon)[(\gamma-\alpha)I_2+(\delta-\beta)k_2] > 0$		$\|A\| EQ = c'_{81}+c'_{88} = (\delta-\beta)(1-\lambda+\eta)k_2$
	$\|A\| PT_1 = c'_{72}-c'_{77} = (\varepsilon-1)[(\gamma I_2+\delta k_2)+(1-\varepsilon)\lambda] < 0$		$\|A\| ET_1 = c'_{82}-c'_{87} = [\eta+(1-\lambda)](\gamma I_1+\delta k_1)-\eta\lambda > 0$
	$\|A\| PT_2 = c'_{73}+c'_{77} = (1-\varepsilon)(\alpha I_2+\beta k_2)+(1-\lambda)k_1 > 0$		$\|A\| ET_2 = c'_{83}+c'_{87} = (\eta+1-\lambda)(\alpha I_2+\beta k_2)+\eta(\lambda-1) > 0$

（備考）　符号はデータにより幾つかの例外がある。それゆえ通常一般にとる符号を示している。

付　　録　285

付表5　成　長　率　乗　数

		Y_1T_1	Y_1T_2	Y_1K	Y_1L	Y_1Q		Y_2T_1	Y_2T_2	Y_2K	Y_2L	Y_2Q
1880		1.00	-0.10	0.10	0.50	0.10		0.00	1.28	0.26	1.02	-0.28
1885		0.95	-0.03	0.11	0.51	0.08		0.14	1.09	0.23	0.95	-0.22
1890		0.96	-0.05	0.10	0.48	0.09		0.10	1.12	0.30	0.88	-0.22
1895		0.94	-0.03	0.10	0.49	0.08		0.13	1.06	0.33	0.81	-0.19
1900	農	0.93	-0.01	0.09	0.51	0.08	非	0.14	1.03	0.37	0.75	-0.17
1905	業	0.90	-0.03	0.09	0.48	0.13	農	0.18	1.06	0.41	0.76	-0.24
1910	生	0.89	-0.03	0.09	0.48	0.13	業	0.18	1.05	0.42	0.75	-0.22
1915	産	0.88	-0.02	0.09	0.47	0.14	生	0.15	1.03	0.51	0.62	-0.18
1920	量	0.87	-0.03	0.09	0.46	0.16	産	0.14	1.03	0.41	0.71	-0.17
1925		0.86	-0.03	0.08	0.49	0.17	量	0.13	1.02	0.40	0.71	-0.15
1930	(Y_1)	0.82	0.01	0.10	0.51	0.17		0.13	0.99	0.46	0.63	-0.12
1935		0.83	0.01	0.11	0.46	0.17	(Y_2)	0.11	1.00	0.51	0.56	-0.11
1940		0.82	0.01	0.09	0.46	0.17		0.10	0.99	0.55	0.51	-0.09
1945		0.84	0.05	0.11	0.49	0.11		0.10	0.97	0.53	0.50	-0.07
1950		0.83	0.01	0.09	0.46	0.16		0.10	1.00	0.55	0.52	-0.10
1955		0.79	-0.06	0.08	0.47	0.28		0.12	1.03	0.30	0.82	-0.16
1960		0.77	-0.03	0.09	0.42	0.26		0.10	1.01	0.37	0.72	-0.11
1965		0.73	-0.02	0.11	0.42	0.29		0.08	1.01	0.32	0.74	-0.09

		K_1T_1	K_1T_2	K_1K	K_1L	K_1Q		K_2T_1	K_2T_2	K_2K	K_2L	K_2Q
1880		0.00	-0.24	0.95	-0.19	0.24		0.00	0.18	1.04	0.15	-0.18
1885		-0.12	-0.08	0.97	-0.13	0.20		0.09	0.06	1.02	0.10	-0.15
1890		-0.10	-0.12	0.96	-0.14	0.22	非	0.06	0.08	1.03	0.09	-0.14
1895	農	-0.14	-0.07	0.96	-0.12	0.21	農	0.08	0.04	1.02	0.07	-0.12
1900	業	-0.18	-0.03	0.97	-0.12	0.21	業	0.09	0.02	1.01	0.06	-0.11
1905	資	-0.24	-0.07	0.95	-0.18	0.32	資	0.11	0.03	1.02	0.08	-0.14
1910	本	-0.26	-0.07	0.94	-0.19	0.33	本	0.10	0.03	1.02	0.07	-0.12
1915	ス	-0.28	-0.05	0.94	-0.18	0.34	ス	0.08	0.02	1.02	0.06	-0.10
1920	ト	-0.30	-0.06	0.94	-0.20	0.35	ト	0.07	0.01	1.01	0.04	-0.08
1925	ッ	-0.30	-0.06	0.94	-0.22	0.36	ッ	0.05	0.01	1.01	0.04	-0.06
1930	ク	-0.36	0.02	0.97	-0.21	0.34	ク	0.05	0.00	1.01	0.03	-0.05
1935		-0.37	0.01	0.96	-0.20	0.35		0.05	0.00	1.01	0.02	-0.04
1940		-0.38	0.02	0.97	-0.20	0.36		0.04	0.00	1.00	0.02	-0.04
1945	(K_1)	-0.35	0.11	1.02	-0.14	0.24	(K_2)	0.04	-0.01	1.00	0.02	-0.03
1950		-0.38	0.01	0.97	-0.20	0.37		0.04	0.00	1.00	0.02	-0.04
1955		-0.38	-0.11	0.92	-0.32	0.49		0.04	0.01	1.01	0.03	-0.05
1960		-0.41	-0.05	0.93	-0.27	0.47		0.04	0.00	1.01	0.02	-0.04
1965		-0.41	-0.03	0.92	-0.27	0.44		0.03	0.00	1.01	0.02	-0.03

		L_1T_1	L_1T_2	L_1K	L_1L	L_1Q		L_2T_1	L_2T_2	L_2K	L_2L	L_2Q
1880		0.00	0.12	-0.02	0.90	0.12		0.00	0.30	0.06	1.24	-0.30
1885		-0.06	-0.04	-0.02	0.93	0.10		0.15	0.10	0.04	1.16	-0.24
1890		-0.05	-0.06	-0.02	0.92	0.12		0.11	0.14	0.05	1.16	-0.25
1895		-0.08	-0.04	-0.02	0.93	0.11		0.15	0.07	0.04	1.13	-0.22
1900	農	-0.09	-0.02	-0.02	0.94	0.11	非	0.17	0.03	0.03	1.12	-0.21
1905	業	-0.13	-0.04	-0.03	0.90	0.17	農	0.22	0.07	0.05	1.17	-0.29
1910	労	-0.14	-0.04	-0.03	0.90	0.17	業	0.22	0.06	0.05	1.16	-0.28
1915	働	-0.16	-0.03	-0.03	0.90	0.19	労	0.21	0.04	0.04	1.14	-0.25
1920	者	-0.18	-0.03	-0.03	0.88	0.21	働	0.19	0.04	0.04	1.12	-0.22
1925	数	-0.19	-0.04	-0.03	0.87	0.22	者	0.17	0.03	0.03	1.12	-0.20
1930		-0.22	0.01	-0.02	0.87	0.21	数	0.20	-0.01	0.02	1.11	-0.18
1935	(L_1)	-0.23	0.01	-0.03	0.88	0.22		0.18	-0.01	0.02	1.10	-0.17
1940		-0.25	0.01	-0.02	0.87	0.24	(L_2)	0.17	-0.01	0.01	1.09	-0.16
1945		-0.22	0.07	0.01	0.91	0.15		0.17	-0.05	-0.01	1.07	-0.12
1950		-0.23	0.01	-0.02	0.88	0.22		0.18	-0.01	0.01	1.10	-0.18
1955		-0.26	-0.08	-0.05	0.78	0.34		0.15	0.04	0.03	1.13	-0.20
1960		-0.31	-0.04	-0.06	0.79	0.36		0.13	0.02	0.02	1.09	-0.15
1965		-0.34	-0.03	-0.06	0.78	0.37		0.10	0.01	0.02	1.07	-0.11

		PT_1	PT_2	PK	PL	PQ		ET_1	ET_2	EK	EL	EQ
1880		-1.00	0.95	0.07	0.18	0.05		0.50	0.59	0.18	0.76	-1.09
1885		-1.02	0.98	0.07	0.20	0.04		0.42	0.70	0.19	0.80	-1.12
1890	相	-1.02	0.97	0.13	0.16	0.05		0.43	0.67	0.22	0.73	-1.10
1895	対	-1.04	0.98	0.18	0.13	0.06		0.40	0.70	0.25	0.71	-1.10
1900	価	-1.05	0.99	0.24	0.05	0.06	1	0.37	0.73	0.29	0.68	-1.10
1905	格	-1.07	0.98	0.24	0.03	0.10	人	0.36	0.78	0.33	0.69	-1.15
1910		-1.08	0.98	0.25	0.00	0.10	当	0.35	0.79	0.34	0.68	-1.14
1915	（農	-1.10	0.98	0.34	-0.09	0.12	た	0.31	0.80	0.42	0.59	-1.11
1920	業	-1.09	0.98	0.24	0.01	0.11	り	0.30	0.80	0.34	0.66	-1.09
1925	／	-1.09	0.98	0.25	-0.03	0.10	所	0.29	0.79	0.33	0.66	-1.08
1930	非	-1.11	1.01	0.32	-0.12	0.10	得	0.22	0.86	0.42	0.61	-1.09
1935	農	-1.12	1.00	0.36	-0.12	0.12		0.21	0.86	0.46	0.55	-1.07
1940	業	-1.15	1.01	0.43	-0.17	0.14	(E)	0.19	0.87	0.49	0.50	-1.06
1945	）	-1.14	1.04	0.45	-0.15	0.09		0.20	0.84	0.47	0.50	-1.04
1950		-1.15	1.01	0.43	-0.17	0.14		0.21	0.86	0.48	0.51	-1.06
1955	(P)	-1.08	0.98	0.14	0.00	0.10		0.23	0.86	0.27	0.77	-1.09
1960		-1.12	0.98	0.20	0.00	0.13		0.16	0.92	0.34	0.69	-1.08
1965		-1.09	0.99	0.13	0.03	0.10		0.12	0.94	0.31	0.72	-1.06

付表6 不完全競争度合の成長率乗数

	Y_1N_w	Y_2N_w	K_1N_w	K_2N_w	L_1N_w	L_2N_w	PN_w	EN_w
1880	-0.14	0.73	-0.13	0.10	-0.36	0.88	0.63	0.29
1885	-0.11	0.60	-0.03	0.02	-0.32	0.74	0.65	0.35
1890	-0.13	0.55	-0.05	0.03	-0.35	0.73	0.60	0.29
1895	-0.13	0.47	-0.01	0.01	-0.35	0.87	0.58	0.27
1900	-0.13	0.41	0.01	-0.00	-0.34	0.86	0.56	0.26
1905	-0.15	0.39	0.01	-0.00	-0.37	0.84	0.55	0.26
1910	-0.15	0.37	0.01	-0.01	-0.37	0.82	0.54	0.25
1915	-0.17	0.28	0.04	-0.01	-0.41	0.79	0.50	0.18
1920	-0.20	0.29	0.05	-0.01	-0.46	0.66	0.55	0.18
1925	-0.22	0.27	0.06	-0.01	-0.48	0.61	0.57	0.16
1930	-0.22	0.22	0.11	-0.02	-0.47	0.59	0.57	0.16
1935	-0.25	0.18	0.12	-0.01	-0.49	0.38	0.57	0.12
1940	-0.27	0.15	0.13	-0.01	-0.51	0.34	0.56	0.09
1945	-0.25	0.17	0.13	-0.01	-0.48	0.38	0.56	0.11
1950	-0.26	0.17	0.12	-0.01	-0.48	0.38	0.56	0.11
1955	-0.34	0.23	0.13	-0.05	-0.54	0.32	0.70	0.14
1960	-0.31	0.16	0.15	-0.01	-0.58	0.25	0.64	0.12
1965	-0.34	0.12	0.19	-0.01	-0.62	0.18	0.66	0.11

	Y_1N_r	Y_2N_r	K_1N_r	K_2N_r	L_1N_r	L_2N_r	PN_r	EN_r
1880	-0.15	0.11	-0.59	0.45	0.01	0.03	0.22	-0.02
1885	-0.13	0.07	-0.57	0.41	0.00	-0.01	0.22	0.00
1890	-0.11	0.04	-0.54	0.35	0.03	-0.07	0.15	-0.02
1895	-0.12	0.10	-0.62	0.36	0.01	-0.01	0.24	0.03
1900	-0.13	0.12	-0.68	0.33	0.00	0.01	0.28	0.05
1905	-0.11	0.10	-0.67	0.30	0.01	-0.02	0.24	0.05
1910	-0.11	0.09	-0.71	0.26	0.01	-0.02	0.29	0.04
1915	-0.10	0.10	-0.74	0.22	0.02	-0.02	0.24	0.05
1920	-0.16	0.12	-0.94	0.21	-0.07	0.07	0.34	0.06
1925	-0.16	0.11	-0.97	0.17	-0.07	0.06	0.33	0.05
1930	-0.09	0.04	-0.83	0.12	-0.02	-0.02	0.18	0.03
1935	-0.10	0.04	-0.85	0.10	0.03	-0.02	0.19	0.02
1940	-0.07	0.04	-0.82	0.09	0.02	-0.02	0.15	0.02
1945	-0.07	0.04	-0.86	0.10	0.02	-0.02	0.16	0.03
1950	-0.08	0.04	-0.87	0.09	0.02	-0.02	0.15	0.02
1955	-0.09	0.01	-0.88	0.09	0.02	-0.02	0.14	0.00
1960	-0.09	0.02	-0.87	0.08	0.04	-0.02	0.16	0.01
1965	-0.11	0.01	-0.87	0.07	0.05	-0.02	0.18	0.00

(備考) $N_w = m_w m_2 / m_1$, $N_r = m_r m_4 / m_3$ と定義されるものである。また A^{-1} マトリックスの各要素を c_{ij}, また $\gamma(\delta)$ を非農業労働(資本)の生産弾性値とすると,

$$Y_1N_w = c_{16} + \gamma c_{17} \qquad L_1N_w = c_{56} + \gamma c_{57} \qquad Y_1N_r = -c_{16} + \delta c_{17} \qquad L_1N_r = -c_{56} + \delta c_{57}$$
$$Y_2N_w = c_{26} + \gamma c_{27} \qquad L_2N_w = c_{66} + \gamma c_{67} \qquad Y_2N_r = -c_{26} + \delta c_{27} \qquad L_2N_r = -c_{66} + \delta c_{67}$$
$$K_1N_w = c_{36} + \gamma c_{37} \qquad PN_w = c_{76} + \gamma c_{77} \qquad K_1N_r = -c_{36} + \delta c_{37} \qquad PN_r = -c_{76} + \delta c_{77}$$
$$K_2N_w = c_{46} + \gamma c_{47} \qquad EN_w = c_{86} + \gamma c_{87} \qquad K_2N_r = -c_{46} + \delta c_{47} \qquad EN_r = -c_{86} + \delta c_{87}$$

より計算されたものである。

付　録　287

付表7　外生変数および内生変数の平均成長率（各種シリーズ）

内生変数	番号	1880~1890	1890~1900	1900~1910	1910~1920	1920~1930	1930~1940	1940~1950	1950~1960	1960~1970
Y_1	1	2.4	1.4	2.2	3.1	1.3	0.5	-0.3	4.7	2.3
	2	3.4	1.7	2.2	3.2	1.1	0.4	-0.5	3.6	2.1
P_1Y_1	3	5.0	7.8	4.5	16.3	-4.4	15.2	37.5	6.5	—
	4	2.5	6.4	3.9	16.0	-4.6	11.2	—	10.0	9.8
	5	12.0	7.5	4.4	16.8	-4.5	12.6	—	—	—
	6	—	—	—	—	—	15.2	37.3	8.4	9.0
	7	3.4	6.9	4.2	16.1	-4.5	12.0	—	7.9	10.7
Y_2	8	4.3	4.5	2.9	4.2	2.5	6.3	—	8.9	11.9
L_1	9	0.0	0.1	0.0	-1.2	0.0	-0.3	1.7	-1.7	-3.6
	10	-0.3	0.0	-0.1	-0.1	0.0	-0.3	1.7	-1.7	-3.5
L_{1M}	11	-0.2	-0.1	0.0	0.0	0.0	-1.7	2.2	-2.1	-3.9
L_{1F}	12	-0.3	-0.1	-0.2	-0.1	0.0	1.2	1.5	-1.4	-1.7
L_2	13	1.7	1.4	1.3	3.2	1.7	2.8	—	4.7	2.9
K_1	14	0.7	1.0	1.7	0.9	1.0	0.7	-1.4	4.6	8.9
	15	0.1	0.4	0.8	0.5	0.7	0.3	-0.3	3.0	7.4
	16	0.1	0.5	1.3	0.5	0.7	0.4	-0.2	3.6	8.3
K_2	17	3.3	3.5	4.5	6.7	4.8	4.7	—	6.3	11.5
P	18	6.3	-1.9	-0.8	0.7	-3.3	7.2	—	-1.5	2.1
P'	19	-0.9	4.0	1.8	10.5	-3.1	7.2	148.1	2.6	6.2
	20	2.2	5.6	2.6	11.5	-2.7	4.6	—	3.6	4.8
P_1	21	-0.5	4.1	1.7	12.3	-5.6	10.1	12.9	5.3	8.3
	22	-0.1	4.3	1.8	13.2	-5.6	10.1	—	5.2	12.3
	23	-0.3	4.5	2.1	12.9	-5.4	10.5	—	2.9	7.0
P_2	24	-0.3	7.2	3.0	11.5	-1.8	3.4	—	3.9	4.8
	25	-1.3	5.1	2.1	10.6	-6.4	6.3	15.3	-0.9	-0.9
PY	26	—	—	—	—	—	—	—	9.4	10.8
	27	5.9	7.4	3.0	15.8	-0.9	10.7	49.9	13.7	17.4
	28	7.0	8.5	5.0	15.3	-0.3	10.9	—	—	—
	29	5.6	8.8	5.1	16.0	-0.7	10.0	50.1	15.0	16.5
	30	—	—	—	—	—	11.5	49.1	15.1	16.4
	31	—	—	—	—	—	10.6	74.0	14.5	16.2
	32	—	—	—	—	—	—	—	12.7	16.1
PE	33	4.7	7.7	3.9	14.6	-2.1	8.8	—	13.6	15.3
	34	4.9	7.7	3.9	14.3	-1.9	8.7	—	—	—
	35	—	—	—	—	—	10.4	47.8	101.8	15.3
	36	—	—	—	—	—	9.5	45.9	13.2	14.9
	37	4.7	7.7	3.9	14.6	-2.2	8.8	—	13.6	15.3
E	38	2.7	2.2	1.3	2.6	0.5	3.9	—	7.1	10.0
	39	—	—	—	—	—	-2.8	6.6	8.0	8.3
	40	2.7	2.1	1.2	2.7	0.7	4.0	—	—	—
	41	5.2	2.2	1.1	2.5	0.5	4.1	—	—	—
	42	—	—	—	—	—	3.5	3.5	7.0	10.0
Y	43	3.6	3.2	2.5	3.8	2.1	5.1	—	8.2	11.1
	44	4.3	2.8	2.3	4.1	2.4	6.0	—	—	—
Y_2	45	3.7	3.9	2.6	4.0	2.4	5.7	—	9.2	11.9
外生変数										
T_1	46	3.2	1.3	1.8	3.5	1.0	0.4	-1.2	4.1	3.0
T_2	47	1.7	1.9	0.1	-0.9	-0.5	2.0	—	4.1	6.3
B	48	0.4	0.6	0.7	0.7	-0.1	0.3	-0.4	0.4	-0.5
K	49	2.3	2.6	3.6	5.3	4.2	4.2	—	—	—
	50	1.5	2.6	3.3	5.0	3.8	4.0	—	—	—
	51	—	—	—	—	—	—	—	6.1	11.3
	52	1.6	3.0	3.5	5.5	3.2	4.5	—	—	—
	53	—	—	3.9	4.5	3.6	3.9	—	5.8	—
	54	2.8	2.1	2.4	4.1	2.6	3.7	—	—	—
	55	2.2	1.7	2.1	3.6	2.9	3.3	—	—	—
	56	4.2	1.7	2.3	3.7	3.2	3.5	—	—	—
	57	—	—	—	—	—	—	—	5.6	9.1
L	58	0.5	0.6	0.4	0.6	0.9	1.5	0.2	2.2	1.3
	59	1.5	0.9	0.6	0.4	0.8	0.9	0.2	2.3	1.3
Q	60	0.9	1.0	1.2	1.2	1.6	1.1	1.6	1.2	1.1
F	61	0.8	2.8	5.3	4.5	3.7	2.1	8.1	10.2	9.2
	62	0.1	3.4	6.0	5.1	3.9	2.0	—	10.7	9.9
a	63	4.2	-2.2	-0.4	0.6	-2.8	0.9	—	-4.7	-4.1
m_w	64	-2.0	0.9	-2.8	1.8	-3.4	4.6	—	-3.1	8.7

〈内生変数（第1行～第45行）〉
1. $O\text{-}S$, p. 288, Total Output of Agriculture in 1934～36 Constant Prices at the Farm Gate.
2. $LTES$, 9, p. 182, 農業付加価値額（1934～36年価格, 償却控除）。
3. $LTES$, 9, p. 182, 農業付加価値額（当年価格, 償却控除）。
4. $LTES$, 9, p. 146, 農業生産額（農家庭先価格による当年価格評価）。
5. $LTES$, 1, p. 204, 農業純国内生産（当年価格）。
6. $LTES$, 1, p. 203, 農林水産業純国内生産（要素費用表示当年価格）。
7. $Y\text{-}H$, Appendix, p. 30 Gross Value Added of Agriculture, Current Prices at Farm Gate.
8. 非農業生産量：（29行／20行）×100 により実質生産額を出し, それより第1行を差し引いたもの。
9. $O\text{-}S$, p. 293, Agricultural Labor.
10. $LTES$, 9, p. 218, 農業就業者。
11. $LTES$, 9, p. 218, 男子農業就業者。
12. $LTES$, 9, p. 218, 女子農業就業者。
13. 第55行マイナス第10行。
14. $Y\text{-}H$, Appendix, p. 34, Agricultural Fixed Capital.
15. $LTES$, 9, p. 210, 農業粗資本ストック（1934～36年価格）。
16. $LTES$, 9, p. 212, 農業純資本ストック（1934～36年価格）。
17. 第49行マイナス第14行。
18. $Y_2 =$（第29行／第20行）×100 − 第1行。
    $P_2 = [$第29〜第23行の説明中の$(B)] / Y2$。
    これより $P = ($第23行／$P_2) \times 100$ より計算。
19. $LTES$, 8, p. 135, 消費者物価指数（1934～36年＝100, 含家賃）。
20. $O\text{-}S$, p. 387, GNE deflater（1934～36年＝1004）。
21. $LTES$, 9, p. 164, 農産物庭先価格指数（1934～36年＝100, 1934～36年ウエイト）。
22. $LTES$, 9, p. 164, 農産物庭先価格指数（1934～36年＝100, リンク指数）。
23. (A) $O\text{-}S$, p. 288, Agricultural Output in 1934～36 Prices at the Farm Gate.
    (B) $O\text{-}S$, p. 284, Agricultural Output in Current Prices at the Farm Gate.
    $B/A \times 100$ により第23行を求めた。
24. 第18行の P_2。
25. $LTES$, 8, pp. 192-93.
26. $O\text{-}S$, p. 282, GDP of Agriculture, Forestry & Fishery in 1965 Prices, 1953-70 年。
27. 日銀, p. 28, 生産国民所得。
28. $LTES$, 1, p. 202, 純国内生産（市場価格表示, 当年価格）。
29. $LTES$, 1, p. 178, 粗国民支出（市場価格表示, 当年価格）。
30. $LTES$, 1, p. 179, 粗国民支出（市場価格表示, 当年価格, 1930年より）。
31. $LTES$, 1, p. 203, 純国内生産（要素費用表示, 当年価格, 1930年より）。
32. $O\text{-}S$, p. 278, GDP of Aguirculture, Forestry & Fishery in Current Prices, 1953-70 年。
33. $LTES$, 1, p. 237, 人口1人当たり粗国民生産（当年価格, 1940年まで）。
34. $LTES$, 1, p. 237, 人口1人当たり純国民生産（当年価格, 1940年まで）。
35. $LTES$, 1, p. 238, 人口1人当たり粗国民生産（当年価格, 1930年より）。
36. $LTES$, 1, p. 238, 人口1人当たり純国民生産（当年価格, 1930年より）。
37. 第29行／第60行。
38. 第37行／第20行。
39. 総理府統計局『日本統計年鑑』名巻。
40. $LTES$, 1, p. 237, 人口1人当たり粗国民生産（1934～36年価格, 1940年まで）。
41. $LTES$, 1, p. 237, 人口1人当たり純国民生産（1934～36年価格, 1940年まで）。
42. $LTES$, 1, p. 238, 人口1人当たり粗国民支出（1934～36年価格, 1930年より）。
43. （第29行／第20行）×100。
44. $O\text{-}S$, p. 278, Gross Domestic Product at Market Prices in 1934-36 Prices（1940年まで）。

45. 非農業生産量：(29行／20行)×100 により実質生産額を出し，それより第2行を差し引いたもの。

《外生変数（第46行〜第64行）》
46. $\dot{T}_1 = \dot{Y}_1 - \alpha \dot{L}_1 - \beta \dot{K}_1 - (1-\alpha-\beta)\dot{B}$ より計算。
47. $\dot{T}_2 = \dot{Y}_2 - \gamma \dot{L}_2 - \delta \dot{K}_2$ より計算。
48. O-S, p. 293, Arable Land.
49. O-S, p. 366, Total Gross Capital Stock in 1934-36 Prices (Residential Building のみを含まない).
50. LTES, 3, p. 148, 総資本ストック（1934〜36年価格，グロス，住宅を除く）。
51. O-S, p. 369, Total Gross Capital Stock in 1965 Prices (Nonresidential Total, 1954年より).
52. LTES, 3, p. 149, 総資本ストック（1934〜36年価格，ネット，住宅を除く，1940年まで）。
53. LTES, 3, p. 262, 民間政府別粗資本ストック。
54. LTES, 3, p. 149, 総資本ストック（1934〜36年価格，ネット，住宅を含む，1940年まで）。
55. LTES, 3, p. 149, 総資本ストック（1934〜36年価格，グロス，住宅を含む，1940年まで）。
56. O-S, p. 366, Total Gross Capital Stock in 1934-36 Prices (含 Residential Buildings, 1940 年まで).
57. O-S, p. 369, Total Gross Capital Stock in 1965 Prices (含 Residential Buildings, 1954年より).
58. O-S, p. 392, Gainful Workers.
59. 日銀，p. 56, 総労働者数。
60. O-S, p. 392, Population.
61. LTES, 9, p. 186, 農業経常財投入額：1934〜36年農家庭先価格評価。
62. LTES, 9, p. 185, 農業経常財投入額：農業経常財庭先価格指数でデフレートした系列。
63. $\dot{a} = \dot{Y}_1 - \dot{Q} - \eta \dot{P} - \varepsilon \dot{E}$ より計算。
64. 第7章の第7-3表より。

ここで O-S は K. Ohkawa and M. Shinohara ed., *Patterns of Japanese Economic Develrpment*, 1979年。LTES は大川一司他『長期経済統計』各巻。Y-H は S. Yamada and Y. Hayami, "Growth Rates of Japanese Agriculture 1880-1965," Sep., 1972. 日銀は日本銀行統計局『明治以降本邦主要経済統計』日本銀行統計局，1966年7月を意味している。

これらのデータのうち，ここで実際に使用した内生変数，外生変数は次のものが選ばれている。

《内生変数》
Y_1=付表7の第2行，Y_2=付表7の第45行，K_1=付表7の第14行，K_2=付表7第17行，L_1=付表7の第9行，L_2=付表7の第13行，P=付表7の第18行，E=付表7の第38行。

《外生変数》
T_1=付表7の第46行，T_2=付表7の第47行，Q=付表7の第60行，B=付表7の第48行，L=付表7の第58行，K=付表7の第49行および第51行，a=付表7の第63行，m_w=付表7の第64行。

付表 8　8 外生変数の

(1) 農業生産量 (Y_1)

	Y_1	CY_1T_1	CY_1T_2	CY_1K	CY_1L	CY_1Q	CY_1B	CY_1a	CY_1N
1880~1890	3.4(100)	2.9(85)	-0.1(-3)	0.5(15)	0.1(3)	0.1(3)	0.1(3)	1.7(50)	-1.9(-56)
1890~1900	1.7(100)	1.1(65)	-0.1(-6)	0.5(29)	0.2(12)	0.1(6)	0.2(12)	-0.9(-53)	0.6(35)
1900~1910	2.2(100)	1.5(68)	-0.0(0)	0.5(23)	0.1(5)	0.1(5)	0.2(9)	-0.2(-9)	0(0)
1910~1920	3.2(100)	2.9(91)	0.0(0)	0.6(19)	0.2(6)	0.2(6)	0.2(6)	0.3(9)	-1.2(-38)
1920~1930	1.1(100)	0.8(73)	0.0(0)	0.4(36)	0.4(36)	0.3(27)	-0.0(0)	-1.5(-136)	0.7(64)
1930~1940	0.4(100)	0.2(50)	0.0(0)	0.4(100)	0.6(150)	0.2(50)	0.1(25)	0.5(125)	-1.6(-400)
1940~1950	-0.5	-1.0	—	—	0.1	0.2	-0.1	—	—
1950~1960	3.6(100)	3.2(89)	-0.2(-6)	0.5(14)	1.0(28)	0.3(8)	0.1(3)	-3.3(-92)	2.0(56)
1960~1970	2.1(100)	2.2(105)	-0.1(-5)	1.2(57)	0.5(24)	0.3(14)	-0.1(-5)	-3.1(-148)	1.2(57)

(2) 非農業生産量 (Y_2)

	Y_2	CY_2T_1	CY_2T_2	CY_2K	CY_2L	CY_2Q	CY_2B	CY_2a	CY_2N
1880~1890	3.7(100)	0.4(11)	1.9(51)	0.5(14)	0.5(14)	-0.2(-5)	0.0(0)	-4.7(-127)	5.3(143)
1890~1900	3.9(100)	0.2(5)	2.0(51)	2.0(23)	0.5(13)	-0.2(-5)	0.0(0)	2.1(54)	-1.6(41)
1900~1910	2.6(100)	0.3(12)	0.1(4)	1.5(58)	0.3(12)	-0.3(-12)	0.0(0)	0.3(12)	0.4(15)
1910~1920	4.0(100)	0.5(13)	-0.9(-2)	2.7(68)	0.4(10)	-0.2(-5)	0.0(0)	-0.4(-10)	1.9(48)
1920~1930	2.4(100)	0.1(4)	-0.5(-21)	1.7(71)	0.6(25)	-0.3(-13)	0.0(0)	1.5(63)	-0.7(-29)
1930~1940	5.7(100)	0.1(2)	2.0(35)	2.1(37)	0.8(14)	-0.1(-2)	0.0(0)	-0.3(-5)	1.1(19)
1940~1950	—	-0.1	—	—	0.1	—	—	—	—
1950~1960	9.2(100)	0.5(5)	4.2(46)	1.8(20)	1.8(20)	-0.2(-2)	0.0(0)	1.9(21)	-0.8(-9)
1960~1970	11.9(100)	0.2(2)	6.3(53)	1.6(30)	1.0(8)	-0.1(-1)	0.0(0)	0.9(8)	0.2(2)

(3) 農業資本ストック (K_1)

	K_1	CK_1T_1	CK_1T_2	CK_1K	CK_1L	CK_1Q	CK_1B	CK_1a	CK_1N
1880~1890	0.7(100)	-0.4(-57)	-0.1(-14)	2.2(314)	-0.1(-14)	0.2(29)	0.0(0)	4.2(600)	-5.3(-757)
1890~1900	1.0(100)	-0.2(-20)	-0.1(-10)	2.5(250)	-0.1(10)	0.2(20)	0.0(0)	-2.3(-230)	1.0(100)
1900~1910	1.7(100)	-0.4(-24)	-0.0(0)	3.4(200)	-0.1(-6)	0.4(24)	0.0(0)	-0.4(-24)	-1.2(-71)
1910~1920	0.9(100)	-1.0(-111)	0.0(0)	5.0(555)	-0.1(-11)	0.4(44)	0.0(0)	0.7(78)	-4.1(-456)
1920~1930	1.0(100)	-0.3(-30)	0.0(0)	4.0(400)	-0.2(-20)	0.6(60)	0.0(0)	-3.5(-350)	0.4(40)
1930~1940	0.7(100)	-0.1(-14)	0.0(0)	4.0(571)	-0.3(-43)	0.4(57)	0.0(0)	1.1(157)	-4.4(-629)
1940~1950	-1.4(100)	0.4(-29)	—	—	-0.0(0)	0.4(-29)	0.0(0)	—	—
1950~1960	4.6(100)	-1.6(-35)	-0.5(-11)	5.6(122)	-0.7(-15)	0.6(13)	0.0(0)	-5.8(-126)	7.0(152)
1960~1970	8.9(100)	-1.2(-14)	-0.2(-2)	10.4(117)	-0.4(-4)	0.5(6)	0.0(0)	-4.7(-53)	3.3(37)

(4) 非農業資本ストック (K_2)

	K_2	CK_2T_1	CK_2T_2	CK_2K	CK_2L	CK_2Q	CK_2B	CK_2a	CK_2N
1880~1890	3.3(100)	0.3(9)	0.1(3)	2.4(73)	0.1(3)	-0.1(-3)	0.0(0)	-3.1(-94)	3.6(109)
1890~1900	3.5(100)	0.1(3)	0.1(3)	2.7(77)	0.0(0)	-0.1(-3)	0.0(0)	1.4(40)	-0.7(-20)
1900~1910	4.5(100)	0.2(4)	0.0(0)	3.7(82)	0.0(0)	-0.2(-4)	0.0(0)	0.2(4)	0.6(13)
1910~1920	6.7(100)	0.3(4)	-0.0(0)	5.4(81)	0.0(0)	-0.1(-1)	0.0(0)	-0.2(-3)	1.3(19)
1920~1930	4.8(100)	0.0(0)	-0.0(0)	4.2(88)	0.0(0)	-0.1(-2)	0.0(0)	0.6(13)	0.1(2)
1930~1940	4.7(100)	0.0(0)	0.0(0)	4.2(89)	0.0(0)	-0.0(0)	0.0(0)	-0.1(-2)	0.6(13)
1940~1950	—	-0.0(—)	—	—	0.0(—)	-0.1(—)	0.0(—)	—	—
1950~1960	6.3(100)	0.2(3)	0.0(0)	6.2(98)	0.1(2)	-0.1(-2)	0.0(0)	0.6(10)	-0.7(-11)
1960~1970	11.5(100)	0.1(1)	0.0(0)	11.4(99)	0.0(0)	-0.0(0)	0.0(0)	0.4(3)	-0.3(-3)

付　録　291

8 内生変数への貢献度

(5) 農業労働者数 (L_1)

	L_1	CL_1T_1	CL_1T_2	CL_1K	CL_1L	CL_1Q	CL_1B	CL_1a	CL_1N
1880~1890	0.0(—)	-0.2(—)	-0.1(—)	-0.1(—)	0.5(—)	0.1(—)	0.0(—)	2.2(—)	-2.4(—)
1890~1900	0.1(100)	-0.1(-100)	-0.1(100)	-0.1(-100)	0.6(600)	0.1(100)	0.0(0)	-1.3(-130)	1.0(100)
1900~1910	0.0(—)	-0.2(—)	-0.0(—)	0.1(—)	0.4(—)	0.2(—)	0.0(—)	-0.2(—)	-0.3(—)
1910~1920	-1.2(100)	-0.6(50)	0.0(0)	-0.2(17)	0.5(-42)	0.2(-17)	0.0(0)	0.4(-33)	-1.5(125)
1920~1930	0.0(0)	-0.2(—)	0.0(—)	-0.1(—)	0.8(—)	0.4(—)	0.0(—)	-2.1(—)	1.2(—)
1930~1940	-0.3(100)	-0.1(33)	0.0(0)	-0.1(33)	1.3(-433)	0.2(-67)	0.0(0)	0.7(-233)	-2.3(767)
1940~1950	1.7(100)	0.3(18)	—	—	0.2(12)	0.2(12)	0.0(0)	—	—
1950~1960	-1.7(100)	-1.1(65)	-0.3(18)	-0.3(18)	1.7(-100)	0.4(-24)	0.0(0)	-4.0(235)	-1.9(112)
1960~1970	-3.6(100)	-1.0(28)	-0.2(6)	-0.7(19)	1.0(-28)	0.4(-11)	0.0(0)	-3.9(108)	-0.2(6)

(6) 非農業労働者数 (L_2)

	L_2	CL_2T_1	CL_2T_2	CL_2K	CL_2L	CL_2Q	CL_2B	CL_2a	CL_2N
1880~1890	1.7(100)	0.5(29)	0.2(12)	0.1(6)	0.6(35)	-0.2(-12)	0.0(0)	-5.1(-300)	5.6(329)
1890~1900	1.4(100)	0.2(14)	0.1(7)	0.1(7)	0.7(50)	-0.2(-14)	0.0(0)	2.4(171)	-1.9(-136)
1900~1910	1.3(100)	0.4(31)	0.0(0)	0.2(15)	0.5(38)	-0.3(-23)	0.0(0)	0.4(31)	0.1(8)
1910~1920	3.2(100)	0.7(22)	-0.0(0)	0.2(6)	0.7(22)	-0.3(-9)	0.0(0)	-0.5(-16)	2.4(75)
1920~1930	1.7(100)	0.2(12)	-0.0(0)	0.1(6)	1.0(59)	-0.3(-18)	0.0(0)	2.0(118)	-1.3(-76)
1930~1940	2.8(100)	0.1(4)	-0.0(0)	0.1(4)	1.7(61)	-0.2(-7)	0.0(0)	-0.5(-18)	1.6(57)
1940~1950	-1.0(100)	-0.2(20)	—	—	0.2(-200)	-0.2(200)	0.0(0)	—	—
1950~1960	4.7(100)	0.6(13)	0.2(4)	0.2(4)	2.5(53)	-0.2(-4)	0.0(0)	2.4(51)	1.0(21)
1960~1970	2.9(100)	0.3(10)	0.1(3)	0.2(7)	1.4(48)	-0.1(-3)	0.0(0)	1.2(41)	0.1(3)

(7) 相対価格（農業／非農業）(P)

	P	CPT_1	CPT_2	CPK	CPL	CPQ	CPB	CPa	CPN
1880~1890	6.3(100)	-3.2(51)	1.7(27)	0.2(3)	0.1(2)	0.0(0)	-0.2(-3)	0.8(12)	6.9(110)
1890~1900	-1.9(100)	-1.4(74)	1.9(-100)	0.5(-26)	0.1(-5)	0.1(-5)	-0.2(11)	-0.6(32)	-2.3(121)
1900~1910	-0.8(100)	-1.9(238)	0.1(-13)	0.9(-113)	0.0(0)	0.1(-13)	-0.5(63)	-0.1(13)	0.6(-75)
1910~1920	0.7(100)	-3.9(-557)	-0.9(-129)	1.8(257)	-0.1(-14)	0.1(14)	-0.3(-43)	0.2(29)	3.0(543)
1920~1930	-3.3(100)	-1.1(33)	-0.5(15)	1.1(-3.3)	-0.0(0)	0.2(-6)	0.0(0)	-1.0(30)	-2.0(61)
1930~1940	7.2(100)	-0.4(-6)	2.0(28)	1.5(21)	-0.2(-3)	0.1(1)	-0.1(-1)	0.4(6)	3.9(54)
1940~1950	—	1.4(—)	—	—	-0.0(—)	0.1(—)	0.2(—)	—	—
1950~1960	-1.5(100)	-4.4(239)	4.0(-267)	0.9(-60)	0.0(0)	0.1(-7)	-0.2(13)	-1.2(80)	-0.7(47)
1960~1970	2.1(100)	-0.4(17)	6.2(295)	1.5(71)	0.0(0)	0.1(5)	0.2(10)	-1.1(-52)	-4.7(-224)

(8) 1人当たり所得 (E)

	E	CET_1	CET_2	CEK	CEL	CEQ	CEB	CEa	CEN
1880~1890	2.7(100)	1.3(48)	1.2(44)	0.4(15)	0.4(15)	-1.0(-37)	0.1(4)	-2.4(-89)	2.7(100)
1890~1900	2.2(100)	0.5(23)	1.3(59)	0.7(32)	0.4(18)	-1.1(-50)	0.1(5)	1.1(50)	-0.8(-36)
1900~1910	1.3(100)	0.6(46)	0.1(8)	1.2(92)	0.3(23)	-1.4(-108)	0.1(8)	0.2(15)	0.2(15)
1910~1920	2.6(100)	1.1(42)	-0.7(-27)	2.2(85)	0.4(15)	-1.3(-50)	0.1(4)	-0.2(-8)	1.0(38)
1920~1930	0.5(100)	0.3(60)	-0.4(-80)	1.4(280)	0.6(120)	-1.7(-340)	-0.0(0)	0.8(160)	-0.5(-100)
1930~1940	3.9(100)	0.1(3)	1.7(44)	1.9(49)	0.8(21)	-1.2(-31)	0.0(0)	-0.2(-5)	0.8(21)
1940~1950	—	-0.2(—)	—	—	0.1(—)	-0.0(—)	0.0(—)	—	—
1950~1960	7.1(100)	0.9(13)	3.5(49)	1.6(23)	1.7(24)	-1.3(18)	0.0(0)	1.0(14)	-0.3(-4)
1960~1970	10.0(100)	0.4(4)	5.9(59)	3.5(35)	0.9(9)	-1.2(120)	-0.0(0)	0.7(7)	0.2(2)

付表9　内生変数および外生変数の対前年成長率，および各10年間の平均成長率

	内　生　変　数								外　生　変　数				
	Y_1	Y_2	K_1	K_2	L_1	L_2	P	E	Q	B	F	L	K
1880～1881	-4.3	—	1.2	—	0.0	1.0	—	—	0.8	0.1	4.7	0.3	—
～1882	3.1	—	0.2	—	-0.0	0.4	—	—	0.8	0.2	1.1	0.1	—
～1883	-0.4	—	0.6	—	0.0	1.7	—	—	0.8	0.5	0.0	0.5	—
～1884	-3.8	—	-1.1	—	0.0	2.1	—	—	1.1	0.1	4.4	0.6	—
～1885	11.2	—	1.3	—	-0.0	1.7	—	—	0.9	0.2	-5.3	0.4	—
～1886	7.0	6.1	1.1	5.7	-0.0	0.9	-0.5	5.7	0.6	0.3	1.1	0.2	3.8
～1887	4.8	6.8	0.1	1.8	0.0	1.0	-4.9	5.6	0.4	0.5	0.0	0.3	1.1
～1888	-3.1	6.8	0.1	5.5	0.0	2.3	-10.0	2.1	0.8	0.5	1.1	0.7	3.3
～1889	-11.2	14.2	1.2	2.1	0.0	2.8	19.5	4.0	1.1	0.2	0.0	0.9	1.7
～1890	20.3	-12.7	1.5	1.4	0.1	2.2	27.8	-4.0	1.1	0.4	1.0	0.8	1.5
平　均	2.4	4.3	0.7	3.3	0.0	1.7	6.3	2.7	0.9	0.4	0.8	0.5	2.3
1890～1891	-6.1	19.7	1.1	0.9	0.1	1.6	17.2	9.3	0.8	0.4	5.4	0.6	1.0
～1892	4.8	-4.6	1.7	2.6	0.0	1.8	3.2	-2.3	0.6	0.3	3.0	0.6	2.3
～1893	-5.9	11.8	0.9	1.4	-0.0	1.9	5.2	4.9	0.9	0.2	3.0	0.5	1.2
～1894	11.5	1.3	0.2	4.0	0.0	1.5	9.5	3.6	0.7	0.5	1.9	0.5	2.5
～1895	-1.3	9.8	1.9	3.4	0.1	1.3	-11.3	5.2	1.0	0.6	-0.9	0.5	2.8
～1896	-8.6	3.2	1.8	5.4	0.3	0.7	-1.5	-1.2	1.0	0.4	2.8	0.5	4.1
～1897	-4.3	-1.4	1.0	6.3	-0.0	1.9	-1.5	-3.1	1.0	0.6	2.8	0.6	4.3
～1898	29.1	-3.9	1.2	3.5	0.2	1.0	18.1	3.5	1.1	0.6	0.9	0.5	2.7
～1899	-10.7	14.1	-0.2	3.3	0.3	0.7	-22.7	4.7	1.2	1.0	3.6	0.4	2.1
～1900	5.9	-4.8	0.0	3.9	0.1	1.3	-0.7	-2.9	1.0	0.4	5.2	0.5	2.6
平　均	1.4	4.5	1.0	3.5	0.1	1.4	-1.9	2.2	1.0	0.6	2.8	0.6	2.6
1900～1901	8.7	1.6	1.0	3.1	-0.0	1.5	-8.2	2.4	1.2	0.4	6.6	0.4	2.4
～1902	-16.5	5.6	1.1	3.1	0.2	1.0	9.3	-2.5	1.3	0.3	3.8	0.5	2.4
～1903	18.2	-5.2	1.5	2.9	-0.1	1.8	11.0	-0.3	1.3	0.0	5.9	0.5	2.5
～1904	8.5	10.9	-0.0	3.4	0.0	1.4	-11.0	8.7	1.3	0.7	-5.6	0.5	2.3
～1905	-18.1	-0.6	2.0	4.4	-0.1	1.1	-6.3	-6.9	1.0	0.3	2.9	0.3	3.7
～1906	16.2	-3.9	3.4	4.5	1.5	-1.8	3.9	0.4	0.8	0.3	3.6	0.3	4.2
～1907	6.9	4.6	2.9	5.5	-0.3	2.0	5.1	4.4	0.8	1.5	13.9	0.5	4.7
～1908	3.4	1.0	0.8	6.1	-0.3	1.9	-7.0	0.6	1.1	0.7	7.9	0.5	4.6
～1909	0.6	4.6	2.2	5.5	-0.8	2.3	-12.3	2.1	1.1	1.7	13.0	0.3	4.5
～1910	-6.2	10.6	1.9	5.5	-0.3	1.4	7.5	4.1	1.2	0.8	0.5	0.3	4.4
平　均	2.2	2.9	1.7	4.5	-0.0	1.3	-0.8	1.3	1.2	0.7	5.3	0.4	3.6
1910～1911	9.5	0.1	1.0	6.7	0.7	0.1	17.2	1.3	1.3	0.9	12.5	0.4	5.1
～1912	-0.3	-4.4	1.0	6.6	-0.0	1.7	6.4	-4.6	1.3	0.9	-0.8	0.6	5.1
～1913	1.8	2.9	1.0	5.8	-0.1	2.1	-4.5	1.1	1.4	0.4	13.0	0.7	4.6
～1914	8.6	-1.8	0.6	4.9	-0.1	1.9	-31.2	-0.2	1.4	0.4	-3.9	0.6	3.8
～1915	0.1	9.3	1.0	3.7	-4.9	9.3	-5.7	4.9	1.3	0.7	-3.3	0.6	3.0
～1916	5.6	8.1	1.3	4.8	-1.3	3.6	1.9	5.9	1.3	0.8	2.9	0.8	4.0
～1917	-4.0	12.5	1.0	7.3	0.4	1.4	13.3	6.3	1.2	0.8	8.7	0.8	5.9
～1918	-0.9	11.0	0.7	8.6	-6.0	8.8	26.0	6.7	1.1	1.0	7.6	0.5	6.9
～1919	9.0	3.9	0.7	8.9	0.4	0.1	17.5	4.4	0.6	0.5	18.0	0.2	7.2
～1920	1.6	-0.1	0.4	9.0	-1.2	2.4	-33.6	-0.3	0.5	0.4	-9.3	0.5	7.4
平　均	3.1	4.2	0.9	6.7	-1.2	3.2	0.7	2.6	1.2	0.7	4.5	0.6	5.3
1920～1921	-8.4	6.1	0.8	6.6	0.7	1.3	12.5	-0.4	2.9	0.0	0.0	1.0	5.5
～1922	5.4	0.2	0.4	5.6	-0.6	2.3	-20.3	0.1	1.2	0.1	1.6	0.8	4.7
～1923	-6.2	-3.0	1.2	4.2	-3.4	5.2	16.8	-5.0	1.2	-0.7	12.0	0.8	3.7
～1924	2.8	2.8	0.6	4.0	1.5	-1.3	9.4	1.5	1.3	-0.6	2.3	0.0	3.4
～1925	8.0	5.1	1.1	4.4	-0.9	2.5	1.9	4.2	1.4	-0.2	2.8	0.8	3.9
～1926	-5.0	2.5	0.8	5.3	-0.3	2.5	-9.4	-0.8	1.6	-0.0	12.9	1.1	4.6
～1927	8.3	4.5	1.3	5.2	0.5	-0.1	-13.6	3.8	1.5	0.1	1.2	0.1	4.6
～1928	-1.4	5.5	1.3	4.8	1.0	1.3	1.9	2.4	1.5	0.2	3.3	1.2	4.3
～1929	0.9	0.3	1.1	4.2	1.4	0.9	2.3	-0.8	1.3	0.1	7.2	1.1	3.8
～1930	8.4	0.0	1.4	3.3	0.3	2.6	-34.4	0.2	1.5	0.5	-6.3	1.5	3.1
平　均	1.3	2.5	1.0	4.8	0.0	1.7	-3.3	0.5	1.6	-0.1	3.7	0.9	4.2
1930～1931	-12.1	3.8	1.1	3.1	0.7	1.3	8.2	-1.3	1.5	0.6	9.3	1.0	2.9
～1932	5.7	2.9	0.7	3.3	1.6	0.3	19.8	1.9	1.4	0.6	-8.9	0.9	3.0
～1933	13.9	7.4	0.5	4.1	-1.1	3.0	1.4	7.1	1.5	0.6	-2.1	1.0	3.7
～1934	-17.7	15.7	0.2	4.4	-1.2	2.7	10.9	7.2	1.3	0.2	10.9	0.9	3.9

付　　録　293

~1935	6.1	5.9	0.5	4.6	-1.8	3.8	9.7	4.5	1.3	0.2	2.3	1.2	4.2
~1936	10.8	1.0	0.8	5.3	0.1	2.1	1.5	1.3	1.2	0.4	14.7	1.2	4.8
~1937	1.2	4.4	-0.2	5.3	-1.6	1.7	-3.8	3.1	0.7	0.1	-3.6	0.2	4.7
~1938	-3.1	7.5	0.5	4.6	-1.3	1.8	-1.5	5.1	0.5	-0.2	9.5	0.5	4.1
~1939	7.3	7.4	1.6	6.1	-0.8	2.4	28.9	6.8	0.5	-0.0	0.0	1.0	5.7
~1940	-7.3	6.1	1.1	5.5	2.7	8.4	-3.4	3.2	0.7	-0.0	-10.9	6.1	5.1
平　均	0.5	6.3	0.7	4.7	-0.3	2.8	7.2	3.9	1.1	0.3	2.1	1.5	4.2
1940~1941	-11.9	—	-2.4	—	0.5	—	—	—	—	-0.3	-5.4	—	—
~1942	8.2	—	-2.0	—	-2.4	—	—	—	—	-0.3	-5.7	—	—
~1943	-5.5	—	-3.8	—	-0.8	—	—	—	—	-0.5	-19.2	—	—
~1944	-7.5	—	-5.7	—	1.1	—	—	—	—	-1.2	-23.0	—	—
~1945	-7.7	—	-6.0	—	3.3	—	—	—	—	-3.7	-53.8	—	—
~1946	3.9	—	-3.1	—	4.4	—	—	—	—	0.4	13.7	—	—
~1947	-2.6	—	1.5	—	4.3	—	—	—	—	0.4	97.3	—	—
~1948	13.8	—	2.6	—	5.5	—	—	—	—	0.3	26.5	—	—
~1949	-7.2	—	3.5	—	5.8	—	—	—	—	0.3	38.7	—	—
~1950	13.7	—	1.7	—	-4.6	—	—	—	—	0.3	12.0	—	—
平　均	-0.3	—	-1.4	—	1.7	—	—	—	—	-0.4	8.1	—	—
1950~1951	-2.1	-2.1	3.8	—	-4.7	5.9	—	—	1.6	0.3	6.2	1.2	—
~1952	13.9	—	1.5	—	2.1	3.8	—	—	1.4	0.2	-2.6	3.1	—
~1953	-12.9	8.9	4.5	—	-0.7	0.1	13.4	4.1	1.3	0.1	43.1	5.6	—
~1954	8.3	5.8	3.6	—	-1.0	3.3	-4.6	4.6	1.4	0.5	7.7	1.6	—
~1955	27.1	6.4	5.1	—	0.8	4.9	-6.7	7.8	1.1	0.7	7.9	3.4	4.1
~1956	-4.9	10.3	-4.1	—	-2.5	4.2	-7.0	7.0	1.0	0.5	6.6	1.7	4.7
~1957	4.8	8.3	13.1	—	-2.0	4.5	-3.2	7.0	0.8	0.5	4.5	2.2	6.1
~1958	2.5	5.8	4.9	—	-4.5	3.1	0.3	4.4	0.9	0.3	1.6	0.5	6.5
~1959	6.1	9.6	5.4	—	-1.7	2.3	-2.8	8.1	0.9	0.1	12.6	1.0	6.8
~1960	3.7	15.5	7.5	—	-2.9	3.8	-1.2	13.1	0.8	0.0	4.0	1.7	8.2
平　均	4.7	8.9	4.6	6.3	-1.7	4.7	-1.5	7.1	1.2	0.4	10.2	2.2	6.1
1960~1961	0.8	17.4	7.8	—	-2.6	2.7	2.2	14.5	0.9	0.2	4.6	1.1	10.0
~1962	5.1	6.5	9.2	—	-2.3	2.5	6.8	5.3	0.9	-0.0	10.8	1.1	11.5
~1963	-1.7	11.8	16.1	—	-5.3	3.1	1.9	9.4	1.0	-0.3	7.8	0.8	10.9
~1964	5.0	14.4	12.9	—	-3.6	2.9	2.1	12.4	1.0	-0.3	13.1	1.2	11.7
~1965	1.3	5.2	1.4	—	-3.7	3.4	3.1	3.8	1.1	-0.6	5.6	1.6	10.3
~1966	3.7	10.3	5.4	—	-3.2	3.8	5.1	9.0	0.7	-0.1	15.0	2.1	10.0
~1967	9.0	13.8	16.3	—	-2.5	3.1	2.2	12.1	1.1	-0.9	8.9	1.8	10.7
~1968	3.1	15.2	11.6	—	-2.4	2.6	-1.1	13.1	1.1	-0.7	9.1	1.5	11.8
~1969	-1.4	12.7	2.8	—	-3.3	1.7	3.7	10.5	1.1	-0.7	19.4	0.7	12.2
~1970	-2.2	11.1	5.4	—	-6.1	2.8	-4.8	9.1	1.1	-0.9	5.3	1.0	13.3
平　均	2.3	11.9	8.9	11.5	-3.6	2.9	2.1	10.0	1.1	-0.5	9.2	1.3	11.3

参考文献

欧文

[1]　I. Adelman, "An Economic Analysis of Population Growth," *American Economic Review* 53 (March 1963) pp. 314-39.
[2]　――――, and C. T. Morris, "A Quantitative Study of Social and Political Determinants of Fertility," *Economic Development and Cultural Change* 14 (January 1966) pp. 129-57.
[3]　K. J. Arrow, "The Economic Implications of Learning by Doing," *Review of Economic Studies* 29 (June 1962) pp. 155-73.
[4]　G. S. Becker, "An Economic Analysis of Fertility," in *Demographic and Economic Change in Developed Countries*, University National Bureau Conference Series 11, Princeton, Princeton Press, 1960.
[5]　――――, "A Theory of the Allocation of Time," *Economic Journal*, 75 (September 1965) pp. 493-517.
[6]　Y. Ben-Porath, "Economic Analysis of Fertility in Israel : Point and Counter Point," *Journal of Political Economy* 81 Supp. (March / April 1973) pp. 202-33.
[7]　W. H. Beveridge, "Population and Unemployment," *Economic Journal* 33 (December 1923) pp. 447-75.
[8]　C. P. Blacker, "Stages in Population Growth," *Eugenic Review* 39 (October 1947) pp. 88-102.
[9]　J. Blake, "Are Babies Consumer Durables ? A Critique of the Economic Theory of Reproductive Motivation," *Population Studies* 22 (March 1968) pp. 5-25.
[10]　J. H. Boeke, *Economics and Economic Policy of Dual Societies*, New York, Institute of Pacific Relations, 1953.
[11]　E. Boserup, *The Conditions of Agricultural Growth : The Economics of Agrarian Change under Population Pressure*, Chicago, Aldine Publishing Co., 1965 (安沢秀一＝安沢みね訳『農業成長の諸条件』ミネルヴァ書房, 1975年).
[12]　W. P. Butz and M. P. Ward, "The Emergence of Countercyclical U. S. Fertility," *American Economic Review* 69 (June 1979) pp. 318-28.
[13]　E. Cannan, *Elementary Political Economy*, London, 1888.
[14]　L. R. Christensen and D. W. Jorgenson, "U. S. Real Product and Real Factor Input, 1929-1967," *Review of Income and Wealth* 16 (March 1970) pp. 39-47.
[15]　C. Clark, *The Conditions of Economic Progress*, 2nd edition, London, Macmillan Press, 1951 (1940 for 1st edition)（大川一司＝小原敬士＝高橋長太郎＝山田雄三訳編『経済進歩の諸条件』勁草書房, 1953年).
[16]　――――, *Population Growth and Land Use*, London, Macmillan Press, 1967 (馬場啓

之助監修・杉崎真一訳『人口増加と土地利用』大明堂, 1969年).
[17] A. J. Coale, "Factors Associated with the Development of Low Fertility : A Historic Summary," in United Nations, *Proceedings of the World Population Conference*, 1965, held in Belgrade, Vol. II, 1967, pp. 205-9.
[18] ―――― ed., *Economic Factors in Population Growth*, London and Basingstroke, Macmillan Press, 1976 を参照。
[19] ―――― and E. M. Hoover, *Population Growth and Economic Development in Low-Income Countries : A Case Study of India's Prospects*, Princeton, Princeton University Press, 1958.
[20] D. G. Dalrymple, *Technological Change in Agriculture : Effects and Implications for the Developing Nations*, Foreign Agricultural Service, U. S. Department of Agriculture, Agency for International Development, 1969.
[21] K. Davis and J. Blake, "Social Structure and Fertility : An Analytic Framework," *Economic Development and Cultural Change* 4 (April 1956) pp. 211-35.
[22] E. F. Denison, *The Source of Economic Growth in the United States and the Alternatives before Us*, New York, Committee for Economic Development, 1962.
[23] F. T. Denton and B. G. Spencer, *Population and the Economy*, England, Saxon House, 1975.
[24] D. N. De Tray, "Child Quality and the Demand for Children," *Journal of Political Economy*, 81, Part II (March / April 1973) pp. 70-95.
[25] A. Dixit, "Growth patterns in a Dual Economy," *Oxford Economic Paper* 22 (July 1970) pp. 229-34.
[26] J. S. Duesenberry, "Comment," in *Demographic and Economic Change in Developed Countries*, University National Bureau Conference Series 11, Princeton, Princeton University Press, 1960.
[27] R. A. Easterlin, "American Baby Boom in Historical Perspective," *American Economic Review* 51 (December 1961) pp. 869-911.
[28] ――――, "Economic-Demographic Interactions and Long Swings in Economic Growth," *American Economic Review* 56 (December 1966) pp. 1063-104.
[29] ――――, "Towards a Socioeconomic Theory of Fertility : Survey of Recent Research on Economic Factors in American Fertility," in S. J. Behrman et al., ed., *Fertility and Family Plannning : A World View*, Ann Arbor, 1969.
[30] ――――, "Relative Economic Status and the American Fertility Swing," in E. B. Sheldon, ed., *Family Economic Behavior : Problems and prospects*, Philadelphia, 1973.
[31] ――――, "The Conflict between Aspirations and Resources," *Population and Development Review*, 2 (September / December 1976) pp. 417-25.
[32] ――――, "The Economics and Sociology of Fertility : A Synthesis," in C. Tilly, ed., *Historical Studies of Changing Fertility*, Princeton, N. J., 1978.
[33] ―――― et al., "Toward a More General Economic Model of Fertility Determination : Endogenous Preferences and Natural Fertility," in R. A. Easterlin, ed., *Population and Economic Change in Developing Countries*, Chicago, 1980.

[34] ────── and E. Crimmins, *The Fertility Revolution: A Supply-Demand Analysis*, Chicago, 1985.
[35] J. Fei and G. Ranis, *Development of the Labor Surplus Economy: Theory and Policy*, Homewood, Ill., Irwin, 1964.
[36] S. Friedlander and M. Silver, "A Quantitative Study of the Determinants of Fertility Behaviour," *Demography* 4, No. 1 (1967) pp. 30-70.
[37] P. R. Gregory, J. M. Campbell and B. S. Cheng, "A Simultaneous Equation Model of Birth Rates in the United States," *Review of Economics and Statistics* 54 (November 1972) pp. 374-80.
[38] D. Grigg, *Population Growth and Agrarian Change: An Historical Perspective*, Cambridge, Cambridge University Press, 1980.
[39] Z. Grillches, "Research Expenditures, Education, and the Aggregate Agricultural Production Function," *American Economic Review* 54 (December 1964) pp. 961-74.
[40] P. Guillaumont, "The Optimal Rate of Population Growth," in A. J. Coale, ed., *Economic Factors in Population Growth*, London and Basingstroke, Macmillan Press, 1976.
[41] A. H. Hansen, *Fiscal Policy and Business Cycles*, New York, Norton, 1941 (都留重人訳『財政政策と景気循環』日本評論社, 1950年).
[42] J. Harris and M. P. Todaro, "Migration, Unemployment and Development: A Two Sector Analysis," *American Economic Review* 60 (March 1970) pp. 126-42.
[43] M. Hashimoto, "Economics of Postwar Fertility in Japan: Differentials and Trends," *Journal of Political Economy* 82 (March / April 1974) pp. 170-94.
[44] Y. Hayami and V. W. Ruttan, *Agricultural Development: An International Perspective*, Baltimore, Johns Hopkins Press, 1971, 1985 (Revised edition).
[45] T. Hazledine and R. S. Moreland, "Population and Economic Growth: A World Cross-Section Study," *Review of Economics and Statistics* 59, No. 3 (August 1977) pp. 253-63.
[46] J. Hicks, *The Social Framework*, third edition, Oxford, Oxford University Press, 1960 (酒井正三郎訳『経済の社会的構造』同文舘, 1961年).
[47] ──────, "Comment," in A. J. Coale, ed., *Economic Factors in Population Growth*, London and Basingstroke, Macmillan Press, 1976.
[48] B. Higgins, "The Dualistic Theory of Underdeveloped Areas," *Economic Development and Cultural Change* 4 (January 1956) pp. 99-108.
[49] S. Ishikawa, *Economic Development in Asian Perspective*, Tokyo, Kinokuniya, 1967.
[50] H. G. Johnson, "Factor Market Distortions and the Share of the Transformation Curve," *Econometrica* 34 (July 1966) pp. 686-98.
[51] B. F. Johnston, "Agricultural Productivity and Economic Development in Japan," *Journal of Political Economy* 59 (December 1951) pp. 498-513.
[52] J. Johnston, *Econometric Method*, 2nd Edition, McGraw-Hill, Kogakusha, Tokyo, 1972.
[53] D. W. Jorgenson, "The Development of a Dual Economy," *Economic Journal* 71 (June 1961) pp. 309-34.
[54] C. H. C. Kao, K. R. Anschel and C. K. Eicher, "Disguised Unemployment in Agriculture:

A Survey," in C. Eicher and L. Witt, ed., *Agriculture in Economic Development*, McGrow-Hill, New York, 1964.
[55] A. C. Kelley and J. G. Williamson, "Writing History Backwards : Meiji Japan Revised," *Journal of Economic History* 31 (December 1971) pp. 729-76.
[56] ―――, "Modelling Economic Development and General Equilibrium Histories," *American Economic Review* 63 (May 1973) pp. 450-58.
[57] ―――, *Lessons from Japanese Development*, Chicago, University of Chicago Press, 1974.
[58] ――― and R. J. Cheetham, "Biased Technological Progress and Labor Force Growth in a Dualistic Economy," *Quarterly Journal of Economics* 86 (August 1972) pp. 426-47.
[59] ――― and R. J. ―――, *Dualistic Economic Development : Theory and History*, Chicago, University of Chicago Press, 1972.
[60] J. W. Kendrick, *Productivity Trends in the United States*, National Bureau of Economic Research, New York, Princeton University Press, 1961.
[61] J. Keynes, *The Economic Consequences of the Peace*, 1971 (1st ed., 1919) in *The Collected Writings of John Maynard Keynes*, Vol. II, London, Macmillan Press Ltd., 1971 (早坂忠訳『ケインズ全集第2巻, 平和の経済的帰結』東洋経済新報社, 1977年).
[62] D. Kirk, "The Influence of Business Cycles on Marriage and Birth Rates," in *Demographic and Economic Change in Developed Countries*, University National Bureau Conference Series 11, Princeton, University Press, 1960.
[63] L. R. Klein, "A Model of Japanese Economic Growth, 1878-1937," *Econometrica* 29, No. 3 (July 1961) pp. 277-92.
[64] ――― and Y. Shinkai, "An Econometric Model of Japan, 1930-59," *International Economic Review* 4 (January 1963) pp. 1-28.
[65] S. Kuznets, "Population Change and Aggregate Output," in *Demographic and Economic Change in Developed Countries*, University National Bureau Conference Series 11, Princeton, Priceton University Press, 1960.
[66] T. H. Lee, *Intersectoral Capital Flows in the Economic Development of Taiwan*, 1895-1960, Ph. D. dissertation, Cornell University, University Microfilms, Ann Arbor, 1968.
[67] H. Leibenstein, *Economic Backwardness and Economic Growth*, New York, Wiley, 1957.
[68] ―――, "An Interpretation of the Economic Theory of Fertility : Promising Path or Blind Alley ?" *Journal of Economic Literature* 12 (June 1974) pp. 457-79.
[69] ―――, "The Economic Theory of Fertility Decline," *Quarterly Journal of Economics* 89 (Febryary 1975) pp. 1-31.
[70] A. W. Lewis, "Economic Development with Unlimited Supplies of Labor," *Manchester School of Economics and Social Studies* 20 (May 1954).
[71] R. Malthus, *An Essay on the Principle of Population, as it Affects the Future Improvement of Society, with Remarks on the Speculations of Mr. Godwin, M. Condorcet, and Other Writers*, London, 1798 (高野岩三郎=大内兵衛訳『初版人口の原理』岩波文

庫, 1936年, あるいは永井義雄訳『人口論』第6版, 中公文庫, 1973年).
[72] E. Mansfield, *The Economics of Technological Change*, New York, W. W. Norton & Company Inc., 1968.
[73] J. E. Meade, *Trade and Welfare*, London, Oxford Univ. Press, 1955.
[74] G. Meier, ed., *Leading Issues in Economic Development*, third edition, New York, Oxford University Press, 1976.
[75] R. T. Michael, "Education and the Derived Demand for Children," *Journal of Political Economy*, 81, Part II (March / April 1973) pp. 279-88.
[76] J. S. Mill, *Principles of Political Economy*, London, Longman, Green and Co., 1848.
[77] C. A. Mosk, *Patriarchy and Fertility: Japan and Sweden, 1880-1960*, New York, 1983.
[78] N. K. Namboodri, "Some Observations on the Economic Framework for Fertility Analysis," *Population Studies* 26 (July 1972) pp. 182-206.
[79] R. R. Nelson, "A Theory of the Low-level Equilibrium Trap in Underdeveloped Economies," *American Economic Review* 46 (December 1956) pp. 894-908.
[80] F. W. Notestein, "The Population of the World in the year 2000," *Journal of the American Statistical Association* 45 (1950) pp. 335-49.
[81] N. Ogawa, "Population and Development: Lessons From the Japanese Meiji Experience Revisited," *Jinkougaku Kenkyu (Journal of Population Studies)* 5 (May 1982) pp. 35-42.
[82] ―― and A. Mason, "An Economic Analysis of Recent Fertility in Japan: An Application of the Butz-Ward Model," *Jinkougaku Kenkyu (Journal of Population Studies)* 9 (May 1986) pp. 5-15.
[83] ―― and D. Suits, "Lessons on Population and Economic Change from the Japanese Meiji Experience," *Developing Economies* 20 (June 1982).
[84] K. Ohkawa, *Differential Structure and Agriculture: Essays on Dualistic Growth*, Tokyo, Kinokuniya, 1972.
[85] ―― and others, *The Growth Rate of Japanese Economy since 1878*, Tokyo, Kinokuniya, 1957.
[86] ―― and H. Rosovsky, "The Role of Agriculture in Modern Japanese *Economic Development*," *Economic Development and Cultural Change* 9 Part 2 (October 1960) pp. 43-68.
[87] ―― and H. Rosovsky, *Japanese Economic Growth: Trend Acceleration in the Twentieth Century*, California, Stanford University Press, 1973.
[88] ―― and M. Shinohara, ed., *Patterns of Japanese Economic Development: A Quantitative Appraisal*, New Haven and London, Yale University Press, 1979.
[89] G. Ohlin, "Economic Theory Confronts Population Growth," in A. J. Coale, ed., *Economic Factors in Population Growth*, London and Basingstroke, Macmillan Press, 1976.
[90] B. Okun, *Trend in Birth Rates in the United States Since 1870*, Baltimore, 1958.
[91] J. Overbeek, *History of Population Theories*, Netherlands, Rotterdam University Press, 1974.

[92] W. Petersen, *Population*, 2nd edition, London, Macmillan, 1969.
[93] M. Perlman, "Some Economic Growth Problems and the Part Population Plays," *Quarterly Journal of Economics* 89 (May 1975) pp. 247-56.
[94] G. Rains, "The Financing of Japanese Economic Development," *Economic History Review* 113 (April 1959) pp. 440-54.
[95] ──── and J. Fei, "A Theory of Economic Development," *American Economic Review* 51 (September 1961) pp. 533-65.
[96] W. Rostow, *The Stages of Economic Growth : A Non-Communist Manifesto*, Cambridge, Cambridge University Press, 1960 (木村健康=村上泰亮=久保まち子訳『経済発展の諸段階』ダイヤモンド社, 1961年).
[97] V. W. Ruttan, "Growth Stage Theories and Agricultual Development Policy," *Australian Journal of Agricultural Economics* 9 (June 1965) pp. 17-32.
[98] ────, "Considerations in the Design of a Strategy for Increasing Rice Production in South East Asia," Paper Prepared for Presentation at the Pacific Science Congress Session on Modernization of Rural Areas, Tokyo, August 27, 1966.
[99] ────, *Growth Stage Theories, Dual Economy Models and Agricultural Development Policy*, Department of Agricultual Economics, University of Guelph, Pub. No. AE 1968 / 2.
[100] ────, "Two Sector Models and Development policy," in C. Wharton, ed., *Subsistence Agriculture and Economic Development*, Chicago, Aldine Publishing Company, 1969, pp. 353-60.
[101] W. C. Sanderson, "On Two Schools of the Economics of Fertility," *Population and Development Review* 2 (September / December 1976) pp. 469-77.
[102] A. Sauvy, The Optimal Change of a Population, in A. J. Coale, ed., *Economic Factors in Population Growth*, London and Bashingstroke, Macmillan Press, 1976.
[103] J. Schmookler, "The Changing Efficiency of the American Economy : 1869-1938," *Review of Economics and Statistics* 34 (August 1952) pp. 214-31.
[104] T. Paul Schulz, "A Micro-economic Model of Choice," in A. J. Coale, ed., *Economic Factors in Population Growth*, London and Basingstroke, Macmillan Press, 1976.
[105] T. W. Schulz, *The Economic Organization of Agriculture*, New York, McGrow-Hill, 1953.
[106] A. K. Sen, "Peasants and Dualism with or without Surplus Labor," *Journal of Political Economy* 74 (October 1966) pp. 425-50.
[107] M. Silver, "Birth, Marriages, and Business Cycles in the United States," *Journal of Political Economy* 73 (June 1965) pp. 237-55.
[108] G. B. Simmons, "Theories of Fertility" in G. M. Farooq and G. B. Simmons, ed., *Fertility in Developing Countries : An Economic Perspective on Research and Policy Issues*, London, 1985.
[109] J. L. Simon, *The Economics of Population Growth*, Princeton, Princeton University Press, 1977.
[110] B. H. Slicher van Bath, *The Agrarian History of Western Europe, A. D. 500-1850*,

参考文献 301

Netherlands, Uitgeverij Het Spectrum N. V., 1963 (速水融訳『西ヨーロッパ農業発達史』日本評論社, 1969年).
[111] A. Smith, *An Inquiry into the Nature and Causes of the Wealth of Nations*, 1776 (Modern Library Edition 1967) (大内兵衛=松川七郎『諸国民の富』岩波文庫, 1959年および岩波書店, 1969年).
[112] R. M. Solow, "A Contribution to the Theory of Economic Growth," *Quarterly Journal of Economics* 70 (February 1956) pp. 65-94.
[113] ─── , "Technical Change and the Aggregate Production Function," *Review of Economics and Statistics* 39 (August 1957) pp. 312-20.
[114] ─── , "Investment and Technical Progress," in K. J. Arrow, S. Karlin and P. Suppes, ed., *Mathematical Methods in the Social Science*, Stanford University Press, 1960.
[115] K. S. Srikantan, "The Threshold Hypothesis," in J. A. Ross, ed., *International Encyclopedia of Population*, Vol. 1, New York, 1982, pp. 266-67.
[116] Statistical Data Bank and Information Dissemination Division, National Statistical Office, *Statistical Yearbook Thailand*, Various Issues.
[117] K. Taira, *Economic Development and the Labor Market in Japan*, New York & London, Columbia University Press, 1970.
[118] W. S. Thompson, "Population, " *American Journal of Sociology* 34 (May 1929) pp. 959-75.
[119] M. P. Todaro, "A Model of Labor Migration and Urban Unemployment in Less Developed Countries," *American Economic Review* 59 (March 1969) pp. 138-48.
[120] G. S. Tolley and S. Smidt, "Agriculture and the Secular Position of the U. S. Economy," *Econometrica* 32 (October 1964) pp. 554-75.
[121] United Nation, *Demographic Yearbook*, New York, various years.
[122] R. Weintraub, "The Birth Rate and Economic Development, An Empirical Study," *Econometrica* 30 (October 1962) pp. 812-17.
[123] R. J. Willis, "A New Approach to the Economic Theory of Fertility Behavior," *Journal of Political Economy*, 81, Part II (March / April 1973) pp. 14-64.
[124] S. Yamada and Y. Hayami, "Growth Rates of Japanese Agriculture, 1880-1965," Paper Presented to *Conference on Agricultural Growth in Japan, Korea, Taiwan and the Philippines*, September, Honolulu, 1972.
[125] M. Yamaguchi, *Technical Change and Population Growth in the Economic Development of Japan and the United State*, Economic Development Center Annual Report, University of Minnesota, 1972.
[126] ─── , *Technical Change and Population Growth in the Economic Development of Japan*, Ph. D. Dissertation, University of Minnesota, University Microfilms, Ann Arbor, Michigan, 1973.
[127] ─── , "The Sources of Japanese Economic Development: 1880-1970," *Economic Studies Quarterly* 33 (August 1982) pp. 126-46.
[128] ─── , "Technical Change and Population Growth in the Economic Development of Japan and Some Implications for the Development of Less Developed Areas," in NIRA

and JCIE, ed., *The Importance of Bypasseed Areas in Asian Economic Development*, Tokyo, NIRA, 1983.

[129] ———, "The Transition from Agricultural to Industrial Society Japanese Case, 1880-1970," *Historisch-Sozialwissenschaftliche Forschungen* 21 (1987) pp. 169-92.

[130] ——— and H. Binswanger, "The Role of Sectoral Tecnical Change in Development: Japan, 1880-1965," *American Journal of Agricultural Economics* 57 (May 1975) pp. 269-78.

[131] ——— and G. Kennedy, "A Graphic Model of the Effects of Sectoral Technical Change: The Case of Japan, 1880-1970," *Canadian Journal of Agricultural Economics* 32 (March 1984) pp. 71-92.

[132] ——— and G. ———, "Contribution of Population Growth to Per Capita Income and Sectoral Output Growth in Japan 1880-1970," *Developing Economies* 22 (September 1984) pp. 237-63.

[133] P. Zarembka, *Toward a Theory of Economic Development*, Holden-Day, San Francisco, 1972.

邦　　文

[1] 秋野正勝＝速水佑次郎「農業成長の源泉1880-1965」大川一司＝速水佑次郎編『日本経済の長期分析』日本経済新聞社，1973年。
[2] 阿藤誠『先進諸国の人口問題―少子化と家族政策』東京大学出版会，1996年。
[3] 池本清「二重経済の発展」『神戸大学経済学研究年報』第12号，1966年。
[4] 石川滋「開発過程の農工間資金移動」『経済研究』第17巻第2号，1966年7月，pp. 202-8。
[5] 市村真一「コメント」大川一司＝速水佑次郎編『日本経済の長期分析』日本経済新聞社，1973年。
[6] 伊藤正憲「戦前期日本の労働市場：ルイジアン・アプローチについて」1978年度理論・計量経済学会西部部会，名古屋大学経済学部，1978年7月。
[7] 上野裕也＝木下宗七『日本経済の成長モデル』東洋経済新報社，1965年。
[8] 梅村又次「明治期の人口成長」社会経済史編『経済史における人口』慶応通信，1969年。
[9] ———他『長期経済統計　農林業』東洋経済新報社，1966年。
[10] 浦長瀬隆「呉錦堂の開祖と地主制―明石郡神出村（神戸市西区神出町）における耕地整理」『神戸の歴史』第11号，1984年12月，pp. 33-54。
[11] 江崎光男『日本経済のモデル分析』創文社，1977年。
[12] ———書評「山口三十四著『日本経済の成長会計分析―人口・農業経済発展』」『国民経済雑誌』第149巻第5号，1984年5月，pp. 116-20。
[13] 大川一司『農業の経済分析』大明堂，1955年。
[14] ———「日本経済の生産・分配，1905-1963年―残余の分析―」『経済研究』第19巻第2号，1968年4月，pp. 133-51。
[15] ———「過剰就業：再論」大川一司＝南亮進編『近代日本の経済発展』東洋経済新報社，1975年，第9章。
[16] ———＝ヘンリー・ロソフスキー『日本の経済成長―20世紀における趨勢加速―』東洋

経済新報社, 1973年。
- [17] 大橋迪男「労働過剰経済における工業化政策」『和歌山大学経済学会経済理論』第145号, 1975年5月, pp. 22-49。
- [18] 大淵寛『人口過程の経済分析』新評論, 1974年。
- [19] ────『出生力の経済学』中央大学出版部, 1988年。
- [20] 大山貞一『淡河川・山田川疎水五十年史』兵庫県淡河川・山田川普通水利組合, 1941年。
- [21] 岡田実「黎明期の人口論」南亮三郎編『人口論史』勁草書房, 1960年。
- [22] 柏祐賢『農学原論』養賢堂, 1962年。
- [23] 加藤譲「部門間資金移動と農家の貯蓄, 投資」大川一司編『日本農業の成長分析』大明堂, 1963年。
- [24] ────「長期農業金融における政府の役割」川野重任 = 加藤譲編『日本農業と経済成長』東京大学出版会, 1970年。
- [25] 河野稠果『世界の人口』東京大学出版会, 1986年。
- [26] 厚生省人口問題研究所『人口問題研究』各巻。
- [27] 小島宏「ヨーロッパ諸国における出生促進政策について」『人口問題研究』第178号, 1986年4月, pp. 54-61。
- [28] 坂本慶一「日本農業における技術革新の諸段階」神谷慶治編『技術革新と日本農業』大明堂, 1969年。
- [29] D. W. ジョーゲンソン「コメント」大川一司 = 速水佑次郎編『日本経済の長期分析』日本経済新聞社, 1973年。
- [30] 人口問題審議会編『日本の人口・日本の社会』東洋経済新報社, 1984年。
- [31] 新谷正彦『日本農業の生産関数分析』大明堂, 1983年。
- [32] ────『タイの経済発展に関する数量的研究:1950-1990年』西南学院大学学術研究所, 1993年。
- [33] 新保博 = 山口三十四監修『新修神戸市史 産業経済編Ⅰ 第1次産業』神戸市, 1990年。
- [34] 館稔『人口分析の方法』古今書院, 1963年。
- [35] 立石幾久治編『タイ国経済概況』バンコク日本人商工会議所, 1995年。
- [36] 土屋圭造「日本農業の計量分析:展望」『季刊理論経済学』第17巻第3号, 1967年3月, pp. 50-64。
- [37] 寺西重郎「日本経済論の展望〔戦前の部その1〕」『経済研究』第23巻第2号, 1972年3月, pp. 12-26。
- [38] ────「農工間資金移動再考(上)(下)」『経済研究』第27巻第2号, 1976年10月, pp. 323-35, 第28巻第1号, 1977年1月, pp. 43-61。
- [39] 鳥居泰彦『経済発展理論』東洋経済新報社, 1979年。
- [40] 中山伊知郎 = 南亮進『適度人口』勁草書房, 1959年。
- [41] 並木正吉「農家人口の移動形態と就業構造」東畑精一編『農業における潜在失業』日本評論新社, 1956年。
- [42] ────「南─小野氏の批判に答える」『季刊理論経済学』第12巻第3号, 1962年6月, pp. 67-69。
- [43] 野尻武敏『転換の時代と生協運動』灘神戸生協人材開発部, 1987年。
- [44] 畑井義隆「農家人口移動と景気変動─南・小野・並木論争について─」『季刊理論経済

学』第14巻第1号，1963年9月，pp. 28-32。
[45]　速水佑次郎『日本農業の成長過程』創文社，1973年。
[46]　兵庫県淡河川・山田川土地改良区『淡河川・山田川疎水史（創業77周年）』1965年。
[47]　藤野正三郎『日本の景気循環―循環的発展過程の理論的・統計的・歴史的分析』勁草書房，1965年。
[48]　南亮三郎『人口学総論』千倉書房，第4版，1971年。
[49]　―――『人口理論』千倉書房，第5版，1972年。
[50]　―――『人口思想史』千倉書房，第4版，1972年。
[51]　―――編『人口論史』勁草書房，1960年。
[52]　南亮進『日本経済の転換点―労働の過剰から不足へ』創文社，1970年。
[53]　―――「農業労働の生産弾力性の長期的変化―計測と分析」『経済研究』第32巻第4号，1981年10月，pp. 358-66。
[54]　南亮進＝小野旭「農家人口移動と景気変動との関係についての覚書」『季刊理論経済学』第12巻第3号，1962年6月，pp. 64-6。
[55]　―――「農家人口移動と景気変動―並木政吉氏の反批判について」『季刊理論経済学』第14巻第1号，1963年9月，pp. 64-6。
[56]　―――「二重構造下の物価変動」『季刊理論経済学』第22巻第2号，1971年8月，pp. 42-50。
[57]　―――「経済成長と二重構造」『経済研究』第23巻第4号，1972年10月，pp. 309-22。
[58]　―――「二重構造下の雇用と賃金」大川一司＝南亮進編『近代日本の経済発展』東洋経済新報社，1975年。
[59]　―――「要素所得と分配率の推計―民間非一次産業」『経済研究』第29巻第2号，1978年4月，pp. 143-69。
[60]　安川正彬『人口の経済学』春秋社，1965年。
[61]　―――「日本の人口2010年にピーク1億3000万人」『日本経済新聞』1987年1月22日号。
[62]　安場保吉「人口研究の意義と方法―経済発展論の立場から」社会経済史学会編『経済史における人口』慶応通信，1969年。
[63]　―――『経済成長論』筑摩書房，1980年。
[64]　矢野恒太記念会編『日本国勢図絵』1997/1998，国勢社，1997年および2000年。
[65]　―――『世界国勢図絵』1997/1998，国勢社，1997年。
[66]　山口三十四「日米両国の経済発展における農業・非農業技術進歩と人口の影響」『農林業問題研究』第10巻第2号，1974年9月，pp. 7-15。
[67]　―――「人口成長と農業発展」『国民経済雑誌』第131巻第3号，1975年3月，pp. 70-90。
[68]　―――「最近における人口の経済学的分析」『国民経済雑誌』第132巻第6号，1975年12月，pp. 109-15。
[69]　―――「わが国人口の計量的分析」『国民経済雑誌』第136巻第4号，1977年10月，pp. 89-110。
[70]　―――「わが国人口と経済発展」『国民経済雑誌』第139巻第3号，1979年3月，pp. 46-59。
[71]　―――「人口と経済の相互依存関係について」『国民経済雑誌』第140巻第5号，1979年

11月，pp. 78-100。
[72] ―――「人口問題と人口政策」，神戸大学経済経営学会『経済学研究のために（増補改訂第二版）』神戸大学経済経営学会，1979年。
[73] ―――書評「安場保吉『経済成長論』」『国民経済雑誌』第143巻第3号，1981年3月，pp. 106-9。
[74] ―――「経済発展と部門間要素移動―人口と技術進歩との関連」『国民経済雑誌』第146巻第3号，1982年9月，pp. 67-85。
[75] ―――『日本経済の成長会計分析―人口・農業・経済発展』有斐閣，1982年。
[76] ―――「日本経済の成長会計分析への軌跡」『書籍の窓』有斐閣，1983年9月，pp. 31-35。
[77] ―――「西北神の農業とその政策―明治後期および昭和前期を中心として」『神戸の歴史』第10号，1984年3月，pp. 1-24。
[78] ―――「わが国経済の成長会計分析―書評への反論と新モデルによる計測」『国民経済雑誌』第150巻第3号，1984年9月，pp. 34-53。
[79] ―――「わが国人口と経済のモデル分析――般均衡的成長会計とシミュレーションによる分析」『人口学研究』第8号，1985年5月，pp. 21-30。
[80] ―――「わが国経済の成長会計と政策的含蓄―人口・農業・経済発展とセンシティビティ・テスト」『国民経済雑誌』第151巻第5号，1985年5月，pp. 18-38。
[81] ―――「神戸の人口と農業の展開過程」『神戸の歴史』第16号，1986年12月，pp. 1-23。
[82] ―――「過剰就業と日本の経済発展」『国民経済雑誌』第155巻第4号，1987年4月，pp. 37-56。
[83] ―――「人口構造の変容と経済政策基盤」日本経済政策学会編『経済政策学の発展』勁草書房，1988年。
[84] ―――「持続可能な農業および経済発展―人口と自然の共存する発展」『国民経済雑誌』第163巻第3号，1991年3月，pp. 31-48。
[85] ―――『産業構造の変化と農業―人口と農業および経済発展』有斐閣，1994年。
[86] ―――「タイの過剰人口と経済発展―タイ経済の成長会計分析」『国民経済雑誌』第176巻第2号，1997年8月，pp. 17-30。
[87] ―――「少子化の現象の認識と予想される事態」『長寿社会研究所・家庭問題研究所研究年報（1998年度）』第4号，1999年3月，pp. 1-10。
[88] ―――＝浦長瀬隆「過剰人口と土地開墾―大正中期における兵庫県神出村五百蔵の事例」『農林業問題研究』第21巻第2号，1985年6月，pp. 1-9。
[89] ―――＝浦長瀬隆「神戸市域の人口と農業の発展パターン―明治・大正・昭和戦前期の統計的分析」『神戸の歴史』第13号，1986年10月，pp. 15-35。
[90] 山本下賜夫『山田川疎水事業沿革誌』兵庫県淡河川・山田川普通水利組合，1915年。

索　引

事　項　索　引

●あ　行

悪　徳　26, 85, 86, 106
イースタリン学派　72
イースタリン仮説　72
五百蔵（イオロイ）　227, 228, 229, 230, 231, 232, 234, 235, 238, 239, 241, 242
生きた生命体　43, 275, 277
一般均衡的成長会計分析　93, 248, 249, 258
入寄留　229, 230, 239
インベンション・プル仮説　63
ヴァードン法　31, 54, 225, 236, 240, 252, 253, 254, 256

●か　行

開墾助成法　234
過剰人口　160, 164, 176, 181, 187, 189, 190, 191, 195, 196, 197, 227, 228, 232, 234, 235, 238, 239, 240, 241
過少人口論　83, 87, 107
神出村役場文書　228, 230, 231, 232, 234, 238, 241
技術進歩（定義）　42, 47
技術進歩（特徴）　42, 50, 55
　——の経済への貢献　42, 51, 56
　——の非対称性　93, 158, 176
　——のプッシュ効果　105, 158, 252, 262
　——のプル効果　105, 158, 252, 262
規制原理　75, 84, 86, 106, 107
偽装失業　94, 98, 99, 109
逆転と進転運動　44, 87
均衡原理　84, 106
均衡思想　43, 86
グロウス・アカウンティング　98, 246
経済至上主義　273, 277, 278
合計特殊出生率　17, 18, 243, 244, 260, 265, 268, 269, 275
更新可能な代替資源　273
神戸市による団地造成　207, 220
神戸市の人口　200
高齢化問題　3, 16, 22, 43, 244, 265, 276
高齢者人口　265, 266
国民負担率　266, 276
コックラン・オーカット法　76, 80, 123
古典派デュアリズム　92, 93, 107
古典派モデル　102
子供の質　69
子供を持つ効用　245
困　窮　26, 85, 106

●さ　行

最低生存費賃金　92, 107
残余法　31, 54, 225, 236, 240, 252, 253, 254, 256
子宮内死亡　8, 10, 21
自然増加率　17, 268
持続可能な経済発展　35, 37, 273, 275, 277, 278
児童手当　270, 277
資本の限界価値生産力　166, 167, 170, 177, 178
資本の限界生産力　166, 167, 178, 179
自民党のペナルティー論　272
社会・経済の人口への影響　67
社会的相対仮説　72
社会的毛細血管現象説　68
受胎の確率　4, 6, 21
出産能力　10
授　乳　10, 21
少子化　3, 265, 269, 270, 271, 272, 277
少子化対策　271
女性の教育水準　118
女性の労働力率　77, 118, 119, 120, 124, 125, 126, 127
人口（定義）　41, 42, 54

308　索　引

人口（特徴）　42, 54
　——と技術進歩との競争　274
　——と技術進歩の綱引競争　41, 52, 133, 196
　——と社会・経済の相互依存関係　43, 59, 74, 75, 79, 115
　——の間接効果　145, 147, 236, 237, 240, 251, 252, 253, 256, 260
　——の逆転運動　75
　——の経済への貢献　42, 45, 55
　——の高齢化　268
　——の社会・経済への影響　60
　——の純効果　144, 145, 147, 236, 240, 256
　——の純再生産率　243
　——の消極的作用　28
　——の進転運動　75
　——の積極的効果　145, 147, 240, 251
　——の積極的作用　29
　——の総効果　145, 236, 237, 238, 240, 253, 256
　——の置換水準　267
　——の直接効果　145, 146, 236, 237, 240, 250, 253, 256, 259
『人口の原理』　17, 26, 267, 273, 275, 278
人口爆発　3, 16, 19, 20, 243, 267, 270, 273, 274
人口福祉理論　68
人口問題審議会　245, 271
人口問題の悲劇　44
新古典派デュアリズム　93, 95
新古典派モデル　102
申請書　227, 229, 238, 241, 242
生産年齢人口　268, 276
生存曲線　11, 12, 22
静態的デュアリズム　91, 93
成長会計分析　83, 98, 102, 103, 170, 181, 191, 193, 194, 198, 247, 248, 258
成長率乗数　140, 143, 168, 171, 174, 251, 261, 263, 282, 284, 285, 286
増殖原理　75, 84, 86, 106, 107
増殖思想　43, 86, 107

●た　行

ダービン・ワトソン比　122
タイの経済発展　181

弛緩した因果関係　60, 77
出寄留　229, 230, 239
動態的デュアリズム　91, 93
道徳的抑制　26, 85, 86, 106

●な　行

二重経済論　92, 217
日本の将来推計人口　268
乳幼児死亡率　118, 119, 120, 124, 125, 126
人間の生殖能力　3, 4, 21
妊娠不能率　9, 11
農業過剰労働力　160, 161, 162, 163, 176, 177
農業技術進歩のプッシュ効果　155, 156, 176
農業余剰　94, 108, 150, 217, 219, 221
農業労働の限界価値生産力　166, 170, 176
農業労働の限界生産力　166, 190

●は　行

悲観的人口論　25, 26, 28, 31, 32, 36, 37, 44, 51, 52, 63, 79, 115, 235, 243, 244, 267
非農業技術進歩のプル効果　155, 176
非農業労働の限界価値生産力　166
非農業労働の限界生産力　166
兵庫県淡河川・山田川土地改良区　242
不変の嗜好　72
扶養連鎖　266, 276
フル・インカム　70
平均出生間隔　5, 8
ヘクシャー・オリーンの定理　252
ポピュレーション・プッシュ仮説　63
本籍人口　230

●ま　行

マルサスの原理　273, 277
無月経期間　11
無制限の労働供給　92, 95, 101, 102, 109

●や　行

山田川疎水　234, 242
要素増加的進歩率法　225, 236, 240, 252, 253, 254, 256
余剰労働力　106

● ら 行

楽観的人口論　25, 26, 27, 31, 32, 36, 44, 51, 52, 63, 79, 115, 243, 244
リプチンスキーの定理　146, 252
リプロダクティブ・ヘルス／ライツ　20, 21, 23, 272, 277

臨海的最小努力基準　95, 107
労働の限界生産力　167
労働の無制限的供給　107
老年人口指数　266, 276
老年人口比率　243, 244
ローマクラブ　33, 37

人名索引

● あ 行

秋野正勝　98, 110, 163
阿藤　誠　18, 268, 278
アロー　50, 57
アンシェル　110
イースターリン　71, 72, 78
池本　清　109
石川　滋　149, 150, 152, 177
市村真一　98, 99, 110
伊藤正憲　102
ウィリアムソン　67, 83, 93, 97, 98, 99, 101, 102, 106, 108, 110, 246, 247, 249, 257, 258, 259, 260
ウイリス　70, 74
上野裕也　77
ウォード　74, 116, 127
梅村又次　63, 127
浦長瀬隆　212, 221, 240, 242
エイカー　110
エイデルマン　72, 73, 80, 115, 117
江崎光男　111
オウカン　70, 71
大川一司　91, 98, 101, 102, 110, 111, 116, 127, 134, 149, 150, 177, 247, 253, 254, 263, 283, 289
オーバービーク　28, 33, 37, 63
大橋迪男　109
大淵　寛　70, 71, 72, 80, 115
大山貞一　242
オーリーン　61
岡崎陽一　272
岡田　実　68, 84, 85, 108
小川直宏　74, 116, 246, 247, 248, 249, 257, 258, 260
小野　旭　67, 83, 93, 97, 98, 99, 101, 108, 148, 149, 152, 153, 246, 247, 257, 258, 260, 261, 283

● か 行

カーク　68
ガーシェンクロン　191
カオ　110
柏　祐賢　47, 48
加藤　譲　149, 150, 177
神谷慶治　48, 101
木下宗七　77
キャナン　61, 80
キャンベル　76, 77, 80, 116, 117, 123
ギュヨモン　59, 61
クズネッツ　28, 30, 46, 47, 55, 57, 64, 65, 79
クラーク　3, 4, 6, 11, 12, 14, 28, 31, 62, 227, 236, 238
クライン　77
クリステンセン　103, 111
グリッグ　241
クリミンス　72
グリリカス　50, 57, 103
グレゴリー　76, 77, 80, 116, 117, 123
ケインズ　27, 28, 36, 64, 83, 87, 88, 89, 91, 107
ケネディー　80, 93, 247, 261
ケリー　67, 83, 93, 97, 98, 99, 101, 102, 106, 108, 110, 246, 247, 249, 257, 258, 259, 260
ケンドリック　49, 50, 103
河野稠果　14, 32, 33, 34
コール　25, 28, 34, 57, 59, 60, 61, 62, 72, 79

● さ 行

サイモン　25, 31, 32, 34, 36, 46, 57, 62, 63, 64, 66, 67, 79, 80, 236, 257
坂本慶一　48
ザレンブカ　101, 111
篠原三代平　127, 253, 254, 263, 283, 289
島田晴雄　271, 272, 277
シモンズ　70
シュミット　111
シュモクラー　50, 57, 103
シュルツ　103
ジョーゲンソン　83, 91, 92, 93, 95, 98, 99, 101, 103, 105, 106, 108, 110, 111, 217, 247
B. ジョンストン　149, 150, 177
J. ジョンストン　127

人名索引　311

シルバー　　68, 73, 115, 117
新開陽一　　77
新谷正彦　　162, 181, 197
スーツ　　246, 247, 248, 257, 258, 260
杉崎真一　　3, 6, 12, 14
スペンサー　　77, 80
スミス　　26, 64, 85, 106
スリカンタン　　70
スリヘル・ファン・バート　　74, 227
セン　　101, 111
ソーヴィ　　46, 57, 61, 66, 79
ソロー　　20, 48, 49, 103, 111

● た　行

タイラ　　101
高山憲之　　271, 272, 277
立石幾久治　　197, 198
館　稔　　43, 267
ダルリンプル　　51
チーサム　　83, 93, 98, 99, 101, 246, 247
チェン　　76, 77, 80, 116, 117, 123
土屋圭造　　111
デービス　　72
デトレイ　　70
デニソン　　103
デューゼンベリー　　80
寺西重郎　　109, 149, 150, 151, 152, 177
デントン　　77, 80
トーリー　　111
トダロー　　105
トムソン　　68
鳥居泰彦　　109

● な　行

永井義雄　　84, 241
中山伊知郎　　27, 80, 88, 90, 91, 109
並木正吉　　148, 152, 153, 177
ネルソン　　19, 62
ノートスタイン　　68
野尻武敏　　273, 278

● は　行

パールマン　　60

ハシモト　　77, 81, 115, 117
畑井義隆　　148, 149
バッツ　　74, 116, 126
ハツレディン　　60
馬場啓之助　　3, 6, 12, 14
早坂　忠　　88
速水佑次郎　　98, 109, 110, 163, 247, 283, 289
ハリス　　105
ハンセン　　64
ピーターセン　　68
ビヴァリッジ　　27, 28, 89
ヒギンズ　　91, 93, 109
ヒックス　　30, 46, 57, 61, 64, 79, 80
ビンスバンガー　　57, 93, 247
ブーケ　　91, 93, 109
フーバー　　25, 34, 60, 61, 62, 79
フェイ　　83, 91, 92, 93, 94, 98, 101, 105, 106, 107,
　　108, 109, 190, 217, 247
藤野正三郎　　149, 150, 177
ブラッカー　　68
フリーランダー　　73, 115, 117
ブレーク　　72, 80
ベッカー　　69, 70, 71, 79
ベン・ポラス　　127
ポール・シュルツ　　71, 72, 73, 77, 79, 127
ボズラップ　　25, 27, 28, 31, 36, 46, 63, 74, 210,
　　225, 226, 227, 238

● ま　行

マイクル　　70, 71
マイヤー　　109
正村公宏　　271, 272, 275, 277, 278
マルサス　　17, 25, 26, 28, 31, 32, 36, 43, 44, 55,
　　57, 63, 64, 74, 79, 83, 84, 85, 86, 87, 90, 106,
　　107, 227, 241, 267, 274, 275
マンスフィールド　　48, 50, 57
ミード　　61, 80
南　亮三郎　　42, 43, 44, 57, 60, 64, 75, 80, 81, 84,
　　86, 87, 107, 108, 274, 278
南　亮進　　27, 42, 67, 80, 83, 88, 90, 91, 93, 97,
　　98, 99, 101, 102, 108, 109, 110, 148, 149, 152,
　　153, 161, 162, 246, 247, 257, 258, 260, 261, 283
ミル　　61, 80

メイソン　74, 116
メドウズ　34
モアランド　60
モリス　73, 115, 117

● や　行

安川正彬　245
安場保吉　60, 62, 104, 111
矢野恒太　17, 20, 21, 278
山口三十四　31, 32, 35, 54, 56, 57, 67, 72, 80, 93, 98, 102, 104, 105, 109, 111, 127, 133, 139, 142, 146, 148, 177, 181, 197, 212, 221, 236, 240, 241, 247, 254, 260, 261, 262, 267, 278
山田三郎　110, 163, 283, 289

山本下賜夫　242

● ら　行

ライベンシュタイン　69, 70, 71, 72, 79, 80, 260
リー　149, 150, 152, 177
ルイス　83, 91, 92, 93, 94, 98, 101, 107, 108, 109, 190
ルタン　106, 109, 149, 150, 152, 177
レイナス　83, 91, 92, 93, 94, 98, 101, 105, 106, 107, 108, 109, 149, 150, 177, 190, 217, 247
ロソフスキー　116, 134, 149, 150, 177

● わ　行

ワイントゥロープ　72, 79, 115

■ 著者紹介

山口　三十四（やまぐち　みとし）

- 1943年　京都府に生まれる
- 1967年　京都大学農林経済学科卒業
- 1969年　同修士課程修了
- 1973年　ミネソタ大学 Ph. D.
- 同　年　神戸大学経済学部講師
- 1975年　同助教授
- 1985年　同教授，経済学博士
- 現　在　神戸大学名誉教授
- 主　著　『日本経済の成長会計分析──人口・農業・経済発展』(有斐閣)，『産業構造の変化と農業──人口と農業と経済発展』(有斐閣)，『新しい農業経済論──ミクロ・マクロ経済学とその応用 (新版)』(有斐閣)

人口成長と経済発展
Population Growth and Economic Development

2001 年 11 月 1 日　初版第 1 刷発行
2025 年 2 月 25 日　初版第 8 刷発行

著　者	山　口　三十四	
発行者	江　草　貞　治	
発行所	株式会社　有　斐　閣	

郵便番号 101-0051
東京都千代田区神田神保町 2-17
https://www.yuhikaku.co.jp/

印刷　共同印刷工業株式会社
製本　大口製本印刷株式会社

© 2001, Mitoshi Yamaguchi. Printed in Japan
落丁・乱丁本はお取替えいたします。
★定価はカバーに表示してあります
ISBN 4-641-16138-0

Ⓡ本書の全部または一部を無断で複写複製(コピー)することは、著作権法上での例外を除き、禁じられています。本書からの複写を希望される場合は、日本複製権センター(03-3401-2382)にご連絡ください。